Gutschi

Praxishandbuch AVG | Allgemeines Verwaltungsverfahrensgesetz

Praxishandbuch AVG | Allgemeines Verwaltungs-verfahrensgesetz

Mag. Margot Gutschi
Rechtsanwaltsanwärterin

Linde

Zitiervorschlag: *Gutschi*, Praxishandbuch AVG | Allgemeines Verwaltungsverfahrensgesetz (2022) Seite

---

Bibliografische Information der Deutschen Nationalbibliothek

Die Deutsche Nationalbibliothek verzeichnet diese Publikation in der Deutschen Nationalbibliografie; detaillierte bibliografische Daten sind im Internet über http://dnb.d-nb.de abrufbar.

Hinweis: Aus Gründen der leichteren Lesbarkeit wird auf eine geschlechtsspezifische Differenzierung verzichtet. Entsprechende Begriffe gelten im Sinne der Gleichbehandlung für alle Geschlechter.

ISBN 978-3-7073-4544-5

1210 Wien, Scheydgasse 24, Tel.: 01/24 630
www.lindeverlag.at

Druck: Hans Jentzsch & Co GmbH
1210 Wien, Scheydgasse 31
Dieses Buch wurde in Österreich hergestellt.

Gedruckt nach der Richtlinie des Österreichischen Umweltzeichens „Druckerzeugnisse", Druckerei Hans Jentzsch & Co GmbH, UW-Nr. 790

PRINTED IN AUSTRIA

Vorwort

Das Allgemeine Verwaltungsverfahrensgesetz nimmt im juristischen (Behörden-) Alltag eine besonders wichtige Rolle ein. Umso bedeutender ist es, die wesentlichen Bestimmungen zu kennen und diese in der Praxis richtig anzuwenden. Auch das Verwaltungsvollstreckungsgesetz ist von zentraler Bedeutung. Obwohl es nur wenige Paragrafen umfasst, kommt es in der Praxis immer wieder zu Anwendungsproblemen bzw Anwendungsfehlern.

Der Idee zu diesem Buch liegen persönliche Erfahrungen zugrunde. Als Absolventin der rechtswissenschaftlichen Fakultät der Karl-Franzens-Universität Graz, die nach der Gerichtspraxis ihren beruflichen Werdegang in einer Verwaltungsbehörde begann, weiß ich um die Herausforderungen, die die behördliche Praxis mit sich bringt, bestens Bescheid. Dies habe ich zum Anlass genommen, um die Grundlagen des Verfahrens- und Vollstreckungsrechtes im Wesentlichen darzustellen. Es soll Studierenden, Berufsanwärtern und Praktikern dienen, sich einen raschen Überblick zu verschaffen.

Mein besonderer Dank gilt meiner Freundin *Mag. Monika Leitner* für ihre Mühe und Zeit, dieses Buch Korrektur gelesen zu haben.

Graz, im Feber 2022 *Margot Gutschi*

Inhaltsverzeichnis

Vorwort V

Abkürzungsverzeichnis XV

1. Einleitung 1

2. Allgemeine Bestimmungen 3
   - 2.1. Zuständigkeit (§§ 1 bis 6 AVG) 3
   - 2.2. Befangenheit von Verwaltungsorganen (§ 7 AVG) 5
   - 2.3. Parteien und Beteiligte (§ 8 AVG) 9
   - 2.4. Vertretung (§ 10 AVG) 11
   - 2.5. Anbringen (§ 13 AVG) 14
     - 2.5.1. Allgemeines (§ 13 Abs 1 AVG) 14
     - 2.5.2. Form von Anbringen (§ 13 Abs 2 AVG) 15
     - 2.5.3. Entgegennahme von Anbringen (§ 13 Abs 5 AVG) 17
     - 2.5.4. Zurückziehung von Anbringen (§ 13 Abs 7 AVG) 18
     - 2.5.5. Änderung des verfahrenseinleitenden Antrages (§ 13 Abs 8 AVG) 20
     - 2.5.6. Verbesserungsauftrag (§ 13 Abs 3 und Abs 4 AVG) 21
   - 2.6. Manuduktionspflicht (§ 13a AVG) 25
   - 2.7. Niederschrift (§ 14 und § 15 AVG) 27
   - 2.8. Aktenvermerke (§ 16 AVG) 29
   - 2.9. Akteneinsicht (§ 17 AVG) 31
   - 2.10. Ladung (§ 19 und § 20 AVG) 32

3. Fristen 36
   - 3.1. Allgemeines 36
   - 3.2. Arten von Fristen 36
   - 3.3. Berechnung von Fristen 38
     - 3.3.1. Fristen, die nach Tagen bestimmt sind 39
     - 3.3.2. Fristen, die nach Wochen, Monaten oder Jahren bestimmt sind 40
   - 3.4. Wahrung von (verfahrensrechtlichen) Fristen 42
     - 3.4.1. Inanspruchnahme der Post oder eines anderen Universaldienstbetreibers 42
     - 3.4.2. Inanspruchnahme eines elektronischen Zustelldienstes 43
     - 3.4.3. Inanspruchnahme einer anderen Form der Einbringung 43

4. Die Disziplinarmittel im Verwaltungsverfahren ... 46
4.1. Die Ordnungsstrafe ... 46
4.1.1. Das disziplinäre Verhalten im Rahmen einer Amtshandlung ... 46
4.1.2. Die sitzungspolizeilichen Maßnahmen ... 48
4.1.3. Das disziplinäre Verhalten im schriftlichen Behördenverkehr ... 49
4.1.4. Adressat und Verhängung der Ordnungsstrafe ... 51
4.2. Die Mutwillensstrafe ... 52
4.2.1. Adressat und Verhängung der Mutwillensstrafe ... 52
4.3. Widmung und Vollzug der Ordnungs- und Mutwillensstrafen ... 53
5. Das Verfahren vor der Verwaltungsbehörde ... 54
5.1. Allgemeines ... 54
5.2. Das Einleitungsverfahren ... 54
5.3. Das Ermittlungsverfahren ... 56
5.3.1. Allgemeines ... 56
5.3.2. Entfall des Ermittlungsverfahrens bei Mandatsbescheiden ... 57
5.3.3. Mündliche Verhandlung (§ 39 bis § 44 AVG) ... 58
5.3.3.1. Allgemeines ... 58
5.3.3.2. Anberaumung einer mündlichen Verhandlung und deren Inhalt ... 60
5.3.3.3. Präklusion bei doppelter Kundmachung ... 63
5.3.3.4. Ablauf einer mündlichen Verhandlung ... 65
5.3.4. Großverfahren (§ 44a bis § 44g AVG) ... 67
5.4. Das Beweisverfahren ... 73
5.4.1. Allgemeines ... 73
5.4.2. Beweismittel ... 78
5.4.2.1. Urkunden ... 79
5.4.2.2. Zeugen ... 81
5.4.2.3. Vernehmung von Beteiligten ... 84
5.4.2.4. Sachverständige ... 85
5.4.2.5. Augenschein ... 88
5.5. Das Erledigungsverfahren ... 89
5.5.1. Allgemeines ... 89
5.5.2. Der Bescheid ... 90
5.5.2.1. Bescheidbegriff und Bescheidarten ... 90
5.5.2.2. Bescheidmerkmale ... 92
5.5.2.2.1. Bezeichnung als Bescheid (§ 58 Abs 1 AVG) ... 93
5.5.2.2.2. Bezeichnung der bescheiderlassenden Behörde (§ 58 Abs 3 iVm § 18 Abs 4 AVG) ... 93

5.5.2.2.3. Bescheidadressat ... 94
5.5.2.2.4. Name des Genehmigenden, Unterschrift und Fertigung (§ 58 Abs 3 iVm § 18 Abs 3 und Abs 4 AVG) ... 94
5.5.2.2.5. Spruch (§ 58 Abs 1 iVm § 58a iVm § 59 AVG) ... 95
5.5.2.2.6. Begründung (§ 58 Abs 2 iVm § 60 AVG) ... 97
5.5.2.2.7. Rechtsmittelbelehrung (§ 58 Abs 1 iVm § 61 AVG) ... 98
5.5.2.2.8. Datum der Genehmigung (§ 58 Abs 3 iVm § 18 Abs 4 AVG) ... 99
5.5.2.3. Erlassung von Bescheiden ... 99
5.5.2.4. Bescheidwirkungen ... 100
5.5.2.4.1. Unanfechtbarkeit von Bescheiden (formelle Rechtskraft) ... 100
5.5.2.4.2. Unwiderrufbarkeit, Unwiederholbarkeit und Verbindlichkeit von Bescheiden (materielle Rechtskraft) ... 101
5.5.2.4.3. Vollstreckbarkeit von Bescheiden ... 101
5.5.2.4.4. Dingliche Wirkung von Bescheiden ... 101
5.6. Berichtigung von Bescheiden (§ 62 Abs 4 AVG) ... 102

6. Verfahrenskosten ... 105
6.1. Allgemeines ... 105
6.2. Kosten der Beteiligten (§ 74 AVG) ... 105
6.3. Kosten der Behörde (§ 75 bis § 79 AVG) ... 106
6.3.1. Barauslagen (§ 76 AVG) ... 107
6.3.2. Kommissionsgebühren (§ 77 AVG) ... 108
6.3.3. Bundesverwaltungsabgaben (§ 78 AVG) ... 109
6.4. Stempel- und Rechtsgebühren ... 112
6.5. Kostenersatz im Maßnahmenbeschwerdeverfahren ... 114
6.6. Kosten nichtamtlicher Sachverständiger ... 114

7. Rechtsschutz innerhalb der Verwaltung ... 120
7.1. Vorstellung gegen Mandatsbescheide ... 120
7.1.1. Allgemeines ... 120
7.1.2. Frist, Form und Einbringungsstelle ... 120
7.1.3. Verfahren über die Vorstellung ... 120
7.1.4. Wirkungen der Vorstellung ... 121
7.2. Berufung im eigenen Wirkungsbereich der Gemeinde ... 121
7.2.1. Allgemeines ... 121
7.2.2. Die Berufung ... 122
7.2.2.1. Frist ... 122
7.2.2.2. Form und Einbringungsstelle ... 124
7.2.2.3. Kein Anwaltszwang ... 124
7.2.2.4. Inhalt der Berufung ... 124
7.2.2.5. Wirkung der Berufung (§ 64 AVG) ... 125

7.2.2.6. Berufungsvorentscheidung durch die Behörde erster Instanz (§ 64a AVG) ... 125
7.2.2.7. Vorlageantrag ... 127
7.2.2.8. Verfahren vor der Berufungsbehörde ... 128
7.3. Devolutionsantrag ... 131
7.4. Amtswegige Änderung und Behebung von Bescheiden ... 133
7.4.1. Allgemeines ... 133
7.4.2. Abänderung und Behebung gemäß § 68 Abs 2 AVG ... 134
7.4.3. Abänderung gemäß § 68 Abs 3 AVG ... 135
7.4.4. Nichtigerklärung gemäß § 68 Abs 4 AVG ... 136
7.5. Wiedereinsetzung in den vorherigen Stand (§ 71 und § 72 AVG) ... 137
7.5.1. Antragsfrist, Antragsform und Antragsinhalt ... 140
7.5.2. Entscheidung über den Antrag auf Wiedereinsetzung, Wirkung der Wiedereinsetzung und Rechtsmittel ... 140
7.5.3. Wiedereinsetzung vor dem VwG und VwGH ... 141
7.6. Quasi-Wiedereinsetzung (§ 42 Abs 3 AVG) ... 142
7.7. Wiederaufnahme (§ 69 und § 70 AVG) ... 145
7.7.1. Wiederaufnahme auf Antrag, Antragsfrist, Antragsform und Antragsinhalt ... 145
7.7.2. Entscheidung über den Antrag auf Wiederaufnahme und Rechtsmittel ... 146
7.7.3. Wiederaufnahme von Amts wegen ... 147
7.7.4. Wirkungen der Wiederaufnahme ... 147
7.7.5. Wiederaufnahme vor dem VwG und VwGH ... 148

8. Rechtsschutz vor den Verwaltungsgerichten erster Instanz ... 149
8.1. Verwaltungsgerichtsbarkeit ... 149
8.2. Die Kompetenz der Verwaltungsgerichte ... 149
8.3. Die sachliche und örtliche Zuständigkeit der Verwaltungsgerichte ... 150
8.3.1. Die sachliche Zuständigkeit der Verwaltungsgerichte ... 150
8.3.2. Die örtliche Zuständigkeit der Verwaltungsgerichte ... 151
8.3.3. Ausnahmen von der Zuständigkeit der Verwaltungsgerichte ... 152
8.4. Ausgewählte Rechtsmittel an die VwG ... 152
8.4.1. Allgemeines ... 152
8.4.2. Die Bescheidbeschwerde ... 153
8.4.2.1. Frist ... 153
8.4.2.2. Form und Einbringungsstelle ... 154

8.4.2.3. Gebühr 154
8.4.2.4. Kein Anwaltszwang 155
8.4.2.5. Inhalt der Beschwerde (§ 9 VwGVG) 155
8.4.2.6. Wirkung der Beschwerde (§ 13 VwGVG) 155
8.4.2.7. Vorverfahren und Beschwerdevorentscheidung (§ 14 VwGVG) 156
8.4.2.8. Vorlageantrag (§ 15 VwGVG) 157
8.4.2.9. Verfahren vor dem VwG bei der Bescheidbeschwerde 159
8.4.2.10. Rechtskraft 163
8.4.2.11. Kostenersatz 163
8.4.3. Die Maßnahmenbeschwerde 164
8.4.3.1. Beschwerdelegitimation 165
8.4.3.2. Frist 165
8.4.3.3. Inhalt der Beschwerde (§ 9 VwGVG) 166
8.4.3.4. Form und Einbringungsstelle 166
8.4.3.5. Gebühr 167
8.4.3.6. Kein Anwaltszwang 167
8.4.3.7. Wirkung der Beschwerde 167
8.4.3.8. Verfahren vor dem VwG 168
8.4.3.9. Kostenersatz (§ 35 VwGVG) 168
8.4.4. Die Säumnisbeschwerde 169
8.4.4.1. Legitimation zur Antragstellung 169
8.4.4.2. Inhalt der Säumnisbeschwerde 170
8.4.4.3. Form und Einbringungsstelle 171
8.4.4.4. Gebühr 171
8.4.4.5. Kein Anwaltszwang 171
8.4.4.6. Nachholung des Bescheides 171
8.4.4.7. Das Verfahren vor dem VwG 172
8.4.4.8. Kostenersatz 173

9. Das Verfahren vor dem VwGH 174
9.1. Allgemeines 174
9.2. Die Revision 175
9.2.1. Revisionslegitimation 176
9.2.2. Parteien des Revisionsverfahrens 176
9.2.3. Frist 177
9.2.4. Inhalt der Revision 178
9.2.5. Wirkung der Revision 179
9.2.6. Form und Einbringungsstelle 179
9.2.7. Gebühr 180
9.2.8. Anwaltszwang 180
9.2.9. Vorverfahren vor dem VwG 181

9.2.10. Vorverfahren vor dem VwGH 182
9.2.11. Mündliche Verhandlung 183
9.2.12. Entscheidungsbefugnis des VwGH 184
9.2.13. Kostenersatz 186
9.3. Der Fristsetzungsantrag 187
9.3.1. Allgemeines 187
9.3.2. Legitimation zur Antragstellung 187
9.3.3. Verletzung der Entscheidungspflicht 188
9.3.4. Inhalt des Fristsetzungsantrages 189
9.3.5. Anwaltspflicht, Einbringungsstelle und Eingabegebühr 189
9.3.6. Das Verfahren über den Fristsetzungsantrag 189
9.3.7. Kostenersatz 191
9.4. Verfahren zur Entscheidung von Kompetenzkonflikten 191
9.5. Verfahren über Feststellungsanträge ordentlicher Gerichte 192
9.6. Datenschutzbeschwerde 194
10. Das Verfahren vor dem VfGH 195
10.1. Allgemeines 195
10.2. Kompetenzen des VfGH 196
10.3. Beschwerde gegen Erkenntnisse und Beschlüsse der VwG (Erkenntnisbeschwerde Art 144 B-VG) 198
10.3.1. Beschwerdelegitimation 199
10.3.2. Parteien des Beschwerdeverfahrens 200
10.3.3. Beschwerdefrist 200
10.3.4. Inhalt der Beschwerde 201
10.3.5. Wirkung der Beschwerde 201
10.3.6. Form und Einbringungsstelle 202
10.3.7. Gebühr 202
10.3.8. Anwaltszwang 203
10.3.9. Vorverfahren und mündliche Verhandlung 203
10.3.10. Entscheidungsbefugnis des VfGH 205
10.3.11. Abtretung der Beschwerde an den VwGH 206
10.3.12. Kostenersatz 206
10.4. Gesetzprüfungs- und Verordnungsprüfungsverfahren (Normenkontrolle) 207
10.4.1. Allgemeines 207
10.4.2. Individualantrag auf Normenkontrolle 208
10.4.2.1. Frist 209
10.4.2.2. Form und Einbringungsstelle 209
10.4.2.3. Gebühr 210
10.4.2.4. Anwaltszwang 210

10.4.2.5. Wirkung des Individualantrages 210
10.4.2.6. Verfahren 210
10.4.2.7. Entscheidungsbefugnis des VfGH 212
10.4.2.8. Kostenersatz 213

11. Das Vollstreckungsverfahren 215
11.1. Allgemeines 215
11.2. Vollstreckungsbehörden (§ 1 VVG) 215
11.3. Vollstreckungstitel 217
11.4. Grundsätze des Vollstreckungsverfahrens (§ 2 VVG) 218
11.5. Vollstreckungsverfahren (§ 10 VVG) 218
11.6. Vollstreckungsmittel 219
11.6.1. Eintreibung von Geldleistungen (§ 3 VVG) 220
11.6.2. Erzwingung vertretbarer Leistungen (§ 4 VVG) 221
11.6.3. Erzwingung unvertretbarer Leistungen (§ 5 VVG) 223
11.6.4. Anwendung unmittelbaren Zwanges (§ 7 VVG) 225
11.7. Einstweilige Verfügungen (§ 8 VVG) 226
11.8. Hilfsorgane der Vollstreckung (§ 9 VVG) 227
11.9. Kosten des Vollstreckungsverfahrens (§ 11 VVG) 227
11.10. EU-Verwaltungsvollstreckungsgesetz 228

Anhang 1: Allgemeines Verwaltungsverfahrensgesetz 1991 – AVG 231

Anhang 2: Verwaltungsvollstreckungsgesetz 1991 – VVG 263

Stichwortverzeichnis 269

Abkürzungsverzeichnis

€	Euro
aA	andere Ansicht
AB	Ausschussbericht
ABGB	Allgemeines bürgerliches Gesetzbuch
AbgEO	Abgabenexekutionsordnung
Abs	Absatz
AfA	Absetzung für Abnutzung
AHG	Amtshaftungsgesetz
ApoG	Apothekengesetz
Art	Artikel
ASVG	Allgemeines Sozialversicherungsgesetz
AsylG	Asylgesetz
AsylGH	Asylgerichtshof
AuslBG	Ausländerbeschäftigungsgesetz
AuVBZ	Akte unmittelbarer verwaltungsbehördlicher Befehls- und Zwangsgewalt
AVG	Allgemeines Verwaltungsverfahrensgesetz
AWG	Abfallwirtschaftsgesetz
BAO	Bundesabgabenordnung
BauG	Baugesetz, -e
BDG	Beamten-Dienstrechtsgesetz
BeglV	Beglaubigungsverordnung
BFG	Bundesfinanzgericht
BFGG	Bundesfinanzgerichtsgesetz
BGBl	Bundesgesetzblatt
bgld	burgenländisch, -e, -er, -es
BKommGebV	Bundes-Kommissionsgebührenverordnung
BlgNR	Beilage, -n zu den stenographischen Protokollen des Nationalrates
BPGG	Bundespflegegeldgesetz
bspw	beispielsweise
BUAG	Bauarbeiter-Urlaubs- und Abfertigungsgesetz
BVergG	Bundesvergabegesetz

BVergGKonz 2018	Bundesvergabegesetz Konzessionen 2018
BVergGVS 2012	Bundesvergabegesetz Verteidigung und Sicherheit 2012
B-VG	Bundes-Verfassungsgesetz
BVwAbgV	Bundesverwaltungsabgabenverordnung
BVwG	Bundesverwaltungsgericht
bzw	beziehungsweise
DSGVO	Datenschutz-Grundverordnung
E-GovG	E-Government-Gesetz
EGVG	Einführungsgesetz zu den Verwaltungsverfahrensgesetzen 2008
EisbEG	Eisenbahn-Enteignungsentschädigungsgesetz
EisbG	Eisenbahngesetz
EMRK	Europäische Menschenrechtskonvention
EO	Exekutionsordnung
EpiG	Epidemiegesetz 1950
ErläutRV	Erläuterungen zur Regierungsvorlage
ERV	elektronischer Rechtsverkehr
EU	Europäische Union
EuGH	Europäischer Gerichtshof
EU-JZG	Bundesgesetz über die justizielle Zusammenarbeit in Strafsachen mit den Mitgliedstaaten der Europäischen Union
EU-VStVG	EU-Verwaltungsvollstreckungsgesetz
f	und der, die folgende
FeiertagsruheG	Feiertagsruhegesetz 1957
FERG	Fernseh-Exklusivrechtegesetz
ff	und der, die folgenden
ForstG	Forstgesetz 1975
FPG	Fremdenpolizeigesetz
FSG	Führerscheingesetz
F-VG	Finanz-Verfassungsgesetz
FVwGG 2012	Finanzverwaltungsgerichtsbarkeitsgesetz 2012
G	Gesetz
GebAG	Gebührenanspruchsgesetz
GebG	Gebührengesetz
GemO	Gemeindeordnung

GewO	Gewerbeordnung 1994
GOG	Gerichtsorganisationsgesetz
GP	Gesetzgebungsperiode
GRC	Charta der Grundrechte der Europäischen Union
GSpG	Glücksspielgesetz
hA	herrschende Ansicht
Hrsg	Herausgeber
iA	im Auftrag
idF	in der Fassung
idgF	in der geltenden Fassung
idR	in der Regel
iSd	im Sinne des, der
iVm	in Verbindung mit
KBGG	Kinderbetreuungsgeldgesetz
K-BO	Kärntner Bauordnung
KFG	Kraftfahrgesetz
K-GBG	Kärntner Gemeindebedienstetengesetz
K-LSiG	Kärntner Landessicherheitsgesetz
K-LVBG	Kärntner Landesvertragsbedienstetengesetz
K-NSG	Kärntner Naturschutzgesetz
Krnt	Kärntner
K-StrG	Kärntner Straßengesetz
Lfg	Lieferung
LFG	Luftfahrtgesetz
LGBl	Landesgesetzblatt
LVwG	Landesverwaltungsgericht
mm	Millimeter
mwN	mit weiteren Nachweisen
NÖ	Niederösterreich
OGH	Oberster Gerichtshof
ÖJZ	Österreichische Juristen-Zeitung
OÖ	Oberösterreich
OrgHG	Organhaftpflichtgesetz
RAO	Rechtsanwaltsordnung
RS	Rechtssatz

Rsp	Rechtsprechung
Rz	Randzahl
sog	sogenannt, -e, -er, -es
SPG	Sicherheitspolizeigesetz
StbG	Staatsbürgerschaftsgesetz
StGB	Strafgesetzbuch
Stmk	Steiermark
StPO	Strafprozeßordnung
stRsp	ständige Rechtsprechung
StudFG	Studienförderungsgesetz
Tir	Tiroler
TP	Tarifpost
TSchG	Tierschutzgesetz
ua	und andere
udgl	und dergleichen
UFS	Unabhängiger Finanzsenat
USt	Umsatzsteuer
UVP	Umweltverträglichkeitsprüfung
UVP-G	Umweltverträglichkeitsprüfungsgesetz 2000
UVS	Unabhängige Verwaltungssenate
V	Verordnung
VBG	Vertragsbedienstetengesetz
verst Sen	verstärkter Senat
VfGG	Verfassungsgerichtshofgesetz
VfGH	Verfassungsgerichtshof
VfSlg	Sammlung der Erkenntnisse und wichtigsten Beschlüsse des Verfassungsgerichtshofes
vgl	vergleiche
VoGrG	Volksgruppengesetz
VStG	Verwaltungsstrafgesetz 1991
VVG	Verwaltungsvollstreckungsgesetz 1991
VwG	Verwaltungsgericht
VwG-AufwErsV	VwG-Aufwandersatzverordnung
VwGG	Verwaltungsgerichtshofgesetz
VwGH	Verwaltungsgerichtshof

VwGH-AufwErsV	VwGH-Aufwandersatzverordnung
VwGVG	Verwaltungsgerichtsverfahrensgesetz
VwSlg	Erkenntnisse und Beschlüsse des Verwaltungsgerichtshofes
WaffG	Waffengesetz 1996
WKG	Wirtschaftskammergesetz
Wr BauO	Wiener Bauordnung
WRG	Wasserrechtsgesetz
WV	Wiederverlautbarung
Z	Ziffer
zB	zum Beispiel
ZfV	Zeitschrift für Verwaltung
ZP-EMRK	Zusatzprotokoll zur Konvention zum Schutz der Menschenrechte und Grundfreiheiten
ZPO	Zivilprozessordnung
zT	zum Teil
ZustG	Zustellgesetz
ZVG	Zeitschrift der Verwaltungsgerichtsbarkeit
zzgl	zuzüglich

1. Einleitung

Der Anwendungsbereich der Verwaltungsverfahrensgesetze, sohin des AVG, VStG und VVG, ist im Einführungsgesetz zu den Verwaltungsverfahrensgesetzen (EGVG) geregelt. Gemäß Art I Abs 2 EGVG ist das AVG auf das behördliche Verfahren der Verwaltungsbehörden, das VStG auf das Strafverfahren der Verwaltungsbehörden mit Ausnahme der Finanzstrafbehörden des Bundes und das VVG auf das Vollstreckungsverfahren der Behörden der allgemeinen staatlichen Verwaltung, der Organe der Städte mit einem Statut und der Landespolizeidirektionen anzuwenden. Nach dieser Generalklausel hat grundsätzlich jede Verwaltungsbehörde in Angelegenheiten der Hoheitsverwaltung die Verwaltungsverfahrensgesetze anzuwenden, sofern nicht die Materiengesetze etwas anderes bestimmen. Die Materiengesetze können ebenfalls verfahrensrechtliche Regelungen enthalten, die dann als lex specialis dem AVG vorgehen.

Angelegenheiten, die vom Anwendungsbereich der Verwaltungsverfahrensgesetze ausgenommen sind, finden sich in Art I Abs 3 EGVG. Sofern nicht ausdrücklich anderes bestimmt ist, sind die Verwaltungsverfahrensgesetze **nicht** anzuwenden:

- in Angelegenheiten der öffentlichen Abgaben und Beiträge, die von den Abgabenbehörden erhoben werden, mit Ausnahme der Verwaltungsabgaben nach § 78 AVG;
- in Angelegenheiten des Patentwesens sowie des Schutzes von Mustern, Marken und anderen Warenbezeichnungen mit Ausnahme des in diesen Angelegenheiten durchzuführenden Strafverfahrens;
- in den Angelegenheiten der Bodenreform mit Ausnahme des in diesen Angelegenheiten durchzuführenden Strafverfahrens;
- in den Angelegenheiten des Familienlastenausgleiches mit Ausnahme des in diesen Angelegenheiten durchzuführenden Strafverfahrens;
- in den Angelegenheiten des öffentlich-rechtlichen Dienst-, Ruhe- und Versorgungsverhältnisses zum Bund, zu den Ländern, zu den Gemeinden und Gemeindeverbänden sowie zu den sonstigen Körperschaften, Fonds und Anstalten des öffentlichen Rechts;
- in den Angelegenheiten der Durchführung der Wahl des Bundespräsidenten, von Wahlen zu den allgemeinen Vertretungskörpern und zum Europäischen Parlament, der Wahl des Bürgermeisters durch die zur Wahl des Gemeinderates Berechtigten und von Wahlen der Organe der gesetzlichen beruflichen Vertretungen, in den Angelegenheiten der Durchführung von Volksbegehren, Volksabstimmungen und Volksbefragungen aufgrund der Bundesverfassung oder einer Landesverfassung und von Europäischen Bürgerinitiativen sowie in den Angelegenheiten der unmittelbaren Mitwirkung der zum Gemeinderat Wahlberechtigten an der Besorgung der Angelegenheiten des eigenen Wirkungsbereiches der Gemeinde mit Ausnahme des in allen diesen Angelegenheiten durchzuführen Strafverfahrens;

- in den Angelegenheiten des Disziplinarrechts und
- auf die Durchführung von Prüfungen, die der Beurteilung der Kenntnisse von Personen auf bestimmten Sachgebieten dienen, soweit es sich nicht um die Zulassung zur Prüfung handelt.

Das **Allgemeine Verwaltungsverfahrensgesetz (AVG)** ist das wichtigste Verfahrensgesetz im verwaltungsbehördlichen Verfahren schlechthin und bestimmt, wie die Verwaltung bei der Besorgung ihrer hoheitlichen Aufgaben in rechtskonformer Weise vorzugehen hat. Es gliedert sich in sechs Teile, die wiederum in Abschnitte unterteilt sind.

Der erste Teil (§§ 1–36) umfasst im Wesentlichen Regelungen über Zuständigkeit, Befangenheit, Parteien und Beteiligte, Rechts- und Handlungsfähigkeit, Vertretung, Anbringen, Manuduktion, Niederschriften, Aktenvermerke, Akteneinsicht, Erledigungen, Ladungen, Fristen sowie Disziplinarmittel.

Der zweite Teil (§§ 37–55) widmet sich dem Ermittlungsverfahren mit allen verfahrensrechtlichen Grundsätzen, der mündlichen Verhandlung, dem Großverfahren und den Beweismitteln, weiters auch den Gebühren von Sachverständigen, Dolmetschern und Übersetzern.

Die Regelungen über die Erlassung von Bescheiden, deren Form und Inhalt sowie deren Berichtigungsmöglichkeit finden sich im dritten Teil (§§ 56–62).

Im vierten Teil (§§ 63–73) folgen die Bestimmungen über die Berufung sowie die amtswegige Abänderung und Behebung von Bescheiden, die Wiederaufnahme des Verfahrens und die Wiedereinsetzung in den vorherigen Stand. Ebenso ist in diesem Teil die behördliche Entscheidungspflicht geregelt.

Der fünfte Teil (§§ 74–79) regelt die Kosten des Verwaltungsverfahrens.

Der sechste und letzte Teil (§§ 80–82) enthält Schlussbestimmungen, insbesondere Verweisungs- und Inkrafttretensbestimmungen.

Die Verwaltungsvollstreckung ist im **Verwaltungsvollstreckungsgesetz (VVG)** geregelt und dient der zwangsweisen Durchsetzung von individuell festgesetzten Verpflichtungen. Der Vollstreckung zugänglich sind verwaltungsbehördliche Bescheide (Leistungsbescheide), Erkenntnisse und Beschlüsse der VwG mit Ausnahme des Bundesfinanzgerichtes und sonstige Vollstreckungstitel, wie etwa Rückstandsausweise. Ziel der Vollstreckung ist die Herstellung des im Vollstreckungstitel geforderten Zustandes, wie etwa die Entfernung eines konsenslosen Bauwerkes.

Das VVG ist mit seinen 16 Paragrafen recht überschaubar und enthält im Wesentlichen Regelungen über die Zuständigkeit der Vollstreckungsbehörden, die Vollstreckungsmittel und die Kosten der Vollstreckung.

2. Allgemeine Bestimmungen

2.1. Zuständigkeit (§§ 1 bis 6 AVG)

Welche Verwaltungsbehörde für eine bestimmte Verwaltungsangelegenheit sachlich, örtlich und funktionell zuständig ist, ergibt sich grundsätzlich aus dem jeweiligen Materiengesetz. Enthält das Materiengesetz keine Regelung über die Zuständigkeit, kommt subsidiär das AVG zur Anwendung.

Sachliche Zuständigkeit meint ganz allgemein den gesetzlichen Aufgabenbereich einer Verwaltungsbehörde, also in welchen Verwaltungsangelegenheiten eine Verwaltungsbehörde Vollzugsakte setzen darf. Dazu bestimmt § 1 AVG, dass sich die sachliche Zuständigkeit nach den Vorschriften über ihren Wirkungsbereich und nach den Verwaltungsvorschriften (Materiengesetzen) richtet. So ordnet etwa § 24a Abs 1 AWG 2002 an, dass das Sammeln oder Behandeln von Abfällen einer Erlaubnis des Landeshauptmannes bedarf. § 170 Abs 1 ForstG und § 58 Abs 1 K-NSG bestimmen die Bezirksverwaltungsbehörde als Forst- bzw Naturschutzbehörde erster Instanz.

Für jene Fälle, in denen das Materiengesetz keine Regelung über die sachliche Zuständigkeit trifft, greift die subsidiäre Bestimmung des § 2 AVG, wonach in den Angelegenheiten der Bundesverwaltung die Bezirksverwaltungsbehörden sachlich zuständig sind.

Örtliche Zuständigkeit meint das territoriale Gebiet, innerhalb dessen eine Verwaltungsbehörde tätig werden darf (sog Amtssprengel). Dazu bestimmt § 1 AVG, dass sich die örtliche Zuständigkeit nach den Vorschriften über ihren Wirkungsbereich und nach den Verwaltungsvorschriften (Materiengesetzen) richtet. Fehlt im Materiengesetz eine Regelung über die örtliche Zuständigkeit, so richtet sich diese nach der subsidiären Bestimmung des § 3 AVG:

- in Sachen, die sich auf ein unbewegliches Gut beziehen: nach der Lage des Gutes;
- in Sachen, die sich auf den Betrieb eines Unternehmens oder einer sonstigen dauernden Tätigkeit beziehen: nach dem Ort, an dem das Unternehmen betrieben oder die Tätigkeit ausgeübt wird oder werden soll;
- in sonstigen Sachen: zunächst nach dem Hauptwohnsitz (Sitz) des Beteiligten, und zwar im Zweifelsfall des belangten oder verpflichteten Teiles, dann nach seinem Aufenthalt, dann nach seinem letzten Hauptwohnsitz (Sitz) im Inland, schließlich nach seinem letzten Aufenthalt im Inland, wenn aber keiner dieser Zuständigkeitsgründe in Betracht kommen kann oder Gefahr im Verzug ist, nach dem Anlass zum Einschreiten; kann jedoch auch danach die Zuständigkeit nicht bestimmt werden, so ist die sachlich in Betracht kommende oberste Behörde zuständig.

Sachlich in Betracht kommende oberste Behörde ist grundsätzlich das oberste Organ des jeweiligen Vollzugsbereiches. In Angelegenheiten der Bundesverwaltung ist dies der Bundesminister bzw die Bundesregierung (Art 69 Abs 1 B-VG), in Angelegenheiten der Landesverwaltung die Landesregierung bzw der zuständige Landesrat (Art 101 Abs 1 B-VG) und in Angelegenheiten des eigenen Wirkungsbereiches der Gemeinde der Gemeinderat (Art 118 Abs 4 und Abs 5 B-VG).[1]

Funktionelle Zuständigkeit meint, welches Organ einer sachlich und örtlich zuständigen Verwaltungsbehörde Vollzugsakte setzen darf (zB Bürgermeister, Gemeindevorstand oder Gemeinderat).

Gemäß § 6 AVG hat die Verwaltungsbehörde ihre sachliche und örtliche Zuständigkeit **von Amts wegen** wahrzunehmen. Durch Vereinbarung der Parteien kann die Zuständigkeit der Verwaltungsbehörde weder begründet noch geändert werden. Langen bei der Verwaltungsbehörde Anbringen ein, zu deren Behandlung sie nicht zuständig ist, so hat sie diese ohne unnötigen Aufschub auf Gefahr des Einschreiters an die zuständige Stelle weiterzuleiten oder den Einschreiter an diese zu verweisen. Dies kann insbesondere bei fristgebundenen Anbringen (zB Rechtsmitteln) mit nachteiligen Folgen für den Rechtsmittelwerber verbunden sein. Er trägt in beiden Fällen das Risiko der Fristversäumnis. Die Frist ist nur dann gewahrt, wenn das Rechtsmittel entweder vor Fristablauf bei der zuständigen Stelle einlangt oder von der unzuständigen Stelle spätestens am letzten Tag der Frist zur Weiterleitung an die zuständige Stelle einem Zustelldienst übergeben wird.

Begründen die Materiengesetze die örtliche Zuständigkeit mehrerer Behörden oder ist nach der Lage des Gutes oder nach dem Ort, an dem das Unternehmen betrieben oder die Tätigkeit ausgeübt werden soll, die örtliche Zuständigkeit mehrerer Behörden gegeben, wird von einer sog **Zuständigkeitskonkurrenz** gesprochen. In diesem Fall haben die Behörden einvernehmlich vorzugehen, sofern die Materiengesetze nicht anderes bestimmen. Das bedeutet, dass jede Behörde für sich einen Bescheid zu erlassen hat. Gelangen die Behörden zu keinem Einvernehmen, geht die Zuständigkeit ex lege auf die sachlich in Betracht kommende Oberbehörde über. Sind jeweils verschiedene Behörden sachlich in Betracht kommende Oberbehörde und können auch diese kein Einvernehmen erzielen, geht die Zuständigkeit auf die sachlich in Betracht kommende gemeinsame Oberbehörde über. Bei Gefahr im Verzug hat jede Behörde in ihrem Amtsbereich die notwendigen Amtshandlungen unter gleichzeitiger Verständigung der anderen Behörde vorzunehmen.[2]

Über **Kompetenzkonflikte** (Zuständigkeitsstreite) zwischen Behörden desselben Vollzugsbereiches (zB zwischen Behörden des Bundes oder zwischen verschiedenen Behörden einer Gemeinde bzw eines Landes) entscheidet gemäß § 5 Abs 1

1 *Hengstschläger/Leeb*, AVG § 3 Rz 10 und § 4 Rz 8 (Stand 1.1.2014, rdb.at).
2 § 4 AVG.

AVG die sachlich in Betracht kommende gemeinsame Oberbehörde. Ist keine sachlich in Betracht kommende gemeinsame Oberbehörde vorhanden und haben nicht alle am Kompetenzkonflikt beteiligten Behörden das AVG anzuwenden, kommt eine Lösung des Zuständigkeitsstreites nach § 5 Abs 1 AVG nicht in Betracht.[3] Über Kompetenzkonflikte zwischen Behörden verschiedener Vollzugsbereiche (zB zwischen Gerichten und Verwaltungsbehörden oder zwischen einer Bundes- und einer Landesbehörde bzw zwischen Landesbehörden unterschiedlicher Länder) erkennt der VfGH.[4] Der VwGH hingegen erkennt über Kompetenzkonflikte zwischen den VwG bzw zwischen einem VwG und dem VwGH.[5] Unterschieden werden positive und negative Kompetenzkonflikte. Ein positiver Kompetenzkonflikt liegt vor, wenn zwei Behörden bzw zwei (Verwaltungs-)Gerichte die Zuständigkeit zur Entscheidung über dieselbe Sache in Anspruch nehmen, wobei dies in einem Fall zu Unrecht erfolgt. Ein negativer Kompetenzkonflikt liegt vor, wenn in derselben Sache zwei Behörden bzw (Verwaltungs-)Gerichte die Zuständigkeit ablehnen und eine Ablehnung zu Unrecht erfolgt.

Bescheide, die von einer unzuständigen Verwaltungsbehörde oder nicht richtig zusammengesetzten Kollegialbehörde erlassen wurden, sind rechtswidrig. Sie können von der sachlich in Betracht kommenden Oberbehörde von Amts wegen auch noch nach Eintritt der Rechtskraft innerhalb von drei Jahren nach deren Erlassung für nichtig erklärt werden (siehe Kapitel 7.4.4.)

Sachlich in Betracht kommende Oberbehörde ist jedenfalls die Berufungsbehörde und auch jede sonstige Behörde, die durch die Ausübung des Weisungs- oder Aufsichtsrechts den Inhalt der Entscheidung hätte bestimmen können. Keine Oberbehörden sind Verwaltungsgerichte.[6]

Auch das VwG hat in jeder Lage des Verfahrens die Unzuständigkeit einer Verwaltungsbehörde von Amts wegen wahrzunehmen, und zwar unabhängig davon, ob diese vom Beschwerdeführer im Rahmen seiner Beschwerde eingewendet wurde oder nicht.[7] Entscheidet das VwG inhaltlich über die Beschwerde, ohne die Unzuständigkeit aufzugreifen, belastet es seine Entscheidung mit inhaltlicher Rechtswidrigkeit.[8]

2.2. Befangenheit von Verwaltungsorganen (§ 7 AVG)

Die Befangenheit von Verwaltungsorganen ist in § 7 AVG geregelt. Durch die Normierung von Befangenheitsgründen soll Parteilichkeit vermieden und Objektivität bei der Entscheidungsfindung sichergestellt werden.[9] Nur der **Organwalter**,

---

3 *Kolonovits/Muzak/Stöger*, Verwaltungsverfahrensrecht[11] (2019) Rz 104.
4 Art 138 Abs 1 B-VG.
5 Art 133 Abs 1 Z 3 B-VG.
6 *Hengstschläger/Leeb*, AVG § 68 Rz 64 f (Stand 1.3.2018, rdb.at).
7 § 27 VwGVG; VwGH 29.9.2016, Ra 2016/05/0080; 29.1.2020, Ra 2018/08/0234.
8 VwGH 21.11.2019, Ra 2018/10/005.
9 VwGH 18.3.1992, 90/12/0167; 6.7.1999, 99/10/0090.

also die im Rahmen der Hoheitsverwaltung handelnde individuelle Person (zB Sachbearbeiter oder Amtssachverständiger) kann befangen sein, nie aber die Verwaltungsbehörde oder Dienststelle selbst.[10] Wenn § 7 AVG sohin vom Verwaltungsorgan spricht, ist damit der einzelne Organwalter gemeint.

Befangenheit ist insbesondere dann anzunehmen, wenn die Möglichkeit besteht, dass ein Organwalter durch seine persönliche Beziehung zu der den Verhandlungsgegenstand bildenden Angelegenheit oder zu den an dieser Angelegenheit beteiligten Personen in der unparteiischen Amtsführung bzw im unparteiischen Tätigwerden beeinflusst sein könnte.[11]

Unterschieden werden

- absolute Befangenheitsgründe und
- relative Befangenheitsgründe.

Absolute Befangenheitsgründe begründen ex lege eine Befangenheit, ohne dass geprüft werden muss, ob tatsächlich Zweifel an der Unbefangenheit des Verwaltungsorgans bestehen. Liegen absolute Befangenheitsgründe vor, hat sich das Verwaltungsorgan jedenfalls der Ausübung seines Amtes zu enthalten und seine Vertretung zu veranlassen.

Die absoluten Befangenheitsgründe sind in § 7 Abs 1 Z 1, 2 und 4 AVG taxativ geregelt. Danach sind Verwaltungsorgane absolut befangen

- in Sachen, an denen sie selbst, einer ihrer Angehörigen (§ 36a AVG) oder eine von ihnen vertretene schutzberechtigte Person beteiligt ist (Z 1);
  Der Befangenheitsgrund der **Beteiligung in eigener Sache** liegt nicht schon dann vor, wenn ein vom Vizebürgermeister unterfertigtes Bauansuchen einer Gemeinde vom Bürgermeister als Baubehörde (erster Instanz) genehmigt wird.[12]
  Angehörige gemäß § 36a AVG sind der Ehegatte bzw eingetragene Partner, die Verwandten in gerader Linie und die Verwandten zweiten, dritten und vierten Grades in der Seitenlinie, die Verschwägerten in gerader Linie und die Verschwägerten zweiten Grades in der Seitenlinie, die Wahleltern und Wahlkinder, die Pflegeeltern und Pflegekinder, die Personen, die miteinander in Lebensgemeinschaft leben, sowie Kinder und Enkelkinder einer dieser Personen im Verhältnis zur anderen Person. Die durch eine Ehe, Lebensgemeinschaft oder eingetragene Partnerschaft begründete Eigenschaft einer Person als Angehöriger bleibt aufrecht, auch wenn die Ehe, Lebensgemeinschaft oder die eingetragene Partnerschaft nicht mehr besteht.
  Schutzberechtigte Personen sind Minderjährige, mit deren Obsorge das Verwaltungsorgan betraut ist oder Personen, zu deren Erwachsenenvertreter, Vorsorgebevollmächtigtem bzw Kurator das Verwaltungsorgan bestellt ist.

10 VwGH 13.4.1993, 90/05/0224; 29.3.2000, 94/12/0180; 22.6.2005, 2004/12/0171.
11 VwGH 15.10.2020, Ro 2019/04/0021.
12 VwGH 19.12.1995, 94/05/0346.

- in Sachen, in denen sie als Bevollmächtigte einer Partei bestellt waren oder noch bestellt sind (Z 2), und
- im Berufungsverfahren, wenn sie an der Erlassung des angefochtenen Bescheides oder der Berufungsvorentscheidung mitgewirkt haben (Z 4).

Bei Vorliegen **relativer Befangenheitsgründe** hat sich das Verwaltungsorgan der Ausübung seines Amtes dann zu enthalten, wenn **sonstige wichtige Gründe** vorliegen, die geeignet sind, die volle Unbefangenheit in Zweifel zu ziehen (Z 3). In diesem Fall hat eine Einzelfallprüfung stattzufinden. Dabei ist maßgeblich, ob ein am Verfahren Beteiligter bei vernünftiger Würdigung aller Umstände Anlass hat, an der Unvoreingenommenheit und objektiven Einstellung des Verwaltungsorgans zu zweifeln.[13]

Grundsätzlich hat jedes Verwaltungsorgan von sich aus zu prüfen, ob einer der Befangenheitsgründe erfüllt ist, und bejahendenfalls seine Vertretung **von Amts wegen** zu veranlassen. Nur bei Gefahr im Verzug hat das befangene Verwaltungsorgan – wenn die Vertretung durch ein anderes Verwaltungsorgan nicht sogleich bewirkt werden kann – die unaufschiebbaren Amtshandlungen selbst vorzunehmen.[14]

Ein formelles Ablehnungsrecht von Verwaltungsorganen (einschließlich Amtssachverständigen) wegen Befangenheit steht den Parteien und Beteiligten eines Verwaltungsverfahrens nicht zu. Wird dennoch ein Ablehnungsantrag gestellt, muss über diesen nicht formell abgesprochen werden. Nichtsdestotrotz muss die Verwaltungsbehörde ein Befangenheitsvorbringen jedenfalls auf dessen Berechtigung hin prüfen, könnte doch das tatsächliche Vorliegen von Befangenheitsgründen einen wesentlichen Verfahrensmangel darstellen.[15]

Setzt ein befangenes Verwaltungsorgan eine Amtshandlung, bildet dies weder einen Nichtigkeits- noch einen Unzuständigkeitsgrund, sondern stellt bloß einen Verfahrensmangel dar. Dieser Mangel kann mit dem jeweils gegen den das Verfahren abschließenden Bescheid vorgesehenen Rechtsmittel geltend gemacht werden. Dies allerdings nur dann mit Erfolg, wenn Bedenken gegen die sachliche Richtigkeit des Bescheides bestehen.[16] Nur in diesem Fall würde die behauptete Befangenheit einen wesentlichen Verfahrensmangel darstellen. Bei Kollegialbehörden geht der VwGH jedenfalls dann von einem wesentlichen Verfahrensmangel aus, wenn die Kollegialbehörde bei Abwesenheit des befangenen Verwaltungsorgans nicht beschlussfähig gewesen wäre oder wenn ohne dessen Stimme die für die Beschlussfassung erforderliche Stimmenmehrheit nicht zustande gekommen wäre.[17] Die Mitwirkung eines befangenen Verwal-

13 VwGH 16.6.1992, 92/09/0120.
14 § 7 Abs 2 AVG.
15 VwGH 25.6.2009, 2007/07/0050; 17.9.2009, 2007/07/0164; 31.3.2016, Ra 2016/07/0020.
16 VwGH 3.6.1997, 95/06/0227; 4.2.2020, Ra 2020/14/0002.
17 VwSlg 18403 A/2012.

tungsorgans im verwaltungsbehördlichen Verfahren kann allerdings durch ein vor der Berufungsbehörde bzw dem VwG frei von Befangenheit geführtes Verfahren geheilt werden.[18]

Nichtamtliche Sachverständige können sowohl wegen absoluter Befangenheit als auch mangelnder Fachkunde abgelehnt werden. Im Rahmen der Ablehnung ist ein konkretes Vorbringen zu erstatten, aus dem die Gründe, die an der Unbefangenheit oder Fachkunde zweifeln lassen, glaubhaft dargelegt werden.[19] Über den Ablehnungsantrag hat die Behörde mittels Verfahrensanordnung zu entscheiden.[20]

Gemäß § 17 VwGVG sind die Befangenheitsgründe des § 7 AVG auch im verwaltungsgerichtlichen Verfahren anzuwenden.

Beispiel

Auf dem Grundstück des A befindet sich ein Brunnen, der vor 55 Jahren wasserrechtlich bewilligt wurde. Im Zuge eines behördlichen Ortsaugenscheines, dem ein wasserbautechnischer Amtssachverständiger (W), ein hydrogeologischer Amtssachverständiger (H) sowie das wasserwirtschaftlichen Planungsorgan (P) als Partei beigezogen wurden, wurde amtssachverständig festgestellt, dass der Brunnen nicht mehr dem Stand der Technik entspricht. P, der selbst hydrogeologischer Amtssachverständiger ist, erstattete in der Funktion als wasserwirtschaftliches Planungsorgan eine ausführliche Stellungnahme und forderte die Anpassung des Brunnens an den Stand der Technik.

In der Folge erließ die Behörde einen Bescheid und erteilte A den Auftrag, den Brunnen unter Beachtung näherer Anordnungen zu verschließen. Gegen diesen Bescheid erhob A Beschwerde. Das LVwG zog P als hydrogeologischen Amtssachverständigen dem Beschwerdeverfahren bei, holte von ihm ein Gutachten zu den fachlichen Aspekten der Beschwerde ein und stützte das abweisende Erkenntnis maßgeblich auf sein Gutachten.

A bekämpfte das Erkenntnis, monierte in der Revision unter anderem die Befangenheit von P und bekam Recht. Nach Ansicht des VwGH war es unzulässig, P im Verfahren vor dem LVwG als Amtssachverständigen beizuziehen. Weil P im vorangegangenen verwaltungsbehördlichen Verfahren als wasserwirtschaftliches Planungsorgan die Rechte einer Verfahrenspartei persönlich wahrnahm, durfte er sohin nicht gleichzeitig als Amtssachverständiger auftreten. Infolgedessen war P gemäß § 7 Abs 1 Z 1 AVG absolut befangen.[21] Weiters führte der VwGH aus, dass selbst, wenn man die Ansicht verträte, P sei im verwaltungsbehördlichen Verfahren als wasserwirtschaftliches Planungsorgan aufgetreten, diese Funktion könne im verwaltungsgerichtlichen Verfahren von einem anderen Referenten wahrgenommen werden und P könne daher im Verfahren vor dem LVwG als Amtssachverständiger auftreten, Befangenheit vorläge. Ein solcher Vorgang stellt iSd § 7 Abs 1 Z 3 AVG einen sonstigen wichtigen Grund dar, der geeignet wäre, die volle Unbefangenheit des Amtssachverständigen in Zweifel zu ziehen.

18 VwGH 27.9.2007, 2007/07/0004; 19.1.2021, Ra 2019/05/0213.
19 VwGH 9.9.2015, 2013/03/0120.
20 § 53 Abs 2 AVG.
21 Entnommen VwGH 30.5.2017, Ra 2016/07/0099.

Beispiel

A beantragte die Erteilung einer baurechtlichen Bewilligung für die Durchführung baulicher Änderungen sowie die Errichtung von Zu- und Umbauten, die von der Behörde auch erteilt wurde. Der Baubescheid wurde „Für den Abteilungsleiter" von Dipl. Ing. G gefertigt. Dagegen erhob B Berufung. In Anbetracht dieser Berufung wurde das Bauvorhaben geringfügig abgeändert. Über Aufforderung der Berufungsbehörde wurde zum geänderten Projekt ein bautechnisches Gutachten eingeholt, welches „Für den Abteilungsleiter" von Dipl. Ing. G gefertigt wurde. Die Berufungsbehörde stützte ihre Entscheidung maßgeblich auf das Gutachten des bautechnischen Amtssachverständigen und wies die Berufung des B als unbegründet ab. Gegen den Berufungsbescheid erhob B (nach der Rechtslage vor dem 1.1.2014) Beschwerde an den VwGH.

Der VwGH gab der Beschwerde statt und führte aus, dass Dipl. Ing. G den Baubescheid genehmigt und gleichzeitig auch das im Berufungsverfahren eingeholte bautechnische Gutachten gefertigt habe. Dipl. Ing. G hat somit als Organwalter an der Erlassung des angefochtenen Baubescheides mitgewirkt und hätte sich folglich im Berufungsverfahren seines Amtes als Amtssachverständiger zu enthalten gehabt. In der Person des Dipl. Ing. G liegt sohin der absolute Befangenheitsgrund des § 7 Abs 1 Z 4 AVG.[22]

2.3. Parteien und Beteiligte (§ 8 AVG)

Das AVG unterscheidet zwischen Parteien und Beteiligten. Gemäß § 8 AVG sind Personen, die eine Tätigkeit der Behörde in Anspruch nehmen oder auf die sich die Tätigkeit der Behörde bezieht, Beteiligte und, insoweit sie an der Sache vermöge eines Rechtsanspruches oder eines rechtlichen Interesses beteiligt sind, Parteien. Der Kreis der Beteiligten ist weiter als jener der Parteien. Jede Partei ist Beteiligter, aber nicht jeder Beteiligte ist Partei des Verwaltungsverfahrens.[23]

Beteiligte sind grob gesagt Personen mit und ohne Parteistellung. **Beteiligte ohne Parteistellung** können lediglich an der mündlichen Verhandlung teilnehmen und bei der Feststellung des Sachverhaltes mitwirken.[24] Die Anberaumung einer mündlichen Verhandlung hat durch Verständigung der bekannten Beteiligten zu erfolgen.[25] Die Verwaltungsbehörde hat alle bekannten Beteiligten der mündlichen Verhandlung beizuziehen.[26] Werden Beteiligte dem Verwaltungsverfahren nicht beigezogen, stellt dies gegenüber der Partei einen Verfahrensmangel dar.[27]

Beteiligte mit Parteistellung haben gegenüber Beteiligten ohne Parteistellung einen Rechtsanspruch, also ein subjektives Recht, oder ein rechtliches Interesse, den bzw das sie vor der Behörde durchsetzen können. Unter Rechtsanspruch ist der Anspruch auf ein bestimmtes Verhalten der Behörde in materieller Hinsicht, also zB auf Erteilung einer Bewilligung bei Vorliegen aller dafür gesetzlich gefor-

22 Entnommen VwGH 16.11.2010, 2007/05/0277.
23 VwGH 5.7.1973, 0144/73; 27.2.1991, 90/01/0143.
24 § 43 Abs 3 AVG.
25 § 41 Abs 1 AVG.
26 § 40 Abs 1 AVG.
27 VwGH 7.11.1991, 91/06/0082.

derten Voraussetzungen, zu verstehen. Rechtliches Interesse meint einen Anspruch auf ein bestimmtes verfahrensrechtliches Verhalten der Behörde, also auf keine bestimmte behördliche Entscheidung, aber auf Berücksichtigung bestimmter Umstände in Bezug auf eine Person bei der behördlichen Entscheidung.[28]

Die Frage, wer in einem konkreten Verwaltungsverfahren Parteistellung hat, kann nicht anhand des AVG allein gelöst werden. Vielmehr muss diese Frage anhand der in der konkreten Verwaltungsangelegenheit anzuwendenden Verwaltungsvorschriften (Materiengesetze) beantwortet werden. So sieht zB § 23 K-BO vor, dass Parteien des Baubewilligungsverfahrens der Antragsteller, der Grundeigentümer, der Eigentümer des Superädifikates bei Bauführung an diesem, die Miteigentümer des Baugrundstückes und die Anrainer sind. Enthält das Materiengesetz keine ausdrückliche Bestimmung zur Parteistellung, ist diese anhand der sog Schutznormentheorie festzustellen. Danach ist auf den Schutzzweck der Norm abzustellen, also darauf, wen oder was diese Norm schützen will.[29]

An die Parteistellung sind auch **Parteirechte** geknüpft. Danach haben Parteien das Recht auf:

- Akteneinsicht (§ 17 AVG),
- Parteiengehör (§ 37, § 43 Abs 2 und Abs 3, § 45 Abs 3 und § 65 AVG),
- Ablehnung nichtamtlicher Sachverständiger (§ 53 Abs 1 AVG),
- Verkündung oder Zustellung des Bescheides (§ 62 Abs 2 und Abs 3 AVG),
- Erhebung ordentlicher Rechtsmittel (Vorstellung gemäß § 57 Abs 2 AVG, Berufung gemäß § 63 AVG, Vorlageantrag gemäß § 64a Abs 2 AVG und Beschwerde an das VwG gemäß Art 132 B-VG),
- Erhebung außerordentlicher Rechtsbehelfe und Rechtsmittel (Wiederaufnahme des Verfahrens gemäß § 69 AVG, Wiedereinsetzung in den vorherigen Stand gemäß § 71 AVG, Revision an den VwGH gemäß Art 133 B-VG und Beschwerde an den VfGH gemäß Art 144 B-VG),
- Geltendmachung der Entscheidungspflicht (§ 73 AVG).

Bloße wirtschaftliche Interessen, die durch keine Rechtsvorschrift zu rechtlichen Interessen erhoben werden, begründen keine Parteistellung.[30] Ebenso wenig öffentliche Interessen.[31] Wird eine Person fälschlicherweise einem Verwaltungsverfahren als Partei beigezogen, begründet dies nicht die Parteistellung dieser Person.[32] Macht eine solche Person ohne Parteistellung dennoch Parteirechte geltend, indem sie zB Einwendungen oder Rechtsmittel erhebt, sind diese als unzulässig zurückzuweisen.

28 *Kolonovits/Muzak/Stöger,* Verwaltungsverfahrensrecht[11] Rz 118.
29 Vgl VwGH 8.10.1984, 84/10/0175; 22.4.2015, 2012/10/0016.
30 VwSlg 14037 A/1994.
31 VwGH 30.9.1992, 89/03/0224.
32 *Hengstschläger/Leeb,* AVG § 8 Rz 10 (Stand 1.1.2014, rdb.at).

Ist die Parteistellung in einem bestimmten Verwaltungsverfahren strittig, ist hierüber ein Feststellungsbescheid zu erlassen.[33] Zuständig zur Erlassung eines Feststellungsbescheides ist die zur Sachentscheidung berufene Verwaltungsbehörde.[34]

Wird eine Person, der Parteistellung zukommt, dem Verwaltungsverfahren nicht beigezogen, indem sie zB zur mündlichen Verhandlung nicht ordnungsgemäß geladen und ihr in der Folge auch kein Bescheid zugestellt wird, spricht man von der sog **„übergangenen Partei“**. Übergangene Parteien verlieren ihre Parteistellung durch die Nichtbeiziehung im Verfahren nicht. Vielmehr kommen der übergangenen Partei folgende Rechte zu:

- Antrag auf Zustellung des Bescheides,[35]
- Antrag auf bescheidmäßige Feststellung der Parteistellung[36] und
- direkte Bekämpfung des bereits (nur ihr gegenüber nicht) erlassenen Bescheides mit dem dafür vorgesehenen Rechtsmittel, ohne die Zustellung des Bescheides zu verlangen.[37] Dies setzt naturgemäß die inhaltliche Kenntnis des Bescheides voraus.

Dass die übergangene Partei ihre Parteistellung nicht verliert, ist rechtlich nicht ganz unproblematisch. So könnte etwa im Bauverfahren ein übergangener Anrainer noch jahrelang nach der erteilten Baubewilligung ein Rechtsmittel erheben, weil er im Verfahren übergangen wurde. Dieser heiklen Situation hat der Gesetzgeber mit den Bestimmungen über die Präklusion vorgebeugt. Danach verlieren – abgesehen vom Antragsteller – Personen ihre Parteistellung, wenn eine mündliche Verhandlung qualifiziert (doppelt) kundgemacht wurde und dennoch nicht rechtzeitig taugliche Einwendungen erhoben wurden[38] (siehe Kapitel 5.3.3.3.).

2.4. Vertretung (§ 10 AVG)

Gemäß § 10 Abs 1 AVG können sich Beteiligte und ihre gesetzlichen Vertreter – sofern nicht ihr persönliches Erscheinen ausdrücklich gefordert wird – entweder durch natürliche Personen, die volljährig und handlungsfähig sind und für die in keinem Bereich ein gerichtlicher Erwachsenenvertreter bestellt oder eine gewählte oder gesetzliche Erwachsenenvertretung oder Vorsorgevollmacht wirksam ist, oder durch juristische Personen bzw eingetragene Personengesellschaften vertreten lassen.

Bevollmächtigte haben sich durch eine **schriftliche, auf Namen oder Firma lautende Vollmacht** auszuweisen. Vor der Behörde kann eine Vollmacht auch **münd-**

33 VwGH 13.11.2013, 2013/12/0179; 27.11.2014, 2013/03/0152.
34 VwGH 13.11.2013, 2013/12/0179.
35 VwGH 22.1.2021, Ro 2020/02/0005.
36 VwGH 18.2.1998, 97/03/0180.
37 VwGH 17.10.2018, Ra 2018/11/0181.
38 § 42 Abs 1 und § 44b Abs 1 AVG.

lich erteilt werden; zu ihrer Beurkundung genügt ein Aktenvermerk. Einer telefonischen Bevollmächtigungserklärung kommt keine Rechtswirksamkeit zu.[39]

Die Vollmacht wird gegenüber der Verwaltungsbehörde erst durch die Vorlage der Vollmachtsurkunde oder die Berufung auf die erteilte Vollmacht wirksam (Außenverhältnis). Dies ungeachtet dessen, dass das Vollmachtverhältnis im Innenverhältnis schon vor der Vorlage der Vollmachtsurkunde oder Berufung auf die erteilte Vollmacht bestanden hat. Solange die Bevollmächtigung gegenüber der Verwaltungsbehörde nicht zum Ausdruck gebracht wird, bleibt ihre Wirkung auf das Innenverhältnis beschränkt.[40]

Vom Nachweis einer Vollmacht kann in folgenden Fällen abgesehen werden:

- Wenn eine zur berufsmäßigen Parteienvertretung befugte Person einschreitet, ersetzt die Berufung auf die ihr erteilte Vollmacht deren urkundlichen Nachweis.[41]
- Wenn die Vertretung durch amtsbekannte Angehörige (§ 36a AVG), Haushaltsangehörige, Angestellte oder durch amtsbekannte Funktionäre von beruflichen oder anderen Organisationen wahrgenommen wird und kein Zweifel über Bestand und Umfang der Vertretungsbefugnis besteht.[42]

Inhalt und Umfang der Vertretungsbefugnis richten sich nach den Bestimmungen der Vollmacht. Die Erteilung einer Untervollmacht ist grundsätzlich möglich. Nach § 1010 ABGB ist eine Substitution jedoch nur zulässig, wenn dies ausdrücklich vereinbart oder unvermeidlich ist. Rechtsanwälte können sich jedoch im Verhinderungsfalle gemäß § 14 RAO durch einen anderen Rechtsanwalt vertreten lassen. Im gesamten verwaltungsbehördlichen Verfahren herrscht jedoch kein Anwaltszwang.

Als Bevollmächtigte dürfen sog **Winkelschreiber** (Art III Abs 1 Z 1 EGVG) nicht zugelassen werden.[43] Winkelschreiber sind Personen, die ohne zur berufsmäßigen Parteienvertretung befugt zu sein, diese gewerbsmäßig ausüben oder anbieten. Wird eine solche Person bevollmächtigt, führt dies zunächst nicht per se zur Unwirksamkeit der Bevollmächtigung. Vielmehr hat die Behörde in einem solchen Fall die Ausübung der unbefugten Tätigkeit mittels Bescheid zu untersagen. Wird vor der bescheidmäßigen Untersagung ein Bescheid an den Bevollmächtigten zugestellt, so entfaltet die Zustellung des Bescheides an diesen (den Winkelschreiber) Rechtswirkung und ist für den Beginn der Rechtsmittelfrist maßgebend.[44]

---

39 VwSlg 18392 A/2012.
40 VwGH 27.6.2002, 2001/07/0164.
41 § 10 Abs 1 letzter Satz AVG.
42 § 10 Abs 4 AVG.
43 § 10 Abs 3 AVG.
44 VwGH 16.11.2017, Ra 2017/22/0179 mwN.

Die Vollmacht entfaltet nur in jenem Verfahren Wirkung, in dem der Bevollmächtigte durch eine schriftliche oder mündliche Vollmacht ausgewiesen ist. In anderen Verfahren kann auf eine Vollmacht, die in einem bei der Verwaltungsbehörde anhängigen oder anhängig gewesenen Verfahren ausgewiesen ist, aber verwiesen werden.[45]

Die Vollmacht kann entweder für das gesamte Verfahren oder nur für Teile davon (zB mündliche Verhandlung) erteilt werden. Unzulässig wäre jedoch eine generelle Vollmacht für alle anhängigen oder künftig anfallenden Verfahren.[46] Bei auftretenden Zweifeln über die Vollmacht ist nach den Vorschriften des bürgerlichen Rechts (§§ 1002 ff ABGB), bei etwaigen Mängeln mit einem Verbesserungsauftrag (§ 13 Abs 3 AVG) vorzugehen. Der Verbesserungsauftrag ist an den Einschreiter und nicht an den (angeblich) Vertretenen zu richten.[47]

Die Bestellung eines Bevollmächtigten schließt nicht aus, dass der Vollmachtgeber im eigenen Namen Erklärungen abgibt. Bei einander widersprechenden Erklärungen des Vollmachtgebers und des Bevollmächtigten gehen die Erklärungen des Vollmachtgebers vor.[48] Die behördliche Erledigung (zB der Bescheid) ist aber bei sonstiger Unwirksamkeit stets dem Bevollmächtigten zuzustellen bzw diesem gegenüber mündlich zu verkünden. Er ist auch als Empfänger zu bezeichnen.[49]

Die Beendigung der Vertretung richtet sich wiederum nach den Vorschriften des bürgerlichen Rechts. Damit die Beendigung gegenüber der Behörde wirksam wird, muss sie dieser schriftlich oder mündlich mitgeteilt werden. Ein fernmündlicher Widerruf entfaltet keine Rechtswirkung.[50] Eine Vollmacht kann zB durch Widerruf, Kündigung, Tod der Partei, Tod des Vertreters oder Insolvenzeröffnung beendet werden (§§ 1020 ff ABGB).

Gemäß § 10 Abs 5 AVG können sich Beteiligte auch eines **Rechtsbeistandes** bedienen und auch in seiner Begleitung vor der Behörde erscheinen. Dies stellt eine Durchbrechung des Grundsatzes der bloßen Partei- und Beteiligtenöffentlichkeit dar. Der Rechtsbeistand ist vom Bevollmächtigten zu unterscheiden. Er hat rein beratende Funktion und darf keine Erklärungen im Namen des Beteiligten abgeben oder empfangen.[51]

45 VwGH 28.8.2008, 2008/22/0607.
46 VwGH 8.7.2004, 2004/07/0080.
47 § 10 Abs 2 AVG; VwGH 7.7.2009, 2007/18/0021.
48 § 10 Abs 6 AVG; VwGH 16.4.1986, 85/03/0180.
49 VwSlg 17708 A/2009.
50 VwGH 27.1.2016, Ra 2016/05/0003.
51 VwGH 13.12.1982, 82/10/0015.

2.5. Anbringen (§ 13 AVG)

2.5.1. Allgemeines (§ 13 Abs 1 AVG)

Der Begriff „Anbringen" ist weit auszulegen und bezeichnet alle Arten von Verfahrenshandlungen, mit denen Beteiligte an eine Verwaltungsbehörde herantreten können.[52] Gemäß § 13 Abs 1 AVG sind darunter Anträge, Gesuche, Anzeigen, Beschwerden und sonstige Mitteilungen an eine Verwaltungsbehörde zu verstehen.

Anbringen können unterschiedliche Zwecke verfolgen. Sie können

- auf die **Einleitung eines mit Bescheid abzuschließenden Verwaltungsverfahrens** abzielen (zB Antrag auf baurechtliche Bewilligung zur Errichtung eines Gebäudes oder Antrag auf gewerberechtliche Bewilligung zur Errichtung und zum Betrieb einer Betriebsanlage),
- auf die **Erbringung einer behördlichen Leistung** gerichtet sein (zB Antrag auf Ausstellung eines Reisepasses oder Antrag auf Ausstellung eines Scheckkartenführerscheines) oder
- in einer **bloßen Anzeige** oder **Mitteilung eines Sachverhaltes** bestehen, ohne damit unmittelbar eine behördliche Entscheidung oder die Setzung eines behördlichen Aktes zu fordern (zB Mitteilung über die Änderung der Abgabestelle gemäß § 8 ZustG).[53]

Wie ein Anbringen bezeichnet wird, ist grundsätzlich unerheblich, vielmehr kommt es auf seinen Inhalt an.[54] Im Anbringen ist sohin präzise anzugeben, was von der Verwaltungsbehörde begehrt wird. Das ist insbesondere bei antragsbedürftigen Verwaltungsverfahren wesentlich, weil durch den Inhalt des Anbringens der **Gegenstand des Verwaltungsverfahrens** bestimmt wird. In einem antragsbedürftigen Verwaltungsverfahren bestimmt primär der Antragsteller den Gegenstand des Verwaltungsverfahrens. Wird ein antragsbedürftiges Verwaltungsverfahren ohne Antrag eingeleitet und erlässt die Verwaltungsbehörde von Amts wegen einen Bescheid, verletzt sie das Recht auf ein Verfahren vor dem gesetzlichen Richter (Art 83 Abs 2 B-VG).[55]

Hat ein Anbringen einen unklaren oder einen nicht genügend bestimmten Inhalt, so darf die Verwaltungsbehörde das Anbringen nicht sogleich zurückweisen. Vielmehr hat sie den Gegenstand des Anbringens – auch eines anwaltlich vertretenen Antragstellers – von Amts wegen (zB durch Befragung oder Aufforderung zur Präzisierung) gemäß §§ 37 und 39 AVG zu ermitteln.[56] Die Behörde ist nicht

52 VwGH 16.8.2017, Ro 2017/22/0005.

53 *Kolonovits/Muzak/Stöger,* Verwaltungsverfahrensrecht[11] Rz 150; *Hengstschläger/Leeb,* AVG § 13 Rz 1 (Stand 1.1.2014, rdb.at).

54 VwGH 26.11.1986, 86/01/0157.

55 VwGH 20.9.2012, 2011/07/0149 mwN.

56 VwGH 15.6.2011, 2008/05/0069; 27.7.2017, Ra 2015/07/0109.

befugt, einem Anbringen, das mehrere Deutungen zulässt, eine eigene Deutung zu geben, gleichgültig, ob diese für den Antragsteller vorteilhaft ist oder nicht.[57]

Grundsätzlich hat die Verwaltungsbehörde jedes Anbringen zu bearbeiten. Eine Ausnahme besteht für solche Anbringen, die sich auf **keine bestimmte Angelegenheit** beziehen. Diese sind von der Verwaltungsbehörde nicht in Behandlung zu nehmen.[58] Damit sind einerseits sog Spam-Mails gemeint, auf die die Behörde nicht zu reagieren braucht,[59] und andererseits allgemeine Forderungen, zB solche nach einer besseren Verwaltung oder einer strengeren Auslegung von Gesetzen. Die Verwaltungsbehörde trifft in diesen Fällen dennoch eine Prüfpflicht, ob das Anbringen nicht doch einer konkreten Verwaltungsangelegenheit zuzuordnen ist, die nur unklar artikuliert wurde. Lässt sich das Anbringen einer konkreten Verwaltungsangelegenheit zuordnen, ist es in Behandlung zu nehmen, ansonsten kann es von der Verwaltungsbehörde vernachlässigt werden.[60]

Gemäß Art 8 Abs 1 B-VG ist, unbeschadet der den sprachlichen Minderheiten bundesgesetzlich eingeräumten Rechte, die **deutsche Sprache** die Staatssprache der Republik Österreich. Anbringen sind sohin grundsätzlich in deutscher Sprache einzubringen. Ausnahmen bestehen für bestimmte Volksgruppen[61] und nach dem Unionsrecht. Wird ein Anbringen in einer unzulässigen Sprache eingebracht, stellt dies einen verbesserungsfähigen Mangel dar, der erst nach fruchtlosem Ablauf der im Verbesserungsauftrag gesetzten Frist zur Zurückweisung des Anbringens berechtigt.

2.5.2. Form von Anbringen (§ 13 Abs 2 AVG)

Soweit in den Verwaltungsvorschriften nicht anderes bestimmt ist, können Anträge, Gesuche, Anzeigen, Beschwerden und sonstige Mitteilungen bei der Verwaltungsbehörde

- **schriftlich,**
- **mündlich** oder
- **telefonisch**

eingebracht werden. Es herrscht grundsätzlich Formfreiheit.

Eine **Ausnahme** besteht für **Rechtsmittel** und **Anbringen**, die an eine **Frist gebunden** sind oder durch die der **Lauf einer Frist bestimmt** wird. Diese müssen zwingend **schriftlich** eingebracht werden.[62] Gleiches gilt für Anbringen, für die

57 VwGH 29.6.2011, 2010/12/0213; 16.9.2013, 2012/12/0139.
58 § 13 Abs 6 AVG.
59 ErläutRV 294 BlgNR 23. GP 10.
60 *Kolonovits/Muzak/Stöger*, Verwaltungsverfahrensrecht[11] Rz 153.
61 Vgl näher VoGrG.
62 § 13 Abs 1 AVG; anders zB § 49 Abs 1 zweiter Satz VStG: Der Einspruch kann auch mündlich erhoben werden.

die Verwaltungsvorschriften ausdrücklich die Schriftform verlangen.[63] Wird in diesen Fällen – trotz Schriftformgebot – ein Anbringen mündlich oder telefonisch eingebracht, hat die Behörde im Rahmen ihrer Manuduktionspflicht (siehe Kapitel 2.6.) den Einschreiter zu belehren, dass nur schriftliche Anbringen wirksam sind. Protokolliert die Behörde ein mündliches Anbringen freiwillig in einer Niederschrift, wird das mündliche Anbringen damit zum schriftlichen Anbringen. Will die Behörde keine freiwillige Niederschrift aufnehmen, hat sie den Einschreiter entsprechend zu manuduzieren.[64]

Als eingebracht gilt ein Anbringen erst dann, wenn es bei der Verwaltungsbehörde tatsächlich eingelangt ist. Die Gefahr des Verlustes trägt der Einschreiter. Das ist zB der Antragsteller oder Rechtsmittelwerber.

Schriftliche Anbringen können der Verwaltungsbehörde in jeder technisch möglichen Form übermittelt werden (zB per Fax), mit E-Mail jedoch nur insoweit, als für den elektronischen Verkehr zwischen der Behörde und den Beteiligten nicht besondere Übermittlungsformen (zB Onlineformulare) vorgesehen sind. Etwaige technische Voraussetzungen oder organisatorische Beschränkungen des elektronischen Verkehrs zwischen der Behörde und den Beteiligten sind im Internet bekanntzumachen.[65]

Organisatorische Beschränkungen des elektronischen Verkehrs können zB sein, dass Schriftstücke nur bei einer bestimmten E-Mail-Adresse und/oder nur während der Amtsstunden eingebracht werden können. Hat die Behörde solche organisatorischen Beschränkungen bekanntgemacht, gilt ein Schriftstück nur dann als fristgerecht eingebracht, wenn es an die kundgemachte E-Mail-Adresse am letzten Tag der Frist innerhalb der kundgemachten Amtsstunden übermittelt wird. Für den Fall der Übermittlung an eine andere als die kundgemachte E-Mail-Adresse gilt das elektronische (schriftliche) Anbringen erst mit dem Einlangen bei der kundgemachten E-Mail-Adresse als eingebracht.[66]

Mündliche Anbringen setzen – im Gegensatz zu telefonischen Anbringen – die persönliche Anwesenheit des Einschreiters bei der Behörde voraus. Die Behörde kann das mündliche Anbringen entweder in einer Niederschrift (siehe Kapitel 2.7.) festhalten oder einen Aktenvermerk (siehe Kapitel 2.8.) anlegen.

Telefonische Anbringen können nur in einem Aktenvermerk festgehalten werden. Erscheint die telefonische Einbringung eines Anbringens der Natur der Sache nach nicht tunlich, so kann die Behörde dem Einschreiter auftragen, es innerhalb

63 ZB § 349 Abs 2 GewO; § 9 Abs 1 K-BO; § 51 Abs 1 K-NSG.

64 *Kolonovits/Muzak/Stöger*, Verwaltungsverfahrensrecht[11] Rz 155, *Hengstschläger/Leeb*, AVG § 13 Rz 17 (Stand 1.1.2014, rdb.at); *Hengstschläger*, Verwaltungsverfahrensrecht[4] (2009) Rz 122.

65 § 13 Abs 2 AVG.

66 *Hengstschläger/Leeb*, AVG § 13 Rz 10/1 und Rz 32 (Stand 1.1.2014, rdb.at).

einer angemessenen Frist schriftlich oder mündlich einzubringen. Erteilt die Behörde einen solchen Auftrag, gilt das telefonische Anbringen als nicht eingebracht und löst auch keine Entscheidungsfrist aus.[67]

2.5.3. Entgegennahme von Anbringen (§ 13 Abs 5 AVG)

Gemäß § 13 Abs 5 AVG ist die Verwaltungsbehörde nur während der Amtsstunden verpflichtet, schriftliche Anbringen entgegenzunehmen oder Empfangsgeräte empfangsbereit zu halten. Zur Entgegennahme mündlicher oder telefonischer Anbringen ist die Behörde – außer bei Gefahr im Verzug – nur während der für den Parteienverkehr bestimmten Zeit verpflichtet. Die Amtsstunden und die für den Parteienverkehr bestimmte Zeit sind im Internet und an der Amtstafel bekanntzumachen.

Hat die Behörde zB die Dauer der Amtsstunden bekanntgemacht und beinhaltet diese Bekanntmachung gleichzeitig auch den Hinweis, dass schriftliche Anbringen nur während der Amtsstunden entgegengenommen bzw eingebracht werden können und außerhalb der Amtsstunden eingebrachte schriftliche Anbringen erst mit Wiederbeginn der Amtsstunden als eingebracht gelten, so ist zB ein fristgebundener Antrag, der am letzten Tag der Frist außerhalb der Amtsstunden eingebracht wird, jedenfalls nicht fristwahrend.

Nimmt die Behörde aber schriftliche Anbringen außerhalb der Amtsstunden freiwillig entgegen, gelten diese als bei der Verwaltungsbehörde eingebracht und eingelangt. Entsprechendes gilt auch, wenn die Behörde einen Einlaufkasten aufstellt und dieser keinen Hinweis auf die tägliche Entleerungszeit (Aushebungszeit) aufweist. Findet sich auf dem Einlaufkasten kein Hinweis auf die tägliche Entleerungszeit, ist davon auszugehen, dass die Behörde schriftliche Anbringen auch außerhalb der Amtsstunden entgegennimmt. Ist hingegen ein Hinweis angebracht, gelten am letzten Tag der Frist eingeworfene schriftliche Anbringen nur dann als fristgerecht eingebracht, wenn der Einwurf vor der planmäßigen Entleerungszeit erfolgt. Andernfalls gelten sie erst mit dem Wiederbeginn der Amtsstunden – und somit allenfalls als nicht fristgerecht – eingebracht.[68]

Beispiel

Die Amtsstunden der Behörde sind Montag bis Freitag von 08:00 bis 13:00 Uhr. Die Behörde hat außerhalb des Amtes einen Einlaufkasten ohne jeglichen Hinweis auf die Entleerungszeit aufgestellt. A wirft den Einspruch gegen die Strafverfügung am letzten Tag der Frist um 21:45 Uhr in den Einlaufkasten der Behörde ein. Der Einspruch ist rechtzeitig.[69]

67 § 13 Abs 1 AVG.
68 *Kolonovits/Muzak/Stöger*, Verwaltungsverfahrensrecht[11] Rz 157.
69 Entnommen VwGH 29.9.1993, 93/02/0118.

Beispiel

Die Amtsstunden der Behörde sind Montag bis Freitag von 08:00 bis 13:00 Uhr. Die Behörde hat außerhalb des Amtes einen Einlaufkasten mit dem Hinweis „Entleerung täglich um 15:00 Uhr. Nach der Entleerungszeit eingeworfene Anbringen gelten erst mit Wiederbeginn der Amtsstunden als eingebracht“ aufgestellt. A wirft den Einspruch gegen die Strafverfügung am letzten Tag der Frist um 21:45 Uhr in den Einlaufkasten der Behörde ein. Der Einspruch ist verspätet.

Hält die Behörde ihre Empfangsgeräte (zB Fax oder Mailserver) außerhalb der Amtsstunden freiwillig bereit, gelten fristgebundene Anbringen (zB Rechtsmittel), die am letzten Tag der Frist außerhalb der Amtsstunden per Fax oder E-Mail bei der Behörde einlangen, mangels gegenteiliger Hinweise als fristgerecht eingebracht. Macht die Behörde im Internet hingegen kund, dass sie ihre Empfangsgeräte zwar außerhalb der Amtsstunden bereithält, jedoch Anbringen, die außerhalb der Amtsstunden per Fax oder E-Mail bei ihr einlangen, erst mit Wiederbeginn der Amtsstunden als eingebracht gelten, dann ist dies nicht der Fall.[70]

Beispiel

Ein Förderantrag für eine Zuschussleistung muss, um rechtzeitig zu sein, bis zum 30.6.2021 bei der Behörde eingebracht werden. Auf der Homepage und an der Amtstafel der Behörde ist Folgendes bekanntgemacht: „Die Amtsstunden sind Montag bis Freitag von 08:00 bis 13:00 Uhr. Sie können Anbringen auch elektronisch (per Fax oder E-Mail) einbringen. Für die Einbringung von Schriftstücken per Telefax verwenden Sie bitte die Telefaxnummer 010 123456, für die Einbringung von Schriftstücken per E-Mail die E-Mail-Adresse ‚post@bhmustermann.gv.at‘. Die Empfangsgeräte (Fax und E-Mail-Server) sind auch außerhalb der Amtsstunden empfangsbereit. Falls Sie uns außerhalb der Amtsstunden ein elektronisches Anbringen übermitteln, wird dieses erst mit dem Wiederbeginn der Amtsstunden entgegengenommen und bearbeitet. Es gilt daher auch erst zu diesem Zeitpunkt als eingebracht und eingelangt. Diese Regelung gilt nicht für die Einbringung von Rechtsmittel.“

A bringt den Förderantrag am letzten Tag der Frist, sohin am 30.6.2021, um 17:01 Uhr per E-Mail an die von der Behörde bekanntgemachte E-Mail-Adresse ein. Das E-Mail langt um 17:02 Uhr auch tatsächlich bei der Behörde ein. Der per E-Mail eingebrachte Förderantrag ist dennoch verspätet. Durch die Bekanntmachung der Behörde auf der Homepage und an der Amtstafel hat diese kundgetan, dass für Anbringen per Fax oder E-Mail, die außerhalb der Amtsstunden übermittelt werden, keine Bereitschaft zur Entgegennahme besteht und solche Anbringen erst mit Wiederbeginn der Amtsstunden als eingebracht und eingelangt gelten. Dadurch wurde die Antragsfrist nicht gewahrt.

2.5.4. Zurückziehung von Anbringen (§ 13 Abs 7 AVG)

Gemäß § 13 Abs 7 AVG können Anbringen in jeder Lage des Verfahrens, sohin auch noch im Rechtsmittelverfahren – bis zum Eintritt der Rechtskraft der Ent-

70 *Hengstschläger/Leeb*, AVG § 13 Rz 36/1 (Stand 1.1.2014, rdb.at).

scheidung[71] – zurückgezogen werden. Die Zurückziehung eines Anbringens stellt selbst ein Anbringen dar und ist sowohl schriftlich, mündlich als auch telefonisch[72] möglich.

Die Zurückziehung eines (verfahrenseinleitenden) Antrages,[73] einer Einwendung[74] oder eines Rechtsmittels[75] bedarf einer **ausdrücklichen Willenserklärung** gegenüber der Verwaltungsbehörde. Die Zurückziehung ist als prozessuale Willenserklärung nur empfangsbedürftig, nicht aber annahmebedürftig. Das bedeutet, dass sie mit dem Einlangen bei der zuständigen Behörde wirksam wird, ohne dass es einer formellen Annahmeerklärung der Behörde bedarf. Mit diesem Zeitpunkt wird sie auch **unwiderruflich.**[76]

Die Zurückziehung eines (verfahrenseinleitenden) Antrages ist so lange zulässig, als dieser noch unerledigt ist und daher noch zurückgezogen werden kann. Das bedeutet für jene Fälle, in denen der verfahrenseinleitende Antrag auf die Einleitung eines mit Bescheid abzuschließenden Verfahrens gerichtet ist, dass eine Antragszurückziehung bis zur Bescheiderlassung, im Fall einer Berufung bzw Bescheidbeschwerde auch bis zur Erlassung des Berufungsbescheides bzw Erkenntnisses (Beschlusses) möglich ist. Erfolgt die Zurückziehung des verfahrenseinleitenden Antrages während offener Rechtsmittelfrist, jedoch ohne Erhebung eines Rechtsmittels, so erfolgt sie zu spät und zieht keine Rechtswirkungen mehr nach sich.[77]

Die Zurückziehung eines verfahrenseinleitenden Antrages vor Erlassung eines Bescheides bewirkt den Wegfall der Entscheidungspflicht und Entscheidungskompetenz[78] der Verwaltungsbehörde. Ein bei ihr anhängiges Verfahren ist formlos einzustellen.[79] Befindet sich das Verfahren hingegen infolge einer Berufung bzw Beschwerde gegen den den verfahrenseinleitenden Antrag erledigenden Bescheid bereits auf der Ebene der Berufungsbehörde bzw des VwG, so bewirkt die Zurückziehung des verfahrenseinleitenden Antrages den Wegfall der Zuständigkeit der Verwaltungsbehörde zur Erlassung des Bescheides und damit (nachträglich) dessen Rechtswidrigkeit. Ein solcher rechtswidrig gewordener Bescheid wird nicht durch die Zurückziehung des verfahrenseinleitenden Antrages quasi unter einem beseitigt, er muss vielmehr durch die Berufungsbehörde bzw das VwG ersatzlos aufgehoben werden.[80]

---

71 VwGH 27.3.2014, 2010/10/0182; 28.8.2018, Ro 2015/06/0003.
72 VwGH 2.4.1990, 90/19/0139.
73 VwGH 24.7.2014, Ro 2014/07/0031.
74 VwGH 15.5.2012, 2009/05/0088.
75 VwGH 21.12.2000, 2000/01/0157.
76 VwGH 2.2.2012, 2011/04/0017; 25.7.2013, 2013/07/0106.
77 VwGH 25.7.2013, 2013/07/0099; 16.8.2017, Ro 2017/22/0005.
78 VwGH 23.7.2009, 2008/05/0241.
79 VwGH 25.7.2013, 2013/07/0099.
80 VwGH 23.1.2014, 2013/07/0235; 31.1.2019, Ra 2018/22/0086.

2.5.5. Änderung des verfahrenseinleitenden Antrages (§ 13 Abs 8 AVG)

Gemäß § 13 Abs 8 AVG kann der verfahrenseinleitende Antrag in jeder Lage des Verfahrens bis zu einer allfälligen Schließung des Ermittlungsverfahrens (siehe Kapitel 5.3.1.) geändert werden. Gilt das Ermittlungsverfahren als nicht (mehr) geschlossen, kann auch der verfahrenseinleitende Antrag wieder geändert werden.

Durch die Antragsänderung darf die Sache ihrem **Wesen** nach nicht geändert und die sachliche und örtliche Zuständigkeit nicht berührt werden. Nur dann ist die Antragsänderung zulässig. Daraus folgt, dass nicht bereits die Modifizierung des eingereichten Projektes, sondern erst die Änderung des Wesens des Projektes unzulässig ist. Eine wesentliche Änderung des Projektes liegt jedenfalls vor, wenn es sich bei der Antragsänderung tatsächlich nicht um eine Änderung des ursprünglichen Projektes, sondern um ein neues „anderes" Projekt (sog aliud) handelt. Liegt eine wesentliche Änderung vor, ist dies als konkludente Zurückziehung des ursprünglichen Antrages und Stellung eines neuen Antrages zu werten. Bewirkt die wesentliche Änderung auch die Unzuständigkeit der Behörde, hat diese den neuen Antrag entweder an die zuständige Behörde weiterzuleiten oder den Einschreiter an diese zu verweisen. Ansonsten hat sie das Verwaltungsverfahren aufgrund des neuen Antrages abzuführen.[81]

Wo die Grenze zwischen wesentlichen und unwesentlichen Änderungen verläuft, ist letztlich eine einzelfallbezogene Wertungsfrage. Abgesehen von dem im AVG ausdrücklich genannten Fall einer dadurch bewirkten Änderung der Zuständigkeit, stellt die höchstgerichtliche Rsp darauf ab, dass dadurch das Vorhaben in einer für andere Beteiligte nachteiligen Weise oder so geändert wird, dass zusätzliche und neue Gefährdungen entstehen. Änderungen eines Projektes, die sohin nicht geeignet sind, gegenüber dem ursprünglichen Projekt neue oder größere Gefährdungen, Belästigungen udgl herbeizuführen, sind zulässig.

Abgesehen von der unwesentlichen Änderung ist eine Änderung des verfahrenseinleitenden Antrages gemäß § 13 Abs 8 AVG nur dann zulässig, wenn durch sie die sachliche und örtliche **Zuständigkeit** nicht berührt wird. Führt die Antragsänderung zu einer Änderung der Zuständigkeit der Behörde – etwa bei einer Überschreitung von Schwellenwerten –, hat die Behörde den Antrag gemäß § 6 Abs 1 AVG an die zuständige Behörde weiterzuleiten oder den Einschreiter an diese zu verweisen. In einem solchen Fall ist die Antragsänderung (wie auch bei einer wesentlichen Änderung) als neuer Antrag unter konkludenter Zurückziehung des alten Antrages zu werten.

81 *Hengstschläger/Leeb*, AVG § 13 Rz 45 (Stand 1.1.2014, rdb.at); *Hengstschläger*, Verwaltungsverfahrensrecht[4] Rz 118.

Änderungen gemäß § 13 Abs 8 AVG sind grundsätzlich auch im **Rechtsmittelverfahren** zulässig. Dies auch dann, wenn die belangte Behörde das Ermittlungsverfahren zuvor bereits geschlossen hat. Soweit sich die Änderung des Antrages im Rahmen des § 13 Abs 8 AVG hält, also das Wesen der Sache und die Zuständigkeit nicht verändert werden, und zudem die Grenzen des Berufungs- bzw Beschwerdegegenstandes nicht überschritten werden, hat die Rechtsmittelbehörde bzw das Rechtsmittelgericht über den geänderten Antrag in der Sache selbst zu entscheiden. Projektmodifikationen sind im Rechtsmittelverfahren demnach so weit möglich, als nicht der Prozessgegenstand, der den Inhalt des Spruchs des verwaltungsbehördlichen Bescheids darstellt, ausgewechselt wird.[82] Ob es sich beim geänderten Projekt noch um dieselbe Sache handelt, ist anhand eines Vergleiches der beiden Projekte zu beurteilen. Jedenfalls darf die Antragsänderung im Rechtsmittelverfahren (soweit es sich um ein Mehrparteienverfahren handelt) keine zusätzlichen subjektiven Rechte von Parteien berühren und darüber hinaus auch bisher geltend gemachte Rechte nicht tangieren. Daraus folgt, dass im Rechtsmittelverfahren Reduzierungen eines Projektes (zB Verkleinerung eines Gebäudes um ein Geschoss) zulässig sind, hingegen Erweiterungen eines Projektes (zB Erhöhung eines Gebäudes um ein Geschoss) unzulässig sind.[83]

Erfolgt eine das Wesen der Sache ändernde Projektmodifizierung im Rechtsmittelverfahren, bewirkt dies die konkludente Zurückziehung des ursprünglichen verfahrenseinleitenden Antrages und damit den Wegfall der Zuständigkeit der Behörde zur Erlassung des Bescheides. Dadurch wird der Bescheid nachträglich rechtswidrig. In diesem Fall hat die Rechtsmittelbehörde bzw das Rechtsmittelgericht den bekämpften Bescheid infolge Wegfalls des zugrunde liegenden Antrages ersatzlos zu beheben und den neuen Antrag an die zuständige Behörde zur Entscheidung über die „neue" Sache weiterzuleiten. Voraussetzung dafür ist allerdings, dass der zweite Antrag eine Änderung des ursprünglichen Antrages darstellt. Nur dann kann von einer konkludenten Zurückziehung des ersten Antrages ausgegangen werden.[84]

2.5.6. Verbesserungsauftrag (§ 13 Abs 3 und Abs 4 AVG)

Mängel schriftlicher Anbringen ermächtigen die Behörde nicht zur Zurückweisung. Die Behörde hat vielmehr von Amts wegen unverzüglich (idR binnen vier Wochen[85]) deren Behebung zu veranlassen und dem Einschreiter die Behebung des Mangels innerhalb einer angemessenen Frist mit der Wirkung aufzutragen, dass das Anbringen nach fruchtlosem Ablauf dieser Frist zurückgewiesen wird.

82 VwGH 26.5.2021, Ra 2019/04/0071.
83 VwGH 22.2.2021, Ra 2021/05/0018; 3.5.2011, 2008/05/0205; *Hengstschläger/Leeb*, AVG § 13 Rz 47 (Stand 1.1.2014, rdb.at).
84 VwGH 25.10.2017, Ra 2017/07/0073.
85 VwGH 26.2.2015, 2012/07/0111.

Eine auf § 13 Abs 3 AVG gestützte Zurückweisung kommt nur bei solchen Anbringen in Betracht, die mit Mängel behaftet sind. Das ist dann der Fall, wenn für die Partei klar erkennbar ist, welche Anforderungen das Materiengesetz oder das AVG an ein vollständiges, fehlerfreies Anbringen stellt und das Anbringen dennoch davon abweicht. Ein solcher Mangel kann auch im Fehlen von Unterlagen liegen. Existiert eine derartige Anordnung weder im Materiengesetz noch im AVG, kann die Behörde die unterlassene Beibringung von Unterlagen, die sie für ihre Entscheidung benötigt und nicht selbst beschaffen kann, allenfalls im Rahmen der freien Beweiswürdigung als Verletzung der Mitwirkungspflicht berücksichtigen. In einem solchen Fall liegt jedoch kein Mangel iSd § 13 Abs 3 AVG vor, sodass weder die Erteilung eines Verbesserungsauftrages noch – nach fruchtlosem Verstreichen der zu Unrecht gesetzten Frist – die Zurückweisung des Anbringens in Frage kommen.[86]

Verbesserungsfähig sind sowohl **Formgebrechen** (zB Fehlen von gesetzlich vorgeschriebenen Unterlagen, wie etwa ein Beleg über die Zustimmung des Grundeigentümers, wenn der Antragsteller nicht Eigentümer des Baugrundstückes ist) als auch **Inhaltsmängel** (zB Fehlen von Angaben über die Rechtzeitigkeit eines Wiedereinsetzungsantrages).[87] Ist ein Verbesserungsauftrag offenkundig aussichtslos, ist ein solcher auch nicht zu erteilen. Aussichtslos ist ein Verbesserungsauftrag zB dann, wenn der maßgebende Grund für die Nichterteilung der Baubewilligung im Widerspruch des Bauvorhabens zum Flächenwidmungsplan liegt und daran auch die Vorlage von fehlenden Unterlagen nichts ändern würde,[88] oder wenn für die Erteilung einer naturschutzrechtlichen Bewilligung die Beibringung einer Bewilligung nach einem anderen Materiengesetz erforderlich ist und diese wegen (rechtskräftiger) Abweisung der beizubringenden Bewilligung nicht erbracht werden kann.[89]

Wird der Mangel innerhalb der gesetzten Frist behoben, so gilt das Anbringen als ursprünglich richtig (fehlerfrei) eingebracht. Wird der Mangel nicht innerhalb der gesetzten Frist behoben, ist das Anbringen mit Bescheid zurückzuweisen. Dies gilt auch für die nur teilweise Behebung des Mangels, zumal eine teilweise Mängelbehebung einer gänzlichen Unterlassung der Mängelbehebung gleichzusetzen ist. Über die Rechtsfolgen der Zurückweisung ist eine nicht durch einen berufsmäßigen Parteienvertreter vertretene Partei im Rahmen der behördlichen Manuduktionspflicht ausdrücklich zu belehren. Formulierungen wie „um Ihr Ansuchen positiv erledigen zu können, wird um Vorlage der fehlenden Unterlagen binnen einer Frist von vier Wochen ersucht", oder „nach fruchtlosem Ablauf der dreimonatigen Frist für die Vorlage eines Nachweises des öffentlichen

86 VwGH 15.6.2020, Ra 2019/10/0183.

87 VwGH 17.10.2002, 2002/20/0273; 29.4.2005, 2005/05/0100; 12.9.2006, 2003/03/0074; 23.2.2010, 2009/05/0251; 8.8.2018, Ra 2018/10/0096.

88 VwGH 21.5.2007, 2006/05/0086.

89 VwGH 22.3.1999, 98/10/0407.

Interesses werde ohne weitere Anhörung entschieden“ stellen keine ausreichende Rechtsbelehrung im Verbesserungsauftrag dar.[90]

Erfolgt die Behebung des Mangels verspätet, jedoch vor Erlassung des Zurückweisungsbescheides, wirkt die Verbesserung zwar nicht zurück, führt aber – es sei denn, es wäre eine Frist versäumt – nicht zur Zurückweisung des Anbringens, weil das ursprünglich fehlerhafte Anbringen mit der Behebung des Mangels als fehlerfrei eingebracht gilt.[91]

Im Verbesserungsauftrag ist **konkret und unmissverständlich** anzugeben, welche Mängel vorliegen und innerhalb welcher Frist diese Mängel zu beheben sind. Die **Frist** für die Mängelbehebung muss **angemessen** sein. Die Angemessenheit hängt von der Art des Mangels ab und unterliegt somit der einzelfallbezogenen Beurteilung. Eine Erstreckung der Frist ist möglich.

Beispiel

A stellte einen Antrag auf Erteilung einer wasserrechtlichen Bewilligung zur Durchführung von Nassbaggerungen. Dem Antrag wurde ein Privatgutachten über die Auswirkungen der geplanten Nassbaggerungen auf die Grundwasserströmungssituation und die Grundwassertemperaturverhältnisse beigelegt. Nach Durchführung der mündlichen Verhandlung erteilte die Behörde die wasserrechtliche Bewilligung unter Vorschreibung von Auflagen. Gegen diesen Bescheid erhob B Berufung. Im Berufungsverfahren erfolgte die Beiziehung eines wasserbautechnischen Amtssachverständigen, der sich mit dem Privatgutachten auseinandersetzte und daraufhin ein eigenes Amtssachverständigengutachten erstattete. Diesem Amtssachverständigengutachten zufolge sind die Einreichunterlagen unvollständig und mangelhaft. In der Folge erteilte die Berufungsbehörde A einen Verbesserungsauftrag und fordert diesen zur Nachreichung der im Amtssachverständigengutachten aufgezeigten Unvollständigkeit und Mangelhaftigkeit der Einreichunterlagen binnen vier Wochen und/oder zur Stellungnahme zum Gutachten auf. Auf die Rechtsfolgen der Zurückweisung bei ungenütztem Verstreichen der Frist wurde im Verbesserungsauftrag hingewiesen.

A nahm zum Gutachten (und zum Verbesserungsauftrag) fristgerecht Stellung und führte zusammengefasst aus, dass er sich intensiv mit dem Amtssachverständigengutachten auseinandergesetzt habe und die Ansicht vertrete, dass einerseits die Vorlage weiterer Unterlagen nicht notwendig sei und andererseits dem Gutachten nicht entnommen werden könne, welche fehlenden Unterlagen nachzureichen seien, zumal diese im Amtssachverständigengutachten nicht definitiv genannt sind.

Infolge Nichtbeibringung der weiteren Unterlagen änderte die Berufungsbehörde die erteilte wasserrechtliche Bewilligung dahingehend ab, dass der Antrag auf Erteilung einer wasserrechtlichen Bewilligung zur Durchführung von Nassbaggerungen gemäß § 13 Abs 3 AVG zurückgewiesen wird. Begründend führte sie aus, dass aufgrund des eingeholten wasserbautechnischen Amtssachverständigengutachtens verschiedene Unterlagen zur Beurteilung des Bewilligungsantrages fehlten, diese Unterlagen jedoch erforderlich seien, um über mögliche Auswirkungen der beantragten Nassbaggerung auf näher genannte Parameter eine Aussage treffen zu können.

---

90 VwGH 3.10.2013, 2012/06/0185; 19.3.2002, 99/10/0203.

91 VwGH 14.10.2013, 2013/12/0079.

A bekämpfte den Zurückweisungsbescheid und bekam Recht. Nach Ansicht des VwGH stellt die bloße Übermittlung eines Amtssachverständigengutachtens, aus dem nicht klar und eindeutig hervorgeht, welche Unterlagen noch beizubringen sind, keinen dem § 13 Abs 3 AVG entsprechenden Verbesserungsauftrag dar, der zur Zurückweisung des verfahrenseinleitenden Antrages wegen Unterlassung der Mängelbehebung berechtigt. Selbst die Annahme, dass sich ein Adressat eines Verbesserungsauftrages zwecks Aufklärung an die Behörde zu wenden hat, wenn ihm der Inhalt des Verbesserungsauftrages unklar ist, ändert an diesem Ergebnis nichts, zumal A in seiner Stellungnahme darauf hingewiesen hat, dass er nicht in der Lage sei, festzustellen, welche fehlenden Unterlagen nachzureichen wären. Durch die Unterlassung einer für A nachvollziehbaren Auflistung der noch ausstehenden Unterlagen und damit der konkreten Formulierung des Verbesserungsauftrages erweist sich der Verbesserungsauftrag als ungeeignet, um im Fall seiner Nichterfüllung die angedrohten Rechtsfolgen nach sich zu ziehen. Die Zurückweisung des Antrages war sohin rechtswidrig.[92]

Ein Zurückweisungsbescheid wegen Nichtbehebung eines Mangels stellt nur eine Entscheidung in prozessualer (formeller) Hinsicht dar. Daher steht ein rechtskräftiger Zurückweisungsbescheid gemäß § 13 Abs 3 AVG einer Sachentscheidung über einen neuen Antrag in ein- und derselben Angelegenheit nicht entgegen.

Beispiel

A beantragt die Erteilung einer gewerberechtlichen Bewilligung zur Errichtung einer Betriebsanlage. Dem Ansuchen werden nicht alle gemäß § 353 GewO geforderten Unterlagen angeschlossen, weswegen die Behörde dem A einen Verbesserungsauftrag erteilt. Im Verbesserungsauftrag gibt die Behörde die Bestimmung des § 353 GewO wieder und legt konkret dar, welche Unterlagen fehlen und innerhalb welcher Frist diese bei sonstiger Zurückweisung des Ansuchens der Behörde nachzureichen sind. Infolge des erteilten Verbesserungsauftrages reicht A die fehlenden Unterlagen nur teilweise nach. Die Behörde erlässt daraufhin mangels fristgerechter Mängelbehebung einen Zurückweisungsbescheid, der in Rechtskraft erwächst. Trotz des Vorliegens des rechtskräftigen Zurückweisungsbescheides kann A ein neues (vollständiges) Ansuchen auf Erteilung einer gewerberechtlichen Bewilligung zur Errichtung derselben Betriebsanlage bei der Behörde einbringen. Der rechtskräftige Zurückweisungsbescheid steht dem nicht entgegen.

Wird ein Verbesserungsauftrag erteilt, obwohl das Anbringen gar nicht mangelhaft war und erlässt die Behörde in der Folge einen Zurückweisungsbescheid, obwohl sie in der Sache zu entscheiden hätte, ist unabhängig davon, ob dem Verbesserungsauftrag ganz, teilweise oder gar nicht entsprochen wurde, der Zurückweisungsbescheid rechtswidrig.[93]

Bei Zweifeln über die Identität des Einschreiters oder die Authentizität eines Anbringens hat die Behörde ebenfalls einen Verbesserungsauftrag unter Setzung einer angemessenen Frist zu erteilen. Wird der Mangel nicht fristgerecht beho-

92 Entnommen VwGH 30.10.2008, 2007/07/0075.

93 VwGH 14.10.2020, Ra 2020/22/0106.

ben, gilt das Anbringen als zurückgezogen.[94] Das Verfahren ist einzustellen. Über die Rechtsfolge ist eine nicht durch einen berufsmäßigen Parteienvertreter vertretene Partei im Rahmen der behördlichen Manuduktionspflicht ausdrücklich zu belehren.[95]

Als Verfahrensanordnung kann der Verbesserungsauftrag nicht gesondert bekämpft werden. Der Zurückweisungsbescheid ist im Rechtsmittelweg bekämpfbar.

Gemäß § 17 VwGVG sind die Bestimmungen des AVG über den Verbesserungsauftrag auch im verwaltungsgerichtlichen Verfahren anzuwenden.

2.6. Manuduktionspflicht (§ 13a AVG)

Gemäß § 13a AVG hat die Behörde die Pflicht, Personen (Verfahrensbeteiligte), die **nicht durch berufsmäßige Parteienvertreter** vertreten sind, die zur Vornahme ihrer Verfahrenshandlungen nötigen Anleitungen zu geben und sie über die mit diesen Handlungen oder Unterlassungen unmittelbar verbundenen Rechtsfolgen zu belehren. Die Manuduktionspflicht bezieht sich also auf Verfahrenshandlungen und deren Rechtsfolgen.[96]

Berufsmäßige Parteienvertreter sind zB Rechtsanwälte, Notare, Ziviltechniker, Steuerberater oder Wirtschaftstreuhänder.

IdR sind die nötigen Anleitungen mündlich zu geben. Die Manuduktion kann aber auch schriftlich erfolgen.[97]

Die Manuduktionspflicht geht nicht so weit, dass unvertretene Personen in materiellrechtlicher Hinsicht beraten werden müssen. Das bedeutet, dass die Behörde unvertretene Personen jedenfalls nicht dahingehend anzuleiten hat, welche Behauptungen sie aufzustellen oder wie sie ihr Vorbringen zu erstatten haben, damit ihrem Antrag stattgegeben wird.[98] Die Manuduktionspflicht geht auch nicht so weit, dass unvertretene Personen dahingehend beraten werden müssten, wie bereits von der Behörde aufgenommene Beweise widerlegt oder in Frage gestellt werden könnten,[99] mit welchen Anträgen vorzugehen ist[100] oder dass einem Sachverständigengutachten nur auf gleicher fachlicher Ebene entgegengetreten werden kann.[101]

94 § 13 Abs 4 AVG.
95 *Hengstschläger/Leeb*, AVG § 13 Rz 24 (Stand 1.1.2014, rdb.at).
96 VwGH 4.3.2020, Ra 2020/18/0065.
97 VwGH 8.4.2014, 2011/05/0124.
98 VwGH 22.5.2013, 2011/03/0168; 27.3.2018, Ra 2018/06/0007.
99 VwGH 26.2.2016, Ra 2015/12/0042.
100 VwGH 21.3.2017, Ra 2017/22/0013.
101 VwGH 9.12.2020, Ra 2020/11/0198.

Die Verletzung der Manuduktionspflicht kann einen wesentlichen Verfahrensmangel darstellen und gegebenenfalls auch amtshaftungsrechtliche Folgen nach sich ziehen. Unabhängig davon hat aber niemand bei falscher Rechtsauskunft einen Rechtsanspruch darauf, dass im Sinne der falschen Rechtsauskunft entschieden wird.[102]

Gemäß § 17 VwGVG ist die Bestimmung des AVG über die Manuduktionspflicht auch im verwaltungsgerichtlichen Verfahren anzuwenden.

Beispiel

Die Behörde macht eine mündliche Verhandlung gemäß § 41 Abs 1 AVG und in einer in den Verwaltungsvorschriften vorgesehenen besonderen Form ordnungsgemäß kund und weist darauf hin, dass eine Person ihre Stellung als Partei verliert, soweit sie nicht spätestens am Tag vor Beginn der Verhandlung während der Amtsstunden bei der Verwaltungsbehörde oder während der Verhandlung Einwendungen erhebt. Wurde in der Ladung zur mündlichen Verhandlung auf die Präklusionsfolgen (§ 42 AVG) ordnungsgemäß hingewiesen, ist die Behörde in der Verhandlung nicht nochmals verpflichtet, auf die Erhebung von tauglichen Einwendungen bei sonstigem Verlust der Parteistellung hinzuweisen.[103] Eine nochmalige Belehrung kann aber jedenfalls nicht schaden und sollte in diesem Fall auch in der Verhandlungsniederschrift explizit festgehalten werden.

Beispiel

Gemäß § 9 Abs 1 K-BO ist die Erteilung der Baubewilligung schriftlich bei der Behörde zu beantragen. Ist in einem konkreten Fall nur ein schriftlicher Antrag zulässig und versucht eine (unvertretene) Partei, einen Antrag mündlichen oder telefonischen einzubringen, hat die Behörde den Einschreiter im Rahmen der Manuduktionspflicht anzuleiten, dass nur ein schriftlicher Antrag wirksam ist.

Beispiel

Der unvertretene A bringt bei der Behörde einen Antrag auf naturschutzrechtliche Bewilligung ein, dem keine Beschreibung des Vorhabens beigelegt ist. Gemäß § 51 Abs 3 K-NSG sind einem Antrag unter anderem die zur Beurteilung des Vorhabens erforderlichen Unterlagen, insbesondere Pläne, Beschreibungen, Skizzen und dergleichen, in zweifacher Ausfertigung anzuschließen. In der Folge erteilt die Behörde A einen Verbesserungsauftrag unter Setzung einer Frist von vier Wochen. In diesem hat sie im Rahmen ihrer Manuduktionspflicht darauf hinzuweisen, dass bei fruchtlosem Ablauf der gesetzten Frist das Anbringen zurückgewiesen wird. Unterlässt die Behörde den Hinweis auf diese Rechtsfolge, ist eine auf den nicht entsprochenen Verbesserungsauftrag gestützte Zurückweisung des Antrages mit Rechtswidrigkeit des Inhaltes belastet. Auch die Formulierung „um Ihr Ansuchen positiv erledigen zu können, wird um Vorlage der fehlenden Unterlagen binnen einer Frist von vier Wochen ersucht", stellt keinen ausreichenden Hinweis auf die Rechtsfolgen der Nichtbefolgung eines Verbesserungsauftrages dar.[104]

---

102 VwGH 10.3.1998, 97/08/0517.

103 VwGH 14.5.2014, Ro 2014/06/0011; VwSlg 13306 A/1990.

104 VwGH 3.10.2013, 2012/06/0185; 18.12.2014, 2012/07/0200.

2.7. Niederschrift (§ 14 und § 15 AVG)

Eine Niederschrift ist eine förmliche Beurkundung über eine Amtshandlung, die unter Mitwirkung der beigezogenen Personen (zB Beteiligte, Zeugen, Sachverständige) zustande kommt. Niederschriften sind keine Bescheide, sondern Beweismittel. **Zwingend** sind Niederschriften über mündliche Verhandlungen (§ 44 Abs 1 AVG) sowie über Inhalt und Verkündung eines mündlichen Bescheides (§ 62 Abs 2 AVG) aufzunehmen. Niederschriften über mündliche Verhandlungen sind derart abzufassen, dass bei Weglassung alles nicht zur Sache Gehörigen der Verlauf und Inhalt der Verhandlung richtig und verständlich wiedergegeben werden.[105] **Erforderlichenfalls** sind Niederschriften über den wesentlichen Inhalt von mündlichen Anbringen von Beteiligten (§ 14 Abs 1 AVG), über die Einvernahme von Zeugen und Sachverständigen oder über die Durchführung eines Augenscheines außerhalb einer mündlichen Verhandlung aufzunehmen. Eine Niederschrift wird jedenfalls dann erforderlich sein, wenn dies aus Beweisgründen unerlässlich erscheint.[106]

Jede Niederschrift hat gemäß § 14 Abs 2 AVG folgenden zwingenden **Inhalt** aufzuweisen:

- Ort, Zeit und Gegenstand der Amtshandlung,
- Darstellung des Standes der Sache, wenn schon frühere darauf bezügliche Amtshandlungen vorliegen,
- Bezeichnung der Behörde,
- Namen des Leiters der Amtshandlung und der sonst mitwirkenden amtlichen Organe,
- Namen der anwesenden Beteiligten und ihrer Vertreter,
- Namen vernommener Zeugen und Sachverständigen.

Die Niederschrift kann entweder in **Vollschrift** oder unter Verwendung eines **Schallträgers** (Diktiergerätes) oder in **Kurzschrift** aufgenommen werden. Die Angaben gemäß § 14 Abs 2 AVG, die Feststellung, dass für die übrigen Teile der Niederschrift ein Schallträger verwendet wird, und die Tatsache der Verkündung eines mündlichen Bescheides sind jedenfalls in Vollschrift festzuhalten. Die Aufzeichnung und die in Kurzschrift aufgenommenen Teile der Niederschrift sind unverzüglich in Vollschrift zu übertragen. Die beigezogenen Personen können bis zum Schluss der Amtshandlung die Zustellung einer Ausfertigung der Übertragung verlangen und binnen zwei Wochen ab Zustellung Einwendungen wegen behaupteter Unvollständigkeit oder Unrichtigkeit der Übertragung erheben. Wird eine solche Zustellung beantragt, so darf die Aufzeichnung frühestens einen Monat nach Ablauf der Einwendungsfrist, ansonsten frühestens einen Monat nach erfolgter Übertragung gelöscht werden.[107]

105 § 14 Abs 1 zweiter Satz AVG.
106 § 14 Abs 5 AVG; *Kolonovits/Muzak/Stöger,* Verwaltungsverfahrensrecht[11] Rz 165.
107 § 14 Abs 7 AVG.

Die Niederschrift ist den vernommenen oder sonst beigezogenen Personen, wenn sie nicht darauf verzichten, **zur Durchsicht vorzulegen** oder **vorzulesen**. Wurde ein Schallträger verwendet oder die Niederschrift elektronisch erstellt, kann ihr Inhalt auch auf andere Weise (zB Abspielen des Diktiergerätes oder Durchsicht auf dem Bildschirm) wiedergegeben werden. Der Leiter der Amtshandlung kann auch ohne Verzicht von einer Wiedergabe absehen; die beigezogenen Personen können diesfalls bis zum Schluss der Amtshandlung die Zustellung einer Ausfertigung verlangen und binnen zwei Wochen ab Zustellung Einwendungen wegen behaupteter Unvollständigkeit oder Unrichtigkeit der Niederschrift erheben (sog Protokollrüge).[108]

Die Niederschrift ist vom **Leiter der Amtshandlung** und den **beigezogenen Personen** zu **unterschreiben**. Bei Amtshandlungen, denen mehr als drei Beteiligte beigezogen wurden, genügt es jedoch, wenn die Niederschrift von der Partei, die den verfahrenseinleitenden Antrag gestellt hat, zwei weiteren Beteiligten und den sonstigen beigezogenen Personen unterschrieben wird. Ist die Partei, die den verfahrenseinleitenden Antrag gestellt hat, abwesend, genügt die Unterschrift von mindestens drei Beteiligten und den sonstigen beigezogenen Personen (zB Sachverständige und Zeugen). Kann dem nicht entsprochen werden, so sind die dafür maßgeblichen Gründe in der Niederschrift festzuhalten. Wird die Niederschrift elektronisch erstellt, so kann an die Stelle der Unterschriften des Leiters der Amtshandlung und der beigezogenen Personen zB eine Amtssignatur treten.[109] Es ist aber auch zulässig, die elektronisch erstellte Niederschrift an Ort und Stelle auszudrucken und eigenhändig zu unterschreiben.[110]

In dem einmal Niedergeschriebenen darf nichts Erhebliches ausgelöscht, zugesetzt oder verändert werden. Durchgestrichene Stellen sollen noch lesbar bleiben. Erhebliche **Zusätze** oder **Einwendungen** der beigezogenen Personen wegen behaupteter Unvollständigkeit oder Unrichtigkeit der Niederschrift sind in einem **Nachtrag aufzunehmen** und **gesondert zu unterfertigen.**[111]

Den beigezogenen Personen ist auf Verlangen eine Ausfertigung der Niederschrift auszufolgen oder zuzustellen.[112]

Eine ordnungsgemäß aufgenommene, § 14 AVG entsprechende Niederschrift ist eine **öffentliche Urkunde**, die – soweit nicht Einwendungen im Sinne einer Protokollrüge erhoben wurden – den vollen Beweis über den Verlauf und den Gegenstand der betreffenden Amtshandlung liefert. Der Gegenbeweis der Unrichtigkeit des in der Niederschrift Festgehaltenen ist zulässig.[113] Die Beweislast trifft

108 § 14 Abs 3 AVG.
109 § 14 Abs 5 AVG.
110 *Schulev-Steindl*, Verwaltungsverfahrensrecht[6] (2018) Rz 139.
111 § 14 Abs 4 AVG.
112 § 14 Abs 6 AVG.
113 § 15 AVG.

denjenigen, der sich auf die Unrichtigkeit beruft. Derjenige hat die konkreten Gründe zur Entkräftung der Beweiskraft vorzubringen.[114]

Die **volle Beweiskraft** ist demnach nur gegeben, wenn die Niederschrift vollinhaltlich § 14 AVG entspricht und auch keine Einwendungen erhoben wurden. Wurde die Niederschrift nicht gemäß den Bestimmungen des § 14 AVG aufgenommen, so liefert sie auch dann nicht den vollen Beweis, wenn keine Einwendungen im Sinne einer Protokollrüge erhoben wurden. In einem solchen Fall hat die Behörde von Amts wegen den Inhalt der Amtshandlung zu ermitteln. Eine mangelhafte Niederschrift verliert zwar nicht jeglichen Beweischarakter, sie unterliegt vielmehr der freien Beweiswürdigung der Behörde. In diesem Fall obliegt es nicht der Partei, den Gegenbeweis für die Unrichtigkeit des in der Niederschrift bezeugten Vorganges zu erbringen, sondern die Behörde hat durch geeignete Ermittlungen von Amts wegen den vollen Beweis über den Inhalt darzulegen.[115]

Gemäß § 17 VwGVG sind die Bestimmungen des AVG über Niederschriften auch im verwaltungsgerichtlichen Verfahren anzuwenden.

2.8. Aktenvermerke (§ 16 AVG)

Amtliche Wahrnehmungen, mündliche oder telefonische Anbringen oder sonstige Mitteilungen an die Behörde, mündliche oder telefonische Belehrungen, Aufforderungen, Anordnungen und sonstige Äußerungen sowie Umstände, die nur für den inneren Dienst der Behörde in Betracht kommen, sind, wenn nichts anderes bestimmt ist und kein Anlass zur Aufnahme einer Niederschrift besteht, **erforderlichenfalls** in einem Aktenvermerk kurz festzuhalten.[116]

Die Erforderlichkeit eines Aktenvermerkes bejahte der VwGH in jenem Fall, in dem der Behörde in einem Telefonat mit dem Amt der Landesregierung mitgeteilt wurde, dass kein Amtssachverständiger zur Verfügung stehe. Infolgedessen holte die Behörde – ohne über das Telefonat einen Aktenvermerk zu erstellen – ein Gutachten eines nichtamtlichen Sachverständigen ein. Der VwGH monierte diese Vorgehensweise mit der Begründung, dass ohne Aktenvermerk nicht überprüfbar sei, ob tatsächlich kein Amtssachverständiger zur Verfügung stand und die Heranziehung eines nichtamtlichen Sachverständigen berechtigt war. Um eine solche Überprüfbarkeit zu gewährleisten, müssen das Telefongespräch, sein wesentlicher Inhalt und der Gesprächspartner grundsätzlich zumindest in einem Aktenvermerk festgehalten werden.[117]

114 VwGH 12.10.2016, Ra 2016/18/0232.
115 VwSlg 17539 A/2008.
116 § 16 Abs 1 AVG.
117 VwGH 25.6.2003, 2001/03/0066.

Aktenvermerke sind Beurkundungen, aber keine Bescheide. In einem Aktenvermerk kann daher nicht in einer der Rechtskraft fähigen Weise über einen Antrag (zB ein Bauansuchen) abgesprochen werden. Auch der Inhalt und die Verkündung eines mündlichen Bescheides dürfen nicht in einem Aktenvermerk festgehalten werden. Dies würde dazu führen, dass der mündlich verkündete Bescheid nicht rechtswirksam erlassen wird.[118] Sowohl der Inhalt als auch die mündliche Verkündung eines Bescheides selbst sind gemäß § 62 Abs 2 AVG entweder am Schluss der Verhandlungsschrift oder in einer besonderen Niederschrift zu beurkunden.

Aktenvermerke sind Beweismittel und liefern nach überwiegender Auffassung – sofern sie gemäß § 16 Abs 2 AVG erstellt wurden – als öffentliche Urkunden den vollen Beweis über ihren Inhalt, wenngleich der Gegenbeweis der Unrichtigkeit des darin bezeugten Vorganges, der darin bezeugten Tatsache oder der unrichtigen Beurkundung zulässig ist. Ebenso zulässig ist der Gegenbeweis der Unvollständigkeit.[119]

Um Beweiskraft zu erlangen, muss der Aktenvermerk zumindest

- den Namen des Organwalters (ein unleserliches Handzeichen erfüllt diese Voraussetzung nicht),
- die erteilte Belehrung, die Aufforderung, die Mitteilung, die Anordnung, das Gesprochene, den Vorgang etc sowie
- den Zeitpunkt, zu dem dies erfolgt ist,

festhalten.[120]

Der Aktenvermerk ist vom Amtsorgan unter Beisetzung des Datums zu unterschreiben. Wurde der Aktenvermerk elektronisch erstellt, kann an die Stelle der Unterschrift zB eine Amtssignatur treten.[121]

Ein nicht in der gesetzlich vorgesehenen Form erstellter Aktenvermerk unterliegt der freien Beweiswürdigung. Der Beweiswert eines Aktenvermerkes wird aber nicht notwendigerweise dadurch beeinträchtigt, dass er erst zu einem späteren Zeitpunkt schriftlich ausgefertigt wird.[122] In gewisser Weise dient der Aktenvermerk auch der eigenen Absicherung. Ist einige Zeit verstrichen, kann man sich wahrscheinlich nur schwer an Details eines (Telefon-)Gespräches erinnern. Daher ist es umso wichtiger, insbesondere in heiklen Verfahren, das Wesentliche in einem formgerechten Aktenvermerk festzuhalten.

118 VwGH 26.6.1978, 0943/78; 24.6.1988, 85/17/0103; 14.5.1991, 87/05/0139.
119 VwGH 24.11.1993, 93/02/0216; 18.5.2010; 2008/06/0215.
120 VwGH 18.2.1988, 87/09/0266; 26.2.2004, 2003/07/0155.
121 § 16 Abs 2 AVG.
122 VwGH 9.2.1990, 87/17/0260.

2.9. Akteneinsicht (§ 17 AVG)

Das Recht auf Akteneinsicht ist ein subjektives Parteirecht. Bloß Beteiligten steht es demnach nicht zu. Gemäß § 17 Abs 1 AVG können die Parteien – soweit in den Verwaltungsvorschriften nicht anderes bestimmt ist – bei der Behörde in die ihre Sache betreffenden Akten Einsicht nehmen und sich von Akten oder Aktenbestandteilen (Schriftstücke, Protokolle, Pläne etc) an Ort und Stelle Abschriften selbst anfertigen (zB abfotografieren) oder auf ihre Kosten Kopien oder Ausdrucke erstellen lassen. Wird der Verwaltungsakt elektronisch geführt, kann der Partei auf Verlangen die Akteneinsicht in jeder technisch möglichen Form gewährt werden (zB Einsichtnahme über den Bildschirm).

Voraussetzung für das Recht auf Akteneinsicht ist ein konkret anhängiges oder bereits rechtskräftig abgeschlossenes Verwaltungsverfahren, in dem der Akteneinsichtswerber Parteistellung hat bzw hatte. Auch der übergangenen Partei kommt dieses Recht zu, nicht hingegen einer Partei eines anderen Verwaltungsverfahrens.[123]

Durch das Recht auf Akteneinsicht soll den Parteien die Möglichkeit gegeben werden, sich durch unmittelbareren Einblick in die Ergebnisse des Ermittlungsverfahrens eine Meinung zu bilden und dadurch genaue Kenntnis vom Gang des Verfahrens und den Entscheidungsgrundlagen der Behörde zu erlangen. Dieses Recht steht somit in engem Zusammenhang mit dem Recht auf Gehör.

Die Ingebrauchnahme vom Recht auf Akteneinsicht setzt zwar keinen förmlichen Antrag voraus, allerdings doch ein **konkretes Verlangen**.[124] Eine Begründung ist nicht erforderlich.[125] Akteneinsicht kann grundsätzlich jederzeit während den Parteienverkehrszeiten genommen werden.[126] Eine telefonische Voranmeldung bzw Terminvereinbarung erscheint empfehlenswert.

Blinden oder hochgradig sehbehinderten Parteien, die eines Vertreters entbehren, hat die Behörde auf Verlangen den Inhalt von Akten oder Aktenteilen durch Verlesung oder nach Maßgabe der vorhandenen technischen Möglichkeiten in sonst geeigneter Weise zur Kenntnis zu bringen.[127] Die Kosten, die der Behörde aus dieser Verpflichtung erwachsen, sind von jenem Rechtsträger zu tragen, in dessen Namen die Behörde in der Angelegenheit gehandelt hat.[128]

Von der Akteneinsicht sind Aktenbestandteile **ausgenommen**, insoweit deren Einsichtnahme

- eine Schädigung berechtigter Interessen einer Partei oder dritter Personen herbeiführen würde,

123 VwGH 30.1.2014, 2012/05/0011.
124 VwGH 14.4.2010, 2007/08/0125.
125 VwGH 21.2.2005, 2004/17/0173.
126 VwGH 15.11.2017, Ra 2016/08/0184.
127 § 17a AVG.
128 § 76 Abs 5 AVG.

- eine Gefährdung der Aufgaben der Behörde herbeiführen würde oder
- den Zweck des Verfahrens beeinträchtigen würde.[129]

Ob einer dieser Ausnahmetatbestände vorliegt, bedarf stets einer Einzelfallprüfung, bei der die Verwaltungsbehörde eine Interessenabwägung vorzunehmen hat. So ist zB das Recht auf Akteneinsicht gegen das Recht anderer Verfahrensparteien auf Schutz ihrer vertraulichen Angaben und ihrer Geschäftsgeheimnisse abzuwägen.[130] Zu beachten ist auch, dass allen am Verfahren beteiligten Parteien auf Verlangen Akteneinsicht im gleichen Umfang gewährt werden muss.[131]

Die Verweigerung der Akteneinsicht gegenüber der Partei eines anhängigen Verwaltungsverfahrens erfolgt durch **Verfahrensanordnung.**[132] Gegen Verfahrensanordnungen ist ein abgesondertes Rechtsmittel nicht zulässig. Sie können erst mit dem gegen den die Sache erledigenden Bescheid eingebrachten Rechtsmittel angefochten werden.[133]

Ist das Verwaltungsverfahren bereits rechtskräftig abgeschlossen oder begehrt eine Person, die nicht Partei im anhängigen Verfahren ist, Akteneinsicht, so ist – wenn die Akteneinsicht verweigert wird – ein förmlicher **verfahrensrechtlicher Bescheid** zu erlassen. Dieser Bescheid ist sofort im Rechtsmittelwege bekämpfbar.[134] Gleiches gilt, wenn nach der Lage des Verfahrens eine abschließende Sachentscheidung nicht zu erwarten ist.[135]

Wird die Akteneinsicht zu Unrecht mit der Begründung nicht gewährt, dass dem Akteneinsichtswerber die Parteistellung fehle, verletzt dieser Bescheid neben § 17 AVG auch das Recht auf ein Verfahren vor dem gesetzlichen Richter gemäß Art 83 Abs 2 AVG.[136]

2.10. Ladung (§ 19 und § 20 AVG)

Gemäß § 19 Abs 1 AVG ist die Behörde berechtigt, Personen, die in ihrem Amtsbereich ihren Aufenthalt (Sitz) haben und deren Erscheinen nötig ist, vorzuladen. Nötig ist das Erscheinen der geladenen Person dann, wenn die Behörde den mit der Ladung verfolgten Zweck nicht auch auf andere Weise, zB schriftlich oder telefonisch, erreichen kann.[137]

129 § 17 Abs 3 AVG.
130 VwGH 22.7.2020, Ra 2019/03/0163.
131 § 17 Abs 2 AVG.
132 § 17 Abs 4 AVG.
133 § 63 Abs 2 AVG.
134 VwGH 25.3.1999, 99/07/0015.
135 VwGH 13.11.1986, 86/16/0102.
136 *Hengstschläger/Leeb*, AVG § 17 Rz 15 (Stand 1.1.2014, rdb.at).
137 VwGH 14.4.2011, 2010/21/0037; 4.8.2016, Ra 2016/21/0149.

Als nicht nötig wurde eine Ladung gesehen, die ausschließlich den Zweck der Verbesserung einer nicht in deutscher Sprache verfassten Berufung durch einen Asylwerber verfolgte, zumal die Behebung dieses Mangels auch in Form eines Verbesserungsauftrages aufgetragen werden kann. Das persönliche Erscheinen des Berufungswerbers war sohin nicht nötig.[138] Niemals nötig kann das Erscheinen eines Anwaltes anstelle des Beteiligten sein.[139]

Eine Ladung ist nicht nur in einem bereits anhängigen Verfahren zulässig. Vielmehr kann die Behörde auch Personen laden, um festzustellen, ob ein Verfahren von Amts wegen einzuleiten ist.[140] Die Behörde darf aber nur (natürliche und juristische) Personen laden, die ihren Aufenthalt oder Wohnsitz (Sitz) im Amtssprengel der Behörde haben. Personen, die sich außerhalb des Amtssprengels aufhalten bzw außerhalb wohnen oder sitzen, ist die Behörde nicht zu laden berechtigt. In diesem Fall kann die Behörde im Wege der Amtshilfe gemäß § 55 AVG vorgehen.

Die Ladung kann entweder

- in Form einer einfachen Ladung oder
- in Form eines Ladungsbescheides erfolgen.

Die **einfache Ladung** stellt eine bloße Verfahrensanordnung dar, die nicht gesondert bekämpft werden kann.[141] Einfache Ladungen sind zwar zu befolgen, können aber nicht vollstreckt werden. Sie sind an keine besondere Form gebunden und können daher mündlich, schriftlich oder telefonisch ergehen. Die Form der einfachen Ladung wird die Behörde immer dann wählen, wenn sie Grund zur Annahme hat, dass die geladene Person der Ladung Folge leisten und erscheinen wird.

Der **Ladungsbescheid** unterscheidet sich von der einfachen Ladung dadurch, dass er nur schriftlich erlassen werden kann, zu eigenen Handen zuzustellen ist und für den Fall des Nichterscheinens die Verhängung einer Zwangsstrafe oder die zwangsweise Vorführung androht. Die Anwendung dieser Zwangsmittel ist nur zulässig, wenn sie in der Ladung angedroht wurden und die Ladung zu eigenen Handen zugestellt wurde. Der Ladungsbescheid stellt einen verfahrensrechtlichen Bescheid[142] dar, gegen den Bescheidbeschwerde an das VwG bzw im eigenen Wirkungsbereich der Gemeinde Berufung an die Berufungsbehörde erhoben werden kann.

Welche Form der Ladung die Behörde wählt, liegt in ihrem Ermessen. Das Ermessen wird davon abhängen, ob die Behörde annimmt, dass die geladene Person

138 VwSlg 14139 A/1994.
139 VwSlg 1982 A/1951.
140 *Kolonovits/Muzak/Stöger*, Verwaltungsverfahrensrecht[11] Rz 183.
141 § 19 Abs 4 AVG iVm § 63 Abs 2 AVG.
142 VwGH 5.10.2007, 2007/20/1068.

der Ladung freiwillig Folge leisten wird oder nicht. Ist das Erscheinen der geladenen Person nicht zu erwarten und wird dieses mit Zwangsmitteln durchzusetzen sein, ist es sinnvoll, die Form des Ladungsbescheides zu wählen, zumal dieser bei Nichtbefolgung sofort vollstreckt werden kann.[143]

Jede Ladung, also sowohl die einfache Ladung als auch der Ladungsbescheid, hat folgenden **Inhalt** aufzuweisen:

- Ort und Zeit der Amtshandlung,
- Gegenstand der Amtshandlung,
- Eigenschaft der geladenen Person (zB Beteiligter, Zeuge),
- Behelfe und Beweismittel, die allenfalls mitzubringen sind,
- Bekanntgabe, ob die geladene Person persönlich erscheinen muss oder die Entsendung eines Vertreters genügt, und
- Angabe der Rechtsfolgen, die an die Nichtbefolgung der Ladung geknüpft sind.[144]

Darüber hinaus hat ein Ladungsbescheid für den Fall der unentschuldigten Nichtbefolgung des Ladungsbescheides auch noch Zwangsmittel anzudrohen. Als Zwangsmittel kommen Zwangsstrafen oder die zwangsweise Vorführung in Betracht.[145] Zwangsstrafen sind entweder Geldstrafen bis zu € 726 oder Haftstrafen bis zu vier Wochen, die von der Vollstreckungsbehörde zu verhängen sind.[146] Die zwangsweise Vorführung ist ebenfalls von der Vollstreckungsbehörde anzuordnen.

Grundsätzlich ist die geladene Person verpflichtet, der Ladung Folge zu leisten. Nicht immer ist die Nichtbefolgung der Ladung an **Rechtsfolgen** geknüpft. Das ist dann der Fall, wenn die geladene Person durch Krankheit, Behinderung oder sonstige begründete Hindernisse am Erscheinen gehindert ist.[147] Liegt keiner dieser Gründe vor, sind die Rechtsfolgen je nach Form der Ladung unterschiedlich: Bei der einfachen Ladung kann die ungerechtfertigte Nichtbefolgung Kostenfolgen nach sich ziehen. So können einem geladenen Zeugen, Beteiligten, nichtamtlichen Sachverständigen oder Dolmetscher (Übersetzer) die Kosten auferlegt werden, die durch seine Säumnis entstanden sind. Wurde ein Ladungsbescheid erlassen, kann neben den zuvor genannten Rechtsfolgen (Kostenfolgen) bei ungerechtfertigter Nichtbefolgung auch die Verhängung einer Zwangsstrafe oder die zwangsweise Vorführung angedroht werden. Auf die Rechtsfolgen ist in der Ladung ausdrücklich hinzuweisen.

143 VwGH 29.3.2011, 2009/11/0270.
144 § 19 Abs 2 AVG.
145 § 19 Abs 3 AVG.
146 § 19 Abs 3 AVG iVm § 5 VVG.
147 § 19 Abs 3 AVG.

Steht die zu ladende Person in einem öffentlichen Amt oder Dienst oder im Dienst eines dem öffentlichen Verkehr dienenden Unternehmens und muss voraussichtlich zur Wahrung der Sicherheit oder anderer öffentlicher Interessen eine Stellvertretung während der Verhinderung dieser Person eintreten, so ist gleichzeitig deren vorgesetzte Stelle von der Ladung zu benachrichtigen.[148]

148 § 20 AVG.

3. Fristen

3.1. Allgemeines

Die Bestimmungen über Fristen finden sich in § 32 und § 33 AVG. Unter Fristen werden allgemein Zeiträume verstanden, innerhalb derer bzw nach deren Verstreichen bestimmte Handlungen gesetzt werden müssen, um Rechtswirkungen auszulösen oder zu verhindern.[149]

3.2. Arten von Fristen

Grob werden Fristen in verfahrensrechtliche (formelle) Fristen und materiellrechtliche Fristen unterteilt. Diese Unterteilung ist von wesentlicher Bedeutung, da §§ 32 f AVG nur auf verfahrensrechtliche Fristen Anwendung findet.

In der Lehre wird die Unterscheidung zwischen materiell- und verfahrensrechtlichen Fristen für Rechtshandlungen der Parteien danach getroffen, welcher Natur das dadurch eingeschränkte Recht ist, ob es sich dabei also um ein subjektives materielles oder um ein subjektives formelles Recht (Verfahrensrecht) handelt. Hierfür ist entscheidend, ob die maßgebliche Norm ein Recht (einen Anspruch), eine Pflicht oder nur eine Rechtsdurchsetzung (Geltendmachung) zum Gegenstand hat. Nach Ablauf einer materiellrechtlichen Ausschlussfrist erlischt daher der Anspruch selbst, bei Versäumung einer verfahrensrechtlichen Ausschlussfrist (lediglich) die Möglichkeit, diesen Anspruch behördlich durchzusetzen.[150]

Der VwGH trifft die Unterscheidung wie folgt: Soll eine Handlung prozessuale Rechtswirkungen auslösen (Verfahrenshandlung), dann stellen die dafür gesetzten Fristen verfahrensrechtliche (formelle) Fristen dar; ist eine Handlung hingegen auf den Eintritt materieller Rechtswirkungen (zB Entstehen oder Erlöschen eines Rechts) gerichtet, so stellt eine allenfalls dafür vorgesehene Frist eine materiellrechtliche Frist dar. Im Zweifelsfall ist von einer verfahrensrechtlichen Frist auszugehen.[151]

Verfahrensrechtliche Fristen sind Zeiträume,

- **bis zu** deren Ablauf bestimmte (Prozess-)Handlungen gesetzt werden müssen, um damit den Eintritt oder die Verhinderung von Rechtswirkungen auszulösen, oder
- **nach** deren Ablauf bestimmte (Prozess-)Handlungen gesetzt werden müssen, um damit den Eintritt oder die Verhinderung von Rechtswirkungen auszulösen.

---

149 *Kolonovits/Muzak/Stöger*, Verwaltungsverfahrensrecht[11] Rz 229; *Hengstschläger/Leeb*, AVG § 32 Rz 1 (Stand 1.1.2014, rdb.at).

150 *Hengstschläger/Leeb*, AVG § 32 Rz 2 (Stand 1.1.2014, rdb.at).

151 VwSlg 11006 A/1983; VwSlg 18745 A/2013; VwGH 12.12.2002, 2002/07/0061; 21.12.2004, 2003/04/0138; 27.9.2007, 2003/11/0063; 26.4.2011, 2011/03/0017.

Die (Prozess-)Handlungen sind sohin entweder lediglich innerhalb eines gewissen Zeitraumes zulässig (zB Beschwerde innerhalb von vier Wochen nach Zustellung des Bescheides, Antrag auf Wiederaufnahme des Verfahrens binnen zwei Wochen ab Kenntnis von einem Wiederaufnahmegrund, Antrag auf Wiedereinsetzung in den vorherigen Stand binnen zwei Wochen ab Wegfall des Hindernisses) oder dürfen erst nach Ablauf eines gewissen Zeitraumes gesetzt werden (zB Devolutionsantrag oder Säumnisbeschwerde nach Ablauf der Entscheidungsfrist).

Materiellrechtliche Fristen sind hingegen Zeiträume, an die das materielle Recht Rechtswirkungen knüpft. Bei materiellrechtlichen Fristen muss entweder

- ein gewisser Zeitraum verstreichen, damit eine materielle Rechtsfolge eintritt, oder
- die materielle Rechtsfolge ent- bzw besteht nur innerhalb eines gewissen Zeitraumes.[152]

Gesetzliche Regelungen, die eine Frist für eine Antragstellung oder „bei sonstigem (Anspruchs-)Verlust“ vorsehen, normieren materiellrechtliche Fristen. So stellt die gemäß § 21 Abs 1 K-BO festgelegte Frist, wonach die Baubewilligung erlischt, wenn nicht binnen zwei Jahren nach ihrer Rechtskraft mit der Bauausführung begonnen worden ist, eine materiellrechtliche Frist dar; ebenso die in § 6 Z 4 StudFG festgelegte Frist, wonach Voraussetzung für die Gewährung von Studienbeihilfe ein Studienbeginn vor Vollendung des 30. Lebensjahres ist. Gleiches gilt für die in § 12 Abs 4 WaffG normierte Frist von einem Jahr ab Eintritt der Rechtskraft des Waffenverbotes, innerhalb derer ein Antrag auf Entschädigung für die verfallenen Waffen gestellt werden muss, und für die Frist in § 11 Abs 6 GewO 1994, wonach die Unterlassung der fristgerechten Anzeige des Rechtsübergangs bzw die Unterlassung der fristgerechten Bestellung eines Geschäftsführers die Beendigung des Rechts des Nachfolgeunternehmers (Rechtsnachfolgers) zur weiteren Gewerbeausübung bewirkt.

Materiellrechtliche Fristen sind nicht restituierbar, dh, bei Versäumung der Frist ist weder eine Wiedereinsetzung in den vorherigen Stand gemäß § 71 AVG noch eine Quasi-Wiedereinsetzung gemäß § 42 Abs 3 AVG möglich. Auch das Postlaufprivileg gilt bei materiellrechtlichen Fristen nicht. Zur Wahrung einer materiellrechtlichen Frist muss das Schriftstück spätestens am letzten Tag der Frist bei der Behörde einlangen. Die rechtzeitige Postaufgabe genügt nicht.

Daneben werden Fristen auch noch in gesetzliche und behördliche Fristen, veränderliche und unveränderliche Fristen sowie Ausschluss- und Ordnungsfristen unterteilt.

152 *Hengstschläger/Leeb*, AVG § 32 Rz 3 (Stand 1.1.2014, rdb.at); *Hengstschläger*, Verwaltungsverfahrensrecht[4] Rz 243.

Gesetzliche Fristen sind Fristen, die durch Gesetz oder Verordnung festgelegt sind. Sie können, sofern nicht ausdrücklich anderes bestimmt ist, nicht geändert werden.[153] Zu den gesetzlichen Fristen zählen zB Rechtsmittelfristen.

Behördliche Fristen sind Fristen, die von der Behörde festgelegt werden. Sie können geändert (verlängert) werden. Zu den behördlichen Fristen zählen zB Verbesserungsfristen.

Von gemischten Fristen spricht man, wenn die Behörde bei der Festsetzung der Frist innerhalb eines gesetzlich vorgegebenen Mindest- oder Höchstmaßes frei bestimmen kann.[154] So hat die Behörde in Großverfahren gemäß § 44a Abs 2 Z 2 AVG eine Frist von mindestens sechs Wochen festzulegen, innerhalb derer bei der Behörde schriftlich Einwendungen erhoben werden können. Gemäß § 65 AVG hat die Behörde, wenn in einer Berufung neue Tatsachen oder Beweise vorgebracht werden, die erheblich scheinen, den Berufungsgegnern diese mitzuteilen und ihnen Gelegenheit zu geben, sich binnen einer angemessenen, zwei Wochen nicht übersteigender Frist dazu zu äußern.

Je nachdem, ob eine Frist geändert werden kann oder nicht, werden **veränderliche** oder **unveränderliche Fristen** unterschieden.

Ausschlussfristen sind Fristen, mit deren Ablauf ein Rechtsanspruch erlischt. Dazu zählen zB Rechtsmittelfristen oder die Frist gemäß § 68 Abs 5 AVG für die Nichtigerklärung eines Bescheides, der von einer unzuständigen Behörde oder einer nicht richtig zusammengesetzten Kollegialbehörde erlassen wurde. Ebenso sind im Gesetz vorgesehene Fristen für Entschädigungsanträge, deren Versäumung zum Anspruchsverlust führt, Ausschlussfristen.[155]

Ordnungsfristen sind Fristen, deren Versäumung keine Rechtsfolgen nach sich ziehen. So handelt es sich bei der Kundmachungspflicht gemäß § 48 Abs 1 ApoG binnen zwei Wochen ab Einlangen des vollständigen Bewilligungsantrages um eine reine Ordnungsfrist, deren Überschreitung gesetzlich nicht sanktioniert ist.[156]

3.3. Berechnung von Fristen

Bei der Berechnung von Fristen, insbesondere bei deren Beginn, wird danach unterschieden, ob eine Frist nach Tagen oder nach Wochen, Monaten oder Jahren bestimmt ist. Je nachdem ist der Fristenlauf unterschiedlich zu berechnen.

153 § 33 Abs 4 AVG.
154 *Kolonovits/Muzak/Stöger*, Verwaltungsverfahrensrecht[11] Rz 231.
155 ZB § 44 Abs 5 Stmk RaumordnungsG, § 33 EpiG.
156 *N. Raschauer* in *Neumayr/Resch/Wallner* (Hrsg), Gmundner Kommentar zum Gesundheitsrecht, § 48 ApoG Rz 2 (Stand 1.3.2016, rdb.at).

3.3.1. Fristen, die nach Tagen bestimmt sind

Bei der Berechnung von **Fristen, die nach Tagen bestimmt sind**, wird der Tag nicht mitgerechnet, auf den der Zeitpunkt oder das Ereignis fällt, wonach sich der Anfang (Beginn) der Frist richten soll.[157] Die Tagesfrist beginnt immer erst an dem dem fristenauslösenden Ereignis folgenden Tag um 00:00 Uhr zu laufen. Für die Berechnung der Frist muss sohin stets das fristenauslösende Ereignis ermittelt werden.

Als fristenauslösendes Ereignis kommen zB die Zustellung oder Verkündung, der Wegfall eines Hindernisses (bei der Wiedereinsetzung in den vorherigen Stand gemäß § 71 AVG) oder der Eintritt der Rechtskraft in Betracht.

Der **Beginn** und **Lauf** einer Frist werden durch **Samstage, Sonntage oder gesetzliche Feiertage nicht behindert,**[158] sodass diese Tage bei der Berechnung der Frist mitgezählt werden. Als Feiertage iSd FeiertagsruheG gelten folgende Tage: 1. Jänner (Neujahr), 6. Jänner (Heilige Drei Könige), Ostermontag, 1. Mai (Staatsfeiertag), Christi Himmelfahrt, Pfingstmontag, Fronleichnam, 15. August (Mariä Himmelfahrt), 26. Oktober (Nationalfeiertag), 1. November (Allerheiligen), 8. Dezember (Mariä Empfängnis), 25. Dezember (Weihnachten) und 26. Dezember (Stephanstag).[159]

Fällt hingegen das **Ende** einer Frist auf einen **Samstag, Sonntag, gesetzlichen Feiertag, Karfreitag oder 24. Dezember**, so ist der **nächste Tag**, der nicht einer der vorgenannten Tage ist, als letzter Tag der Frist anzusehen.[160] Die Frist endet immer mit Ablauf des letzten Tages der Frist, sohin um 24:00 Uhr.

Beispiel

Die Behörde erteilt A einen Verbesserungsauftrag, der diesem am Freitag, dem 11.6.2021, zugestellt wird. A wird aufgefordert, konkrete Unterlagen binnen zehn Tagen ab Zustellung nachzureichen. Die Frist beginnt am Samstag, dem 12.6.2021, um 00:00 Uhr zu laufen und endet am Montag, dem 21.6.2021, um 24:00 Uhr.

Beispiel

Die Behörde erteilt A einen Verbesserungsauftrag, der diesem am Montag, dem 25.10.2021, zugestellt wird. A wird aufgefordert, konkrete Unterlagen binnen vier Tagen ab Zustellung nachzureichen. Die Frist beginnt am Dienstag, dem 26.10.2021 (Feiertag), zu laufen und endet am Freitag, dem 29.10.2021, um 24:00 Uhr.

Beispiel

A wird ein Bescheid am Dienstag, dem 21.12.2021, mündlich verkündet. Gemäß § 62 Abs 3 AVG ist die schriftliche Ausfertigung eines mündlich verkündeten Bescheides jenen Parteien zuzustellen, die spätestens drei Tage nach der Verkündung eine Ausfertigung verlangen. Die Frist für das Verlangen beginnt am Mittwoch, dem 22.12.2021, zu

157 § 32 Abs 1 AVG.
158 § 33 Abs 1 AVG.
159 FeiertagsruheG 1957.
160 § 33 Abs 2 AVG.

laufen. Sie würde grundsätzlich am 24.12.2021 enden. Da sowohl der 24.12. als auch die gesetzlichen Feiertage (25. und 26.12.) das Ende der Frist hinausschieben, endet die Frist erst am Montag, dem 27.12.2021, um 24:00 Uhr.

Beispiel

A wird ein Bescheid am Mittwoch, dem 29.12.2021, mündlich verkündet. Gemäß § 62 Abs 3 AVG ist die schriftliche Ausfertigung eines mündlich verkündeten Bescheides jenen Parteien zuzustellen, die spätestens drei Tage nach der Verkündung eine Ausfertigung verlangen. Die Frist für das Verlangen beginnt am Donnerstag, dem 30.12.2021, zu laufen. Sie würde grundsätzlich am 1.1.2022 enden. Da der 1.1.2022 ein gesetzlicher Feiertag und der 2.1.2022 ein Sonntag ist, endet die Frist erst am Montag, dem 3.1.2022, um 24:00 Uhr.

3.3.2. Fristen, die nach Wochen, Monaten oder Jahren bestimmt sind

Fristen, die nach Wochen, Monaten oder Jahren bestimmt sind, beginnen mit dem Tag des fristenauslösenden Ereignisses zu laufen.

Der **Beginn** und **Lauf** der Frist werden durch **Samstage, Sonntage oder gesetzliche Feiertage nicht behindert**. Sie werden bei der Berechnung der Frist mitgezählt. Die Frist endet immer mit Ablauf des letzten Tages der Frist, sohin um 24:00 Uhr.

Beispiel

A wird ein Bescheid zugestellt, der die fälschliche Angabe enthält, dass gegen ihn kein Rechtsmittel zulässig ist. Aus diesem Grund versäumt A die Rechtsmittelfrist. Gut elf Wochen später, nämlich am Sonntag, dem 20.6.2021, erfährt A, dass die Rechtsmittelbelehrung falsch ist und gegen den Bescheid eine Berufung erhoben werden kann. Gemäß § 71 Abs 2 AVG beginnt die zweiwöchige Frist für den Antrag auf Wiedereinsetzung in den vorherigen Stand mit dem Zeitpunkt, in dem A von der Zulässigkeit der Berufung Kenntnis erlangt (= fristenauslösenden Ereignis), somit am Sonntag, dem 20.6.2021. Sie endet am Montag, dem 5.7.2021, um 24:00 Uhr.

Fristen die nach Wochen, Monaten oder Jahren bestimmt sind, **enden** grundsätzlich mit dem Ablauf desjenigen Tages der letzten Woche oder des letzten Monats, der durch seine Benennung oder Zahl dem Tag entspricht, an dem die Frist begonnen hat.[161]

Vereinfacht ausgedrückt enden

- Wochenfristen mit Ablauf des letzten Tages, der den gleichen Namen hat wie der Tag, an dem die Frist begonnen hat,

Beispiel

A wird ein Bescheid am **Montag**, dem 14.6.2021, zugestellt. Die vierwöchige Beschwerdefrist beginnt mit dem Tag der Zustellung, somit am **Montag**, dem 14.6.2021, zu laufen und endet am **Montag**, dem 12.7.2021, um 24:00 Uhr.

- Monatsfristen mit Ablauf des Tages, der die gleiche Zahl trägt wie der Tag des Fristbeginns,

161 § 32 Abs 2 erster Satz AVG.

Beispiel

Die Behörde erteilt A einen Verbesserungsauftrag, der diesem am Dienstag, dem 20.7.2021, zugestellt wird. A wird aufgefordert, konkrete Unterlagen binnen einem Monat ab Zustellung nachzureichen. Die Frist beginnt am Dienstag, dem **20**.7.2021, zu laufen und endet am Freitag, dem **20**.8.2021, um 24:00 Uhr.

Fehlt dieser Tag im letzten Monat (zB der 31. eines Monats), so endet die Frist mit Ablauf des letzten Tages dieses Monats (zB dem 30. eines Monats).

Beispiel

Die Behörde erteilt A einen Verbesserungsauftrag, der diesem am Dienstag, dem 31.8.2021, zugestellt wird. A wird aufgefordert, konkrete Unterlagen binnen einem Monat ab Zustellung nachzureichen. Die Frist beginnt am Dienstag, dem **31**.8.2021, zu laufen und endet am Donnerstag, dem **30**.9.2021, um 24:00 Uhr. Dies deswegen, weil der September nur 30 Tage hat.

- Jahresfristen mit Ablauf des Tages, der die gleiche Tages- und Monatsbezeichnung trägt wie der Tag des Fristenbeginns.[162]

Beispiel

A wird ein Bescheid einer unzuständigen Behörde am Montag, dem **21.6**.2021, zugestellt. Die dreijährige Frist, innerhalb derer die sachlich in Betracht kommende Oberbehörde den Bescheid für nichtig erklären kann, endet am Freitag, dem **21.6**.2024, um 24:00 Uhr.

Fehlt dieser Tag im letzten Monat, so endet die Frist mit Ablauf des letzten Tages dieses Monats.

Beispiel

A wurde ein Bescheid einer unzuständigen Behörde am Montag, dem **29.2**.2016, zugestellt. Die dreijährige Frist, innerhalb derer die sachlich in Betracht kommende Oberbehörde den Bescheid für nichtig erklären kann, endet am Donnerstag, dem **28.2**.2019, um 24:00 Uhr. Dies deswegen, weil das Jahr 2019 kein Schaltjahr ist und der Februar sohin nur 28 Tage hat.

Fällt aber das **Ende** einer Frist auf einen **Samstag, Sonntag, gesetzlichen Feiertag, Karfreitag oder 24. Dezember**, so ist der **nächste Tag**, der nicht einer der vorgenannten Tage ist, als letzter Tag der Frist anzusehen.[163] In diesen Fällen trifft das zum Fristende oben Gesagte nicht zu.

Beispiel

A wird ein Bescheid am Mittwoch, dem 10.11.2021, zugestellt. Die vierwöchige Beschwerdefrist beginnt mit dem Tag der Zustellung, somit am **Mittwoch**, dem 10.11.2021, zu laufen. Sie würde grundsätzlich am 8.12.2021 enden. Da der 8.12.2021 ein gesetzlicher Feiertag ist, endet die Frist am **Donnerstag**, dem 9.12.2021, um 24:00 Uhr.

162 *Liebhart/Herzog*, Fristenhandbuch (2007) Rz 206.
163 § 33 Abs 2 AVG.

Beispiel

Die Behörde erteilt A einen Verbesserungsauftrag, der diesem am Donnerstag, dem 1.4.2021, zugestellt wird. A wird aufgefordert, konkrete Unterlagen binnen einem Monat ab Zustellung nachzureichen. Die Frist beginnt am Donnerstag, dem **1**.4.2021, zu laufen. Sie würde grundsätzlich am 1.5.2021 enden. Da der 1.5.2021 ein gesetzlicher Feiertag und der 2.5.2021 ein Sonntag ist, endet die Frist am Montag, dem **3**.5.2021, um 24:00 Uhr.

Beispiel

A wird ein Bescheid einer unzuständigen Behörde am Dienstag, dem **22**.6.2021, zugestellt. Die dreijährige Frist, innerhalb derer die sachlich in Betracht kommende Oberbehörde den Bescheid für nichtig erklären kann, würde grundsätzlich am 22.6.2024 enden. Da der 22.6.2024 aber ein Samstag und der 23.6.2024 ein Sonntag ist, endet die Frist am Montag, dem **24**.6.2024, um 24:00 Uhr.

3.4. Wahrung von (verfahrensrechtlichen) Fristen

Die Tage von der Übergabe an einen Zustelldienst iSd § 2 Z 7 des ZustG zur Übermittlung an die Behörde bis zum Einlangen bei dieser – also die **Tage des Postlaufes** – werden in die Frist **nicht** eingerechnet (Postlaufprivileg).[164] Das gilt nur für verfahrensrechtliche Fristen.

Zustelldienst iSd § 2 Z 7 ZustG sind die Österreichische Post, ein anderer Universaldienstbetreiber oder ein elektronischer Zustelldienst.

3.4.1. Inanspruchnahme der Post oder eines anderen Universaldienstbetreibers

Bei **Inanspruchnahme der Post oder eines anderen Universaldienstbetreibers** als Zustelldienst ist für die Rechtzeitigkeit (Wahrung der Frist) das **Datum des Poststempels** maßgebend. Der Gegenbeweis, also dass der auf dem Schriftstück aufgebrachte Poststempel nicht das Datum der Postaufgabe aufweise, ist zulässig.[165] Ein Schriftstück (zB eine Berufung) gilt demzufolge dann als fristgerecht eingebracht, wenn es am letzten Tag der Frist der Post oder einem anderen Universaldienstbetreiber zur Beförderung übergegeben wird, an die zuständige Behörde adressiert ist und bei dieser auch tatsächlich einlangt.[166] Die Gefahr des Verlustes trägt der Einschreiter.[167] Einschreiter ist bei Rechtsmitteln der Rechtsmittelwerber bzw dessen Rechtsvertreter.

Wird ein Schriftstück an eine unzuständige Behörde adressiert, gilt Folgendes: Die Frist ist nur dann gewahrt, wenn das Schriftstück entweder vor Fristablauf bei der zuständigen Behörde tatsächlich einlangt oder von der unzuständigen Behörde spätestens am letzten Tag der Frist zur Weiterleitung an die zuständige Behörde einem Zustelldienst übergeben wird.

164 § 33 Abs 3 AVG.
165 VwGH 27.1.1995, 94/02/0400; 17.10.2013, 2013/11/0178.
166 VwGH 28.7.2006, 2004/08/0045; 23.11.2009, 2008/05/0272.
167 VwGH 26.1.2012, 2010/07/0148.

Wird ein an eine zuständige Behörde adressiertes Schriftstück am letzten Tag der Frist in einen Postkasten eingeworfen, gilt es als rechtzeitig eingebracht, wenn die Entleerung (Aushebung) des Postkastens noch an diesem Tag vorgesehen ist und der Einwurf **vor** der planmäßigen Entleerungszeit (Aushebungszeit) erfolgt. Durch die Aushebung wird das Schriftstück in postalische Behandlung genommen.[168]

Beispiel

Eine um 16:00 Uhr am letzten Tag der Frist in einen Postkasten eingeworfene und an die richtige Behörde adressierte Berufung ist rechtzeitig, wenn auf dem Postkasten ein Vermerk angebracht ist, dass dieser täglich um 17:00 Uhr entleert (ausgehoben) wird.

Ist der Poststempel unleserlich oder der Briefumschlag der Eingabe in Verlust geraten und daher das Datum des Poststempels nicht mehr feststellbar und ist der Zeitpunkt der Postaufgabe für die Beantwortung der Frage der Rechtzeitigkeit der Eingabe entscheidend, so hat die Behörde von Amts wegen ein Ermittlungsverfahrens durchzuführen und in freier Beweiswürdigung zu beurteilen, ob die Eingabe noch rechtzeitig zur Post gegeben wurde oder nicht.[169]

3.4.2. Inanspruchnahme eines elektronischen Zustelldienstes

Bei **Inanspruchnahme eines elektronischen Zustelldienstes** ist für die Rechtzeitigkeit (Wahrung der Frist) maßgebend, dass das Schriftstück am letzten Tag der Frist beim Server des Zustelldienstes einlangt. Der Zeitpunkt des Einlangens beim Zustelldienst ist von diesem in einem entsprechenden Nachweis festzuhalten. Der Zeitraum zwischen dem Einlangen des Schriftstückes beim elektronischen Zustelldienst und dem tatsächlichen Einlangen bei der Behörde ist in die Frist nicht einzurechnen.[170]

Auch hier gilt: Um fristgerecht eingebracht zu sein, muss das elektronische Schriftstück spätestens am letzten Tag der Frist dem elektronischen Zustelldienst zur Übermittlung übergegeben worden sein bzw bei diesem einlangen, an die zuständige Behörde adressiert sein und bei dieser auch tatsächlich einlangen. Die Gefahr des Übermittlungsverlustes trägt wiederum der Einschreiter.

3.4.3. Inanspruchnahme einer anderen Form der Einbringung

Bei **Inanspruchnahme einer anderen Form** der Einbringung von Schriftstücken (zB persönliche Übergabe, E-Mail, Fax oder Einwurf in den behördlichen Einlaufkasten) ist besondere Vorsicht geboten. Das Postlaufprivileg des § 33 Abs 3 AVG gilt diesfalls nicht. Gemäß § 13 Abs 2 AVG können Schriftstücke der Behörde in jeder technisch möglichen Form übermittelt werden, mit E-Mail jedoch

168 VwGH 24.9.2009, 2009/18/0110; 23.10.2017, Ro 2017/17/0008.

169 VwGH 27.6.1985, 85/16/0031; 18.1.1995, 93/01/0998; 26.1.2012, 2010/07/0148.

170 § 33 Abs 3 AVG; *Hengstschläger/Leeb*, AVG § 33 Rz 7 (Stand 1.1.2014, rdb.at); *Hengstschläger*, Verwaltungsverfahrensrecht[4] Rz 254a.

nur insoweit, als für den elektronischen Verkehr zwischen der Behörde und den Beteiligten nicht besondere Übermittlungsformen vorgesehen sind. Etwaige technische Voraussetzungen (zB Vorhandensein eines Faxgerätes) oder organisatorische Beschränkungen des elektronischen Verkehrs zwischen der Behörde und den Beteiligten sind im Internet bekanntzumachen. Organisatorische Beschränkungen des elektronischen Verkehrs können zB sein, dass Schriftstücke nur bei einer bestimmten E-Mail-Adresse und/oder nur während der Amtsstunden eingebracht werden können. Hat die Behörde solche organisatorischen Beschränkungen bekanntgemacht, gilt ein Schriftstück nur dann als fristgerecht eingebracht, wenn es an die kundgemachte E-Mail-Adresse am letzten Tag der Frist innerhalb der kundgemachten Amtsstunden übermittelt wird. Für den Fall der Übermittlung an eine andere als die kundgemachte E-Mail-Adresse gilt das elektronische Anbringen erst mit dem Einlangen bei der kundgemachten E-Mail-Adresse als eingebracht.[171]

Gemäß § 13 Abs 5 AVG ist die Behörde nur während der Amtsstunden verpflichtet, Schriftstücke (persönlich) entgegenzunehmen oder Empfangsgeräte empfangsbereit zu halten. Die Amtsstunden sind im Internet und an der Amtstafel bekanntzumachen. Hat die Behörde zB die Dauer der Amtsstunden bekanntgemacht und beinhaltet diese Bekanntmachung gleichzeitig den Hinweis, dass Schriftstücke nur während der Amtsstunden entgegengenommen bzw eingebracht werden können und außerhalb der Amtsstunden eingebrachte Schriftstücke erst mit Wiederbeginn der Amtsstunden als eingebracht gelten, so ist ein fristgebundener Antrag, der am letzten Tag der Frist außerhalb der Amtsstunden eingebracht wird, jedenfalls nicht fristwahrend.

Nimmt die Behörde Schriftstücke außerhalb der Amtsstunden freiwillig (persönlich) entgegen, gelten diese als fristgerecht eingebracht. Entsprechendes gilt auch, wenn die Behörde einen Einlaufkasten aufstellt und dieser keinen Hinweis auf die tägliche Entleerungszeit (Aushebungszeit) aufweist. Findet sich auf dem Einlaufkasten kein Hinweis auf die tägliche Entleerungszeit (Aushebungszeit), ist davon auszugehen, dass die Behörde Schriftstücke auch außerhalb der Amtsstunden entgegennimmt. Ist hingegen ein Hinweis angebracht, gelten am letzten Tag der Frist eingeworfene Schriftstücke nur dann als fristgerecht eingebracht, wenn der Einwurf vor der planmäßigen Entleerungszeit (Aushebungszeit) erfolgt. Andernfalls gelten sie erst mit dem Wiederbeginn der Amtsstunden – und somit allenfalls nicht fristgerecht – als eingebracht.

Hält die Behörde ihre Empfangsgeräte (zB Fax oder Mailserver) außerhalb der Amtsstunden freiwillig bereit, gelten fristgebundene Anbringen (zB Rechtsmittel), die am letzten Tag der Frist außerhalb der Amtsstunden per Fax oder E-Mail bei der Behörde einlangen, mangels gegenteiliger Hinweise als fristgerecht ein-

171 *Hengstschläger/Leeb*, AVG § 13 Rz 10/1 und Rz 32 (Stand 1.1.2014, rdb.at).

gebracht. Macht die Behörde im Internet hingegen kund, dass sie ihre Empfangsgeräte zwar außerhalb der Amtsstunden bereithält, jedoch Anbringen, die außerhalb der Amtsstunden per Fax oder E-Mail bei ihr einlangen, erst mit Wiederbeginn der Amtsstunden als eingebracht gelten, dann ist dies nicht der Fall.[172]

Beispiel

A wird am Montag, dem 14.6.2021, ein Bescheid zugestellt. Die vierwöchige Beschwerdefrist beginnt mit dem Tag der Zustellung, somit am Montag, dem 14.6.2021, zu laufen und endet am Montag, dem 12.7.2021, um 24:00 Uhr. A lässt sich mit der Beschwerde bis zum letzten Tag der Frist Zeit. Am 12.7.2021 hat A weder Zeit zur Post zu gehen noch die Beschwerde bei der Behörde persönlich abzugeben. Daher mailt er diese um 18:00 Uhr an die von der Behörde für die Einbringung von Schriftstücken per E-Mail bekanntgegebene E-Mail-Adresse. Das E-Mail langt um 18:01 Uhr bei der Behörde ein.

Auf der Homepage der Behörde, bei der die Beschwerde einzubringen ist und bei der sie A auch einbringt, findet sich folgende Bekanntmachung:

„Amtsstunden

Montag bis Freitag von 08:00 bis 14:00 Uhr.

Für die Einbringung von Schriftstücken gemäß § 13 AVG stehen folgende Adressen zur Verfügung:

- Einbringung von Schriftstücken per Post:
  Bezirkshauptmannschaft Mustermann, Musterstraße 1, 1234 Musterland
- Einbringung von Schriftstücken per Telefax:
  Telefax 010 123456
- Einbringung von Schriftstücken per E-Mail:
  E-Mail-Adresse post@bhmustermann.gv.at

Hinweis für elektronische Anbringen:

Sie können Anbringen auch elektronisch (per Fax oder E-Mail) einbringen. Die Empfangsgeräte (Fax und E-Mail-Server) sind auch außerhalb der Amtsstunden empfangsbereit. Falls Sie uns außerhalb der Amtsstunden ein elektronisches Anbringen übermitteln, wird es erst mit dem Wiederbeginn der Amtsstunden entgegengenommen und bearbeitet. Es gilt daher auch erst zu diesem Zeitpunkt als eingebracht und eingelangt. Diese Regelung gilt auch für die Einbringung von Rechtsmitteln."

Die per E-Mail eingebrachte Beschwerde ist verspätet, obwohl das E-Mail am letzten Tag der Frist tatsächlich um 18:01 Uhr am E-Mail-Server der Behörde einlangt und sich mit diesem Zeitpunkt im elektronischen Verfügungsbereich der Behörde befindet. Durch die Bekanntmachung der Behörde auf ihrer Homepage hat diese jedoch kundgetan, dass für Anbringen per Fax oder E-Mail, die außerhalb der Amtsstunden übermittelt werden, keine Bereitschaft zur Entgegennahme besteht und solche Anbringen erst mit Wiederbeginn der Amtsstunden als eingebracht und eingelangt gelten; dies gilt auch für Rechtsmittel. Die Beschwerde des A gilt aufgrund dieser Bekanntmachung und der Tatsache, dass A die Beschwerde am letzten Tag der Frist außerhalb der Amtsstunden per E-Mail übermittelt hat, erst mit Wiederbeginn der Amtsstunden, sohin erst am Dienstag, dem 13.7.2021, als eingebracht. Dadurch wurde die Beschwerdefrist nicht gewahrt.

---

172 *Hengstschläger/Leeb*, AVG § 13 Rz 35 und Rz 36/1 (Stand 1.1.2014, rdb.at); *Kolonovits/Muzak/Stöger*, Verwaltungsverfahrensrecht[11] Rz 157.

4. Die Disziplinarmittel im Verwaltungsverfahren

Der Verwaltungsbehörde bzw dem Verwaltungsorgan stehen die folgenden zwei Disziplinarmittel zur Verfügung:

- Ordnungsstrafe (§ 34 AVG) und
- Mutwillensstrafe (§ 35 AVG).

Ordnungs- und Mutwillensstrafen stellen keine Strafen für Verwaltungsübertretungen dar. Vielmehr handelt es sich um Maßnahmen zur disziplinären Ahndung von Ordnungswidrigkeiten.[173]

4.1. Die Ordnungsstrafe

Gemäß § 34 Abs 1 AVG hat das Verwaltungsorgan, das eine Verhandlung, Vernehmung, einen Augenschein oder eine Beweisaufnahme leitet, für die Aufrechterhaltung der Ordnung und für die Wahrung des Anstandes zu sorgen. Zu diesem Zweck gebietet das AVG dem Leiter der Amtshandlung sog sitzungspolizeiliche Maßnahmen. Diese sitzungspolizeilichen Maßnahmen sollen einen ordnungsgemäßen und störungsfreien Ablauf von Verwaltungsverfahren gewährleisten.[174] Sie haben also disziplinären Charakter.

4.1.1. Das disziplinäre Verhalten im Rahmen einer Amtshandlung

Gemäß § 34 Abs 2 AVG sind Personen, die die Amtshandlung stören oder durch ungeziemendes Benehmen den Anstand verletzen, zu ermahnen; bleibt die Ermahnung erfolglos, so kann ihnen nach vorausgegangener Androhung das Wort entzogen, ihre Entfernung verfügt und ihnen die Bestellung eines Bevollmächtigten aufgetragen werden oder gegen sie eine Ordnungsstrafe bis zu € 726 verhängt werden.[175]

Der Begriff **Störung einer Amtshandlung** wird weder in der Literatur noch in der Judikatur näher erläutert. Der VwGH führt zu den in § 34 Abs 2 AVG normierten sitzungspolizeilichen Maßnahmen nur aus, dass diese einen ordnungsgemäßen und störungsfreien Ablauf von Verwaltungsverfahren gewährleisten sollen.[176]

Eine § 34 Abs 2 AVG inhaltsgleiche Bestimmung findet sich in § 112 Abs 2 BAO wieder. In diesem Zusammenhang wird unter Störung ein absichtliches Hem-

173 VwGH 12.9.1969, 1019/67; 16.12.1987, 87/01/0278; 30.5.1994, 92/10/0469; 28.9.1995, 94/17/0427; 24.3.1997, 95/19/1711.

174 VwSlg 14064 A/1994.

175 § 34 Abs 2 AVG.

176 VwSlg 14064 A/1994.

men, Verzögern und Erschweren eines geordneten Ablaufes verstanden, und zwar mit Mitteln und auf Ziele gerichtet, die erkennbar nicht im Entferntesten der Rechtsdurchsetzung dienen sollen, sondern nur auf Rechtsverzögerung oder Rechtsbehinderung abzielen.

Unter **ungeziemendem, den Anstand verletzendem Verhalten** werden Umgangsformen verstanden, die nach den Maßstäben gesitteter Menschen unpassend, unschicklich oder verletzlich sind, bzw Umgangsformen, die von der Gesellschaft nicht toleriert werden. Wer also bei einer Amtshandlung ein den guten Sitten widersprechendes, verpöntes oder moralisch verwerfliches Verhalten an den Tag legt, verletzt dadurch den Anstand.[177]

Dieses zu ahndende Verhalten ermöglicht dem Leiter der Amtshandlung ein Vorgehen nach § 34 Abs 2 AVG.

Auch die StPO enthält ähnliche Bestimmungen. So hat im Ermittlungsverfahren der Leiter der jeweiligen Amtshandlung für die Aufrechterhaltung der Ordnung und für die Wahrung des Anstandes zu sorgen. Zu diesem Zweck ist er berechtigt, jede Person, die sich trotz vorausgegangener Ermahnung und Androhung Anordnungen widersetzt, gegenüber anwesenden Personen aggressiv oder sonst grob ungebührlich verhält oder auf andere Weise die Amtshandlung behindert, auf einige Zeit oder für die gesamte Dauer der Amtshandlung aus dieser wegzuweisen oder zu entfernen.[178]

Im Hauptverfahren obliegt dem Vorsitzenden die Erhaltung der Ruhe, Ordnung und des der Würde des Gerichtes entsprechenden Anstandes im Gerichtssaal. Zeichen des Beifalls oder der Missbilligung sind untersagt. Der Vorsitzende ist berechtigt, Personen, die die Sitzung durch solche Zeichen oder auf eine andere Weise stören, zur Ordnung zu ermahnen und nötigenfalls einzelne oder alle Zuhörer aus dem Sitzungssaal entfernen zu lassen. Widersetzt sich jemand oder werden die Störungen wiederholt, kann eine Ordnungsstrafe, im äußersten Fall sogar eine Freiheitsstrafe verhängt werden.[179]

Im gerichtlichen Strafverfahren kann der Angeklagte, wenn er die Ordnung der Verhandlung durch ungeziemendes Benehmen stört und ungeachtet der Ermahnung des Vorsitzenden und der Androhung, dass er aus der Sitzung entfernt werde, nicht davon absieht, durch Beschluss des Schöffengerichtes auf einige Zeit oder für die ganze Dauer der Verhandlung aus dieser entfernt, die Sitzung in seiner Abwesenheit fortgesetzt und ihm das Urteil durch ein Mitglied des Schöffengerichtes in Gegenwart des Schriftführers verkündet werden.[180]

177 *Kuhn* in *Koller/Schuh/Woischitzschläger* (Hrsg), Handbuch zur Praxis der steuerlichen Betriebsprüfung (31. Lfg 2016) § 112 BAO 5.

178 § 94 StPO.

179 § 233 Abs 1 und Abs 3 StPO.

180 § 234 StPO.

Laut *Kroschl*[181] zählen zum ungeziemenden Benehmen eines Angeklagten folgende Verhaltensweisen: lachen, miteinander sprechen, sprechen zum Gericht oder zu Verfahrensbeteiligten, ohne hierfür das Wort erteilt bekommen zu haben, störenden Lärm erzeugen (zB auch durch Läuten eines Mobiltelefons), klatschen, Pfiffe, Buh- oder Jubelrufe, „Vogel zeigen" oder heftiges Kopfschütteln. Es ist davon auszugehen, dass dieses Verhalten auch im Verwaltungsverfahren zu einer Ordnungsstrafe führen kann.

4.1.2. Die sitzungspolizeilichen Maßnahmen

Das AVG kennt folgende sitzungspolizeiliche Maßnahmen:

- Wortentzug,
- Entfernung von der Amtshandlung iVm dem Auftrag zur Bestellung eines Bevollmächtigten und
- Verhängung einer Ordnungsstrafe.

Stört eine Person eine Amtshandlung oder verletzt eine Person durch ungeziemendes Benehmen den Anstand, so ist ihr gegenüber zunächst eine Ermahnung auszusprechen. Bleibt diese Ermahnung erfolglos, kann ihr der Wortentzug, die Entfernung von der Amtshandlung oder die Verhängung einer Ordnungsstrafe angedroht werden. Bleibt auch diese Androhung erfolglos, kann die angedrohte sitzungspolizeiliche Maßnahme, also der Wortentzug, die Entfernung von der Amtshandlung oder die Verhängung der Ordnungsstrafe verfügt werden.[182] Die Ordnungsstrafe als sitzungspolizeiliche Maßnahme ist **sofort** nach erfolgter Störung oder Anstandsverletzung und somit vor Schluss der Amtshandlung zu verhängen. Der Bescheid, mit dem eine Ordnungsstrafe verhängt wird, ist somit idR mündlich zu verkünden.[183]

Diese Reihenfolge – **Ermahnung, Androhung, Verfügung** – ist bei jeder Störung bzw jedem anstandsverletzenden Benehmen unbedingt einzuhalten.[184] Das bedeutet, dass die Verfügung einer sitzungspolizeilichen Maßnahme nur dann zulässig und rechtmäßig ist, wenn die sitzungspolizeiliche Maßnahme nach vorangegangener Ermahnung angedroht wurde. Besonders zu beachten ist, dass nur die angedrohte Maßnahme verfügt werden darf. Eine alternative Androhung sitzungspolizeilicher Maßnahmen ist unzulässig.

Welche sitzungspolizeiliche Maßnahme der Leiter der Amtshandlung ergreifen will, liegt in seinem Ermessen. Die Wahl hat jedenfalls unter Zweckmäßigkeitserwägungen zu erfolgen.

---

181 *Kroschl* in *Schmölzer/Mühlbacher* (Hrsg), StPO Strafprozessordnung Praktikerkommentar (2017) § 234 StPO Rz 3.

182 § 34 Abs 2 AVG.

183 *Kolonovits/Muzak/Stöger*, Verwaltungsverfahrensrecht[11] Rz 249.

184 VwSlg 9236 A/1977; VwGH 29.2.2012, 2010/03/0122.

4.1.3. Das disziplinäre Verhalten im schriftlichen Behördenverkehr

§ 34 Abs 3 AVG sieht vor, dass die gleiche **Ordnungsstrafe** (wie in § 34 Abs 2 AVG) von der Behörde auch gegen Personen verhängt werden kann, die sich in schriftlichen Eingaben einer **beleidigenden Schreibweise** bedienen.

Unter einer Eingabe in diesem Sinne ist ein schriftliches Anbringen iSd § 13 AVG zu verstehen (siehe Kapitel 2.5.). Voraussetzung für die Strafbefugnis ist, dass das AVG auf die betreffende Eingabe Anwendung findet und sich auf eine mit Bescheid zu erledigende Angelegenheit bezieht. Die die Eingabe betreffende Angelegenheit wird dadurch bestimmt, ob ein Verwaltungsverfahren, welchem die Eingabe zuzurechnen ist, vor der Behörde, die Adressat der Eingabe ist, anhängig war, ist oder gemacht werden soll.[185]

Zu bestrafen ist derjenige, der die beleidigende Eingabe entweder im eigenen Namen oder aufgrund einer Vollmacht an die Behörde richtet. Strafbar ist nicht der Verfasser der Eingabe, sondern derjenige, der unter die Eingabe mit beleidigender Schreibweise seine **Unterschrift** gesetzt hat.[186] Zweck der Ordnungsstrafe ist die Hintanhaltung beleidigender Schreibweisen für die Zukunft und damit die Wahrung des Anstandes im schriftlichen Behördenverkehr.[187]

Eine beleidigende Schreibweise liegt nach der Rechtsprechung des VwGH vor, wenn eine Eingabe ein unsachliches Vorbringen enthält, das in einer Art gehalten ist, die ein ungeziemendes Verhalten gegenüber der Behörde darstellt.[188] Für die Strafbarkeit reicht es aus, dass die in der schriftlichen Eingabe verwendete Ausdrucksweise den Mindestanforderungen des Anstandes nicht gerecht wird und damit objektiv beleidigenden Charakter hat.[189] Auf eine Beleidigungsabsicht kommt es nicht an. Ebenso wenig kommt es auf den Zweck der Eingabe an oder ob sich die beleidigende Schreibweise gegen die Behörde, das Verwaltungsorgan oder eine Amtshandlung richtet.[190]

Sachliche Kritik ist zulässig, wenn sie in einer den Mindestanforderungen des Anstandes entsprechenden Form vorgebracht wird und nicht Behauptungen enthält, die einer Beweisführung nicht zugänglich sind.[191] Das bedeutet, dass die Behörde Äußerungen der Kritik, des Unmutes und des Vorwurfes ohne übertriebene Empfindlichkeit hinnehmen muss.[192] Mit der Strafbarkeit der beleidigenden Schreibweise soll einer Person gerade nicht die Möglichkeit genommen werden,

185 VwGH 25.9.2019, Ra 2018/09/0129; 15.10.2009, 2008/09/0344; VwSlg 7629 A/1969.
186 VwGH 12.9.1969, 1885/68; 3.10.1986, 86/18/0219.
187 VwGH 15.10.2009, 2008/09/0344 mwN.
188 VwGH 16.2.1999, 98/02/0271.
189 VwGH 11.11.2019, So 2019/11/0004; 1.9.2017, Ra 2017/03/0076.
190 VwSlg 6633 A/1965; VwGH 10.3.1998, 97/08/0110; 1.9.2017, Ra 2017/03/0076.
191 VwGH 10.9.1998, 97/20/0809; 20.11.1998, 98/02/0320; 16.2.1999, 98/02/0271.
192 VwGH 15.10.2009, 2008/09/0344.

sachliche Kritik am Vorgehen oder am Verhalten einer Behörde bzw eines Verwaltungsorgans zu äußern. Bestehende Missstände oder dergleichen können sehr wohl aufgezeigt werden.[193] Eine Kritik ist aber nur dann „sachbeschränkt", wenn sie zur zweckentsprechenden Rechtsverfolgung notwendig ist.[194]

Erklärtes Ziel der Ordnungsstrafe ist sohin, dass sich die Kritik an einer Behörde oder einem Verwaltungsorgan auf die Sache beschränkt (1), in einer den Mindestanforderungen des Anstandes entsprechenden Form vorgebracht wird (2) und nicht Behauptungen enthält, die einer Beweisführung nicht zugänglich sind (3).[195] Nur dann ist sie gerechtfertigt und straffrei. Liegt eine dieser drei Voraussetzungen nicht vor, ist die Schreibweise als beleidigend zu qualifizieren und der Tatbestand des § 34 Abs 3 AVG als erfüllt anzusehen.[196] Diesfalls kann auch ein gelungener Beweis der Kritik den Absender der Eingabe nicht mehr entschuldigen.[197] Die beleidigende Schreibweise kann auch nicht damit entschuldigt werden, dass die Behörde die Eingabe veranlasst oder provoziert haben soll[198] oder dass sie eine „angemessene Entrüstung" auf das Handeln der Behörde zum Ausdruck bringen soll.[199]

Mit dem Begriff „Beleidigung" werden Ausdrucksweisen verbunden, die kränkend, verletzend, demütigend, entwürdigend, erniedrigend, herabsetzend, schimpflich, verunglimpfend, schmähend, verspottend, verhöhnend, der Lächerlichkeit aussetzend wirken sollen, die den Vorwurf eines verächtlichen, schändlichen, schmachvollen, sittlich verwerflichen Handelns zum Ausdruck bringen sollen, das heißt Behauptungen, die einer Beweisführung nicht zugänglich sind.[200]

So hat der VwGH die Formulierungen „vertrottelte Magistrate",[201] „derartige Strafen erinnern an die NS-Zeit des Dritten Reiches",[202] „die Unterschrift des den Bescheid unterzeichneten Beamten ähnle sehr der eines Analphabeten",[203] die Leiterin des Arbeitsmarktservice sei eine „Idiotin",[204] „bei Lehrern handelt es sich grundsätzlich um Halbgebildete",[205] „man könnte sich von staatswegen – hätte man bloß die Ehrlichkeit dies offen zuzugeben – viel Geld und damit privilegierte Beamte ersparen, wenn man dem Bürger per Gesetz von vornherein kundtut, der Beamte im Dienst hat – so wie der Papst in Glaubensfragen – immer recht",[206]

193 VwGH 20.11.1990, 90/18/0158.
194 VwGH 16.2.1999, 98/02/0271 mwN.
195 VwSlg 6633 A/1965; VwGH 20.11.1990, 90/18/0158; 28.6.1991, 90/18/0194.
196 VwGH 11.12.1985, 84/03/0155; 16.2.1999, 98/02/0271; 1.9.2017, Ra 2017/03/0076.
197 VwGH 4.9.1995, 94/10/0099; 25.9.2019, Ra 2018/09/0129.
198 VwGH 2.7.1990, 90/19/0299; 15.10.2009, 2008/09/0344.
199 VwSlg 16143 A/1930; VwGH 15.10.2009, 2008/09/0344.
200 VwGH 27.10.1997, 97/17/0187.
201 VwGH 28.9.1995, 94/17/0427.
202 VwGH 30.5.1994, 92/10/0469.
203 VwGH 17.9.1980, 1188/80.
204 VwGH 10.3.1998, 97/08/0110.
205 VwGH 17.2.1997, 95/10/0221.
206 VwGH 8.11.1996, 96/02/0463.

„der Bürgermeister habe die Unterlagen aus dem Akt entfernt, um seinen Amtsmissbrauch zu decken“,[207] „die Herabsetzung der AfA durch den Bescheidverfasser entbehrt jeglicher Grundlage, dürfte auf dessen Häme zurückzuführen sein und eher mit dessen charakterlichen Nichteignung zu tun haben, als mit einer sachlichen Begründung“,[208] „Hasstiraden der BH-Beamten und Bürgerschikane allerübelster Art“[209] oder „Raubrittermethode“[210] als beleidigend iSd § 34 Abs 3 AVG qualifiziert.

Die Verhängung der Ordnungsstrafe wegen beleidigender Schreibweise ist zeitlich unbegrenzt. Einer vorausgehenden Ermahnung und Androhung - wie in § 34 Abs 2 AVG - bedarf es nicht.[211] Der Bescheid, mit dem eine Ordnungsstrafe verhängt wird, ergeht schriftlich.

4.1.4. Adressat und Verhängung der Ordnungsstrafe

Eine Ordnungsstrafe nach § 34 Abs 2 AVG kann nur gegen Personen verhängt werden, die **zur Teilnahme an der Amtshandlung berechtigt** sind. Personen, die nicht zur Teilnahme berechtigt sind, hat der Leiter der Amtshandlung zu entfernen; die Verhängung einer Ordnungsstrafe ist unzulässig. Störungen von nicht zur Teilnahme an der Amtshandlung berechtigten Personen können jedoch nach den einschlägigen Verwaltungsstraftatbeständen der Ordnungsstörung (§ 81 SPG) und der Lärmerregung (zB K-LSiG) geahndet werden.[212]

Gegen öffentliche Organe und zur **berufsmäßigen Parteienvertretung** bevollmächtigte Personen (zB Rechtsanwälte), sofern diese einem Disziplinarrecht unterstehen, dürfen Ordnungsstrafen nicht verhängt werden. Bei diesen Personen ist Anzeige an die Disziplinarbehörde zu erstatten.[213]

Die Verhängung einer Ordnungsstrafe stellt einen **verfahrensrechtlichen Bescheid** dar,[214] gegen den Bescheidbeschwerde an das VwG bzw im eigenen Wirkungsbereich der Gemeinde Berufung an die Berufungsbehörde erhoben werden kann. Der Beschwerde bzw Berufung kommt aufschiebende Wirkung zu.[215]

Die anderen sitzungspolizeilichen Maßnahmen, also der Wortentzug und die Entfernung, sind Verfahrensanordnungen iSd § 63 Abs 2 AVG, die nicht selbstständig, sondern nur mit dem die Angelegenheit erledigenden Bescheid angefochten werden können.

207 VwGH 26.3.1996, 95/05/0029.
208 VwGH 4.10.1995, 95/15/0125.
209 VwGH 4.9.1995, 94/10/0099.
210 VwGH 30.11.1993, 89/14/0144.
211 VwGH 1.2.1977, 0028/75; VwSlg 4518 A/1958.
212 *Hengstschläger/Leeb*, AVG § 34 Rz 9 (Stand 1.1.2014, rdb.at).
213 § 34 Abs 4 AVG.
214 VwSlg 9236 A/1977.
215 § 13 Abs 1 VwGVG; § 64 Abs 1 AVG.

4.2. Die Mutwillensstrafe

Gemäß § 35 AVG kann die Behörde gegen Personen, die offenbar **mutwillig** die Tätigkeit einer Behörde in Anspruch nehmen oder in der Absicht einer Verschleppung der Angelegenheit unrichtige Angaben machen, eine Mutwillensstrafe bis € 726 verhängen.

Die Mutwillensstrafe ist – wie auch die Ordnungsstrafe – keine Verwaltungsstrafsache. Vielmehr handelt es sich um ein disziplinäres Mittel zur Sicherung einer befriedigenden, würdigen und rationellen Handhabung des Verwaltungsverfahrens. Mit der Mutwillensstrafe soll die Behörde vor Behelligung, die Partei aber vor Verschleppung der Verwaltungssache geschützt werden.[216]

Mutwillig nimmt die Behörde in Anspruch, wer sich dessen bewusst ist, dass sein an die Behörde gerichtetes Anbringen nutz- oder zwecklos ist, die Behörde aber dennoch damit befasst. Mutwillig nimmt die Behörde weiters in Anspruch, wer aus Freude der Behelligung der Behörde handelt. Eine konkrete Art der offenbar mutwilligen Inanspruchnahme wird nicht verlangt. Nach der Rsp soll mit der Mutwillensstrafe derjenige geahndet werden, der die Tätigkeit der Behörde **„in welcher Weise immer“** in Anspruch nimmt.[217]

Das Gesetz verlangt jedoch, dass die Mutwilligkeit **offenbar** ist. Offenbar mutwillig ist die Inanspruchnahme der Behörde dann, wenn die Aussichtslosigkeit eines Anbringens für jedermann erkennbar ist.[218] Sie muss also bewusst grundlos erfolgen.

Zuständig zur Verhängung einer Mutwillensstrafe ist jene Behörde, die auch in der Hauptsache einzuschreiten hat bzw einzuschreiten hätte. So ist bspw für die mutwillige Stellung eines Antrages auf Erteilung einer Baubewilligung die zuständige Baubehörde, für die mutwillige Anzeige einer konsenslosen Bauführung die für das Verwaltungsstrafverfahren zuständige Bezirksverwaltungsbehörde und für die mutwillige Einbringung eines Rechtsmittels die zuständige Rechtsmittelbehörde bzw das zuständige Rechtsmittelgericht zuständig.[219]

4.2.1. Adressat und Verhängung der Mutwillensstrafe

Eine Mutwillensstrafe nach § 35 AVG kann gegen jede Person verhängt werden, die die Tätigkeit der Behörde offenbar mutwillig in Anspruch genommen oder in Verschleppungsabsicht der Behörde gegenüber unrichtige Angaben gemacht hat. Im Unterschied zur Ordnungsstrafe kann auch gegen Bevollmächtigte, die zur **berufsmäßigen Parteienvertretung** befugt sind (zB Rechtsanwälte), eine Mutwillensstrafe verhängt werden. Die Verhängung einer Mutwillensstrafe über

216 VwGH 16.2.2012, 2011/01/0271; 28.10.2019, Ra 2019/16/0135.
217 VwSlg 8448 A/1973.
218 VwSlg 18337 A/2012.
219 VwSlg 8040 A/1971; *Hengstschläger/Leeb*, AVG § 35 Rz 7 (Stand 1.1.2014, rdb.at).

einen Vertreter ist aber nur dann zulässig, wenn er ohne Ermächtigung durch einen den konkreten Fall betreffenden Auftrag in offenbar mutwilliger Gebrauchnahme seiner allgemein gehaltenen Ermächtigung gehandelt hat. Dies ist zB der Fall, wenn ein Rechtsanwalt am selben Tag einen Devolutionsantrag einbringt, an dem ihm auf seine telefonische Anfrage von der Behörde mitgeteilt wird, dass die Zustellung des von ihm urgierten Bescheides bereits im Gange ist.[220]

Die Verhängung einer Mutwillensstrafe stellt einen **verfahrensrechtlichen Bescheid** dar, gegen den Bescheidbeschwerde an das zuständige VwG bzw im eigenen Wirkungsbereich der Gemeinde Berufung an die zuständige Berufungsbehörde erhoben werden kann. Der Beschwerde bzw Berufung kommt aufschiebende Wirkung zu.[221]

4.3. Widmung und Vollzug der Ordnungs- und Mutwillensstrafen

Die Ordnungs- und Mitwillensstrafen fließen gemäß § 36 AVG der Gebietskörperschaft (Bund, Land oder Gemeinde) zu, die den Aufwand der Behörde zu tragen hat.

Die Bestimmungen des Verwaltungsstrafgesetzes über den Strafvollzug sind auf Ordnungs- und Mitwillensstrafen sinngemäß anzuwenden. Das bedeutet, dass Ordnungs- und Mitwillensstrafen mit Eintritt der Rechtskraft sofort vollstreckt werden können.[222]

220 VwGH 8.11.2000, 97/21/0023 mwN.
221 § 13 Abs 1 VwGVG; § 64 Abs 1 AVG.
222 § 36 AVG; § 54b Abs 1 VStG.

5. Das Verfahren vor der Verwaltungsbehörde

5.1. Allgemeines

Das verwaltungsbehördliche Verfahren gliedert sich grundsätzlich in drei Abschnitte:

- Einleitungsverfahren,
- Ermittlungsverfahren und
- Erledigungsverfahren.

In jedem Verwaltungsverfahren hat eine Verfahrenseinleitung und Verfahrenserledigung zu erfolgen. Grundsätzlich ist auch ein Ermittlungsverfahren durchzuführen. Dieses kann in bestimmten Fällen jedoch entfallen. So können Bescheide, mit denen die Vorschreibung von Geldleistungen nach einem gesetzlich, statutarisch oder tarifmäßig feststehenden Maßstab erfolgt, oder Bescheide, mit denen wegen Gefahr im Verzug unaufschiebbare Maßnahmen verfügt werden, auch ohne vorangegangenes Ermittlungsverfahren erlassen werden (sog Mandatsbescheide, siehe Kapitel 5.3.2.). Der Entfall des Ermittlungsverfahrens ist auch bei Ladungsbescheiden vorgesehen und darüber hinaus bei jenen Fällen, bei denen der maßgebende Sachverhalt von vornherein klar gegeben ist.[223]

5.2. Das Einleitungsverfahren

Das AVG enthält keine abschließende Regelung über die Einleitung des Verwaltungsverfahrens. Grundsätzlich kann ein Verwaltungsverfahren

- durch Antrag oder
- von Amts wegen

eingeleitet werden.

Sehen die Verwaltungsvorschriften eine Einleitung des Verwaltungsverfahrens nur auf **Antrag** vor, kann das Verfahren nur durch die Stellung eines verfahrenseinleitenden Antrages eingeleitet werden. Mit der Einbringung des vollständigen Antrages einer antragslegitimierten Partei bei der zuständigen Behörde wird das Verfahren bei dieser anhängig. Mit diesem Zeitpunkt beginnt auch die Entscheidungsfrist zu laufen.

Eine Verfahrenseinleitung auf Antrag ist in zahlreichen Materiengesetzen vorgesehen. So können Verfahren auf Erteilung einer Bewilligung nach dem AWG, dem ApoG, den BauG, dem EisbG, dem ForstG, der GewO, den NaturschutzG,

223 § 19, § 56, § 57 AVG.

dem TSchG oder dem WRG nur auf Antrag eingeleitet werden. Da der Inhalt des Antrages den Gegenstand des Verwaltungsverfahrens bestimmt, hat dieser ein konkretes Begehren zu enthalten (siehe dazu Kapitel 2.5.1.).

Leitet die Verwaltungsbehörde ein antragsbedürftiges Verwaltungsverfahren ohne Antrag ein und erlässt von Amts wegen einen Bescheid, verletzt sie das Recht auf ein Verfahren vor dem gesetzlichen Richter (Art 83 Abs 2 B-VG).[224]

Kann ein Verwaltungsverfahren hingegen nur **von Amts wegen** eingeleitet werden, ist ein diesbezüglicher Antrag mangels Antragslegitimation entweder bescheidmäßig zurückzuweisen oder kann allenfalls als Anregung zum behördlichen Einschreiten gesehen werden.[225] Jedenfalls hat die Behörde zu prüfen, ob die gesetzlichen Voraussetzungen für eine amtswegige Verfahrenseinleitung vorliegen. Für die amtswegige Verfahrenseinleitung ist kein bestimmter Verfahrensakt vorgeschrieben. So können Verfahren von Amts wegen einerseits durch interne Akte, wie etwa durch Erstellung eines Aktenvermerkes (§ 16 AVG), durch ein an eine andere Behörde gerichtetes Ersuchen um mittelbare Beweisaufnahme (§ 55 AVG), durch einen Gutachtensauftrag an einen Amtssachverständigen oder durch Abfrage der (Führerschein-)Behörde im Strafregister[226] eingeleitet werden. Andererseits kann die amtswegige Einleitung auch durch nach außen erkennbare Akte, wie etwa durch eine Ladung oder durch eine Aufforderung zur Stellungnahme, erfolgen. Soweit die Verwaltungsvorschriften nicht bestimmen, dass ein Verfahren nur auf Antrag einzuleiten ist, trifft die Behörde bei Vorliegen der gesetzlichen Voraussetzungen grundsätzlich eine Pflicht zur amtswegigen Verfahrenseinleitung. Verletzt die Behörde diese Pflicht in gesetzwidriger Weise, kann dies amtshaftungsrechtliche Folgen nach sich ziehen. Die Behörde kann auf unterschiedliche Weise Kenntnis von den Umständen erlangen, die sie zur amtswegigen Verfahrenseinleitung verpflichten. In Frage kommen etwa eigene amtliche Wahrnehmungen, Anzeigen oder Mitteilungen von anderen Behörden und Gerichten.[227]

Verfahren zur Entziehung der Lenkberechtigung (§ 24 FSG) oder der Staatsbürgerschaft (§§ 33 ff StbG), weiters Verfahren zur amtswegigen Änderung und Behebung von Bescheiden (§ 68 Abs 7 AVG) sowie Verfahren zur Erlassung abfallpolizeilicher Behandlungsaufträge (§ 73 AWG) sind Verfahren, die von Amts wegen einzuleiten sind.

Neben der ausschließlichen Einleitung von Amts wegen bzw der ausschließlichen Einleitung auf Antrag können die Verwaltungsvorschriften auch beides nebeneinander vorsehen. Das ist zB bei der Wiederaufnahme des Verfahrens gemäß § 69 AVG der Fall (siehe Kapitel 7.7.).

224 VwGH 20.9.2012, 2011/07/0149 mwN.
225 VwGH 25.9.2014, 2013/07/0060.
226 VwSlg 19479 A/2016.
227 *Kolonovits/Muzak/Stöger*, Verwaltungsverfahrensrecht[11] Rz 261; *Hengstschläger/Leeb*, AVG § 39 Rz 6 (Stand 1.4.2021, rdb.at).

5.3. Das Ermittlungsverfahren

5.3.1. Allgemeines

Zweck des Ermittlungsverfahrens ist, den für die Erledigung einer Verwaltungssache maßgebenden Sachverhalt (im Rahmen des Beweisverfahrens) festzustellen und den Parteien Gelegenheit zur Geltendmachung ihrer Rechte und rechtlichen Interessen zu geben.[228] Damit werden zwei tragende Grundsätze des Verfahrensrechtes normiert, nämlich

- der Grundsatz der **materiellen Wahrheit** und
- der Grundsatz des **Parteiengehörs**.

§ 39 Abs 1 AVG bestimmt, dass für die Durchführung des Ermittlungsverfahrens die Verwaltungsvorschriften, also die Materiengesetze maßgebend sind. Enthalten die Materiengesetze keine entsprechenden Anordnungen, hat die Behörde von Amts wegen vorzugehen und unter Beachtung der Vorschriften des AVG den Gang des Ermittlungsverfahrens zu bestimmen.[229] Damit werden zwei weitere tragende Grundsätze des Verfahrensrechtes normiert, nämlich

- der Grundsatz der **arbiträren Ordnung** und
- der Grundsatz der **Amtswegigkeit (Offizialmaxime)**.

Die Behörde hat den für die Entscheidung maßgeblichen Sachverhalt von Amts wegen zu ermitteln und zu bestimmen, welche Beweise in welcher Reihenfolge aufzunehmen sind. Die Parteien trifft eine Mitwirkungspflicht. Ist eine Partei oder zu vernehmende Person der deutschen Sprache nicht hinreichend kundig, stumm, gehörlos oder hochgradig hörbehindert, so hat die Behörde erforderlichenfalls einen Dolmetscher oder Übersetzer beizuziehen.[230] Eine mündliche Verhandlung kann die Behörde von Amts wegen oder auf Antrag durchführen (siehe Kapitel 5.3.3.). Sie kann auch mehrere Verwaltungssachen zur gemeinsamen Verhandlung und Entscheidung verbinden oder sie wieder trennen. Die Verbindung mehrerer Verwaltungssachen setzt die Zuständigkeit derselben Behörde für alle Verwaltungssachen voraus.[231] Bei all diesen Entscheidungen hat sich die Behörde von den Grundsätzen der Zweckmäßigkeit, Raschheit, Einfachheit und Kostenersparnis leiten zu lassen.

Sind für ein Vorhaben mehrere Bewilligungen, Genehmigungen oder bescheidmäßige Feststellungen erforderlich und werden diese unter einem beantragt, so trifft die Behörde die Pflicht, die Verfahren zur gemeinsamen Verhandlung und Entscheidung zu verbinden und mit den von anderen Behörden geführten Verfahren zu koordinieren. Eine getrennte Verfahrensführung ist zulässig, wenn

228 § 37 AVG.
229 § 39 Abs 2 AVG.
230 § 39a AVG.
231 § 39 Abs 2 zweiter Satz AVG.

diese im Interesse der Zweckmäßigkeit, Raschheit, Einfachheit und Kostenersparnis gelegen ist.[232]

Ist die Sache zur Entscheidung reif, kann die Behörde das Ermittlungsverfahren durch Verfahrensanordnung für geschlossen erklären. Die Erklärung hat nach Möglichkeit in der mündlichen Verhandlung, in allen anderen Fällen schriftlich zu ergehen.[233] Die **Schließung des Ermittlungsverfahrens** hat zur Folge, dass die Entscheidung aufgrund des im Zeitpunkt der Schließung vorliegenden Sachverhaltes erfolgen kann.[234] Damit sollen Verfahrensverschleppungen durch wiederholte neue Vorbringen verhindert werden.[235]

Das geschlossene Ermittlungsverfahren ist auf Antrag wieder fortzusetzen, wenn eine Partei glaubhaft macht, dass Tatsachen oder Beweismittel ohne ihr Verschulden nicht geltend gemacht werden konnten und allein oder in Verbindung mit dem sonstigen Ergebnis des Ermittlungsverfahrens voraussichtlich einen im Hauptinhalt des Spruches anders lautenden Bescheid herbeiführen würden. Die Entscheidung über den Antrag erfolgt durch Verfahrensanordnung. Die Behörde kann das Ermittlungsverfahren auch von Amts wegen jederzeit fortsetzen. Soweit in den Verwaltungsvorschriften nicht anderes bestimmt ist, gilt das Ermittlungsverfahren als nicht mehr geschlossen, wenn der Bescheid nicht binnen acht Wochen ab jenem Zeitpunkt, zu dem erstmals einer Partei gegenüber das Ermittlungsverfahren für geschlossen erklärt wurde, gegenüber einer Partei erlassen wird.[236] Dies hat zur Folge, dass zwischenzeitige Vorbringen (also solche zwischen Schließung und Ex-lege-[Wieder-]Eröffnung des Ermittlungsverfahrens) zu berücksichtigen sind, zumal das Ermittlungsverfahren in diesem Fall so zu betrachten ist, als ob es nie geschlossen war.[237]

Ein Ermittlungsverfahren hat grundsätzlich jedem Bescheid voranzugehen. Ausnahmen bilden Ladungs- und Mandatsbescheide. Bei diesen Bescheiden ist ein **Entfall des Ermittlungsverfahrens** vorgesehen. Darüber hinaus kann das Ermittlungsverfahren auch entfallen, wenn der maßgebende Sachverhalt von vornherein klar geben ist.[238]

5.3.2. Entfall des Ermittlungsverfahrens bei Mandatsbescheiden

Gemäß § 57 Abs 1 AVG ist die Behörde in folgenden zwei Fällen berechtigt, einen Bescheid (sog **Mandatsbescheid**) auch ohne vorausgegangenes Ermittlungsverfahren zu erlassen:

232 § 39 Abs 2b AVG.
233 § 39 Abs 3 AVG.
234 VwGH 26.5.2021, Ra 2019/04/0071.
235 ErläutRV 193 BlgNR 26. GP 4.
236 § 39 Abs 4 und 5 AVG.
237 *Hengstschläger/Leeb*, AVG § 39 Rz 48 (Stand 1.4.2021, rdb.at).
238 § 19, § 56, § 57 AVG.

- Wenn es sich um die Vorschreibung einer Geldleistung nach einem gesetzlich, statutarisch oder tarifmäßig feststehenden Maßstab handelt oder
- wenn es sich bei Gefahr im Verzug um unaufschiebbare Maßnahmen handelt.

Die **Geldleistung** muss durch eine Rechtsvorschrift bereits ziffernmäßig bestimmt oder ohne weiteres berechenbar sein, sodass eine Ergründung der Umstände des Einzelfalles für die Bemessung nicht erforderlich ist.[239] Die Vorschreibung von Bundesverwaltungsabgaben (siehe Kapitel 6.3.3.) oder die Vorschreibung von Kommissionsgebühren (siehe Kapitel 6.3.2.) ist in Form eines Mandatsbescheides möglich.[240]

Gefahr im Verzug liegt vor, wenn bei Zuwarten mit der unaufschiebbaren Maßnahme der Eintritt des Schadens wahrscheinlich ist. Die angeordnete Maßnahme muss zur Gefahrenabwehr geeignet sein.[241] Kommt die Behörde aufgrund der vorliegenden Unterlagen (die aber noch keinen Bescheid nach § 56 AVG ermöglichen) zur Annahme der Verkehrsunzuverlässigkeit einer Person, so kann sie die Entziehung der Lenkerberechtigung mit Mandatsbescheid verfügen.[242] Denkbar wäre auch die sofortige Schließung eines Gewerbebetriebes, bei dem akute Explosionsgefahr besteht, oder die Verhängung eines Waffenverbotes, die auf einer Anklage wegen schweren Raubes unter Verwendung einer Waffe gründet.

Wenngleich die Bezeichnung als Mandatsbescheid nicht zwingend vorgesehen ist, empfiehlt sich eine solche. Zumindest aber sollte der Bescheid auf die Bestimmung des § 57 Abs 1 AVG Bezug nehmen und eine Begründung – im Hinblick auf das Vorliegen der Voraussetzungen für die Erlassung eines Mandatsbescheides – enthalten.[243] Außerdem ist in der Rechtsmittelbelehrung anzugeben, dass der Mandatsbescheid mit dem Rechtsmittel der Vorstellung bekämpft werden kann (siehe Kapitel 7.1.).

5.3.3. Mündliche Verhandlung (§ 39 bis § 44 AVG)

5.3.3.1. Allgemeines

Gemäß § 39 Abs 2 AVG hat die Behörde – soweit die Verwaltungsvorschriften keine Anordnungen enthalten – von Amts wegen vorzugehen und den Gang des Ermittlungsverfahrens zu bestimmen. Sie kann insbesondere **von Amts wegen** oder **auf Antrag** eine mündliche Verhandlung durchführen. Bei dieser Entscheidung hat sie sich von den Grundsätzen der Zweckmäßigkeit, Raschheit, Einfachheit und Kostenersparnis leiten zu lassen. Ordnen die Verwaltungsvorschriften (Mate-

239 *Hengstschläger*, Verwaltungsverfahrensrecht[4] Rz 427.
240 VwSlg 12632 A/1988.
241 *Kolonovits/Muzak/Stöger*, Verwaltungsverfahrensrecht[11] Rz 261.
242 VwGH 19.5.1998, 98/11/0057.
243 Vgl VwGH 23.10.2015, Ra 2015/02/0029.

riengesetze) eine mündliche Verhandlung ausdrücklich an, ist eine solche zwingend durchzuführen. Andernfalls liegt ein Verfahrensmangel vor. Zwingend ist die Durchführung einer mündlichen Verhandlung etwa in § 16 K-BO vorgesehen.

Ist eine mündliche Verhandlung nicht zwingend vorgesehen, liegt es im Ermessen der Behörde, eine solche durchzuführen.[244] Führt sie eine mündliche Verhandlung durch, hat diese gemäß § 40 Abs 1 AVG unter **Zuziehung aller bekannten Beteiligten** sowie der erforderlichen **Zeugen** und **Sachverständigen** zu erfolgen und ist – sofern sie mit einem Augenschein verbunden ist – womöglich an Ort und Stelle, ansonsten am Sitz der Behörde oder an einem Ort abzuhalten, der nach der Sachlage am zweckmäßigsten erscheint. Verhandlungsort kann auch ein Gasthaus sein.[245] Bei der Auswahl des Verhandlungsortes ist – sofern die mündliche Verhandlung nicht mit einem Augenschein verbunden ist – darauf zu achten, dass dieser für körperbehinderte Beteiligte gefahrlos und tunlichst ohne fremde Hilfe zugänglich ist. Bei der Vornahme des Augenscheines hat die Behörde darüber zu wachen, dass dieser nicht zur Verletzung eines Kunst-, Betriebs- oder Geschäftsgeheimnisses missbraucht wird.[246]

In **verbundenen Verfahren** (§ 39 Abs 2b AVG) abzuhaltende mündliche Verhandlungen sind von der Behörde tunlichst gemeinsam durchzuführen.[247] Man spricht von einer sog **Verfahrenskonzentration**. Ein verbundenes Verfahren iSd § 39 Abs 2b AVG liegt vor, wenn für ein- und dasselbe Vorhaben mehrere Bewilligungen, Genehmigungen oder bescheidmäßige Feststellungen erforderlich sind und diese unter einem beantragt werden. Voraussetzung für diese grundsätzliche Verfahrensverbindungspflicht ist sohin, dass für alle erforderlichen Bewilligungen, Genehmigungen oder bescheidmäßigen Feststellungen ein- und dieselbe Behörde sachlich und örtlich zuständig ist und ein Gesamtantrag gestellt wird. Eine getrennte Verfahrensführung ist nur ausnahmsweise zulässig, und zwar dann, wenn diese im Interesse der Zweckmäßigkeit, Raschheit, Einfachheit und Kostenersparnis gelegen ist. Dies ist etwa dann anzunehmen, wenn einzelne Bewilligungen bereits spruchreif wären und durch Zuwarten bis zur Spruchreife des aufwändigsten Teilverfahrens erheblich verzögert würden. Sind neben dem verbundenen Verfahren noch Verfahren von anderen Behörden zu führen, hat die Behörde ihr verbundenes Verfahren mit den von den anderen Behörden zu führenden Verfahren zu koordinieren. Werden für die erforderlichen Bewilligungen, Genehmigungen oder bescheidmäßigen Feststellungen mehrere Einzelanträge gestellt, so gilt die Verfahrensverbindungspflicht nicht, die Behörde ist aber gemäß § 39 Abs 2 AVG weiterhin dazu berechtigt.[248]

244 Vgl VwGH 23.5.2014, 2013/04/0105; 4.4.2002, 2002/08/0062.
245 VwGH 26.6.1990, 89/05/0004.
246 § 40 Abs 2 AVG.
247 § 40 Abs 1 letzter Satz AVG.
248 ErläutRV 772 BlgNR 21. GP 40.

Die Behörde trifft ihre Entscheidungen, ob Verfahren zu verbinden, trennen oder koordinieren sind, mit Verfahrensanordnung. Da gegen Verfahrensanordnungen ein abgesondertes Rechtsmittel nicht zulässig ist, kann eine Verletzung der Verfahrensverbindungspflicht nur im Rechtsmittel gegen den das Verfahren abschließenden Bescheid geltend gemacht werden.

Von der Verfahrensverbindungspflicht (Verfahrenskonzentration) nach § 39 Abs 2b AVG ist die sog **Genehmigungskonzentration** zu unterscheiden, wonach für ein- und dasselbe Vorhaben nur eine einzige Genehmigung (Bewilligung) unter Anwendung verschiedener Verwaltungsvorschriften vorgesehen ist. In solchen Fällen besteht keine Pflicht zur Verfahrensverbindung gemäß § 39 Abs 2b AVG. Eine Genehmigungskonzentration ist zB in § 356b Abs 1 GewO und § 3 Abs 3 UVP-G vorgesehen.[249]

5.3.3.2. Anberaumung einer mündlichen Verhandlung und deren Inhalt

Die Durchführung einer mündlichen Verhandlung ist anzuberaumen. Gemäß § 41 Abs 1 erster Satz AVG hat die Anberaumung einer mündlichen Verhandlung

- durch **persönliche Verständigung der bekannten Beteiligten** zu erfolgen.

Als bekannt sind jene Beteiligten eines Verwaltungsverfahrens anzusehen, die der Behörde tatsächlich bekannt sind, und jene, die ihr bei der Anwendung der pflichtgemäßen Sorgfalt bekannt sein müssen.[250] Daher muss die Behörde von Amts wegen entsprechende Erhebungen, zB Einsichtnahmen ins Grundbuch, Firmenbuch oder Melderegister, durchführen. Ist die Abgabestelle eines zu verständigenden bekannten Beteiligten unbekannt, kann ihm die Behörde die Verständigung über die Anberaumung einer mündlichen Verhandlung gemäß § 25 ZustG, dh durch Anschlag an der Amtstafel, zustellen. Das gilt nicht für unbekannte Beteiligte.[251]

Kommen über die bekannten Beteiligten hinaus noch andere Personen als Beteiligte in Betracht, ist die Verhandlung gemäß § 41 Abs 1 zweiter Satz AVG überdies

- an der **Amtstafel der Gemeinde** oder
- durch **Verlautbarung in der für amtliche Kundmachungen der Behörde bestimmten Zeitung** oder
- durch **Verlautbarung im elektronischen Amtsblatt der Behörde**

kundzumachen (sog Verständigung durch Edikt). Die Verständigung durch Edikt hat neben der persönlichen Verständigung immer dann zu erfolgen, wenn neben den bekannten Beteiligten noch weitere Beteiligte in Betracht kommen

249 VwGH 19.12.2019, Ro 2019/07/0012; ErläutRV 772 BlgNR 21. GP 40 f; *Hengstschläger/Leeb*, AVG § 39 Rz 35 (Stand 1.4.2021, rdb.at).

250 VwGH 26.1.1993, 91/07/0153.

251 *Hengstschläger*, Verwaltungsverfahrensrecht[4] Rz 314 f.

könnten, die der Behörde aber nicht bekannt (geworden) sind. Es handelt sich dabei insbesondere um jene Fälle, bei denen der Kreis der am Verfahren Beteiligten nur schwer feststellbar ist. Die Behörde wird daher allein schon aus Sicherheitsgründen neben der persönlichen Verständigung der bekannten Beteiligten auch eine Verständigung durch Edikt vorzunehmen haben.[252]

Gemäß § 41 Abs 2 AVG ist die Verhandlung so anzuberaumen, dass die Teilnehmer **rechtzeitig und vorbereitet** erscheinen können. Die Frage, ob einer Partei hinreichende Vorbereitungszeit gewährt wurde, ist nach den Umständen des Einzelfalles, der Komplexität sowie dem Umfang und Schwierigkeitsgrad des Verhandlungsgegenstandes zu beurteilen.[253] Wird die Verhandlung so kurzfristig anberaumt, dass eine Vorbereitung nicht mehr möglich ist, stellt dies einen Verfahrensmangel dar. Um den Verfahrensmangel der zu kurzen Vorbereitungszeit geltend zu machen, muss die geladene Partei entweder zur mündlichen Verhandlung erscheinen, diesen Mangel dort bis zum Schluss der mündlichen Verhandlung geltend machen und die Vertagung beantragen oder spätestens am Tag vor der Verhandlung während den Amtsstunden bei der Behörde einen Vertagungsantrag einbringen. Andernfalls gilt dieser Mangel als geheilt. Nur wenn die Anberaumung so kurzfristig erfolgt (zB am Vortag der Verhandlung), dass die Partei nicht in der Lage ist, selbst rechtzeitig zu erscheinen oder zumindest einen Vertreter zu entsenden, heilt dieser Mangel trotz Fernbleibens von der Verhandlung nicht. Das hat zur Folge, dass die Parteistellung nicht verloren geht, die Präklusionsfolgen sohin nicht eintreten.[254]

Die Verständigung (Kundmachung) über die Anberaumung der Verhandlung hat die **für Ladungen** (siehe Kapitel 2.10.) **vorgeschriebenen Angaben einschließlich des Hinweises auf die gemäß § 42 AVG eintretenden Rechtsfolgen (Präklusionsfolgen)** zu enthalten. Die Ladung (Verständigung) hat daher folgenden Inhalt aufzuweisen:

- Ort und Zeit der mündlichen Verhandlung,
- korrekte und präzise Umschreibung des Verhandlungsgegenstandes (Parteien müssen erkennen können, ob ihre Interessen tangiert sein könnten),
- Eigenschaft der geladenen Person (zB Antragsteller, Beteiligter, Zeuge),
- allenfalls mitzubringende Behelfe und Beweismittel,
- Bekanntgabe, ob die geladene Person persönlich erscheinen muss oder die Entsendung eines Vertreters genügt,
- Hinweis auf etwaige Kostenfolgen bei (unentschuldigtem) Nichterscheinen,

252 *Kolonovits/Muzak/Stöger*, Verwaltungsverfahrensrecht[11] Rz 284; *Hengstschläger/Leeb*, AVG § 41 Rz 9 (Stand 1.4.2021, rdb.at).

253 VwGH 10.12.2013, 2013/05/0206.

254 VwGH 9.12.2020, Ra 2020/11/0198; 10.12.2013, 2013/05/0206, 14.9.1993, 90/07/0098; *Hengstschläger/Leeb*, AVG § 41 Rz 16 f (Stand 1.4.2021, rdb.at); *Kolonovits/Muzak/Stöger*, Verwaltungsverfahrensrecht[11] Rz 285.

- Hinweis auf die Möglichkeit einer Quasi-Wiedereinsetzung,
- Hinweis, ob, wann und wo Pläne oder sonstige Behelfe zur Einsicht aufliegen,
- Hinweis auf die Präklusionsfolgen.

Ohne Hinweis auf die Präklusionsfolgen kann die Parteistellung nicht verloren gehen. Der Hinweis muss klar und deutlich erfolgen. Nur dann kann Präklusion eintreten. Die bloße Anführung von Paragraphenbezeichnungen reicht nicht aus; ebenso wenig der Hinweis, dass Einwendungen, die nicht spätestens am Tag vor der Verhandlung der Behörde bekannt gegeben oder während der Verhandlung vorgebracht werden, „keine Berücksichtigung mehr finden".[255] Es ist sohin ausdrücklich darauf hinzuweisen, wann Verlust der Parteistellung eintritt. Der Gesetzestext sollte wörtlich wiedergegeben werden.

Neben der ausdrücklichen Präklusionsbelehrung ist auch eine korrekte Umschreibung des Verhandlungsgegenstandes Voraussetzung für den Verlust der Parteistellung. Stimmt der in der Verständigung (Kundmachung) umschriebene Verhandlungsgegenstand mit dem tatsächlich zu verhandelnden Projekt nicht überein und können die Beteiligten aufgrund der unpräzisen Fassung des Verhandlungsgegenstandes nicht erkennen, dass bzw inwieweit ihre Interessen tangiert sein könnten, kann Verlust der Parteistellung nicht eintreten. Die korrekte Umschreibung des Verhandlungsgegenstandes ist Voraussetzung für die Erhebung zielführender Einwendungen, mit denen die Parteien ihre subjektiven Rechte verteidigen können.[256] Bei Änderungen des verfahrenseinleitenden Antrages nach Anberaumung der mündlichen Verhandlung ist besondere Vorsicht geboten. Änderungen des verfahrenseinleitenden Antrages gemäß § 13 Abs 8 AVG nach Anberaumung der mündlichen Verhandlung haben nur dann keine Auswirkungen auf die Präklusionsfolgen, wenn durch die Änderung die subjektiven Rechte der Parteien im Verhältnis zum ursprünglich eingebrachten Antrag (= kundgemachter Verfahrensgegenstand) in keiner Weise betroffen sein können. Das trifft zB auf jene Modifikationen zu, durch die der Verhandlungsgegenstand eingeengt und damit eine mögliche Betroffenheit der Parteien in subjektiven Rechten vermindert, zumindest nicht ausgeweitet wird.[257]

Falls für Zwecke der Verhandlung Pläne oder sonstige Behelfe zur Einsicht der Beteiligten aufzulegen sind, ist dies in der Verständigung über die Anberaumung der Verhandlung unter Angabe von Zeit und Ort der Einsichtnahme ebenfalls bekanntzugeben. Darüber hinaus kann die Verständigung auch unter Hinweis auf die Möglichkeit der Schließung des Ermittlungsverfahrens gemäß § 39 Abs 4 AVG und die damit eintretenden Rechtsfolgen die Aufforderung an die Parteien enthalten, binnen einer angemessenen, vier Wochen möglichst nicht übersteigenden Frist alle ihnen bekannten Tatsachen und Beweismittel geltend zu machen.

255 VwGH 26.1.2006, 2004/01/0172.
256 VwGH 10.9.2008, 2006/05/0126.
257 VwGH 25.6.2020, Ra 2018/07/0455; 24.10.2017, Ra 2016/06/0007; 21.11.2002, 2000/06/0192.

5.3.3.3. Präklusion bei doppelter Kundmachung

Wurde eine mündliche Verhandlung

- gemäß § 41 Abs 1 zweiter Satz AVG (Anschlag an der Amtstafel oder Verlautbarung in der für amtliche Kundmachungen der Behörde bestimmten Zeitung oder Verlautbarung im elektronischen Amtsblatt der Behörde) und
- in einer in den Verwaltungsvorschriften vorgesehenen besonderen Form

kundgemacht (= **doppelte Kundmachung**), so hat dies gemäß § 42 Abs 1 AVG zur Folge, dass eine Person ihre Stellung als Partei verliert, soweit sie nicht spätestens am Tag vor Beginn der Verhandlung während der Amtsstunden bei der Behörde oder während der Verhandlung Einwendungen erhebt (= **Präklusion**).

Sehen die Verwaltungsvorschriften (Materiengesetze) über die besondere Form der Kundmachung keine Bestimmungen vor, so tritt gemäß § 42 Abs 1 AVG **Präklusion** dann ein, wenn

- die mündliche Verhandlung gemäß § 41 Abs 1 zweiter Satz AVG (Anschlag an der Amtstafel oder Verlautbarung in der für amtliche Kundmachungen der Behörde bestimmten Zeitung oder Verlautbarung im elektronischen Amtsblatt der Behörde) und
- in geeigneter Form

kundgemacht wurde (= **doppelte Kundmachung**). Eine geeignete Form ist zB die Kundmachung im Internet unter der Adresse der Behörde, wenn sich aus einer dauerhaften Kundmachung an der Amtstafel der Behörde ergibt, dass solche Kundmachungen im Internet erfolgen können und unter welcher Adresse sie erfolgen. Sonstige Formen der Kundmachung sind geeignet, wenn sie sicherstellen, dass ein Beteiligter von der Verhandlung voraussichtlich Kenntnis erlangt.[258]

Wurde eine Verhandlung gemäß § 42 Abs 1 AVG doppelt kundgemacht und weist die Verständigung (Kundmachung) über die Anberaumung der Verhandlung den vom Gesetz geforderten Inhalt auf, erstrecken sich die Präklusionswirkungen auf alle Beteiligten des Verfahrens. In diesem Fall kann der Eintritt der Präklusion nur durch die Erhebung **rechtzeitiger zulässiger Einwendungen** verhindert werden. Unter dem Begriff „Einwendungen“ ist die Behauptung einer Partei zu verstehen, durch die Genehmigung des verfahrensgegenständlichen Projektes in einem bestimmten subjektiven öffentlichen Recht verletzt zu sein.[259] Welche subjektiv-öffentlichen Rechte einer Partei im konkreten Verfahren zukommen, ergibt sich aus dem jeweils anzuwendenden Materiengesetz. Nur derartige Einwendungen sind **zulässig**. Wenngleich das subjektiv-öffentliche Recht nicht ausdrücklich bezeichnet werden muss, ist eine Einwendung nur zulässig,

258 § 42 Abs 1a AVG.

259 VwGH 1.4.2021, Ra 2019/05/0334; 27.6.2017, Ra 2016/05/0118; 26.6.2009, 2006/04/0066; 16.9.2009, 2008/05/0250.

wenn sie wenigstens erkennen lässt, in welchem konkreten subjektiven Recht (zB Staub, Lärm, Geruch, Abstandsbestimmungen) die Partei verletzt zu sein behauptet.[260] Unzulässige Einwendungen sind solche, die die Verletzung von Rechten geltend machen, obwohl die Materiengesetze derartige Rechte gar nicht einräumen,[261] aber auch pauschale Aussagen wie zB mit einem Vorhaben nicht einverstanden zu sein.[262] Unzulässige Einwendungen verhindern den Verlust der Parteistellung nicht. Einwendungen sind **rechtzeitig**, wenn sie spätestens am Tag vor Beginn der Verhandlung während der Amtsstunden mündlich oder schriftlich bei der Behörde oder während der Verhandlung mündlich erhoben werden.[263] Frühestens können Einwendungen ab Anberaumung der mündlichen Verhandlung erhoben werden.[264] Während der mündlichen Verhandlung erhobene schriftliche Einwendungen, die vom Verhandlungsleiter entgegengenommen und der Verhandlungsniederschrift als Bestandteil angeschlossen werden, gelten als rechtzeitig.[265]

Die Parteistellung geht nur insoweit verloren, „soweit" nicht rechtzeitige zulässige Einwendungen erhoben werden.[266] Es kann somit auch zu einem partiellen Verlust (Teilverlust) der Parteistellung kommen. Das bedeutet, dass über die geltend gemachten Einwendungen hinaus nach der Verhandlung oder im Rechtsmittelverfahren keine weiteren neuen Einwendungen (dh andere subjektiv-öffentlichen Rechte als die bereits geltend gemachten) nachgetragen werden können, weil insoweit Verlust der Parteistellung eingetreten ist (**Teilpräklusion**).[267]

Von den Präklusionswirkungen ausgenommen sind Organparteien und der Antragsteller selbst. Die Parteistellung von Organparteien[268] und die Parteistellung des Antragstellers können nicht präkludieren. Versäumt sohin derjenige die Verhandlung, über dessen Antrag das Verfahren eingeleitet wurde, kann die Behörde die Verhandlung entweder in seiner Abwesenheit durchführen oder auf seine Kosten vertagen. Auf diese Rechtsfolgen ist der Antragsteller in der Kundmachung hinzuweisen.[269]

Wurde eine mündliche Verhandlung nicht gemäß § 42 Abs 1 AVG doppelt kundgemacht – dh keine Verständigung durch Edikt und keine Kundmachung in besonderer bzw geeigneter Form –, erstrecken sich die Präklusionsfolgen nur auf

260 VwGH 23.5.2018, Ra 2017/05/0033; 19.5.2015, 2013/05/0190; 27.8.2014, Ro 2014/05/0037; 15.11.2011, 2008/05/0146.
261 VwGH 10.2.2021, Ra 2021/05/0012; 28.4.2005, 2005/07/0006.
262 VwSlg 7179 A/1967.
263 § 44 Abs 2 letzter Satz AVG.
264 VwGH 25.1.1994, 93/04/0154.
265 VwSlg 15342 A/2000.
266 § 42 Abs 1 erster Satz AVG.
267 VwGH 15.12.2009, 2008/05/0130; 31.3.2002, 2001/07/0169; 31.3.2002, 2001/07/0170; 5.12.2000, 99/06/0199.
268 VwGH 14.9.2004, 2002/10/0002.
269 § 42 Abs 4 AVG.

jene Beteiligten, die **rechtzeitig** die fehlerfreie Verständigung (Kundmachung) von der mündlichen Verhandlung erhalten haben und dennoch nicht fristgerecht zulässige Einwendungen erhoben haben.[270] Das gilt sowohl für jene Parteien, die rechtzeitig persönlich verständigt wurden (soweit es sich um bekannte Beteiligte handelt), als auch für solche, die die Verständigung mittels Edikt rechtzeitig erhalten haben.[271] Die Verständigung muss jedoch den vom Gesetz geforderten Inhalt aufweisen, damit die Präklusionsfolgen eintreten können.

Wurde eine Person, der Parteistellung zukommt, dem Verwaltungsverfahren gar nicht beigezogen, dh, wurde sie weder zur mündlichen Verhandlung ordnungsgemäß (im Wege einer doppelten Kundmachung) geladen noch ihr ein Bescheid zugestellt, handelt es sich um eine sog **übergangene Partei**. Übergangene Parteien verlieren ihre Parteistellung durch die Nichtbeiziehung im Verfahren nicht (siehe Kapitel 2.3.).

Macht eine Person glaubhaft, dass sie durch ein unvorhergesehenes oder unabwendbares Ereignis verhindert war, rechtzeitig Einwendungen zu erheben, und trifft sie kein Verschulden oder nur ein minderer Grad des Versehens, kann sie binnen zwei Wochen nach dem Wegfall des Hindernisses, jedoch spätestens bis zum Zeitpunkt der rechtskräftigen Entscheidung der Sache bei der Behörde Einwendungen erheben. Solche Einwendungen gelten als rechtzeitig erhoben und sind von jener Behörde zu berücksichtigen, bei der das Verfahren anhängig ist (sog Quasi-Wiedereinsetzung, siehe Kapitel 7.6.).[272] Der Hinweis auf die Möglichkeit einer **Quasi-Wiedereinsetzung** sollte in die Verständigung (Kundmachung) über die Anberaumung einer mündlichen Verhandlung aufgenommen werden.

5.3.3.4. Ablauf einer mündlichen Verhandlung

Gemäß § 43 AVG hat sich das mit der Leitung der mündlichen Verhandlung betraute Organ, der sog Verhandlungsleiter, von der Identität der Erschienenen zu überzeugen und ihre Stellung als Parteien oder sonst Beteiligte und die etwaige Vertretungsbefugnis zu prüfen. Danach hat er die Verhandlung zu eröffnen und den Verhandlungsgegenstand darzulegen. Der Verhandlungsleiter kann die Verhandlung in Abschnitte gliedern (zB bei verbundenen Verfahren, siehe Kapitel 5.3.3.1.) und einen Zeitplan erstellen. Er bestimmt die Reihenfolge, in der die Beteiligten zu hören, die Beweise aufzunehmen und die Ergebnisse früher aufgenommener Beweise oder Erhebungen vorzutragen und zu erörtern sind. Er entscheidet auch über Beweisanträge und hat offenbar unerhebliche Anträge zurückzuweisen. Zudem kann er die Verhandlung nach Bedarf unterbrechen oder vertagen und den Zeitpunkt für die Fortsetzung der Verhandlung mündlich bestimmen. Wird eine mündliche Verhandlung vertagt (unterbrochen) und zu einem späteren Termin

270 § 42 Abs 2 AVG.
271 *Hengstschläger/Leeb*, AVG § 42 Rz 24 (Stand 1.4.2021, rdb.at).
272 § 42 Abs 3 AVG.

fortgesetzt, bilden die vertagte (unterbrochene) und die fortgesetzte Verhandlung eine Einheit. Das bedeutet, dass die bereits erhobenen Einwendungen weiter aufrechtbleiben und nicht wiederholt werden müssen, um den Verlust der Parteistellung zu verhindern.[273]

Der Verhandlungsleiter hat während der Verhandlung auch für die Aufrechterhaltung der Ordnung und die Wahrung des Anstandes zu sorgen. Zu diesem Zweck gebietet ihm das AVG sog sitzungspolizeiliche Maßnahmen (siehe Kapitel 4.1.2.).

Die Verhandlung ist – unter steter Bedachtnahme auf ihren Zweck – so zu führen, dass den Parteien das Recht auf Gehör gewahrt, anderen Beteiligten aber Gelegenheit geboten wird, bei der Feststellung des Sachverhaltes mitzuwirken. An der Sache nicht beteiligte Personen (zB Zeugen, Sachverständige, Rechtsbeistände) dürfen in der Verhandlung nicht das Wort ergreifen. Insbesondere muss jeder Partei Gelegenheit geboten werden, alle zur Sache gehörenden Gesichtspunkte vorzubringen und unter Beweis zu stellen, Fragen an die anwesenden Zeugen und Sachverständigen zu stellen und sich über die von anderen Beteiligten, den Zeugen und Sachverständigen vorgebrachten oder die als offenkundig behandelten Tatsachen sowie über die von anderen gestellten Anträge und über das Ergebnis amtlicher Erhebungen zu äußern. Stehen einander zwei oder mehrere Parteien mit einander widersprechenden Ansprüchen gegenüber, so hat der Verhandlungsleiter auf das Zustandekommen eines Ausgleiches dieser Ansprüche mit den öffentlichen und den von anderen Beteiligten geltend gemachten Interessen hinzuwirken.

Über jede mündliche Verhandlung ist gemäß § 44 AVG eine **Verhandlungsschrift** nach den Form- und Inhaltsvorschriften einer Niederschrift (siehe Kapitel 2.7.) aufzunehmen. Der Verhandlungsniederschrift sind folgende Schriftstücke als integrierender Bestandteil anzuschließen:

- schriftliche Äußerungen und Mitteilungen von Beteiligten,
- Niederschriften über Beweise, die bis zum Schluss der mündlichen Verhandlung, aber außerhalb dieser aufgenommen wurden,
- Berichte und schriftliche Sachverständigengutachten.

Der Anschluss dieser Unterlagen ist in der Verhandlungsschrift zu vermerken. Wenngleich in der mündlichen Verhandlung nur mündliche Einwendungen zulässig sind, werden schriftlich vorgebrachte Einwendungen dennoch als zulässig gewertet, wenn sie vom Verhandlungsleiter zur Niederschrift genommen werden.

Die Verhandlungsniederschrift ist derart abzufassen, dass bei Weglassung alles nicht zur Sache Gehörigen der Verlauf und Inhalt der Verhandlung richtig und verständlich wiedergegeben werden.[274]

273 VwGH 23.6.2010, 2008/06/0102 31.3.2008, 2005/05/0173.
274 § 14 Abs 1 zweiter Satz und Abs 7 erster Satz, § 62 Abs 2 AVG.

Nachdem die zulässigen Vorbringen aller Beteiligten aufgenommen sind und die Beweisaufnahme beendet ist, hat der Verhandlungsleiter die Verhandlung – gegebenenfalls nach Wiedergabe der Verhandlungsschrift (§ 14 Abs 3 AVG) und nach mündlicher Verkündung des Bescheides (§ 62 Abs 2 AVG) – **für geschlossen zu erklären**. Wird ein Bescheid mündlich verkündet, sind sowohl der Inhalt als auch die Tatsache der mündlichen Verkündung eines Bescheides zwingend in die Verhandlungsniederschrift aufzunehmen. Wird ein Bescheid erlassen, obwohl die Verhandlung nicht für geschlossen erklärt und auch keine neuerliche mündliche Verhandlung durchgeführt wurde, so bewirkt dies nur dann einen wesentlichen Verfahrensmangel, der zur Aufhebung des angefochtenen Bescheides führt, wenn nicht alle zulässigen Vorbringen aller Beteiligten aufgenommen und die Beweisaufnahme nicht abgeschlossen war und es dadurch zu einem Verstoß gegen das im Verwaltungsverfahren geltende Überraschungsverbot gekommen ist und dieser Verstoß relevant ist. Das könnte insbesondere dann der Fall sein, wenn eine mündliche Verhandlung abrupt beendet wurde und die Partei dadurch in ihrem Recht gehindert war, bis zum Schluss der mündlichen Verhandlung Einwendungen zu erheben, um den Verlust der Parteistellung zu verhindern.[275]

Hinsichtlich der Wiedergabe, Unterschrift und Beweiskraft der Verhandlungsschrift wird auf die diesbezüglichen Ausführungen zur Niederschrift (siehe Kapitel 2.7.) verwiesen.

5.3.4. Großverfahren (§ 44a bis § 44g AVG)

Sind an einer Verwaltungssache oder an verbundenen Verwaltungssachen **voraussichtlich** insgesamt **mehr als 100 Personen** beteiligt, so kann die Behörde in auf Antrag eingeleiteten Verfahren den Antrag oder die Anträge durch Edikt kundmachen. Ob die Behörde von dieser Möglichkeit Gebrauch macht, liegt in ihrem Ermessen. Die Ermessensentscheidung erfordert eine Prognose über die voraussichtliche Zahl der Beteiligten. Dabei hat sich die Behörde auf konkrete Tatsachen und Erfahrungssätze zu stützen.[276] Unter Umständen ist für die Ermittlung der voraussichtlichen Beteiligtenzahl eine Immissionsausbreitungsrechnung vorzunehmen.[277] In Zweifelsfällen empfiehlt sich eine Dokumentation der für das Großverfahren sprechenden Gründe.

Liegen die Voraussetzungen für ein Großverfahren vor und entscheidet sich die Behörde für die Durchführung eines solchen, hat sie den verfahrenseinleitenden Antrag oder die Anträge durch Edikt kundzumachen. Gemäß § 44a Abs 2 AVG hat das **Edikt** zu enthalten:

- den Gegenstand des Antrages und eine Beschreibung des Vorhabens (Z 1),

275 VwGH 25.6.2009, 2006/07/0105; *Hengstschläger/Leeb*, AVG § 44 Rz 6 (Stand 1.4.2021, rdb.at).
276 AB 1167 BlgNR 20. GP 33.
277 *Grabenwarter*, Großverfahren nach dem AVG, ZfV 2000, 718.

- eine Frist von mindestens sechs Wochen, innerhalb derer bei der Behörde schriftlich Einwendungen erhoben werden können (Z 2),
- den Hinweis auf die Präklusionsfolgen nach § 44b AVG (Z 3) und
- den Hinweis, dass die Kundmachungen und Zustellungen im Verfahren durch Edikt vorgenommen werden können (Z 4).

Der Gegenstand des Antrages ist kurz, prägnant und allgemein verständlich unter Hinweis auf die maßgeblichen Gesetzesbestimmungen zu umreißen. Die Beschreibung des Vorhabens hat eine allgemein verständliche Darstellung und Erklärung des Projektes und seiner möglichen Emissionen und Immissionen zu beinhalten. Beide Informationen sollen den Interessierten in die Lage versetzen, abschätzen zu können, ob und inwieweit er vom beantragten Vorhaben in seinen subjektiven Rechten betroffen und veranlasst sein kann, dagegen Einwendungen zu erheben.[278] Die von der Behörde zu bestimmende Frist für die Erhebung von schriftlichen Einwendungen muss mindestens sechs Wochen betragen. Sie beginnt, wenn die Verlautbarung des Ediktes in den Tageszeitungen und im Amtsblatt zur Wiener Zeitung an verschiedenen Tagen erfolgt, mit der letzten Verlautbarung zu laufen.[279] Der Hinweis auf die Präklusionsfolgen nach § 44b AVG muss klar und deutlich erfolgen. Es sollte daher der Gesetzestext wörtlich wiedergegeben werden. Gesetzwidrige Formulierungen haben zur Folge, dass keine Präklusion eintreten kann.[280] Der Hinweis, dass Kundmachungen und Zustellungen im Verfahren durch Edikt vorgenommen werden können, soll dem Schutz der Verfahrensteilnehmer vor Überraschungen dienen.[281]

Das Edikt ist

- im redaktionellen Teil zweier im Bundesland weitverbreiteter Tageszeitungen und
- im „Amtsblatt zur Wiener Zeitung"

kundzumachen. Sehen die Verwaltungsvorschriften (Materiengesetze) für die Kundmachung der mündlichen Verhandlung eine besondere Form vor, muss der Inhalt des Ediktes darüber hinaus auch in dieser Form kundgemacht werden. So sieht zB § 356 Abs 1 GewO als besondere Form eine Kundmachung an der Amtstafel der Gemeinde, eine Verlautbarung auf der Internetseite der Behörde, einen Anschlag auf dem Betriebsgrundstück oder einen Anschlag in den der Betriebsanlage benachbarten Häusern vor. Ist keine besondere Form vorgesehen, kann die Behörde im Übrigen (fakultativ) jede geeignete Form der Kundmachung (zB Postwurfsendung) wählen. Das gilt auch, wenn in den Verwaltungsvorschriften eine besondere Kundmachungsform vorgesehen ist. Die weiteren Kundmachungen

278 VwSlg 18708 A/2013.
279 AB 1167 BlgNR 20. GP 34.
280 VwGH 20.4.2001, 2003/06/0099.
281 *Hengstschläger/Leeb*, AVG § 44a Rz 13 (Stand 1.4.2021, rdb.at).

(besondere bzw geeignete Form) dienen rein der Information und lösen keine Rechtswirkungen aus.[282] In der Zeit vom 15. Juli bis 25. August und vom 24. Dezember bis 6. Jänner ist eine Kundmachung durch Edikt unzulässig. Die Kosten der Verlautbarung des Ediktes im „Amtsblatt zur Wiener Zeitung" sind von Amts wegen zu tragen.[283] Die Kosten für die Verlautbarung des Ediktes in den Tageszeitungen hat weiterhin der Antragsteller zu tragen (siehe auch Kapitel 6.3.1.).

Mit der ediktalen Kundmachung im Großverfahren sollen vor allem Probleme mit übergangenen Parteien vermieden werden. Wurde ein Antrag durch Edikt ordnungsgemäß (dh im redaktionellen Teil zweier im Bundesland weitverbreiteter Tageszeitungen und im „Amtsblatt zur Wiener Zeitung") kundgemacht, so hat dies gemäß § 44b Abs 1 AVG zur Folge, dass Personen ihre Stellung als Partei verlieren, soweit sie nicht rechtzeitig (also während der Einwendungsfrist) bei der Behörde **schriftlich zulässige Einwendungen** erheben. Einwendungen sind dann rechtzeitig und verhindern (sofern sie auch zulässig sind) den Eintritt der Präklusion, wenn sie am letzten Tag der Einwendungsfrist einem Zustelldienst übergeben werden.[284] Auch eine Teilpräklusion kommt in Betracht. Zur Zulässigkeit von Einwendungen siehe Kapitel 5.3.3.3. Die Bestimmungen über die Quasi-Wiedereinsetzung gemäß § 42 Abs 3 AVG (siehe Kapitel 7.6.) sind im Großverfahren sinngemäß anzuwenden.[285]

Während der Einwendungsfrist sind der Antrag, die Antragsunterlagen und die vorliegenden Gutachten der Sachverständigen, soweit sie nicht von der Akteneinsicht ausgenommen sind, bei der Behörde und bei der Standortgemeinde **zur öffentlichen Einsicht für jedermann aufzulegen**. Nur die Beteiligten können sich hievon Abschriften selbst anfertigen oder auf ihre Kosten Kopien oder Ausdrucke erstellen lassen, nicht aber jedermann. Soweit die Behörde die die Sache betreffenden Akten elektronisch führt, kann den Beteiligten auf Verlangen die Akteneinsicht in jeder technisch möglichen Form gewährt werden. Erforderlichenfalls hat die Behörde der Gemeinde eine ausreichende Anzahl von Kopien oder Ausdrucken zur Verfügung zu stellen.[286] Von der öffentlichen Einsicht und der damit einhergehenden Akteneinsicht in die aufgelegten Unterlagen ist die Akteneinsicht nach § 17 AVG zu unterscheiden, welche nur den Parteien des Verfahrens zusteht (siehe Kapitel 2.9.).

§ 44c AVG sieht eine fakultative **öffentliche Erörterung** des Vorhabens vor. Eine solche ist nur möglich, wenn am Verfahren voraussichtlich insgesamt mehr als 100 Personen beteiligt sind. Ob ein Verfahren als Großverfahren oder als „normales" Verfahren durchgeführt wird, ist hingegen unerheblich. Eine öffentliche

282 AB 1167 BlgNR 20. GP 33.
283 § 44g AVG.
284 *Hengstschläger/Leeb*, AVG § 44b Rz 3 (Stand 1.4.2021, rdb.at).
285 § 44b Abs 1 letzter Satz AVG.
286 § 44b Abs 2 AVG.

Erörterung ist sohin auch außerhalb eines Großverfahrens – also wenn der Antrag nicht durch Edikt nach § 44a Abs 1 AVG kundgemacht wurde – möglich.[287] Die öffentliche Erörterung soll ein Forum bilden, auf dem sich jedermann über das Vorhaben informieren, Fragen an Antragsteller und Sachverständige richten und seine Meinung zum Projekt äußern kann. Die öffentliche Erörterung ist strikt von der mündlichen Verhandlung zu trennen: Weder soll es möglich sein, im Rahmen der öffentlichen Erörterung Einwendungen gegen das Projekt zu erheben, noch sollen die Ergebnisse der Erörterung als Ergebnisse des Ermittlungsverfahrens in das Verfahren einfließen. Darüber sind die Teilnehmer ausdrücklich zu belehren. Der Erörterungstermin sollte so angesetzt werden, dass den Teilnehmern die Möglichkeit bleibt, Einwendungen zu erheben, nachdem sie sich über das Vorhaben ihre Meinung gebildet haben.[288] Die öffentliche Erörterung sollte daher jedenfalls vor Ablauf der Einwendungsfrist und bei „normalen" Verfahren vor der mündlichen Verhandlung stattfinden.[289]

Entscheidet sich die Behörde für die Durchführung einer öffentlichen Erörterung, so sind Ort, Zeit und Gegenstand der Erörterung im redaktionellen Teil zweier im Bundesland weitverbreiteter Tageszeitungen und im „Amtsblatt zur Wiener Zeitung" zu verlautbaren. Eine zusätzliche Kundmachung ist nicht erforderlich. Ebenso nicht erforderlich ist die Erstellung einer Niederschrift über die öffentliche Erörterung.

Ob die Behörde eine **mündliche Verhandlung** durchführt, liegt gemäß § 44d Abs 1 AVG in ihrem Ermessen. Im Gegensatz zum „normalen" Verfahren hat die Behörde im Großverfahren die Möglichkeit, eine volksöffentliche mündliche Verhandlung durchzuführen. Voraussetzung für die Anberaumung einer volksöffentlichen mündlichen Verhandlung ist, dass der verfahrenseinleitende Antrag (die Anträge) durch Edikt gemäß § 44a Abs 3 AVG (dh im redaktionellen Teil zweier im Bundesland weitverbreiteter Tageszeitungen und im „Amtsblatt zur Wiener Zeitung") kundgemacht wurde(n) oder gleichzeitig kundgemacht wird (werden). In diesem Fall kann auch die mündliche Verhandlung durch Edikt anberaumt werden. Eine Anberaumung der mündlichen Verhandlung durch Edikt ist im redaktionellen Teil zweier im Bundesland weitverbreiteter Tageszeitungen und im „Amtsblatt zur Wiener Zeitung" zu verlautbaren. Sehen die Verwaltungsvorschriften (Materiengesetze) für die Kundmachung der mündlichen Verhandlung eine besondere Form vor, so muss die Verlautbarung über die mündliche Verhandlung darüber hinaus auch in dieser besonderen Form kundgemacht werden. Im Übrigen kann die Behörde jede geeignete Form der Kundmachung wählen.[290] Aus Gründen der Raschheit kann es sich empfehlen, beide Edikte (Antrag und

287 *Grabenwarter*, ZfV 2000, 718; aA *Kolonovits/Muzak/Stöger*, Verwaltungsverfahrensrecht[11] Rz 304/6.
288 AB 1167 BlgNR 20. GP 34.
289 *Gast/Autengruber* in *Rosenkranz/Kahl* (Hrsg), AVG (2021) § 44c Rz 1.
290 § 44d Abs 1 iVm § 44a Abs 3 AVG.

mündliche Verhandlung) miteinander zu verbinden. In diesem Fall muss das „verbundene" Edikt klar zum Ausdruck bringen, dass es sich um zwei selbstständige Kundmachungen handelt.[291] Es kann im Einzelfall aber auch zweckmäßiger sein, zunächst nur den verfahrenseinleitenden Antrag kundzumachen und erst nach Einlangen der Einwendungen Zeit und Ort der mündlichen Verhandlung zu fixieren.[292] Die mündliche Verhandlung kann sowohl vor Ablauf der Einwendungsfrist als auch danach anberaumt werden. Beide Alternativen bringen Vor- und Nachteile mit sich.[293]

Gemäß § 44d Abs 2 AVG hat das Edikt zu enthalten:

- den Gegenstand der Verhandlung, eine Beschreibung des Vorhabens und einen etwaigen Zeitplan (Z 1) sowie
- Ort und Zeit der Verhandlung (Z 2).

Ausführungen zum Gegenstand der Verhandlung und zur Beschreibung des Vorhabens kann die Behörde aus dem Edikt über den verfahrenseinleitenden Antrag übernehmen. Die Anberaumung hat jedenfalls so zu erfolgen, dass die Teilnehmer rechtzeitig und vorbereitet erscheinen können (siehe dazu Kapitel 5.3.3.2.).[294] Eine durch Edikt anberaumte mündliche Verhandlung ist volksöffentlich.[295] Das bedeutet, dass jedermann an der Verhandlung teilnehmen darf (nicht nur Parteien und Beteiligte sowie deren Vertreter). Die Befugnis zur aktiven Teilnahme ist jedoch auf (nicht präkludierte) Parteien und Beteiligte begrenzt.[296] Die Öffentlichkeit von der Verhandlung darf nur so weit ausgeschlossen werden, als dies aus Gründen der Sittlichkeit, der öffentlichen Ordnung oder der nationalen Sicherheit, der Wahrung von Geschäfts- und Betriebsgeheimnissen sowie im Interesse des Schutzes Jugendlicher oder des Privatlebens einer Partei, eines Opfers, eines Zeugen oder eines Dritten geboten ist. Der Ausschluss der Öffentlichkeit erfolgt durch verfahrensleitenden Beschluss entweder von Amts wegen oder auf Antrag. Unmittelbar nach der Verkündung des Beschlusses haben sich alle Zuhörer zu entfernen, doch können die Parteien verlangen, dass je drei Personen ihres Vertrauens die Teilnahme an der Verhandlung gestattet wird.[297]

Hat sich die Behörde, obwohl die Voraussetzungen dafür vorliegen, gegen die Durchführung eines Großverfahrens entschieden, kann sie eine „normale" mündliche Verhandlung nach den Bestimmungen der §§ 40 ff AVG durchführen (siehe Kapitel 5.3.3.). Diese Vorgehensweise ist ihr selbst dann gestattet, wenn sie sich für die Durchführung eines Großverfahrens entschieden und den verfah-

291 *Hengstschläger/Leeb*, AVG § 44d Rz 5 (Stand 1.4.2021, rdb.at).
292 AB 1167 BlgNR 20. GP 34.
293 Vgl näher *Grabenwarter*, ZfV 2000, 718; *Gast/Autengruber* in *Rosenkranz/Kahl* (Hrsg), AVG § 44e Rz 4.
294 *Grabenwarter*, ZfV 2000, 718; *Hengstschläger/Leeb*, AVG § 44d Rz 5 (Stand 1.4.2021, rdb.at).
295 § 44e Abs 1 AVG.
296 AB 1167 BlgNR 20. GP 34.
297 § 44e Abs 2 AVG iVm § 25 Abs 1 bis Abs 3 VwGVG.

renseinleitenden Antrag durch Edikt kundgemacht hat. Es besteht sohin keine Pflicht zur Durchführung einer volksöffentlichen mündlichen Verhandlung. Hat die Behörde den verfahrenseinleitenden Antrag durch Edikt kundgemacht und entscheidet sie sich anstelle einer volksöffentlichen mündlichen Verhandlung für eine „normale" mündliche Verhandlung, tritt eine etwaige Präklusion nicht mit dem Schluss der mündlichen Verhandlung ein, sondern mit dem Ablauf der Einwendungsfrist, die im Edikt, mit dem der verfahrenseinleitenden Antrag kundgemacht wurde, festgelegt ist.[298]

Über die mündliche Verhandlung ist eine **Verhandlungsniederschrift** nach den Form- und Inhaltsvorschriften einer Niederschrift (siehe Kapitel 2.7. bzw Kapitel 5.3.3.4.) aufzunehmen. Die Verhandlungsschrift einer volksöffentlichen mündlichen Verhandlung ist spätestens eine Woche nach Schluss der mündlichen Verhandlung **bei der zuständigen Behörde und bei der Standortgemeinde** während der Amtsstunden **mindestens drei Wochen zur öffentlichen Einsicht** aufzulegen. Wurde eine Aufzeichnung (Tonband) oder ein Stenogramm in Vollschrift übertragen, so können die Beteiligten während der Einsichtsfrist bei der Behörde Einwendungen wegen behaupteter Unvollständigkeit oder Unrichtigkeit der Übertragung erheben. Die Beteiligten können sich von der Verhandlungsschrift Abschriften selbst anfertigen oder auf ihre Kosten Kopien oder Ausdrucke erstellen lassen. Erforderlichenfalls hat die Behörde der Gemeinde eine ausreichende Anzahl von Kopien oder Ausdrucken zur Verfügung zu stellen. Nach Maßgabe der vorhandenen technischen Möglichkeiten hat die Behörde die Verhandlungsschrift **auch im Internet** bereitzustellen.[299]

Zur Vermeidung von Zustellfehlern und damit zur Vermeidung „übergangener Parteien" ist für Großverfahren die Möglichkeit einer **Ediktalzustellung** von Schriftstücken (wie Bescheiden, schriftlichen Verfahrensanordnungen, Aufforderungen zur Stellungnahme, ergänzenden Gutachten etc) vorgesehen.[300] Wurde der verfahrenseinleitende Antrag durch Edikt gemäß § 44a Abs 1 AVG kundgemacht und wurde darin hingewiesen, dass Kundmachungen und Zustellungen im Verfahren durch Edikt vorgenommen werden können (§ 44a Abs 2 Z 4 AVG), so kann die Behörde Schriftstücke durch Edikt zustellen. Hiezu hat sie gemäß § 44a Abs 3 AVG (dh im redaktionellen Teil zweier im Bundesland weitverbreiteter Tageszeitungen und im „Amtsblatt zur Wiener Zeitung") zu verlautbaren, dass ein Schriftstück bestimmten Inhaltes bei der Behörde zur öffentlichen Einsicht aufliegt.[301] In der Zeit vom 15. Juli bis 25. August und vom 24. Dezember bis 6. Jänner ist eine Verlautbarung durch Edikt unzulässig.[302] Im Edikt muss der In-

298 *Hengstschläger/Leeb*, AVG § 44d Rz 1 (Stand 1.4.2021, rdb.at).
299 § 44e Abs 3 AVG.
300 AB 1167 BlgNR 20. GP 34.
301 § 44f Abs 1 AVG.
302 § 44a Abs 3 letzter Satz AVG.

halt des Schriftstückes in einer Art und Weise konkretisiert werden, die es jedermann erlaubt, abzuschätzen, worum es im Schriftstück geht und ob es ihn betrifft. Die Offenlegung des wesentlichen Inhaltes des Schriftstückes ginge aber zu weit.[303] Im Edikt ist weiters darauf hinzuweisen, dass das Schriftstück während eines Zeitraumes von mindestens acht Wochen bei der Behörde während der Amtsstunden zur öffentlichen Einsicht aufliegt und auch im Internet bereitgestellt ist. Der Auflagezeitraum (von/bis), die Amtsstunden sowie die Internetadresse sind im Edikt genau anzugeben. Ebenfalls anzugeben ist, dass die Beteiligten die Ausfolgung und die Parteien die Zusendung des Schriftstückes verlangen können.[304]

Mit Ablauf von zwei Wochen nach dieser Verlautbarung gilt das Schriftstück als zugestellt. Auf die tatsächliche Kenntnis kommt es nicht an. Auch eine spätere Zusendung gemäß § 44f Abs 2 AVG oder eine spätere Kenntnis vom Edikt entfaltet keine Zustellwirkung mehr. Zustellwirkung entfalten außerdem nur fehlerfreie Edikte. Ist das Edikt in seiner Form oder in seinem Inhalt mangelhaft, ist die Zustellung unwirksam. Die Frist beginnt, wenn die Verlautbarung des Ediktes in den Tageszeitungen und im „Amtsblatt zur Wiener Zeitung“ an verschiedenen Tagen erfolgt, mit der letzten Verlautbarung zu laufen. Die Rechtsmittelfrist beginnt sohin für alle Parteien gleichzeitig zu laufen.[305]

5.4. Das Beweisverfahren

5.4.1. Allgemeines

Das Beweisverfahren stellt den wichtigsten Teil des Ermittlungsverfahrens dar. Im Rahmen des Beweisverfahrens gilt es, den maßgebenden Sachverhalt festzustellen.

Als Beweismittel kommt alles in Betracht, was zur Feststellung des maßgebenden Sachverhaltes geeignet und nach der Lage des einzelnen Falles zweckdienlich ist (siehe Kapitel 5.4.2.).[306] Damit wird der tragende Grundsatz der Unbeschränktheit der Beweismittel normiert.

Tatsachen, die bei der Behörde offenkundig sind, und Tatschen, für deren Vorhandensein das Gesetz eine Vermutung aufstellt, bedürfen keines Beweises.[307] **Offenkundig** sind Tatsachen, wenn sie entweder allgemein bekannt sind oder der Behörde im Zuge ihrer Amtstätigkeit bekannt geworden sind.[308] Allgemein bekannt sind Tatsachen, die aus der alltäglichen Erfahrung eines Durchschnitts-

303 AB 1167 BlgNR 20. GP 35.
304 § 44f Abs 2 AVG.
305 *Gast/Autengruber* in *Rosenkranz/Kahl* (Hrsg), AVG § 44f Rz 6.
306 § 46 AVG.
307 § 45 Abs 1 AVG.
308 VwGH 28.11.2019, Ra 2019/19/0085.

menschen – ohne besondere Fachkenntnisse – hergeleitet werden können, zB dass für die Herstellung bestimmter Baulichkeiten spezifische bautechnische Kenntnisse erforderlich sind, weswegen sie einer Bewilligung bedürfen.[309] Als amtsbekannt qualifizierte der VwGH die Verkehrsverhältnisse der Wiener Innenstadt: So erkannte er im Hinblick auf die amtsbekannten Verkehrsverhältnisse der Wiener Innentand es nicht für rechtswidrig, wenn die Behörde ohne weiteres Ermittlungsverfahren davon ausging, dass durch das unbefugte Abstellen eines Fahrzeuges in der Ladezone (Halteverbotszone) die Besorgnis bestand, dass hierzu Berechtigte am Zufahren zur Ladezone behindert wurden; die Vorschreibung der Abschleppkosten an den Fahrzeughalter erfolgte sohin zu Recht.[310] **Gesetzliche Vermutungen** können Rechtsvermutungen oder Tatsachenvermutungen sein. Rechtsvermutungen liegen vor, wenn das Gesetz bei Vorliegen bestimmter Tatsachen davon ausgeht, dass bestimmte Rechte oder Rechtsverhältnisse bestehen. So besagt § 44f Abs 1 letzter Satz AVG, dass bei einer Zustellung durch Edikt das Schriftstück mit Ablauf von zwei Wochen als zugestellt gilt, unabhängig davon, ob die Partei davon Kenntnis erlangt oder nicht. Von Tatsachenvermutungen spricht man, wenn das Gesetz bei Vorliegen einer bestimmten Tatsache auf das Vorliegen einer anderen bestimmten Tatsache schließt. Gemäß § 15 AVG liefert eine ordnungsgemäß aufgenommene Niederschrift über den Verlauf und den Gegenstand der Amtshandlung den vollen Beweis, sofern keine Einwendungen erhoben wurden.[311]

Das Beweisverfahren ist von folgenden Grundsätzen beherrscht:

- Grundsatz der Amtswegigkeit (Offizialmaxime),
- Grundsatz der materiellen Wahrheit,
- Grundsatz der Unbeschränktheit der Beweismittel,
- Grundsatz der freien Beweiswürdigung,
- Grundsatz der Mittelbarkeit,
- Grundsatz des Rechts auf Parteiengehör.

Zur Durchführung eines Beweisverfahrens ist die Behörde von Amts wegen verpflichtet. Sie hat den maßgebenden Sachverhalt (die materielle Wahrheit) festzustellen.[312] Damit werden die Grundsätze der **Amtswegigkeit** (Offizialmaxime) und **materiellen Wahrheit** normiert.[313] Zur Feststellung des maßgebenden Sachverhaltes hat die Behörde alle erforderlichen Beweise in der von ihr zu bestimmenden Reihenfolge aufzunehmen. Als Beweismittel kommt alles in Betracht, was zur Feststellung des maßgebenden Sachverhaltes geeignet und nach Lage des einzelnen Falles zweckdienlich ist.[314] Damit wird der Grundsatz der **Unbeschränktheit der**

309 VwGH 27.4.1993, 90/04/0265.
310 VwGH 29.8.2003, 2003/02/0027.
311 *Hengstschläger*, Verwaltungsverfahrensrecht[4] Rz 370.
312 § 37 und § 39 Abs 2 AVG.
313 Vgl auch VwGH 19.9.1966, 0901/66.
314 § 46 AVG.

Beweismittel zum Ausdruck gebracht. Nach Aufnahme aller Beweise hat die Behörde – soweit es sich nicht um offenkundige oder um gesetzlich vermutete Tatsachen handelt – nach freier Überzeugung zu beurteilen, ob ein bestimmter Sachverhalt bzw eine bestimmte Tatsache als erwiesen anzunehmen ist oder nicht.[315] Der damit normierte Grundsatz der **freien Beweiswürdigung** bedeutet, dass die Behörde bei der Beweiswürdigung nicht an feste Beweisregeln (zB zwei übereinstimmende Zeugenaussagen zählen mehr als eine entgegenstehende) gebunden ist, sondern den Wert der aufgenommenen Beweise nach bestem Wissen und Gewissen nach deren innerem Wahrheitsgehalt zu beurteilen hat.[316] Dabei ist eine Tatsache nicht erst dann als erwiesen anzunehmen, wenn sie mit absoluter Sicherheit erweislich ist. Es genügt, wenn von mehreren Möglichkeiten jene als erwiesen angenommen wird, die gegenüber allen anderen Möglichkeiten eine überragende Wahrscheinlichkeit oder gar die Gewissheit für sich hat und alle anderen Möglichkeiten absolut oder mit Wahrscheinlichkeit ausschließt oder zumindest weniger wahrscheinlich erscheinen lässt.[317] Grundsätzlich sind alle Beweismittel gleichwertig und haben den gleichen verfahrensrechtlichen Beweiswert (die gleiche abstrakte Beweiskraft). Liegen zB einander widersprechende Gutachten (zB Amtssachverständigen- und Privatgutachten) vor, hat die Behörde nach den Grundsätzen der freien Beweiswürdigung zu prüfen, welchem Gutachten höhere Glaubwürdigkeit beizumessen ist. Dabei hat sie jene Gedankengänge aufzuzeigen, die sie veranlasst haben, von den an sich gleichwertigen Beweismitteln dem einen einen höheren Beweiswert zuzubilligen als dem anderen.[318] Allein die Stellung als Amtssachverständiger ist für den Beweiswert eines Gutachtens irrelevant.[319] Daneben kann die Behörde auch den von ihr bestellten Amtssachverständigen auffordern, sich mit den Aussagen des anderen (Privat-)Sachverständigen auseinanderzusetzen, oder ein Obergutachten in Auftrag geben. Jedenfalls aber hat die Behörde ihre sachlichen Erwägungen, die dafür maßgebend waren, dass sie das eine Gutachten dem anderen vorgezogen hat, in der Bescheidbegründung darzulegen.[320]

Der Behörde ist es auch erlaubt, Beweisaufnahmen durch ersuchte oder beauftragte Verwaltungsbehörden oder einzelne dazu bestimmte amtliche Organe vornehmen zu lassen oder durch sonstige Erhebungen zu ersetzen oder zu ergänzen. Diese Bestimmung zeigt, dass dem Verwaltungsverfahren im Allgemeinen ein Grundsatz der unmittelbaren Beweisaufnahme fremd ist. Insbesondere können Amtssachverständige – außer dem Fall einer mündlichen Verhandlung – mit der selbständigen Vornahme eines Augenscheines betraut werden. Es ist auch zuläs-

315 § 45 Abs 2 AVG.
316 VwGH 9.2.2021, Ra 2020/02/0203; 14.12.1990, 86/18/0061.
317 VwGH 27.3.2015, 2013/02/0005 mwN.
318 VwGH 9.5.2019, Ra 2018/02/0187.
319 VwGH 30.10.1991, 91/09/0047.
320 *Hengstschläger/Leeb*, AVG § 55 Rz 13 (Stand 1.7.2005, rdb.at).

sig, die Beweismittel und Ergebnisse eines anderen verwaltungsbehördlichen oder gerichtlichen Ermittlungsverfahrens zu verwerten. Gerichte dürfen nur in den gesetzlich besonders bestimmten Fällen um die Aufnahme von Beweisen ersucht werden.[321] Nach dem Grundsatz der **Mittelbarkeit** können auch Einvernahmen von Zeugen, Sachverständigen oder Parteien unter Verwendung technischer Einrichtungen zur Wort- und Bildübertragung durchgeführt werden. Eine audiovisuelle Vernehmung kommt insbesondere bei Alter, Gebrechlichkeit oder Krankheit der zu vernehmenden Personen in Betracht.[322] Unzulässig ist eine audiovisuelle Vernehmung dann, wenn das persönliche Erscheinen vor der Behörde unter Berücksichtigung der Verfahrensökonomie zweckmäßiger oder aus besonderen Gründen erforderlich ist.[323] Ein persönliches Erscheinen kann etwa dann erforderlich sein, wenn Urkunden oder physische Beweismittel vorzulegen sind. § 51a AVG ermöglicht es auch, einem Ersuchen einer ausländischen Behörde, Beschuldigte, Zeugen oder Sachverständige unter Verwendung technischer Einrichtungen zur Wort- und Bildübertragung einzuvernehmen, nachzukommen.[324]

Vom Ergebnis der Beweisaufnahme sind die Parteien in Kenntnis zu setzen und ihnen Gelegenheit zu geben, dazu Stellung zu nehmen.[325] Das Ergebnis der Beweisaufnahme umfasst alle Beweise, die die Behörde aufgenommen hat. Dazu zählen zB Sachverständigen- und Ergänzungsgutachten, Urkunden, Zeugeneinvernahmen, aber auch wesentliche Stellungnahmen von gegnerischen Parteien sowie Beweismittel und Ergebnisse anderer Verfahren, die die Behörde im Verfahren verwertet. Bekanntzugeben ist die gesamte Beweisquelle, dh auch der Name des Zeugen oder Sachverständigen. Ebenso mitzuteilen sind Tatsachen, die die Behörde für offenkundig hält, sowie entscheidungswesentliche Antrags- bzw Sachverhaltsänderungen.[326] Das Recht auf **Parteiengehör** zählt zu den fundamentalen Grundsätzen jedes verwaltungsbehördlichen Verfahrens. Es besteht nicht nur darin, den Parteien iSd § 45 Abs 3 AVG Gelegenheit zu geben, vom Ergebnis der Beweisaufnahme Kenntnis zu erlangen und dazu Stellung zu nehmen, vielmehr ist den Parteien die Möglichkeit einzuräumen, ihre Rechte und rechtlichen Interessen geltend zu machen, Vorbringen zu gegnerischen Behauptungen zu erstatten, Beweisanträge zu stellen und die Verwaltungssache zu erörtern.[327] Beweisanträge haben sowohl das Beweisthema als auch das Beweismittel und im Fall von Zeugen auch deren Adresse anzugeben.[328] Beweisanträgen ist grundsätzlich zu entsprechen, wenn die Aufnahme des darin begehrten Beweises im Inter-

321 § 55 AVG; VwGH 29.1.2013, 2012/22/0233.
322 *Wimmer*, Audiovisuelle Verfahrensführung vor Verwaltungsbehörden und Verwaltungsgerichten, ZVG 2020, 477.
323 § 51a AVG.
324 ErläutRV 193 BlgNR 26. GP 4.
325 § 45 Abs 3 AVG.
326 *Hengstschläger/Leeb*, AVG § 45 Rz 28 f (Stand 1.7.2005, rdb.at).
327 § 37 AVG; VwGH 28.2.2019, Ra 2019/01/0042.
328 VwGH 21.6.2013, 2012/02/0144.

esse der Wahrheitsfindung notwendig erscheint. Dementsprechend dürfen Beweisanträge nur dann abgelehnt werden, wenn die Beweistatsachen als wahr unterstellt werden, es auf sie nicht ankommt oder das Beweismittel an sich ungeeignet ist, über den Gegenstand der Beweisaufnahme einen Beweis zu liefern und damit zur Ermittlung des maßgebenden Sachverhaltes beizutragen.[329]

Parteiengehör ist

- von Amts wegen,
- in förmlicher Weise,
- unter Einräumung einer angemessenen Frist und
- unter Beachtung der Manuduktionspflicht gemäß § 13a AVG

zu gewähren.

Die Gewährung von Parteiengehör muss derart erfolgen, dass der Partei einerseits die Bedeutung desselben vor Augen geführt wird. Andererseits muss der Partei auch die zeitliche Möglichkeit eingeräumt werden, sich auf ihre Stellungnahme vorzubereiten, Überlegungen dazu anzustellen und entsprechende Formulierungen zu wählen. Eine solche Möglichkeit wird der Partei nur dann gegeben, wenn hierfür auch eine ausreichende Frist für die Einholung fachlichen oder rechtlichen Rates bzw für die Vorlage entsprechender Gegengutachten eingeräumt wird. Die Frist muss ausreichen, um ein Gutachten durch ein Gegengutachten entkräften zu können.[330] Erachtet die Partei die eingeräumte Frist für zu kurz bzw für nicht angemessen, steht ihr die Möglichkeit eines Fristverlängerungsantrages offen.[331] Über diesen Antrag hat die Behörde mittels Verfahrensanordnung zu entscheiden; die Fristverlängerung ist entweder abzulehnen oder ausdrücklich zu gewähren.

Parteiengehör kann entweder durch schriftliche oder mündliche Bekanntgabe der Ergebnisse der Beweisaufnahme oder durch Aufforderung zur Akteneinsicht gewährt werden.[332] Bei der Aufforderung zur Akteneinsicht hat die Behörde klar zu kommunizieren, dass hiermit Gelegenheit gegeben werden soll, von den Beweisergebnissen Kenntnis und dazu Stellung zu nehmen. Nicht ausreichend ist, wenn die Partei von sich aus Akteneinsicht nimmt, ohne von der Behörde im Rahmen der Wahrung des Parteiengehörs dazu ausdrücklich aufgefordert worden zu sein.[333] Unter den Voraussetzungen der Förmlichkeit, Möglichkeit zur Überlegung und Stellungnahme kann Parteiengehör auch telefonisch gewährt werden.[334]

---

329 VwGH 29.4.2015, Ra 2015/06/0032.
330 VwGH 8.4.2014, 2012/05/0004.
331 VwGH 22.12.2015, 2013/06/0147.
332 VwGH 19.9.2012, 2010/22/0199.
333 *Hanslik*, Parteiengehör und Geheimnisschutz im Verwaltungsverfahren (2013) 89.
334 VwGH 22.1.2003, 2002/08/0034.

Ist die Sache zur Entscheidung reif, kann nach fruchtlosem Ablauf der eingeräumten angemessenen Frist der Bescheid erlassen werden. Eine – wenn auch nach Ablauf der eingeräumten Frist, aber – vor Erlassung des Bescheides erstattete Stellungnahme ist von der Behörde zu berücksichtigen.[335] Für die Begründung ihrer Entscheidung darf die Behörde nur solche Tatsachen (Beweise) heranziehen, die der Partei vorher zur Stellungnahme zwecks Wahrung und Geltendmachung ihrer Rechte ausdrücklich vorgehalten worden sind. Dem Bescheid dürfen sohin nur der Partei bekannte Tatsachen zugrunde gelegt werden (sog Überraschungsverbot).[336]

Eine im verwaltungsbehördlichen Verfahren erfolgte Verletzung des Parteiengehörs kann im Rechtsmittelverfahren saniert werden, wenn der bekämpfte Bescheid die Ergebnisse des Ermittlungsverfahrens vollständig wiedergibt.[337] Die Verletzung des Parteiengehörs begründet nur dann einen wesentlichen Verfahrensmangel, der zur Aufhebung des Bescheides führt, wenn die Behörde bei Vermeidung des Mangels zu einer anderen Entscheidung hätte kommen können. Der Rechtsmittelwerber muss deshalb in seiner Rechtsmittelschrift konkret aufzeigen, was er im Fall der Einräumung von Parteiengehör vorgebracht hätte und inwieweit die Behörde bzw das Gericht dadurch zu einer anderen Entscheidung gelangen hätte können.[338]

5.4.2. Beweismittel

Als Beweismittel kommt alles in Betracht, was zur Feststellung des maßgebenden Sachverhaltes geeignet und nach der Lage des einzelnen Falles zweckdienlich ist.[339] Der dadurch normierte Grundsatz der Unbeschränktheit der Beweismittel findet dort seine Grenzen, wo Beweisverwertungs- und Beweiserhebungsverbote bestehen.

Das AVG selbst kennt folgende fünf klassische Beweismittel:

- Urkunden,
- Zeugen,
- Beteiligtenvernehmung,
- Sachverständige und
- Augenschein.

Daneben kommen nach der Judikatur des VwGH zB auch schriftliche Anzeigen,[340] Ergebnisse einer telefonischen Erhebung,[341] formlose behördliche Befragungen so-

335 VwGH 17.9.2019, Ra 2019/22/0059.
336 VwGH 19.6.2019, Ra 2019/02/0098.
337 VwGH 24.10.2017, Ra 2016/06/0104.
338 VwGH 8.7.2019, Ra 2017/08/0119.
339 § 46 AVG.
340 VwGH 29.6.1992, 92/18/0169.
341 VwGH 25.5.2021, Ra 2020/08/0046.

wie Auskunftssachen und mangelhafte Niederschriften als Beweismittel in Betracht. Was als Beweismittel heranzuziehen ist, hat letztlich die Behörde zu bestimmen. Entscheidend dabei ist, ob vom betreffenden Beweismittel ein Beitrag zur Feststellung des maßgebenden Sachverhaltes zu erwarten ist.[342]

5.4.2.1. Urkunden

Urkunden stellen schriftliche Vergegenständlichungen von Gedanken dar.[343] Dazu zählen Schriftstücke, Pläne und Zeichnungen, nicht aber Schallträger.[344] Urkunden können nach verschiedenen Kriterien abgegrenzt werden. So ist insbesondere zwischen öffentlichen Urkunden und Privaturkunden und Echtheit und Richtigkeit von Urkunden zu unterscheiden.

Öffentliche Urkunden sind Urkunden, welche

- von einer öffentlichen Behörde innerhalb der Grenzen ihrer Amtsbefugnisse in der vorgeschriebenen Form auf Papier oder elektronisch errichtet werden (zB ordnungsgemäß aufgenommene Niederschriften, Zustellnachweise und Strafregisterbescheinigungen),
- von einer mit öffentlichem Glauben versehenen Person (zB Notar oder Ziviltechniker) innerhalb des ihr zugewiesenen Geschäftskreises in der vorgeschriebenen Form auf Papier oder elektronisch errichtet werden (zB Teilungsplan eines Geometers),
- durch besondere gesetzliche Vorschriften als öffentliche Urkunden erklärt werden (zB Kennzeichentafel gemäß § 49 KFG, Begutachtungsplaketten gemäß § 57a KFG oder ein auf Papier ausgedrucktes elektronisches Dokument einer Behörde, wenn dieses mit einer Amtssignatur versehen ist, gemäß § 20 E-GovG.)

Zu den öffentlichen Urkunden gehören auch jene, die von österreichischen Behörden im Ausland, die einer Behörde in Österreich unterstehen (zB Botschaft), innerhalb der Grenzen ihrer Amtsbefugnis errichtet werden. Darunter fällt zB ein von einer österreichischen Botschaft ausgestellter Reisepass.[345]

Ausländische öffentliche Urkunden, welche am Ort ihrer Errichtung als öffentliche Urkunden gelten, genießen unter der Voraussetzung der Gegenseitigkeit auch in Österreich die Beweiskraft einer öffentlichen Urkunde, wenn sie mit den vorgeschriebenen Beglaubigungen versehen sind.[346]

Privaturkunden sind alle Urkunden, die nicht öffentliche Urkunden sind.

342 VwGH 17.10.2008, 2007/12/0203 mwN.
343 VwGH 20.9.1990, 86/07/0208 mwN.
344 *Hengstschläger/Leeb*, AVG § 47 Rz 3 (Stand 1.7.2005, rdb.at).
345 § 292, § 293 Abs 1 ZPO; VwGH 29.3.1994, 93/04/0254; 8.7.2004, 2002/07/0033; 25.5.2011, 2008/08/0057; *Hengstschläger/Leeb*, AVG § 47 Rz 8 (Stand 1.7.2005, rdb.at); *Kolonovits/Muzak/Stöger*, Verwaltungsverfahrensrecht[11] Rz 340 ff; *Hengstschläger*, Verwaltungsverfahrensrecht[4] Rz 382.
346 § 293 Abs 2 ZPO.

Gemäß § 47 AVG ist die Beweiskraft von öffentlichen Urkunden und Privaturkunden von der Behörde nach den §§ 292 bis 294, 296, 310 und 311 ZPO zu beurteilen. Inländische öffentliche Urkunden begründen den vollen Beweis dessen, was darin von der Behörde amtlich verfügt oder erklärt oder von der Behörde oder der Urkundsperson bezeugt wird. Für inländische öffentliche Urkunden gilt sohin die Vermutung ihrer inhaltlichen **Richtigkeit**.[347] Der Inhalt einer Urkunde ist richtig, wenn das in ihr Beurkundete mit der Wirklichkeit übereinstimmt. Der Beweis der Unrichtigkeit des bezeugten Vorganges oder der bezeugten Tatsache oder der unrichtigen Beurkundung ist gemäß § 292 Abs 2 ZPO zulässig. Die Beweislast trifft denjenigen, der sich auf die Unrichtigkeit beruft. Gemäß § 47 AVG sollen inländische öffentliche Urkunden den Beweis auch über jene Tatsachen und Rechtsverhältnisse liefern, die die Voraussetzung für ihre Ausstellung bildeten und in der Urkunde ausdrücklich genannt sind. So wird zB durch den Besitz des österreichischen Reisepasses auch der Besitz der österreichischen Staatsbürgerschaft bewiesen.[348] Hat die Behörde im Hinblick auf die besonderen Umstände des Einzelfalles dagegen Bedenken, dass die Urkunde diesen Beweis liefert, so kann sie der Partei auftragen, den Beweis auf andere Weise zu führen. Privaturkunden liefern im Gegensatz zu öffentlichen Urkunden nicht den vollen Beweis.[349] Die Richtigkeit von Privaturkunden unterliegt der freien Beweiswürdigung.

Eine Urkunde ist echt, wenn sie von dem aus der Urkunde ersichtlichen Aussteller stammt. Bei inländischen öffentlichen Urkunden wird die **Echtheit** vermutet. Bestehen jedoch Zweifel an der Echtheit der Urkunde, kann die Behörde auf Antrag oder von Amts wegen die Person oder die Behörde, von welcher die Urkunde errichtet sein soll, zu einer Erklärung über die Echtheit veranlassen. Lässt sich der Zweifel an der Echtheit der Urkunde nicht auf diese Art beseitigen, so obliegt der Beweis ihrer Echtheit demjenigen, der diese Urkunde als Beweismittel gebrauchen will.[350] Bei ausländischen öffentlichen Urkunden besteht eine solche Vermutung der Echtheit nicht. Ob eine ausländische öffentliche Urkunde als echt anzusehen ist, hat die Behörde nach den Umständen des Einzelfalles im Rahmen der freien Beweiswürdigung zu beurteilen. Sofern nicht durch besondere Bestimmungen etwas anderes festgesetzt ist, gilt eine ausländische öffentliche Urkunde als echt, wenn sie von einer örtlich zuständigen österreichischen Vertretungsbehörde beglaubigt wurde.[351] Auf Papier oder elektronisch errichtete Privaturkunden begründen, sofern sie von den Ausstellern unterschrieben oder mit ihrem gerichtlich oder notariell beglaubigten Handzeichen versehen sind, vollen Beweis dafür, dass die in denselben enthaltenen Erklärungen von den Ausstellern herrühren, sie also echt sind.[352]

347 VwGH 17.11.1999, 99/12/0199.
348 *Hengstschläger*, Verwaltungsverfahrensrecht[4] Rz 385.
349 RIS-Justiz RS 0040358.
350 § 310 ZPO.
351 § 311 ZPO.
352 § 294 ZPO.

Ob und in welchem Maße Durchstreichungen, Radierungen und andere Auslöschungen, Einschaltungen oder sonstige äußere Mängel einer Urkunde deren Beweiskraft mindern oder dieselbe ganz aufheben, ist im Rahmen der freien Beweiswürdigung zu beurteilen.[353]

5.4.2.2. Zeugen

Zeugen sind natürliche Personen, die über selbst erlebte Tatsachen oder selbst gemachte Wahrnehmungen eine mündliche Aussage machen. Zeugen iSd AVG sind nur Personen, die nicht selbst am Verfahren beteiligt sind.[354]

Ist die Einvernahme von Zeugen zur Feststellung des maßgebenden Sachverhaltes notwendig, sind diese von der Behörde zu laden. Die Ladung kann entweder in Form einer einfachen Ladung oder in Form eines Ladungsbescheides erfolgen (siehe Kapitel 2.10.). Der Ladung ist Folge zu leisten. Einem Zeugen, der einer Ladung ohne genügende Entschuldigung nicht Folge leistet, kann die Verpflichtung zum Ersatz aller durch seine Säumnis verursachten Kosten auferlegt werden.[355] Erfolgte die Ladung mit Ladungsbescheid zu eigenen Handen und wurde darin für den Fall des Nichterscheinens die Verhängung einer Zwangsstrafe oder die zwangsweise Vorführung angedroht, so können diese Zwangsmittel erzwungen werden.

Die Zeugeneinvernahme ist in förmlicher Weise von einem Verwaltungsorgan durchzuführen. Jeder Zeuge ist zu Beginn seiner Vernehmung über die für die Vernehmung maßgebenden persönlichen Verhältnisse zu befragen und zu ermahnen, die Wahrheit anzugeben und nichts zu verschweigen. Es besteht die **Pflicht zur wahrheitsgemäßen Aussage**. Auf die strafrechtlichen Folgen einer falschen Aussage hat die Behörde aufmerksam zu machen. Gemäß § 289 StGB ist mit Freiheitsstrafe bis zu einem Jahr oder Geldstrafe bis zu 720 Tagessätzen zu bestrafen, wer vor einer Verwaltungsbehörde als Zeuge bei seiner förmlichen Vernehmung zur Sache falsch aussagt. Weiters ist der Zeuge über die gesetzlichen Gründe für die Verweigerung der Aussage und auf die Folgen einer ungerechtfertigten Verweigerung der Aussage aufmerksam zu machen.[356] Die Nichtbeachtung dieser Formvorschriften kann einen wesentlichen Verfahrensmangel darstellen[357] und zur Straflosigkeit einer Falschaussage führen, wenn für den Vernommenen nicht erkennbar ist, dass er als Zeuge vernommen wurde. Eine unter Verletzung des § 50 AVG erfolgte Aussage kann aber als Beweis verwertet werden. Es besteht also grundsätzlich kein Beweisverwertungsverbot.

Nach der Belehrung iSd § 50 AVG ist der Zeuge über den Gegenstand der Einvernahme zu informieren. Die Einvernahme erfolgt mündlich in Form von Frage

353 § 296 ZPO.
354 *Hengstschläger/Leeb*, AVG § 51 Rz 2 (Stand 1.7.2005, rdb.at).
355 § 49 Abs 5 AVG.
356 § 50 AVG.
357 VwGH 31.5.2010, 2010/02/0104.

und Antwort. Über die Einvernahme ist eine Niederschrift (siehe Kapitel 2.7.) aufzunehmen. Eine ordnungsgemäß aufgenommene, § 14 AVG entsprechende Niederschrift ist eine öffentliche Urkunde, die den vollen Beweis über den Verlauf der Einvernahme und die Beantwortung der gestellten Fragen liefert.[358] Ob die Antworten der Wahrheit entsprechen, hat die Behörde im Rahmen der freien Beweiswürdigung zu beurteilen.[359]

Gemäß § 48 AVG darf nicht jede natürliche Person als Zeuge vernommen werden. Diese taxativ aufgezählten **Vernehmungsverbote** sind von der Behörde von Amts wegen zu beachten. Als Zeugen dürfen nicht vernommen werden:

- Personen, die zur Mitteilung ihrer Wahrnehmung unfähig sind (zB wegen einer geistigen Beeinträchtigung) oder die zur Zeit, auf die sich ihre Aussage beziehen soll, zur Wahrnehmung der zu beweisenden Tatsache unfähig waren (zB wegen starken Alkohol- oder Drogenkonsums),
- Geistliche darüber, was ihnen in der Beichte oder sonst unter dem Siegel geistlicher Amtsverschwiegenheit anvertraut wurde,
- mit Aufgaben der Bundes-, Landes- und Gemeindeverwaltung betraute Organe sowie Organe anderer Körperschaften des öffentlichen Rechts, wenn der Gegenstand ihrer Aussage der Amtsverschwiegenheit unterliegt und sie von der Pflicht zur Amtsverschwiegenheit nicht entbunden worden sind.
  Der Amtsverschwiegenheit unterliegen alle Tatsachen, die diesen Organen ausschließlich im Rahmen ihrer amtlichen Tätigkeit bekannt geworden sind und deren Geheimhaltung im Interesse der Aufrechterhaltung der öffentlichen Ruhe, Ordnung und Sicherheit, der umfassenden Landesverteidigung, der auswärtigen Beziehungen, im wirtschaftlichen Interesse einer Körperschaft des öffentlichen Rechts, zur Vorbereitung einer Entscheidung oder im überwiegenden Interesse der Parteien geboten ist.[360] Hat ein Beamter vor Gericht oder vor einer Verwaltungsbehörde auszusagen und lässt sich aus der Ladung erkennen, dass der Gegenstand der Aussage der Amtsverschwiegenheit unterliegen könnte, so hat er dies seiner Dienstbehörde zu melden. Die Dienstbehörde hat zu entscheiden, ob der Beamte von der Pflicht zur Amtsverschwiegenheit zu entbinden ist. Sie hat dabei das Interesse an der Geheimhaltung gegen das Interesse an der Aussage abzuwägen, wobei der Zweck des Verfahrens sowie der dem Beamten allenfalls drohende Schaden zu berücksichtigen sind. Die Dienstbehörde kann die Entbindung unter der Voraussetzung aussprechen, dass die Öffentlichkeit von dem Teil der Aussage, der den Gegenstand der Entbindung bildet, ausgeschlossen wird.[361] Lässt sich hingegen aus der Ladung nicht erkennen, dass der Gegenstand der Aussage der Amtsverschwiegenheit

358 § 15 AVG.
359 *Hengstschläger/Leeb*, AVG § 50 Rz 5 (Stand 1.7.2005, rdb.at).
360 Art 20 Abs 3 B-VG.
361 § 46 Abs 3 BDG.

unterliegen könnte, und stellt sich dies erst bei der Aussage des Beamten heraus, so hat der Beamte die Beantwortung weiterer Fragen zu verweigern. Hält die vernehmende Behörde die Aussage für erforderlich, so hat sie die Entbindung des Beamten von der Pflicht zur Amtsverschwiegenheit zu beantragen.[362] Gleiches gilt auch für Vertragsbedienstete des Bundes.[363] Keine Verpflichtung zur Amtsverschwiegenheit besteht gegenüber Vorgesetzten oder anderen Organen, denen verpflichtend eine amtliche Mitteilung zu machen ist.[364]

§ 49 AVG normiert **Aussageverweigerungsgründe**. Danach darf die Aussage von einem Zeugen verweigert werden:

- über Fragen, deren Beantwortung dem Zeugen, einem seiner Angehörigen (§ 36a), einer mit seiner Obsorge betrauten Person, seinem Erwachsenenvertreter, seinem Vorsorgebevollmächtigten oder der von ihm (dem Zeugen) in einer dieser Eigenschaften vertretenen Person einen unmittelbaren Vermögensnachteil oder die Gefahr einer strafrechtlichen Verfolgung zuziehen oder zur Unehre gereichen würde (§ 49 Abs 1 Z 1 AVG),
- über Fragen, die er nicht beantworten könnte, ohne eine ihm obliegende gesetzlich anerkannte Pflicht zur Verschwiegenheit, von der er nicht gültig entbunden wurde, zu verletzen oder ein Kunst-, Betriebs- oder Geschäftsgeheimnis zu offenbaren (§ 49 Abs 1 Z 2 AVG),
- über Fragen, wie er sein Wahl- oder Stimmrecht ausgeübt hat, wenn dessen Ausübung gesetzlich für geheim erklärt ist (§ 49 Abs 1 Z 3 AVG),
- über Fragen darüber, was ihm in seiner Eigenschaft als berufsmäßiger Parteienvertreter (zB Rechtsanwalt) von einer von ihm vertretenen Partei anvertraut wurde (§ 49 Abs 2 AVG).

Will ein Zeuge die Aussage verweigern, so hat er die Gründe seiner Verweigerung glaubhaft zu machen.[365] Für die Glaubhaftmachung reicht es aus, wenn der Zeuge die Behörde von der Wahrscheinlichkeit des Vorliegens eines Aussageverweigerungsgrundes überzeugt, dh, dass er durch die Beantwortung einer Frage wahrscheinlich sich selbst oder einer in § 49 Abs 1 Z 1 AVG genannten Person einen dort genannten Nachteil zufügen würde oder eine Verschwiegenheitspflicht verletzen (§ 49 Abs 2 AVG) oder ein Kunst-, Betriebs- oder Geschäftsgeheimnis offenbaren würde oder sein Wahl- oder Stimmrecht preisgeben müsste.[366] Wegen der Gefahr eines Vermögensnachteiles darf die Aussage über Geburten, Eheschließungen und Sterbefälle der in § 49 Abs 1 Z 1 AVG bezeichneten Personen nicht verweigert werden.[367]

362 § 46 Abs 4 BDG.
363 § 5 VBG.
364 § 46 Abs 1 BDG; § 5 VBG; § 16 Krnt LandesvertragsbedienstetenG 1994; § 19 Abs 1 Krnt GemeindebedienstetenG; § 9a Abs 1 Stmk Gemeinde-VertragsbedienstetenG; § 34 Dienst- und Besoldungsrecht der Bediensteten des Landes Steiermark.
365 § 49 Abs 4 AVG.
366 *Hengstschläger/Leeb*, AVG § 48 Rz 3 (Stand 1.7.2005, rdb.at).
367 § 49 Abs 3 AVG.

Verweigert ein Zeuge ohne Angaben von Gründen die Aussage oder beharrt er auf die Aussageweigerung, obwohl die vorgebrachten Gründe von der Behörde als nicht gerechtfertigt anerkannt wurden, kann er zum Ersatz aller durch seine Weigerung verursachten Kosten verpflichtet werden. Die Auferlegung der Kosten erfolgt in Form eines verfahrensrechtlichen Bescheides und setzt voraus, dass der Zeuge über die Möglichkeit des Kostenersatzes bei ungerechtfertigter Aussageverweigerung belehrt wurde.[368] Neben dem Kostenersatz kann bei ungerechtfertigter Aussageverweigerung nach vorheriger Androhung auch eine Ordnungsstrafe (siehe Kapitel 4.1.) verhängt werden.[369]

5.4.2.3. Vernehmung von Beteiligten

Beteiligte sind Personen, die gemäß § 8 AVG eine Tätigkeit der Behörde in Anspruch nehmen oder auf die sich die Tätigkeit einer Behörde bezieht. Da die Bestimmung über die Vernehmung von Beteiligten nicht zwischen Parteien und bloß Beteiligten unterscheidet, sind diese gleichermaßen umfasst.

Die Aussage einer gemäß § 51 AVG vernommenen Partei darf nicht mit dem Vorbringen der antragstellenden Partei in ihrer Eingabe oder dem Parteienvorbringen im Zuge des Parteiengehörs verwechselt werden. Während das Parteiengehör nämlich dazu dient, der Partei Gelegenheit zu geben, vom Ergebnis der Beweisaufnahme Kenntnis und dazu Stellung zu nehmen, dient die Vernehmung einer Partei gerade dem Zweck des Beweises. Daher kann die Vernehmung einer Partei nach § 51 AVG auch nicht die Gewährung von Parteiengehör ersetzen.[370]

Auf die Vernehmung von Beteiligten – mit Ausnahme des Aussageverweigerungsgrundes des § 49 Abs 1 Z 1 AVG wegen Gefahr eines Vermögensnachteiles – finden die Bestimmung des § 48 AVG (Vernehmungsverbote) und § 49 AVG (Gründe für die Verweigerung der Aussage) Anwendung (siehe Kapitel 5.4.2.2.).[371] Im Unterschied zu einem Zeugen können vernommene Beteiligte nicht wegen einer Falschaussage strafrechtlich belangt werden. Ansonsten treffen sie aber grundsätzlich dieselben Pflichten. Die unentschuldigte Nichtbefolgung einer Ladung (§§ 19 und 20 AVG) kann einen Kostenersatz, die ungerechtfertigte Aussageverweigerung einen Kostenersatz oder eine Ordnungsstrafe nach sich ziehen.[372]

Beteiligte, die zur Mitteilung ihrer Wahrnehmung unfähig sind oder die zur Zeit, auf die sich ihre Aussage beziehen soll, zur Wahrnehmung der zu beweisenden Tatsache unfähig waren, dürfen nicht vernommen werden. Dies gilt auch für Geistliche darüber, was ihnen in der Beichte oder sonst unter dem Siegel geist-

368 *Hengstschläger/Leeb*, AVG § 49 Rz 20 (Stand 1.7.2005, rdb.at).
369 § 49 Abs 5 AVG.
370 *Hengstschläger/Leeb*, AVG § 51 Rz 3 (Stand 1.7.2005, rdb.at).
371 § 51 AVG.
372 § 49 Abs 5 AVG iVm § 34 AVG.

licher Amtsverschwiegenheit anvertraut wurde. Schließlich ist auch die Vernehmung von mit Aufgaben der Bundes-, Landes- und Gemeindeverwaltung betrauten Organen sowie Organen anderer Körperschaften des öffentlichen Rechts unzulässig, wenn der Gegenstand ihrer Aussage der Amtsverschwiegenheit unterliegt und sie von der Pflicht zur Amtsverschwiegenheit nicht entbunden wurden.[373]

5.4.2.4. Sachverständige

Sachverständige sind Personen mit besonderer Fachkunde. Sie haben die Aufgabe, die Behörde bei der Ermittlung des entscheidungsrelevanten Sachverhaltes zu unterstützen, indem sie Tatsachen erheben (Befund) und aus diesen Tatsachen aufgrund der besonderen Fachkunde Schlussfolgerungen ziehen (Gutachten). Der Sachverständige hat somit Tatsachen klarzustellen und aufgrund seiner Fachkenntnis deren allfällige Ursachen oder Wirkungen festzustellen. Er muss dabei immer im Bereich der Tatsachen bleiben und darf keine Rechtsfragen lösen. Das Gutachten des Sachverständigen unterliegt der freien Beweiswürdigung der Behörde.[374]

Die Beiziehung von Sachverständigen hat zu erfolgen, wenn die Aufnahme eines Beweises durch Sachverständige notwendig wird. Hauptsächlich wird dies dann der Fall sein, wenn die Verwaltungsvorschriften den Sachverständigenbeweis ausdrücklich vorschreiben oder wenn zur Erforschung der materiellen Wahrheit besondere Fachkenntnisse notwendig sind.[375] Reichen die allgemeine Lebenserfahrung oder die Fachkenntnisse der Behörde bzw ihrer Organwalter zur Feststellung des maßgeblichen Sachverhaltes bzw zur Beantwortung oder Beurteilung von Fachfragen aus, ist kein Sachverständiger beizuziehen. Die entsprechenden fachlichen Darlegungen der Behörde müssen – bezogen auf das jeweilige Wissensgebiet – methodisch und dem inhaltlichen Niveau nach den gleichen Anforderungen entsprechen wie das Gutachten eines Sachverständigen.[376] Hat die Behörde, obwohl es erforderlich gewesen wäre, auf die Beiziehung eines Sachverständigen verzichtet, liegt ein wesentlicher Verfahrensmangel vor.[377]

Wird die Aufnahme eines Beweises durch Sachverständige notwendig, so hat die Behörde vorrangig die ihr beigegebenen oder zur Verfügung stehenden **Amtssachverständigen** beizuziehen.[378]

Beigegeben ist ein Amtssachverständiger der Behörde dann, wenn er organisatorisch in sie eingegliedert ist. Zur Verfügung steht er der Behörde, wenn sie sich seiner bedienen kann, obwohl er in einer anderen Behörde (Ober- oder Unter-

373 § 48 AVG.
374 Vgl VwGH 28.6.2017, Ra 2016/09/0091.
375 VwGH 24.4.2007, 2006/05/0224.
376 VwGH 21.12.2011, 2010/04/0046.
377 VwGH 22.3.2018, Ra 2017/02/0228.
378 § 52 Abs 1 AVG.

behörde) eingegliedert ist.[379] Nach der stRsp des VwGH stehen die dem Amt einer Landesregierung oder der örtlich zuständigen Bezirkshauptmannschaft beigegebenen Amtssachverständigen den Gemeinden auch bei der Vollziehung von Angelegenheiten des eigenen Wirkungsbereiches zur Verfügung. Dies gilt aber nur insoweit, als solche Amtssachverständigen tatsächlich zur Verfügung gestellt werden (können). Sind die Bemühungen der Gemeinde, Amtssachverständige zur Verfügung gestellt zu erhalten, ohne Erfolg, liegen die Voraussetzungen für die Heranziehung notwendiger nichtamtlicher Sachverständiger vor.[380] Die Voraussetzungen für die Heranziehung nichtamtlicher Sachverständiger liegen weiters vor, wenn die beigegebenen bzw zur Verfügung stehenden Amtssachverständigen die für die Lösung der konkreten Fachfrage erforderlichen Kenntnisse und Fähigkeiten nicht aufweisen.[381] Die Umstände, die dazu führen, dass davon auszugehen ist, dass der Behörde kein Amtssachverständiger zur Verfügung steht, müssen im Verwaltungsakt überprüfbar festgehalten werden. Wird zB die Nichtverfügbarkeit von Amtssachverständigen beim Amt der Landesregierung in einem Telefongespräch festgestellt, sind dieses Telefongespräch, sein wesentlicher Inhalt und der Gesprächspartner in einem Aktenvermerk festzuhalten.[382]

Stehen Amtssachverständige nicht zur Verfügung oder ist es mit Rücksicht auf die Besonderheit des Falles geboten, kann die Behörde gemäß § 52 Abs 2 AVG aber ausnahmsweise andere geeignete, **nichtamtliche Sachverständige** heranziehen.

Eine Besonderheit des Falles ist nach der Judikatur des VwGH insbesondere dann anzunehmen,

- wenn das der Behörde vorliegende Gutachten offensichtlich nicht schlüssig ist oder ihm das Gutachten eines anderen Sachverständigen entgegensteht,[383]
- wenn mehrere einander widersprechende Gutachten vorliegen,[384]
- wenn ein bestimmter Sachverständiger bereits mit der Sachlage vertraut ist (weil er zB schon von einer Partei mit der Erstellung eines Privatgutachtens beauftragt wurde)[385] oder
- wenn außergewöhnlich verschiedenartige und auch in zeitlicher Hinsicht umfängliche Untersuchungen erforderlich sind, sodass auch der nichtamtliche Sachverständige weitere Fachleute hinzuziehen muss.[386]

Die Notwendigkeit der Bestellung eines nichtamtlichen Sachverständigen zwecks wesentlicher Verfahrensbeschleunigung stellt keine Besonderheit des Falles dar;[387]

379 VwGH 27.6.2017, Ro 2015/10/0045; 20.12.2006, 2006/12/0021.
380 VwGH 6.9.2011, 2008/05/0242; 25.2.2010, 2005/06/0370; 25.2.2010, 2005/06/0370; 17.9.1996, 95/05/0231.
381 *Hengstschläger/Leeb*, AVG § 52 Rz 33 (Stand 1.7.2005, rdb.at).
382 VwGH 25.6.2003, 2001/03/0066; *Hengstschläger/Leeb*, AVG § 52 Rz 35 (Stand 1.7.2005, rdb.at).
383 VwGH 25.9.2019, Ra 2018/05/0059.
384 VwGH 17.2.1999, 95/03/0120.
385 VwGH 22.3.1990, 90/06/0032; 25.5.2021, Ra 2020/06/0256.
386 VwGH 3.4.2003, 2001/05/0076; *Hengstschläger/Leeb*, AVG § 52 Rz 40 (Stand 1.7.2005, rdb.at).
387 VwGH 27.6.2017, Ro 2015/10/0045.

ebenso wenig eine allenfalls fehlende Unvoreingenommenheit des Sachverständigen.[388]

Liegen auch die Voraussetzungen des § 52 Abs 2 AVG nicht vor, so kann die Behörde nach § 52 Abs 3 AVG dennoch nichtamtliche Sachverständige heranziehen, wenn davon eine wesentliche Beschleunigung des Verfahrens zu erwarten ist.[389] Die Heranziehung ist jedoch nur zulässig, wenn sie von demjenigen, über dessen Ansuchen das Verfahren eingeleitet wurde, angeregt wird und die daraus entstehenden Kosten einen von dieser Partei bestimmten Betrag voraussichtlich nicht überschreiten. Zu Beweiszwecken empfiehlt sich eine schriftliche Anregung, zumal ein ziffernmäßig bestimmter Betrag anzugeben ist. Im Fall des § 52 Abs 3 AVG hat die Partei für die Gebühren des nichtamtlichen Sachverständigen nämlich nur insoweit aufzukommen, als diese den von ihr bestimmten Betrag nicht überschreiten. In von Amts wegen eingeleiteten Verfahren findet diese Bestimmung keine Anwendung.[390]

Amtssachverständige sind von der Behörde dem Verfahren bloß beizuziehen. Nichtamtliche Sachverständige hingegen sind von der Behörde zu bestellen. Die Bestellung eines nichtamtlichen Sachverständigen hat diesem gegenüber den Charakter eines verfahrensrechtlichen Bescheides, gegenüber den Parteien aber nur den Charakter einer nicht selbständig anfechtbaren Verfahrensanordnung.[391]

Der Bestellung zum nichtamtlichen Sachverständigen hat Folge zu leisten, wer zur Erstattung von Gutachten der erforderten Art öffentlich bestellt ist oder wer die Wissenschaft, die Kunst oder das Gewerbe, deren Kenntnis die Voraussetzung der geforderten Begutachtung ist, öffentlich als Erwerb ausübt oder zu deren Ausübung öffentlich angestellt oder ermächtigt ist. Nichtamtliche Sachverständige sind zu beeiden, wenn sie nicht schon für die Erstattung von Gutachten der erforderten Art im Allgemeinen beeidet sind (zB allgemein beeideter und gerichtlich zertifizierter Sachverständiger). Nach ihrer Vereidigung sind sie gemäß § 50 AVG zu belehren. Auch die Bestimmung des § 49 AVG findet auf nichtamtliche Sachverständige Anwendung (Aussageverweigerung, Kostenersatz bei unentschuldigter Nichtbefolgung einer Ladung oder ungerechtfertigter Aussageverweigerung).[392]

Nach Ansicht des VwGH begründen (grundsätzlich) weder die Unterlassung der bescheidmäßigen Bestellung noch die Unterlassung der Beeidigung einen wesentlichen Verfahrensmangel.[393] Das bedeutet, dass auch nicht bescheidmäßig bestellte nichtamtliche Sachverständige Anspruch auf Gebühren haben.[394] Zum Gebührenanspruch siehe Kapitel 6.6.

388 VwGH 19.12.1991, 90/05/0096.
389 § 52 Abs 3 AVG.
390 VwGH 22.11.2000, 98/12/0036.
391 VwGH 27.7.2016, Ra 2016/06/0036.
392 § 52 Abs 4 AVG.
393 VwGH 31.3.2009, 2009/06/0012; 21.4.2004, 2002/04/0043.
394 VwGH 22.3.2000, 98/04/0146; *Hengstschläger/Leeb*, AVG § 52 Rz 52 (Stand 1.7.2005, rdb.at).

Auf Amtssachverständige findet die Bestimmung des § 7 AVG über die Befangenheit Anwendung. Nichtamtliche Sachverständige sind ausgeschlossen, wenn einer der absoluten Befangenheitsgründe zutrifft (siehe Kapitel 2.2.). Außerdem können nichtamtliche Sachverständige von einer Partei abgelehnt werden, wenn diese Umstände glaubhaft macht, die die Unbefangenheit oder Fachkunde des Sachverständigen in Zweifel stellen. Die Ablehnung kann vor der Vernehmung des Sachverständigen, später aber nur dann erfolgen, wenn die Partei glaubhaft macht, dass sie den Ablehnungsgrund vorher nicht erfahren oder wegen eines für sie unüberwindbaren Hindernisses nicht rechtzeitig geltend machen konnte. Die Entscheidung über den Ablehnungsantrag erfolgt durch Verfahrensanordnung.[395] Amtssachverständige können im Gegensatz zu nichtamtlichen Sachverständigen nicht abgelehnt werden.

Von den Amtssachverständigen und den nichtamtlichen Sachverständigen sind sog **Privatsachverständige** zu unterscheiden. Privatsachverständige sind Personen, die für eine Partei ein Gutachten erstellen. So haben Parteien die Möglichkeit, durch ein Gutachten eines Privatsachverständigen dem Gutachten des Amtssachverständigen auf gleicher fachlicher Ebene entgegenzutreten. Die Aussagen von Amts- und Privatsachverständigen besitzen grundsätzlich den gleichen verfahrensrechtlichen Beweiswert. Bei widersprechenden Gutachten ist es der Behörde gestattet, sich dem einen oder anderen Gutachten anzuschließen. Zuvor muss sie jedoch nach den Grundsätzen der freien Beweiswürdigung prüfen, welchem der beiden Gutachten höhere Glaubwürdigkeit beizumessen ist. Dabei hat sie ihre Gedankengänge aufzuzeigen, die sie veranlassen, von den an sich gleichwertigen Beweismitteln dem einen einen höheren Beweiswert zuzubilligen als dem anderen. Der Wert eines Beweismittels muss stets nach seiner Beweiskraft, dh nach der Schlüssigkeit der Aussagen, beurteilt werden.[396]

5.4.2.5. Augenschein

Definitionsgemäß versteht man unter einem Augenschein die von einem Verwaltungsorgan zu Beweiszwecken vorgenommene, unmittelbare sinnliche Wahrnehmung von Tatsachen.[397] Gemäß § 54 AVG kann die Behörde zur Aufklärung der Sache auf Antrag oder von Amts wegen einen Augenschein, nötigenfalls unter Zuziehung von Sachverständigen, vornehmen. Außer im Fall einer mündlichen Verhandlung können Sachverständige mit der selbstständigen Vornahme eines Augenscheines betraut werden.[398] Voraussetzung für die Vornahme eines Augenscheines ist jedenfalls die Aufklärungsbedürftigkeit eines Sachverhaltselementes, das für die zu treffende Entscheidung der Behörde wesentlich ist.[399]

395 § 53 AVG.

396 VwGH 12.9.2016, Ra 2016/04/0063; 24.2.2015, 2013/05/0020; 20.2.2014, Ro 2014/09/0004; 21.12.2011, 2011/12/0077.

397 *Kolonovits/Muzak/Stöger,* Verwaltungsverfahrensrecht[11] Rz 370.

398 § 55 Abs 1 zweiter Satz AVG.

399 VwGH 14.10.1985, 82/10/0175.

Ob die Behörde einen Augenschein vornimmt oder nicht, liegt grundsätzlich in ihrem Ermessen. Manche Materiengesetze ordnen einen Augenschein zwingend an.[400] In diesen Fällen haben die Parteien des Verfahrens einen Anspruch auf dessen Abhaltung.[401] Ein solcher Anspruch bedeutet aber nicht, dass die Behörde die Parteien des Verfahrens (oder dessen Rechtsvertreter) dem Augenschein beiziehen muss. Eine gesetzliche Verpflichtung, bei Durchführung eines Augenscheines die Parteien beizuziehen, kann § 54 AVG gerade nicht entnommen werden.[402] Die Behörde wird die Parteien des Verfahrens dennoch beizuziehen haben, wenn ohne ihre Anwesenheit eine einwandfreie Sachverhaltsfeststellung nicht möglich ist.[403]

Eine Pflicht zur Anberaumung eines Augenscheines besteht ebenso nicht. Vielmehr kann die Behörde auch einen unangekündigten Augenschein (auch ohne Beiziehung von Parteien) vornehmen.[404] Ein solcher kann in besonderen Fällen sogar ein gebotenes Beweismittel sein, nämlich dann, wenn zwischen konkret gehaltenen (Anrainer-)Beschwerden und dem Ergebnis der anlässlich eines angekündigten Augenscheines getroffenen Feststellungen nicht aufgeklärte Widersprüche bestehen.[405]

Unabhängig davon, ob die Behörde den Augenschein ankündigt oder nicht oder sie die Parteien des Verfahrens dem Augenschein beizieht oder nicht, hat sie die Parteien jedenfalls vom Ergebnis der Beweisaufnahme in Kenntnis zu setzen und ihnen Gelegenheit zu geben, dazu Stellung zu nehmen.[406]

Bei der Vornahme des Augenscheines hat die Behörde darüber zu wachen, dass dieser nicht zur Verletzung eines Kunst-, Betriebs- oder Geschäftsgeheimnisses missbraucht wird.[407]

5.5. Das Erledigungsverfahren

5.5.1. Allgemeines

Ein einmal eingeleitetes Verwaltungsverfahren kann auf verschiedene Weisen erledigt werden. Zum einen kann es (in unbestrittenen Fällen mittels Aktenvermerk) eingestellt werden, wenn zB der Antrag, über den das Verwaltungsverfahren eingeleitet wurde, vom Antragsteller zurückgezogen wird. Zum anderen kann es durch die Setzung des von der Partei beantragten Aktes, zB durch die Ausstellung des beantragten Reisepasses, erledigt werden. Schließlich besteht auch die Möglichkeit, das Verwaltungsverfahren mit Bescheid einer Erledigung zuzuführen.

400 ZB § 16 Abs 1 K-BO.
401 VwGH 9.12.1975, 1825/75.
402 VwGH 15.10.1987, 87/06/0023; 17.5.1993, 92/10/0038.
403 VwGH 23.9.1965, 0842/65.
404 VwGH 25.9.1990, 90/04/0058.
405 VwGH 29.6.1990, 0476/58; *Hengstschläger/Leeb*, AVG § 54 Rz 10 (Stand 1.7.2005, rdb.at).
406 § 45 Abs 3 AVG.
407 § 40 Abs 2 AVG.

Der Bescheid stellt die wichtigste behördliche Erledigungsform dar. Mit ihm wird einem verfahrenseinleitenden Antrag entweder stattgegeben oder der verfahrenseinleitende Antrag ab- bzw zurückgewiesen. Auch die Einstellung eines Verwaltungsverfahrens kann mittels Bescheid erfolgen.

5.5.2. Der Bescheid

5.5.2.1. Bescheidbegriff und Bescheidarten

Ein Bescheid ist ein im Außenverhältnis ergehender Hoheitsakt einer Verwaltungsbehörde, mit dem über ein individuelles Rechtsverhältnis normativ, also in rechtsgestaltender oder rechtsfeststellender Weise förmlich abgesprochen wird.

Nach dem Inhalt werden drei Arten von Bescheiden unterschieden:

- Feststellungsbescheide,
- Leistungsbescheide und
- Rechtsgestaltungsbescheide.

Feststellungsbescheide sind Bescheide, mit denen über das Bestehen oder Nichtbestehen (zB einer Gewerbeberechtigung oder Parteistellung), über Umfang oder Inhalt eines Rechtsverhältnisses abgesprochen wird. Feststellungsbescheide sind nicht vollstreckbar.

Die Erlassung eines Feststellungsbescheides ist nur zulässig, wenn das Gesetz dies ausdrücklich vorsieht (zB § 6 Abs 1 AWG, § 358 Abs 1 GewO, § 42 StbG, § 3 Abs 7 UVP-G, § 4 Abs 8 WRG, § 28 WRG), die Feststellung im öffentlichen Interesse oder im rechtlichen Interesse einer Partei gelegen ist. Letzteres ist dann der Fall, wenn der Feststellungsbescheid für die antragstellende Partei ein notwendiges Mittel zur zweckentsprechenden Rechtsverfolgung darstellt. Der Feststellungsbescheid muss demnach konkret geeignet sein, ein strittiges Recht oder Rechtsverhältnis für die Zukunft klarzustellen und dadurch die Gefährdung eines subjektiven Rechts des Antragstellers zu beseitigen. Unzulässig ist ein Feststellungsbescheid dann, wenn die strittige Rechtsfrage im Rahmen eines anderen gesetzlich vorgesehenen Verwaltungsverfahrens geklärt werden kann. Unzulässig ist ein Feststellungsbescheid auch, wenn mit ihm ein wirtschaftliches, politisches oder wissenschaftliches Interesse verfolgt wird.[408]

Leistungsbescheide sind Bescheide, mit denen jemand zur Erbringung einer bestimmten Leistung oder zur Herstellung eines bestimmten Zustandes verpflichtet wird. Leistungsbescheide vollziehen gesetzliche Regelungen in der Art, dass sie im Gesetz vorgesehene Verpflichtungen (zum Zweck ihrer allenfalls erforderlichen Durchsetzung im Exekutionswege) individualisieren und allenfalls präzisieren. Mit Leistungsbescheiden werden Verpflichtungen, die bereits im Gesetz

408 VwGH 30.5.2017, Ra 2016/12/0066 mwN.

begründet sind (zB Zahlungspflicht, Entfernungsauftrag), ausgesprochen. Der Ausspruch der Verpflichtung mittels Leistungsbescheid ist deswegen erforderlich, weil die im Gesetz vorgesehene Verpflichtung zu ihrer exekutiven Durchsetzung des vorangehenden, bescheidmäßigen Ausspruches bedarf.

Ein Charakteristikum von Leistungsbescheiden ist, dass ihnen (und nur ihnen) Vollstreckbarkeit zukommt. Sie unterscheiden sich von Rechtsgestaltungsbescheiden (zT auch von Feststellungsbescheiden) dadurch, dass sie oft in Vollziehung derjenigen Rechtsvorschriften zu ergehen haben, die in dem Zeitpunkt, in dem sich der relevante Sachverhalt ereignet hat, gegolten haben, auch wenn diese Vorschriften im Zeitpunkt der Erlassung der Entscheidung bereits aufgehoben sind.[409]

Leistungsbescheide müssen (bei sonstiger Rechtswidrigkeit) eine Paritionsfrist (Leistungsfrist) enthalten.[410] Das ist die Frist, die für die zu erbringende Leistung (zB Zahlung einer Geldleistung, Abbruch eines konsenslosen Baues) zur Verfügung steht. Die Paritionsfrist ergibt sich entweder direkt aus dem Gesetz oder ist von der Verwaltungsbehörde angemessen festzusetzen; sie muss zur Erbringung der geschuldeten Leistung ausreichen.

Leistungsbescheide sind zB bau-, forst-, gewerbe- oder wasserpolizeiliche Aufträge gemäß § 36 K-BO, § 138 WRG, § 172 Abs 6 ForstG bzw § 360 Abs 1 GewO, aber auch Kostenbescheide.

Rechtsgestaltungsbescheide sind Bescheide, mit denen Rechtsverhältnisse begründet, abgeändert oder aufgehoben werden. Dazu zählen zB die Verleihung der Staatsbürgerschaft, die Erteilung einer Baubewilligung oder Lenkerberechtigung, die Bewilligung einer Namensänderung oder die Entziehung einer Gewerbeberechtigung. Rechtsgestaltungsbescheide sind nicht vollstreckbar.

Keine Bescheide sind zB bloße Verfahrensanordnungen, Verordnungen, Weisungen oder Akte unmittelbarer verwaltungsbehördlicher Befehls- und Zwangsgewalt.

Verfahrensanordnungen sind Anordnungen bzw Maßnahmen prozessleitender Art. Genauer gesagt, regeln sie den Gang des Verfahrens.[411] Verfahrensanordnungen sind zB ein Verbesserungsauftrag gemäß § 13 Abs 3 AVG, die Verweigerung der Akteneinsicht gemäß § 17 Abs 4 AVG, einfache Ladungen gemäß § 19 Abs 4 AVG, die Anberaumung einer mündlichen Verhandlung gemäß § 39 Abs 2 AVG, die Entscheidung über einen Ablehnungsantrag von nichtamtlichen Sachverständigen gemäß § 53 Abs 2 AVG oder die Bestellung eines nichtamtlichen Sachverständigen gegenüber den Verfahrensparteien.[412]

409 VwGH 27.6.2013, 2013/12/0067.
410 VwGH 12.12.2013, 2013/06/0152.
411 VwSlg 19310 A/2016.
412 VwGH 27.7.2016, Ra 2016/06/0036.

Gegen Verfahrensanordnungen ist ein abgesondertes Rechtsmittel nicht zulässig. Sie können erst mit dem gegen den die Sache erledigenden Bescheid eingebrachten Rechtsmittel angefochten werden.[413]

Verordnungen sind im Unterschied zu Bescheiden generelle im Außenverhältnis ergehenden Verwaltungsakte einer Verwaltungsbehörde, die sich vom Bescheid insbesondere durch ihren Adressatenkreis unterscheiden. Verordnungen richten sich nicht an individuell bestimmte Personen, sondern an einen nach generellen Merkmalen bestimmten Adressatenkreis.[414] Die Grenzziehung ist im Einzelfall nicht immer einfach.

Weisungen sind individuelle oder generelle interne Verwaltungsakte, die von übergeordneten an untergeordnete Verwaltungsorgane erteilt werden. Mit einer Weisung soll jemand zu einem bestimmten Verhalten (Tun oder Unterlassen) veranlasst werden.

Akte unmittelbarer verwaltungsbehördlicher Befehls- und Zwangsgewalt (AuVBZ) liegen vor, wenn Verwaltungsorgane im Rahmen der Hoheitsverwaltung einseitig gegen individuelle bestimmte Adressaten einen Befehl erteilen oder Zwang ausüben und damit unmittelbar – also ohne Bescheid – in subjektive Rechte des Betroffenen eingreifen. Akte unmittelbarer Befehls- und Zwangsgewalt sind zB Festnahmen, Beschlagnahmen, faktische Betriebsschließungen nach dem GSpG, das zwangsweise Betreten einer Liegenschaft, Hausdurchsuchungen, Auflösungen einer Demonstration, die Abnahme von Kennzeichentafeln, Betretungsverbote oder Wegweisungen. Solche Akte sind mit Maßnahmenbeschwerde an das VwG bekämpfbar (siehe Kapitel 8.4.3.).[415]

5.5.2.2. Bescheidmerkmale

Damit eine verwaltungsbehördliche Erledigung überhaupt Bescheidcharakter hat, müssen gewisse Mindesterfordernisse erfüllt sein. Fehlt auch nur eines dieser Bescheidmerkmale, liegt absolute Nichtigkeit vor. In diesem Fall ist rechtlich überhaupt kein Bescheid entstanden. Man spricht vom sog **Nichtbescheid**.

Die Mindesterfordernisse, die ein Bescheid zwingend aufweisen muss, sind:

- Bezeichnung als Bescheid,
- Bezeichnung der bescheiderlassenden Behörde,
- Bescheidadressat,
- Spruch,
- Unterschrift, Name des Genehmigenden und Fertigung.

413 § 63 Abs 2 AVG.
414 VwSlg 13411 A/1991.
415 Art 130 Abs 1 Z 2 B-VG.

Neben den zwingenden Mindesterfordernissen gibt es auch Bescheidmerkmale, deren Fehlen keine absolute Nichtigkeit nach sich zieht. Der Bescheid wird rechtlich existent, wenngleich andere Rechtsfolgen möglich sind. Keine zwingenden Bescheidmerkmale sind:

- Begründung,
- Rechtsmittelbelehrung,
- Datum der Genehmigung.

Nachfolgend werden die einzelnen Bescheidmerkmale und deren rechtliche Bedeutungen näher beschrieben.

5.5.2.2.1. Bezeichnung als Bescheid (§ 58 Abs 1 AVG)

Gemäß § 58 Abs 1 AVG ist jeder Bescheid ausdrücklich als solcher zu bezeichnen. Die Bezeichnung als Bescheid ist aber nicht in jedem Fall zwingend erforderlich. Wurde auf die ausdrückliche Bezeichnung als Bescheid „vergessen", schadet dies nicht, wenn aus dem Spruch eindeutig erkennbar ist, dass die Behörde den Willen hatte, gegenüber einer individuell bestimmten Person einen Hoheitsakt zu setzen, der rechtsgestaltend oder rechtsfeststellend ist. Ist diese eindeutige Erkennbarkeit nicht gegeben, ist die ausdrückliche Bezeichnung als Bescheid für den Bescheidcharakter der Erledigung essentiell, andernfalls ist sie absolut nichtig.[416]

5.5.2.2.2. Bezeichnung der bescheiderlassenden Behörde (§ 58 Abs 3 iVm § 18 Abs 4 AVG)

Gemäß § 18 Abs 4 AVG hat jede schriftliche Ausfertigung einer behördlichen Erledigung die Bezeichnung der Behörde zu enthalten, von der sie stammt. Das Fehlen dieses Merkmals führt zur absoluten Nichtigkeit des Bescheides, dh, er wird rechtlich nicht existent.

Dem für die Bescheidqualifikation einer behördlichen Erledigung wesentlichen Erfordernis der Bezeichnung der Behörde wird Rechnung getragen, wenn nach objektiven Gesichtspunkten für jedermann – also unabhängig von der subjektiven Kenntnis des Adressaten des Schriftstückes – erkennbar ist, von welcher Behörde der Bescheid stammt. Ob eine Erledigung einer bestimmten Behörde bzw welcher Behörde sie zuzurechnen ist, ist anhand des äußeren Erscheinungsbildes, also insbesondere anhand des Kopfes, Spruches, der Begründung, der Fertigungsklausel und der Rechtsmittelbelehrung zu beurteilen. Die Behörde, der die Erledigung zuzurechnen ist, muss aus der Erledigung selbst hervorgehen.[417]

416 VwSlg 19310 A/2016; VwGH 11.4.2018, Ra 2015/08/0033.
417 VwGH 28.5.2013, 2012/05/0207; 19.5.2020, Ra 2019/14/0317.

5.5.2.2.3. Bescheidadressat

Da mit einem Bescheid über ein individuelles Rechtsverhältnis normativ abgesprochen wird, muss aus ihm klar hervorgehen, an wen er sich richtet, wer also Bescheidadressat ist. Das Fehlen des Bescheidadressaten lässt den Bescheid erst gar nicht entstehen, dh, er wird rechtlich nicht existent.[418]

An das Erfordernis des Bescheidadressaten werden aber keine allzu strengen Anforderungen gestellt. Selbst das AVG normiert keine ausdrückliche Pflicht, im Bescheid den Bescheidadressaten zu nennen. Nach der Rsp des VwGH genügt es, wenn der Bescheid eindeutig erkennen lässt, welchem individuell bestimmten Rechtsträger gegenüber die Verwaltungsbehörde einen Bescheid erlassen wollte. Für die Gültigkeit eines Bescheides reicht sohin aus, wenn aus der Gesamtschau von Adressierung, Spruch, Begründung und Zustellverfügung eindeutig erkennbar ist, an wen sich der Bescheid richten soll. Die Identität des Bescheidadressaten muss zweifelsfrei feststehen.

Bei natürlichen Personen erfolgt die Identifizierung idR durch die Verwendung ihres Vor- und Zunamens. Erforderlichenfalls ist auf weitere Unterscheidungsmerkmale zurückzugreifen, zB das Geburtsdatum oder die Worte „senior“ bzw „junior“.[419]

5.5.2.2.4. Name des Genehmigenden, Unterschrift und Fertigung (§ 58 Abs 3 iVm § 18 Abs 3 und Abs 4 AVG)

Bescheide sind vom Genehmigungsberechtigten zu genehmigen. Die Genehmigung erfolgt durch die Unterschrift des Genehmigungsberechtigten (Approbationsbefugten) auf dem Original. Der Name des Genehmigungsberechtigten muss aus dem Bescheid bei sonstiger absoluter Nichtigkeit hervorgehen. Wurde der Bescheid elektronisch erstellt, kann an die Stelle der (eigenhändigen) Unterschrift eine Amtssignatur treten.[420]

Beispiel	**Beispiel**	**Beispiel**
Für den Bezirkshauptmann	Der Bezirkshauptmann	Für den Bürgermeister
Max Muster	*Stefan Sehrgenau*	iA Der Amtsleiter
		Franz Fleißig
Max Muster	Stefan Sehrgenau	Franz Fleißig

Von der Genehmigung eines Bescheides ist die Ausfertigung an die Partei zu unterscheiden. Schriftliche Ausfertigungen von Bescheiden müssen bei sonstiger Nichtigkeit den Namen des Genehmigenden enthalten. Genehmigender ist bei

418 VwGH 24.3.1992, 88/07/0072.

419 VwGH 24.9.1987, 87/02/0038; 22.3.1999, 96/17/0070; 27.10.2008, 2008/17/0100; 27.11.2008, 2006/03/0097.

420 § 18 Abs 3 AVG.

monokratischen Behörden (zB Bezirksverwaltungsbehörden) entweder der Behördenleiter oder das von ihm ermächtigte, approbationsbefugte Organ.[421] Bei Kollegialorganen richtet sich, wer Genehmigender ist, nach den einzelnen Verwaltungs- bzw Organisationsvorschriften.[422]

Schriftliche Ausfertigungen von Bescheiden, die in Papierform ergehen, haben nicht nur den Namen des Genehmigenden, sondern auch seine Unterschrift zu enthalten. Das Fehlen der Unterschrift bewirkt die absolute Nichtigkeit des Bescheides. An Stelle der Unterschrift kann die Beglaubigung der Kanzlei treten, dass die schriftliche Ausfertigung mit der Urschrift des Bescheides übereinstimmt und der Bescheid genehmigt worden ist. Das Nähere über die Beglaubigung wird in der BeglV[423] geregelt.

Nach der Rsp des VwGH ist die Unterschrift ein Gebilde aus Buchstaben einer üblichen Schrift, aus der ein Dritter, der den Namen des Unterzeichneten kennt, diesen Namen aus dem Schriftbild noch herauslesen kann. Es ist nicht erforderlich, dass die Unterschrift lesbar ist, jedoch muss es sich um einen die Identität des Unterschreibenden ausreichend kennzeichnenden individuellen Schriftzug handeln, der entsprechende charakteristische Merkmale aufweist und sich als Unterschrift eines Namens darstellt. Eine Paraphe ist keine Unterschrift.[424]

5.5.2.2.5. Spruch (§ 58 Abs 1 iVm § 58a iVm § 59 AVG)

Jeder Bescheid hat einen Spruch zu enthalten, der den Kern des Bescheides bildet. Nur der Spruch erlangt rechtliche Verbindlichkeit und kann in Rechtskraft erwachsen.[425] Fehlt der Spruch, liegt ein Nichtbescheid vor.

In verbundenen Verfahren (§ 39 Abs 2b AVG) hat die Behörde den Spruch des Bescheides nach den jeweils anzuwendenden Verwaltungsvorschriften in Spruchpunkte zu gliedern. Die Behörde kann über einzelne oder mehrere Bewilligungen auch gesondert – also in mehreren Bescheiden – absprechen, wenn dies zweckmäßig erscheint.[426]

Der Spruch nach § 59 Abs 1 AVG hat die in Verhandlung stehende Verwaltungsangelegenheit (das ist die Hauptfrage), alle die Hauptfrage betreffenden Parteianträge (Einwendungen) und die allfällige Kostenfrage idR zur Gänze zu erledigen. Mit der Erledigung des verfahrenseinleitenden Antrages gelten Einwendungen als miterledigt. Das bedeutet, dass über diese nicht einzeln in förmlicher Weise abzusprechen ist. Ein förmlicher Abspruch ist aber zulässig.[427] Soll die aufschie-

421 VwGH 30.11.1992, 92/01/0718.
422 VwGH 28.11.1990, 90/02/0115.
423 Beglaubigungsverordnung.
424 VwGH 27.9.2005, 2004/06/0217; 21.8.2020, Ra 2020/02/0165.
425 VwGH 24.6.2014, 2012/05/0189; 17.4.2013, 2012/12/0129.
426 § 58a AVG.
427 *Hengstschläger/Leeb*, AVG § 59 Rz 7 f (Stand 1.7.2005, rdb.at); VwGH 12.10.2010, 2008/05/0065.

bende Wirkung eines Rechtsmittels gegen den Bescheid ausgeschlossen werden, so hat dieser Ausspruch tunlichst schon im Spruch des in der Hauptsache ergehenden Bescheides zu erfolgen.[428]

Lässt der Gegenstand der in Verhandlung stehenden Verwaltungsangelegenheit eine Trennung nach mehreren Spruchpunkten zu, so kann, wenn dies zweckmäßig erscheint, über jeden dieser Punkte, sobald er spruchreif ist, gesondert – in Form von **Teilbescheiden** – abgesprochen werden.

Der Spruch ist in möglichst gedrängter und deutlicher Form zu fassen und hat die angewendeten Gesetzesbestimmungen anzuführen. Dem Spruch ist die Sach- und Rechtslage zum Zeitpunkt der Erlassung des Bescheides zugrunde zu legen.[429]

§ 59 Abs 2 AVG bestimmt für den Fall, dass der Bescheid die Erbringung einer Leistung oder die Herstellung eines bestimmten Zustandes anordnet, dass im Spruch des Bescheides zugleich eine angemessene Frist (Paritionsfrist) zur Ausführung der Leistung oder zur Herstellung festzusetzen ist. Leistungsbescheide – zB bau-, forst-, gewerbe- oder wasserpolizeiliche Aufträge, aber auch Kostenbescheide – müssen demnach eine Erfüllungsfrist enthalten, ansonsten sind sie rechtswidrig. Erwächst der Leistungsbescheid aber in Rechtskraft, ändert das Fehlen der Erfüllungsfrist nichts an der Wirksamkeit des Bescheides. In diesem Fall muss spätestens in der Androhung der Ersatzvornahme bei sonstiger Rechtswidrigkeit eine angemessene Erfüllungsfrist gesetzt werden.[430]

Zum Spruch und damit zum Kern des Bescheides gehören auch **Nebenbestimmungen**, wie Auflagen, Bedingungen, Befristungen und Widerrufsvorbehalte.[431] Spruch und Nebenbestimmungen bilden idR eine untrennbare Einheit und können daher grundsätzlich nur gemeinsam bekämpft werden und gemeinsam in Rechtskraft erwachsen.[432]

Zweck von Auflagen ist oft, die Genehmigungsfähigkeit eines Vorhabens herbeizuführen.[433] Auflagen müssen bestimmt, geeignet, erforderlich und behördlich erzwingbar sein. Mit der Auflage wird zB der Bewilligungsinhaber zu einem bestimmten Tun oder Unterlassen verpflichtet, sofern er von der Bewilligung Gebrauch macht. Die Nichteinhaltung von Auflagen kann im Wege der Vollstreckung erzwungen werden.[434]

Von den Auflagen sind Bedingungen zu unterscheiden. Sie machen die Wirksamkeit eines Bescheides vom Eintritt eines ungewissen künftigen Ereignisses ab-

428 § 64 Abs 2 AVG.
429 VwGH 20.4.1993, 91/07/0140; 27.4.2016, Ra 2015/05/0069.
430 VwGH 19.8.1993, 93/06/0078; 27.5.2004, 2003/07/0074; 12.12.2013, 2013/06/0152.
431 VwGH 14.10.2003, 2001/05/1171; 25.4.2019, Ra 2018/22/0272.
432 *Kolonovits/Muzak/Stöger*, Verwaltungsverfahrensrecht[11] Rz 413/3.
433 *Hengstschläger/Leeb*, AVG § 59 Rz 31 (Stand 1.7.2005, rdb.at).
434 VwSlg 6400 A/1964.

hängig.[435] Unterschieden werden aufschiebende (Suspensivbedingungen) und auflösende Bedingungen (Resolutivbedingungen).

Im Gegensatz zu Bedingungen machen Befristungen die Wirksamkeit eines Bescheides vom Eintritt eines künftig gewissen Ereignisses (zB Datum) abhängig. Das WRG kennt in seinem § 21 eine Befristung der wasserrechtlichen Bewilligung für maximal 90 Jahre.

Mit dem Widerrufsvorbehalt behält sich die Behörde die Zurücknahme eines Bescheides auch nach der Rechtskraft vor.[436]

Nebenstimmungen sind nur zulässig, wenn sie im Gesetz vorgesehen sind.[437] Fehlt eine ausdrückliche gesetzliche Ermächtigung, muss die Nebenbestimmung vom Inhalt des Gesetzes gedeckt sein. Diese Voraussetzung ist erfüllt, wenn die Nebenbestimmung dazu dient, die Genehmigungsfähigkeit eines Vorhabens herbeizuführen. Sie darf aber das Wesen des Vorhabens nicht verändern.[438]

5.5.2.2.6. Begründung (§ 58 Abs 2 iVm § 60 AVG)

Zweck der Bescheidbegründung ist die Ermöglichung, den Bescheid inhaltlich auf seine Rechtmäßigkeit zu überprüfen. Bescheide sind nach § 58 Abs 2 AVG zu begründen, wenn dem Standpunkt der Partei nicht vollinhaltlich Rechnung getragen oder über Einwendungen oder Anträge von Beteiligten abgesprochen wird. Ebenso sind Berufungsbescheide einer Gemeindebehörde stets zu begründen, also auch dann, wenn dem Berufungsantrag stattgegeben wird.[439]

Kollegialorgane haben nicht nur den Spruch des Bescheides zu beschließen, sondern auch die wesentliche Begründung.[440]

In der Begründung sind

- die Ergebnisse des Ermittlungsverfahrens, also der Sachverhalt, den die Behörde ihrer Entscheidung zugrunde gelegt hat,
- die bei der Beweiswürdigung maßgebenden Erwägungen, also warum die Behörde zur Überzeugung gelangt ist, dass gerade dieser bestimmte Sachverhalt vorliegt, und
- die darauf gestützte Beurteilung der Rechtsfrage, also die Subsumierung des festgestellten Sachverhaltes unter die von der Behörde herangezogene gesetzliche Norm,

klar und übersichtlich zusammenzufassen.[441]

435 VwSlg 15773 A/2002.
436 VwGH 25.6.1986, 86/09/0065.
437 Art 18 Abs 1 B-VG.
438 *Hengstschläger/Leeb*, AVG § 59 Rz 19 (Stand 1.7.2005, rdb.at); *Hengstschläger*, Verwaltungsverfahrensrecht[4] Rz 436; VwGH 25.3.1997, 96/05/0250.
439 § 67 AVG.
440 VwGH 12.10.2020, Ro 2020/09/0009.
441 § 60 AVG; VwSlg 10766 A/1982; VwGH 19.5.1994, 90/07/0121; 10.4.2013, 2011/08/0195; *Hengstschläger*, Verwaltungsverfahrensrecht[4] Rz 442.

Der Begründung eines Bescheides kommt grundsätzlich keine normative Wirkung und somit keine Rechtskraftfähigkeit zu, weswegen selbst eine unrichtige (zB den Spruch einschränkende) oder mangelhafte Begründung einen Bescheid, dessen Spruch dem Gesetz entspricht, grundsätzlich nicht rechtswidrig macht.[442] Ist der Spruch jedoch undeutlich und somit klärungsbedürftig, ist die Begründung zu dessen Auslegung heranzuziehen.[443] In diesem Fall ist die Begründung von der Rechtskraft erfasst, entfaltet sohin normative Wirkung.[444] Besteht hingegen ein Widerspruch zwischen Spruch und Begründung, der je zu einer anderen rechtlichen Beurteilung führt, belastet dies den Bescheid mit inhaltlicher Rechtswidrigkeit.[445]

Die Begründung des Bescheides kann entfallen, wenn dem Standpunkt der Partei vollinhaltlich Rechnung getragen wird. Der Entfall der Begründungspflicht beruht auf der Überlegung, dass eine Begründung eines Bescheides, mit dem im Einparteienverfahren dem Antrag der Partei vollinhaltlich stattgegeben wurde, entbehrlich ist, weil mangels Rechtsschutzinteresses der Partei ein Rechtsmittel gegen einen solchen Bescheid nicht in Betracht zu ziehen ist.[446]

Im Mehrparteienverfahren sind nach Ansicht des VwGH Bescheide stets zu begründen, selbst dann, wenn dem Standpunkt der Partei vollinhaltlich Rechnung getragen wurde.[447] Dies wird jedoch nur für jene Fälle gelten können, in denen Einwendungen oder Anträge von Beteiligten erhoben bzw gestellt wurden.[448] Ohne erhobene Einwendungen oder Anträge von Beteiligten werden solche Bescheide in praxi nicht begründet.

5.5.2.2.7. Rechtsmittelbelehrung (§ 58 Abs 1 iVm § 61 AVG)

Nach § 58 Abs 1 AVG hat jeder Bescheid eine Rechtsmittelbelehrung zu enthalten. Die Rechtsmittelbelehrung hat anzugeben, ob gegen den Bescheid ein Rechtsmittel erhoben werden kann und bejahendenfalls, welchen Inhalt und welche Form dieses Rechtsmittel haben muss und bei welcher Behörde und innerhalb welcher Frist es einzubringen ist. Fehlt eine Rechtsmittelbelehrung, ändert dies nichts am Bescheidcharakter.[449]

Enthält ein Bescheid keine Rechtsmittelbelehrung oder fälschlich die Erklärung, dass kein Rechtsmittel zulässig sei, oder ist keine oder eine kürzere als die gesetzliche Rechtsmittelfrist angegeben, so gilt das Rechtsmittel als rechtzeitig eingebracht, wenn es innerhalb der gesetzlichen Frist eingebracht wurde.

---

442 VwGH 20.5.2015, 2012/10/0113; 29.1.2020, Ro 2019/05/0002; 16.6.2020, Ra 2018/04/0168.
443 VwGH 10.10.2001, 2000/03/0268; 27.12.2007, 2003/03/0181; 4.5.2016, Ra 2016/09/0012.
444 VwGH 20.6.1995, 95/005/0152.
445 VwGH 6.10.2020, Ra 2019/16/0143; 3.2.2021, Ra 2019/17/0105.
446 VwGH 9.10.2014, 2013/05/0015.
447 VwGH 9.11.1983, 83/01/0264; 10.1.1985, 84/01/0058;.
448 *Hengstschläger/Leeb*, AVG § 58 Rz 29 (Stand 1.7.2005, rdb.at).
449 VwGH 27.8.2014, 2012/05/0176.

Ist im Bescheid eine längere als die gesetzliche Rechtsmittelfrist angegeben, so gilt das innerhalb der angegebenen Frist eingebrachte Rechtsmittel als rechtzeitig.

Enthält der Bescheid keine oder eine unrichtige Angabe über die Behörde, bei der das Rechtsmittel einzubringen ist, so ist das Rechtsmittel auch dann richtig eingebracht, wenn es bei der Behörde, die den Bescheid erlassen hat, oder bei der angegebenen Behörde eingebracht wurde.[450]

Versäumt die Partei die Rechtsmittelfrist, weil der Bescheid keine Rechtsmittelbelehrung, keine Rechtsmittelfrist oder fälschlich die Angabe enthält, dass kein Rechtsmittel zulässig ist, bildet dies einen Wiedereinsetzungsgrund gemäß § 72 Abs 1 Z 2 AVG.

5.5.2.2.8. Datum der Genehmigung (§ 58 Abs 3 iVm § 18 Abs 4 AVG)

§ 18 Abs 4 AVG verlangt, dass der Bescheid das Datum der Genehmigung enthalten muss. Dem Datum kommt jedoch keine rechtliche Bedeutung zu, weil ein Bescheid erst durch seine Erlassung Rechtswirkungen entfaltet.[451]

5.5.2.3. Erlassung von Bescheiden

Damit ein Bescheid rechtlich existent wird, muss er erlassen werden. Nur ein erlassener Bescheid kann Rechtswirkungen entfalten. Gemäß § 62 Abs 1 AVG können Bescheide sowohl schriftlich als auch mündlich erlassen werden.

Manche Verwaltungsvorschriften sehen vor, dass Bescheide nur schriftlich erlassen werden dürfen.[452] Wird ein Bescheid dennoch mündlich erlassen, entfaltet er keine Rechtswirkungen und ist rechtsunwirksam.[453]

In einem **Mehrparteienverfahren** ist ein Bescheid bereits mit der Erlassung an eine Partei rechtlich existent geworden, auch wenn er gegenüber den anderen Parteien – solange er ihnen gegenüber nicht erlassen wurde – keine rechtlichen Wirkungen entfaltet.[454] Gemäß § 7 Abs 3 VwGVG ist eine Beschwerde an das VwG aber bereits zulässig, wenn der Bescheid bereits einer anderen Partei als dem Beschwerdeführer zugestellt oder verkündet wurde und der Beschwerdeführer vom Bescheid Kenntnis erlangt hat.

Die **Erlassung schriftlicher Bescheide** erfolgt mit der **rechtswirksamen Zustellung** bzw **Ausfolgung** der schriftlichen Ausfertigung an eine Partei.

Die **mündliche Erlassung eines Bescheides** erfolgt durch **Verkündung**. Der Inhalt und die Verkündung eines mündlichen Bescheides sind, wenn die Verkün-

450 § 61 AVG.
451 VwGH 12.9.2012, 2010/08/0197.
452 ZB § 17 K-BO; § 360 GewO.
453 VwGH 20.1.1994, 92/06/0249.
454 VwGH 25.4.1996, 95/07/0216.

dung bei einer mündlichen Verhandlung erfolgt, am Schluss der Verhandlungsniederschrift, in anderen Fällen in einer besonderen Niederschrift zu beurkunden. Eine schriftliche Ausfertigung des mündlich verkündeten Bescheides ist den bei der Verkündung nicht anwesenden und jenen Parteien zuzustellen, die spätestens drei Tage nach der Verkündung eine schriftliche Ausfertigung verlangen. Über dieses Recht sind die Parteien bei Verkündung des mündlichen Bescheides zu belehren.[455]

Wird die Zustellung einer schriftlichen Ausfertigung eines mündlich verkündeten Bescheides binnen drei Tagen nach der Verkündung verlangt, beginnt der Lauf der Rechtsmittelfrist erst mit der erfolgten Zustellung der schriftlichen Ausfertigung des Bescheides. Im Fall bloß mündlicher Verkündung beginnt die Rechtsmittelfrist mit der Verkündung.[456]

5.5.2.4. Bescheidwirkungen

An einen rechtmäßig erlassenen Bescheid sind Bescheidwirkungen (Rechtswirkungen) geknüpft. Die Bescheidwirkungen im Einzelnen sind die Unanfechtbarkeit des Bescheides (**formelle Rechtskraft**), die Unwiderrufbarkeit des Bescheides, die Unwiederholbarkeit des Bescheides, die Verbindlichkeit des Bescheides (**materielle Rechtskraft**) sowie die Vollstreckbarkeit.

5.5.2.4.1. Unanfechtbarkeit von Bescheiden (formelle Rechtskraft)

Unter formeller Rechtskraft wird die Unanfechtbarkeit eines Bescheides mit ordentlichen Rechtsmitteln (zB Berufung oder Beschwerde) verstanden. Die Unanfechtbarkeit beginnt:

- mit der Erlassung eines Bescheides (Erkenntnisses/Beschlusses), wenn keine ordentlichen Rechtsmittel mehr zur Verfügung stehen,
- mit dem ungenützten Verstreichen der Rechtsmittelfrist,
- mit der Rechtswirksamkeit eines Rechtsmittelverzichtes oder
- mit der Rechtswirksamkeit der Zurückweisung einer Berufung oder Beschwerde.

Im Mehrparteienverfahren tritt die formelle Rechtskraft für jede Partei gesondert ein. Es ist auch möglich, dass die formelle Rechtskraft – wenn ein trennbarer Teil eines Bescheides unangefochten geblieben ist – nur einen Teil eines Bescheides betrifft. Die Unanfechtbarkeit endet, wenn ein Bescheid zB von Amts wegen nach § 68 Abs 2 bis 4 AVG aufgehoben oder abgeändert wird (siehe Kapitel 7.4.).[457]

455 § 62 Abs 2 und 3 AVG.
456 § 63 Abs 5 AVG; § 7 Abs 4 Z 1 VwGVG.
457 *Hengstschläger/Leeb*, AVG § 68 Rz 6 (Stand 1.3.2018, rdb.at); *Kolonovits/Muzak/Stöger*, Verwaltungsverfahrensrecht[11] Rz 455 ff.

5.5.2.4.2. Unwiderrufbarkeit, Unwiederholbarkeit und Verbindlichkeit von Bescheiden (materielle Rechtskraft)

Von der formellen Rechtskraft ist die materielle Rechtskraft zu unterscheiden. Unter materieller Rechtskraft wird die Unwiderrufbarkeit (Unabänderlichkeit), die Unwiederholbarkeit und die Verbindlichkeit eines Bescheides verstanden.

Unwiderrufbarkeit bedeutet, dass ein Bescheid von Amts wegen nicht mehr aufgehoben, abgeändert oder für nichtig erklärt werden kann, sofern nicht gesetzlich eine Ausnahme vorgesehen ist (zB § 68 AVG).[458]

Unwiederholbarkeit bedeutet, dass über eine einmal entschiedene Sache nicht noch einmal entschieden werden darf (Grundsatz des „ne bis in idem"). Nur eine wesentliche Änderung des Sachverhaltes oder der maßgebenden Rechtsvorschriften würde eine neuerliche Entscheidung zulässig machen.[459]

Verbindlichkeit bedeutet, dass der formell rechtskräftige Bescheid sowohl für die bescheiderlassende Behörde als auch für die Parteien, andere Behörden und Gerichte verbindlich ist und von diesen beachtet werden muss.

5.5.2.4.3. Vollstreckbarkeit von Bescheiden

Vollstreckbarkeit des Bescheides bedeutet, dass das bescheidmäßig angeordnete Verhalten (zB die bescheidmäßig angeordnete Entfernung eines konsenslosen Baues) mit Zwang durchgesetzt werden kann. Nur Leistungsbescheide, also Bescheide, mit denen jemand zur Erbringung einer bestimmten Leistung oder zur Herstellung eines bestimmten Zustandes verpflichtet wird, sind vollstreckbar. Darunter fallen zB bau-, forst-, gewerbe- oder wasserpolizeiliche Aufträge, aber auch Kostenbescheide.

Ein Bescheid ist grundsätzlich erst vollstreckbar, wenn er **formell rechtskräftig** ist. Ausnahmsweise können Bescheide aber auch schon vor Eintritt der formellen Rechtskraft vollstreckt werden: Das ist etwa bei Mandatsbescheiden nach § 57 Abs 2 AVG der Fall oder wenn die aufschiebende Wirkung einer allfälligen Berufung oder Beschwerde ausgeschlossen wird.[460]

5.5.2.4.4. Dingliche Wirkung von Bescheiden

Einige Verwaltungsvorschriften sehen ausdrücklich eine dingliche Wirkung von Bescheiden vor.[461] Dingliche Wirkung eines Bescheides meint, dass die durch den Bescheid begründeten Rechte und Pflichten an der Sache haften und durch einen Wechsel in der Person des Eigentümers nicht berührt werden. Von ding-

458 VwGH 9.9.2013, 2010/17/0274.
459 VwGH 28.2.2017, Ra 2016/01/0206; 7.3.2019, Ro 2019/21/0002.
460 § 64 Abs 2 AVG; § 13 Abs 2 VwGVG; § 22 Abs 2 VwGVG.
461 So etwa § 129b Wr BauO; § 53 K-BO; § 80 Abs 5 GewO.

licher Wirkung eines Bescheides kann also dann gesprochen werden, wenn der Bescheid gegenüber jedem wirkt, der entsprechende Rechte an der betroffenen Sache hat. Es kommt zu einer Erstreckung der Wirkung des Bescheides auf den Rechtsnachfolger.

Beispiel

A errichtet auf seinem Grundstück eine Hütte, ohne dafür die erforderliche Baubewilligung einzuholen. Die Behörde erteilt ihm in der Folge einen baupolizeilichen Auftrag, wonach die Hütte binnen vier Wochen ab Zustellung des Bescheides zu entfernen ist. A kommt dem baupolizeilichen Auftrag mehrere Monate nicht nach. In der Zwischenzeit verkauft A sein Grundstück an B.

Bei einem baupolizeilichen Auftrag handelt es sich um einen Bescheid mit dinglicher Wirkung. Der Erwerber des Grundstückes (B) tritt somit in das laufende Verfahren zur Entfernung des konsenslosen Baues ein. Das bedeutet, dass der baupolizeiliche Auftrag nun gegenüber B rechtlich relevant ist. B ist nun verpflichtet, die konsenslos errichtete Hütte zu entfernen. Die Pflicht, die vorher A getroffen hat, ist infolge des Eigentumswechsels und aufgrund der dinglichen Wirkung des baupolizeilichen Auftrages auf B übergegangen.

5.6. Berichtigung von Bescheiden (§ 62 Abs 4 AVG)

Gemäß § 62 Abs 4 AVG kann die Behörde

- Schreib- und Rechenfehler,
- offenbar auf einem Versehen beruhende Unrichtigkeiten, die Schreib- und Rechenfehlern gleichzuhalten sind, und
- offenbar ausschließlich auf technisch mangelhaftem Betrieb einer automationsunterstützten Datenverarbeitungsanlage beruhende Unrichtigkeiten

in Bescheiden jederzeit von Amts wegen berichtigen. Abgesehen von Schreib- und Rechenfehlern ist ein Bescheid berichtigungsfähig, wenn die Unrichtigkeit auf einem Versehen beruht und offenkundig ist. **Offenkundig** ist die Unrichtigkeit dann, wenn sie für die Parteien des Verfahrens klar erkennbar ist und von der Behörde bei entsprechender Aufmerksamkeit bereits bei der Erlassung des Bescheides hätte vermieden werden können. Es kommt dabei letztlich auf den Inhalt der übrigen Bescheidbestandteile bzw auf den Akteninhalt an.

Keiner Berichtigung zugänglich sind Fehler in der Beweiswürdigung, der rechtlichen Beurteilung oder der Begründung eines Bescheides. Demzufolge kann mit einem Berichtigungsbescheid weder ein Begründungsmangel saniert noch ein Spruchinhalt geändert werden.[462] Ebenfalls keiner Berichtigung zugänglich sind Bescheide, die aus dem Rechtsbestand ausgeschieden sind.[463]

462 VwGH 31.3.2009, 2005/10/0132; 9.9.2010, 2006/20/0446; 21.3.2013, 2077/06/0161; 3.12.2020, Ra 2020/19/0275.

463 VwGH 13.2.1974, 1841/73; 20.11.1990, 90/18/0155.

Die Berichtigung hat in Form eines Bescheides zu erfolgen. Ein Rechtsanspruch auf die von Amts wegen vorzunehmende Berichtigung eines Bescheides besteht nicht. Es bleibt der Partei des Verwaltungsverfahrens jedoch unbenommen, eine amtswegige Berichtigung nach § 62 Abs 4 AVG anzuregen. Wird dieser Anregung keine Folge gegeben, ist die Partei dadurch in keinem Recht verletzt.[464] Demzufolge ist nach stRsp des VwGH ein Bescheid, in dem eine offenbar auf einem Versehen beruhenden Unrichtigkeit vorliegt, die einer Berichtigung zwar zugänglich ist, aber nicht berichtigt wird, in der von der Unrichtigkeit bereinigten Fassung zu lesen.[465]

Zur Berichtigung eines Bescheides ist die Behörde zuständig, die den zu berichtigenden Bescheid erlassen hat. Nach Ansicht des VwGH ist eine Berichtigung auch nach rechtskräftigem Abschluss des Verfahrens zulässig.[466] Die Behörde muss vor Erlassung des Berichtigungsbescheides den Parteien kein Parteiengehör gewähren.

Der Berichtigungsbescheid wirkt auf den berichtigten Bescheid zum Zeitpunkt seiner Erlassung zurück und bildet mit diesem eine Einheit. Der Berichtigungsbescheid tritt sohin nicht an die Stelle des fehlerhaften Bescheides.[467] Der Berichtigungsbescheid unterliegt demselben Rechtszug wie der von ihm berichtigte Bescheid. Hinsichtlich der Rechtsmittelfrist ist zu unterscheiden: Wird erst durch den Berichtigungsbescheid in subjektive Rechte des Rechtsmittelwerbers eingegriffen, beginnt die Rechtsmittelfrist hinsichtlich des berichtigten Bescheides mit der Zustellung des Berichtigungsbescheides (neu) zu laufen. Stellt der Berichtigungsbescheid lediglich einen klar erkennbaren Schreibfehler richtig, ohne den normativen Inhalt des berichtigten Bescheides in irgendeiner Weise zu ändern, beginnt die Rechtsmittelfrist hinsichtlich des berichtigten Bescheides nicht neu zu laufen.[468]

Gemäß § 17 VwGVG findet die Bestimmung über die Berichtigung von Bescheiden auch auf die Berichtigung von Erkenntnissen und Beschlüssen der VwG Anwendung.

Beispiel

A erstattet bei der Gewerbebehörde eine Anzeige, dass er das Gewerbe der Personenbetreuung an einem weiteren Standort (einer weiteren Betriebsstätte) ausüben möchte. Da dem A infolge schwerwiegender Verstöße gegen die im Zusammenhang mit dem Personenbetreuungsgewerbe zu beachtenden Rechtsvorschriften und Schutzinteressen die Gewerbeberechtigung rechtskräftig entzogen wurde, stellt die Behörde fest, dass die

464 VwGH 19.12.1995, 93/05/0179.

465 VwGH 20.2.2003, 2002/07/0143; 30.6.2011, 2010/07/0091; 18.9.2013, 2011/03/0155; 24.10.2016, Ro 2014/17/0065.

466 VwGH 18.5.2004, 2004/10/0042.

467 VwGH 23.3.2000, 96/15/0120; 28.4.2005, 2005/07/0006; 31.7.2007, 2007/02/0124.

468 VwGH 24.2.2016, Ra 2015/05/0091.

Voraussetzungen dafür nicht vorliegen, und untersagt die Gewerbeausübung in der weiteren Betriebsstätte. Die Gewerbebehörde stützt ihren Untersagungsbescheid auf § 46 GewO 1994 iVm § 45 Abs 5 GewO 1994 (anstelle von richtig § 46 GewO 1994 iVm § 345 Abs 5 GewO 1994). Der Bescheid erwächst in Rechtskraft. Einige Monate später wird der Gewerbebehörde bekannt, dass sie infolge eines offensichtlichen Schreibfehlers im Spruch des Untersagungsbescheides eine nicht existierende Gesetzesstelle, nämlich § 45 Abs 5 GewO 1994, als angewendete Gesetzesstelle angeführt hat. Sowohl aus der Einleitung des Bescheides als auch aus der Bescheidbegründung ergibt sich aber eindeutig, dass nur die Bestimmung des § 345 Abs 5 GewO 1994 gemeint sein kann, weswegen sie einen Berichtigungsbescheid erlässt, wonach der Spruch des Untersagungsbescheides dahingehend richtiggestellt wird, dass die im Spruch zitierte Gesetzesstelle nicht „§ 45 Abs 5 GewO 1994", sondern richtig „§ 345 Abs 5 GewO 1994" zu lauten hat.

Eine solche Berichtigung ist zulässig, weil es sich um einen Schreibfehler handelt bzw eine offenbare auf einem Versehen beruhende Unrichtigkeit.[469]

Beispiel

Mit Bescheid der Behörde wird gegen A die Einleitung eines Disziplinarverfahrens verfügt. In der Begründung des Bescheides werden Vor- und Nachname sowie Geburtsdatum des A mehrfach angeführt, im Spruch des Bescheides hingegen Vor- und Nachname sowie Geburtsdatum des B. Die Behörde erkennt in der Folge diesen Widerspruch und ändert mit Berichtigungsbescheid den Spruch des Bescheides dahingehend ab, dass Vor- und Nachname sowie Geburtsdatum des B durch die Daten des A ersetzt werden.

Eine solche Berichtigung ist unzulässig. Nach Ansicht des VwGH kann – wenn die Identität der Person feststeht – eine unrichtige Namensbezeichnung zwar eine offenbar auf einem Versehen beruhende berichtigungsfähige Unrichtigkeit darstellen. Wird jedoch, wie im gegenständlichen Fall, eine tatsächlich existierende Person (B) gegen eine andere existierende Person (A) ausgetauscht, kann nicht mehr von identen Personen und somit nicht mehr von einer zulässigen Parteienberichtigung gesprochen werden. Vielmehr liegt ein unzulässiges Auswechseln der Parteien vor, das keiner Berichtigung zugänglich ist. Dies auch deswegen, weil durch das Auswechseln der Parteien ein Widerspruch zwischen Spruch und Begründung beseitigt und somit der normative Inhalt des berichtigten Bescheides (durch Austausch des Namens samt Geburtsdatum) verändert wird, was die Befugnis zur Berichtigung gemäß § 62 Abs 4 AVG überschreitet.[470]

469 Vgl VwGH 9.12.1997, 97/04/0156; 20.9.2012, 2012/10/0159.
470 Entnommen VwGH 9.8.2017, Ra 2017/09/0028.

6. Verfahrenskosten

6.1. Allgemeines

Ein Verwaltungsverfahren ist regelmäßig mit Kosten verbunden. Kosten werden grundsätzlich in Kosten der Beteiligten und Kosten der Behörde unterteilt. Im Verwaltungsverfahren gilt der Grundsatz der Selbsttragung der Kosten bzw der amtswegigen Tragung der Kosten. Ausnahmen sind sowohl im AVG als auch in den Verwaltungsvorschriften vorgesehen. Eine Regelung über die Verjährung ist dem AVG fremd.[471]

6.2. Kosten der Beteiligten (§ 74 AVG)

§ 74 AVG regelt die Kosten der Beteiligten. Danach hat jeder Beteiligte die ihm im Verfahren erwachsenen Kosten selbst zu bestreiten. Hinsichtlich der Kosten der Beteiligten gilt sohin der **Grundsatz der Selbsttragung**. Dies unabhängig davon, ob das Verwaltungsverfahren von Amts wegen oder auf Antrag eingeleitet wird.

Inwieweit einem Beteiligten ein Kostenersatzanspruch gegen einen anderen Beteiligten zusteht, bestimmen die Verwaltungsvorschriften.[472] § 123 Abs 2 WRG, § 38 Abs 4 K-StrG und § 44 EisbEG sehen derartige Regelungen vor. Ein Anspruch auf Kostenersatz kann sich immer nur auf ein anhängiges Verfahren beziehen. Kosten, die bereits vor Anhängigkeit eines Verwaltungsverfahrens entstanden sind, sind nicht ersatzfähig.[473]

Kostenersatz wird nur auf **Antrag** gewährt. Besteht ein Kostenersatzanspruch, ist der Antrag bei sonstigem Anspruchsverlust so zeitgerecht zu stellen, dass der Ausspruch über die Kosten in den Bescheid aufgenommen werden kann.[474] Ein gesonderter (Kosten-)Bescheid ist zulässig.[475]

Die Höhe der zu ersetzenden Kosten wird von der Behörde bestimmt. Sie kann auch einen Pauschalbetrag festsetzen.[476] Ist ein Kostenersatz vorgesehen, hat die Behörde zunächst zu prüfen, ob in den Verwaltungsvorschriften Näheres zu den zu ersetzenden Kosten (zB ein Fixbetrag) festgelegt ist. Ist dies nicht der Fall, kann die Behörde einen Pauschalbetrag festsetzen. Dieser hat sich an den tatsächlich erwachsenen Kosten und deren Notwendigkeit zur zweckentsprechenden Rechtsverfolgung zu orientieren.[477]

---

471 VwGH 3.9.1996, 96/04/0067.

472 § 74 Abs 2 erster Satz AVG.

473 VwGH 28.6.1994, 93/05/0264; 21.5.1996, 95/05/0121.

474 § 74 Abs 2 zweiter Satz AVG; VwGH 27.6.2007, 2005/04/0257.

475 VwGH 15.10.1996, 95/05/0272.

476 § 74 Abs 2 dritter Satz AVG.

477 VwGH 11.2.1993, 90/06/0211; *Kolonovits/Muzak/Stöger,* Verwaltungsverfahrensrecht[11] Rz 493.

Neben den Verwaltungsvorschriften kennt auch das AVG **Ausnahmen** vom Grundsatz der Selbsttragung der Kosten:

- **Säumnis des Antragstellers:** Versäumt derjenige, über dessen Antrag das Verfahren eingeleitet wurde, die Verhandlung, so kann sie entweder in seiner Abwesenheit durchgeführt oder **auf seine Kosten** auf einen anderen Termin vertagt werden.[478] Bei Vertagung der mündlichen Verhandlung hat der Antragsteller sowohl die der Behörde erwachsenen Kosten (zB Barauslagen oder Kommissionsgebühren) als auch jene zu tragen, die den am Verfahren beteiligten Personen infolge der Vertagung entstanden sind. Die Entscheidung über die Kosten hat tunlichst schon im Spruch des in der Hauptsache ergehenden Bescheides zu erfolgen, ansonsten in einem gesonderten (Kosten-) Bescheid.[479] Auf die Rechtsfolgen der Kostentragung hat die Behörde in der Anberaumung der mündlichen Verhandlung hinzuweisen.
- **Säumnis oder Weigerung eines Zeugen:** Einem Zeugen, der einer Ladung (§§ 19 und 20) ohne genügende Entschuldigung nicht Folge leistet oder die Aussage ohne Angabe von Gründen verweigert oder auf seiner Weigerung beharrt, obwohl die vorgebrachten Gründe als nicht gerechtfertigt erkannt wurden, kann die Verpflichtung zum Ersatz aller durch seine **Säumnis oder Weigerung verursachten Kosten** auferlegt werden.[480]
- **Säumnis oder Weigerung von Beteiligten:** Einem Beteiligten, der einer Ladung zur Vernehmung ohne genügende Entschuldigung nicht Folge leistet oder die Aussage ohne Angabe von Gründen verweigert oder auf seiner Weigerung ohne Rechtfertigungsgrund beharrt, kann die Verpflichtung zum Ersatz aller durch seine **Säumnis oder Weigerung verursachten Kosten** auferlegt werden.[481]
- **Säumnis oder Weigerung nichtamtlicher Sachverständiger und Dolmetscher (Übersetzer):** Nichtamtliche Sachverständige und Dolmetscher trifft die gleiche Kostenersatzpflicht, wenn sie ohne genügende Entschuldigung säumig sind oder das Gutachten zu Unrecht verweigern.[482]

6.3. Kosten der Behörde (§ 75 bis § 79 AVG)

Die Regelungen über die Kosten der Behörde finden sich in § 75 bis § 79 AVG. Nach dem **Grundsatz der amtswegigen Tragung der Kosten** sind die Kosten für die Tätigkeit der Behörde im Verwaltungsverfahren vom zuständigen Rechtsträger (Bund, Land, Gemeinde) von Amts wegen zu tragen.[483] Ausnahmen von diesem

478 § 42 Abs 4 AVG.
479 § 59 Abs 1 AVG; *Hengstschläger/Leeb*, AVG § 42 Rz 65 (Stand 1.4.2021, rdb.at).
480 § 49 Abs 5 AVG.
481 § 51 AVG.
482 § 52 Abs 4 AVG; *Kolonovits/Muzak/Stöger*, Verwaltungsverfahrensrecht[11] Rz 516.
483 § 75 Abs 1 und Abs 2 AVG.

Grundsatz finden sich in § 75 Abs 3, § 76, § 77 und § 78 AVG. Danach ist es zulässig, Beteiligte zur Tragung folgender Kosten heranzuziehen:

- Stempel- und Rechtsgebühren (§ 75 Abs 3 AVG),
- Barauslagen (§ 76 AVG),
- Kommissionsgebühren (§ 77 AVG),
- Bundesverwaltungsabgaben (§ 78 AVG).

Darüber hinaus hat die Behörde Anspruch auf Ersatz jener Kosten, die ihr durch eine vom Antragsteller versäumte und deswegen auf einen anderen Termin verlegte Verhandlung entstanden sind;[484] weiters auf jene Kosten, die ihr durch unentschuldigte Säumnis oder ungerechtfertigte Aussageverweigerung eines Zeugen, Beteiligten, nichtamtlichen Sachverständigen oder Dolmetschers (Übersetzers) entstanden sind.[485]

Barauslagen, Kommissionsgebühren und Verwaltungsabgaben sind nur insoweit einzuheben, als dadurch der notwendige Unterhalt des Beteiligten und der Personen, für die er nach dem Gesetz zu sorgen hat, nicht gefährdet wird.[486] Als notwendiger Unterhalt ist derjenige Unterhalt anzusehen, den die Partei für sich und ihre Familie, für deren Unterhalt sie zu sorgen hat, zur einfachen Lebensführung benötigt.[487] Stempel- und Rechtsgebühren sind davon nicht erfasst.

6.3.1. Barauslagen (§ 76 AVG)

Erwachsen der Behörde bei einer Amtshandlung Barauslagen, so hat dafür – sofern nach den Verwaltungsvorschriften nicht auch diese Auslagen von Amts wegen zu tragen sind – die Partei aufzukommen, die den **verfahrenseinleitenden Antrag** gestellt hat. Man spricht vom sog Verursacherprinzip. Wurde die Amtshandlung durch das Verschulden eines anderen Beteiligten verursacht, so sind die Auslagen von diesem zu tragen. Bei Verschulden mehrerer Beteiligter sind die Auslagen auf die einzelnen Beteiligten angemessen zu verteilen.[488] Wurde die Amtshandlung von Amts wegen angeordnet, so belasten die Auslagen den Beteiligten dann, wenn sie durch sein Verschulden herbeigeführt wurden. Andernfalls hat die Behörde die Barauslagen von Amts wegen zu tragen.[489]

Unabhängig davon, wer schlussendlich für die Barauslagen tatsächlich aufzukommen hat, sind diese zunächst von der Behörde selbst zu tragen. Die Behörde hat die Barauslagen stets (im Vorhinein) selbst zu bezahlen. Erst mit der Bezahlung sind der Behörde die Barauslagen erwachsen und kann sie diese demjenigen,

484 § 42 Abs 4 AVG.
485 § 39a AVG; § 49 Abs 4 und Abs 5 AVG; § 51 AVG; § 52 Abs 4 AVG.
486 § 79 AVG.
487 VwGH 15.12.1995, 95/21/0011.
488 § 76 Abs 1, Abs 2 erster Satz und Abs 3 AVG.
489 § 76 Abs 2 zweiter Satz AVG.

der dafür aufzukommen hat, vorschreiben. Es wäre jedenfalls rechtswidrig, die Partei zur direkten Begleichung der Barauslagen (zB Sachverständigengebühren) zu verpflichten (siehe Kapitel 6.6.).

Barauslagen sind alle notwendigen Aufwendungen (Kosten), die der Behörde aus Anlass einer konkreten Amtshandlung bzw eines konkreten Verwaltungsverfahrens entstehen und die über den allgemeinen Aufwand der Behörde (zB Personalkosten, Büromaterialkosten) hinausgehen.

Zu den Barauslagen zählen insbesondere:

- Gebühren für nichtamtliche Sachverständige,
- Gebühren für nichtamtliche Dolmetscher,
- Kosten für Verlautbarungen und Drucklegungen.[490]

Nicht zu den Barauslagen zählen Gebühren, die einem Gehörlosendolmetscher zustehen. Diese sind gemäß § 76 Abs 5 AVG von jenem Rechtsträger zu tragen, in dessen Namen die Behörde in der Angelegenheit gehandelt hat. Ebenso sind die Kosten, die der Behörde aus ihrer Verpflichtung nach § 17a AVG erwachsen, von Amts wegen zu tragen. Dabei handelt es sich um jene Kosten, die der Behörde durch die Verlesung von Akteninhalten oder Aktenbestandteilen gegenüber Blinden oder hochgradig sehbehinderten Beteiligten entstehen. Wird der Akteninhalt in sonst geeigneter Weise zur Kenntnis gebracht, sind auch diese Kosten umfasst. Gleiches gilt für Amtssachverständigenkosten; diese sind mit Ausnahme der Kommissionsgebühren von Amts wegen zu tragen.

Ist eine Amtshandlung nicht ohne größere Barauslagen durchführbar, so kann die Partei, die den verfahrenseinleitenden Antrag gestellt hat, zum **Erlag eines entsprechenden Vorschusses** verhalten werden.[491] Der Auftrag zum Erlag eines Kostenvorschusses erfolgt durch verfahrensrechtlichen Bescheid, der gesondert anfechtbar ist.

6.3.2. Kommissionsgebühren (§ 77 AVG)

Kommissionsgebühren sind Kosten, die der Behörde für Amtshandlungen außerhalb des Amtes erwachsen. Dazu zählen zB Reisegebühren für eine mündliche Verhandlung an Ort und Stelle oder einen Lokalaugenschein. Hinsichtlich der Verpflichtung zur Entrichtung dieser Gebühren ist § 76 AVG sinngemäß anzuwenden. Der Erlag eines Kostenvorschusses ist zulässig.[492]

Kommissionsgebühren können entweder in **Pauschalbeträgen** (Tarifen) festgesetzt oder als Barauslagen nach § 76 AVG aufgerechnet werden. Wurden Pauschalbeträge festgesetzt, so sind diese nach der für die Amtshandlung aufgewen-

490 Vgl aber § 44g AVG.
491 § 76 Abs 4 AVG.
492 § 77 Abs 6 iVm § 76 Abs 4 AVG.

deten Zeit, nach der Entfernung des Ortes der Amtshandlung vom Amt oder nach der Zahl der notwendigen Amtsorgane festzusetzen.[493] Die Festsetzung erfolgt durch Verordnung der Bundesregierung, für Behörden der Länder oder Gemeinden durch Verordnung der Landesregierung.

So wurde(n) auf Bundesebene die Bundes-KommissionsgebührenV (BKommGebV) und auf Landesebene Landeskommissionsgebühren- sowie Gemeindekommissionsgebührenverordnungen erlassen. Die BKommGebV sieht vor, dass für ein Amtsorgan des Bundesministeriums für eine außerhalb des Amtes vorgenommene Amtshandlung je angefangener halben Stunde ein Pauschalbetrag in Höhe von € 13,80 zu entrichten ist. Nach der LandeskommissionsgebührenV für Kärnten ist für Amtshandlungen des Amtes der Landesregierung und einer Bezirkshauptmannschaft für jede angefangene halbe Stunde und jedes teilnehmende Amtsorgan ein Pauschalbetrag in Höhe von € 15,30, nach der Kärntner GemeindekommissionsgebührenV für jede angefangene halbe Stunde und für jedes teilnehmende Amtsorgan und jeden teilnehmenden Amtssachverständigen ein Pauschalbetrag in Höhe von € 15 einzuheben.[494] Nur für den Fall, dass es keine Verordnung über die Festsetzung der Pauschalbeträge (Tarife) gibt, sind die Kommissionsgebühren als Barauslagen nach § 76 AVG aufzurechnen.

Die Kommissionsgebühren sind von der Behörde, die die Amtshandlung vorgenommen hat, einzuheben und fließen der Gebietskörperschaft zu, die den Aufwand dieser Behörde zu tragen hat.[495]

Entsenden andere am Verfahren beteiligte Verwaltungsbehörden Amtsorgane, so sind von der die Amtshandlung führenden Behörde Kommissionsgebühren nach den für die entsendeten Organe geltenden Tarife als Barauslagen einzuheben und dem Rechtsträger, dem die entsendeten Verwaltungsorgane angehören, zu übermitteln.[496]

6.3.3. Bundesverwaltungsabgaben (§ 78 AVG)

Den Parteien können in den Angelegenheiten der Bundesverwaltung (mittelbare oder unmittelbare Bundesverwaltung, übertragener Wirkungsbereich der Gemeinde in Bundesangelegenheiten) für die **Verleihung von Berechtigungen** oder sonstige wesentlich in ihrem **Privatinteresse liegende Amtshandlungen** der Behörden Bundesverwaltungsabgaben auferlegt werden. Bei Verweigerung der Verleihung einer Berechtigung ist keine Verwaltungsabgabe einzuheben.[497]

---

493 § 77 Abs 2 und Abs 3 AVG.

494 Verordnung der Kärntner Landesregierung vom 16. Dezember 1994 über die Kommissionsgebühren bei Amtshandlungen der Behörden des Landes (Landeskommissionsgebührenverordnung 1994); Verordnung der Kärntner Landesregierung über die Festsetzung von Kommissionsgebühren für die außerhalb des Amtes vorgenommenen Amtshandlungen der Gemeindebehörden (Gemeindekommissionsgebührenverordnung 2019).

495 § 77 Abs 4 AVG.

496 § 77 Abs 5 AVG.

497 *Hengstschläger/Leeb*, AVG § 78 Rz 8 (Stand 1.4.2009, rdb.at) mwN.

Die Bundesverwaltungsabgaben sind zu entrichten, sofern eine Abgabenbefreiung nicht ausdrücklich durch Gesetz festgesetzt ist. Eine solche Befreiung findet sich zB in § 70 AsylG, § 21 Abs 2 BPGG, § 44 Abs 1 KBGG und § 45a ApoG. Auch das AVG legt derartige Befreiungen fest. Gemäß § 78a AVG sind von den Bundesverwaltungsabgaben befreit: die Erteilung von Rechtsbelehrungen (§ 13a AVG), die Erstellung von Kopien oder Ausdrucken von Akten oder Aktenbestandteilen, die Bestimmung der Gebühren der Zeugen, Beteiligten, nichtamtlichen Sachverständigen und nichtamtlichen Dolmetscher sowie Amtshandlungen, die durch Katastrophenschäden (insbesondere Hochwasser-, Erdrutsch-, Vermurung- und Lawinenschäden) veranlasst worden sind. Weiters befreit sind die im Verwaltungsverfahren als Partei auftretenden Rechtsträger, wenn sie zur Vollziehung der Gesetze berufen sind, sofern die Amtshandlung eine unmittelbare Voraussetzung der dem Rechtsträger obliegenden Vollziehung der Gesetze bildet. Die Gebietskörperschaften unterliegen ferner der Verpflichtung zur Entrichtung einer Bundesverwaltungsabgabe nicht, wenn diese der als Partei einschreitenden Gebietskörperschaft zuflösse.[498]

Für das Ausmaß (Höhe) der Bundesverwaltungsabgaben sind, abgesehen von den durch Gesetz besonders geregelten Fällen, die durch Verordnung der Bundesregierung zu erlassenden Tarife maßgebend. Finden sich in den Verwaltungsgesetzen keine besonderen Tarifregeln, ist für die Höhe der Bundesverwaltungsabgaben die **BVwAbgV** heranzuziehen.[499] Nach deren § 4 ist für das Ausmaß der Verwaltungsabgaben der angeschlossene und einen Bestandteil dieser Verordnung bildende Tarif maßgebend, der sich in einen allgemeinen und einen besonderen Teil gliedert. Der allgemeine sowie der besondere Teil bestehen wiederum aus einzelnen Tarifposten. Der allgemeine Teil kommt nur subsidiär zur Anwendung, wenn die Amtshandlung nicht unter eine Tarifpost des besonderen Teiles fällt.

Gemäß § 78 Abs 4 AVG sind die Bundesverwaltungsabgaben von der in der Sache zuständigen Behörde sowohl einzuheben als auch vorzuschreiben. Ergeht im Zusammenhang mit der Verleihung einer Berechtigung oder mit einer sonstigen Amtshandlung, für die eine Verwaltungsabgabe zu entrichten ist, ein Bescheid nach § 56 oder § 57 AVG, so ist die Vorschreibung der Verwaltungsabgabe in dessen Spruch aufzunehmen. Dies gilt auch für Bescheide der Berufungsbehörden, wenn der Anlass für die Entrichtung der Verwaltungsabgabe erst durch ihren Bescheid gegeben wird. Liegt kein solcher Fall vor, so ist die Verwaltungsabgabe, wenn sie nicht ohne weiteres entrichtet wird, durch einen gesonderten Bescheid nach § 57 AVG vorzuschreiben.[500]

Bundesverwaltungsabgaben fließen der Gebietskörperschaft zu, die den Aufwand der Behörde zu tragen hat.[501] Die Bundesverwaltungsabgaben sind durch Barzah-

498 § 78 Abs 1 AVG.
499 Bundesverwaltungsabgabenverordnung 1983.
500 § 3 Abs 1 BVwAbgV.
501 § 78 Abs 4 AVG.

lung, durch Einzahlung mit Erlagschein, mittels Bankomat- oder Kreditkarte oder durch andere bargeldlose elektronische Zahlungsformen zu entrichten. Die Behörde hat die Höhe der entrichteten Verwaltungsabgaben im bezughabenden Verwaltungsakt in nachprüfbarer Weise festzuhalten.[502]

Die Pflicht zur Entrichtung der Verwaltungsabgabe tritt in dem Zeitpunkt ein, in dem die Berechtigung rechtskräftig verliehen ist oder die Amtshandlung vorgenommen wird. Besteht eine Verwaltungsabgabenschuld nicht oder ist sie nachträglich weggefallen, sind die entrichteten Beträge zu erstatten.[503]

Das Ausmaß der Verwaltungsabgaben in den Angelegenheiten der Landes- und Gemeindeverwaltung richtet sich nach den aufgrund des Finanz-Verfassungsgesetzes und des Finanzausgleichsgesetzes bestehenden landesgesetzlichen Vorschriften der einzelnen Bundesländer.[504]

Beispiel Bundesverwaltungsabgaben

Für die Genehmigung der Änderung einer genehmigten gewerblichen Betriebsanlage (§ 81 Abs 1 GewO) bei Verwendung von Motoren mit mehr als 50 Kilowatt ist gemäß TP 149 a) Besonderer Teil BVwAbgV eine Bundesverwaltungsabgabe von € 130 einzuheben.

Für eine wasserrechtliche Bewilligung einer Staubeckenanlage (§ 9 WRG) ist gemäß TP 125 Besonderer Teil BVwAbgV eine Bundesverwaltungsabgabe in Höhe von € 218 einzuheben.

Beispiel Landesverwaltungsabgaben

Gemäß TP VII 1. Krnt LandesverwaltungsabgabenV 2019 ist für eine baupolizeiliche Bewilligung, wenn hierfür eine Bezirksverwaltungsbehörde in erster Instanz zuständig ist, für die Errichtung eines Gebäudes für je 10 m^2 jedes Geschosses eine Landesverwaltungsabgabe in Höhe von € 7 einzuheben.

Gemäß TP XII 2a Krnt LandesverwaltungsabgabenV 2019 ist für eine naturschutzrechtliche Bewilligung zur Anlage eines Materiallagerplatzes in der freien Landschaft eine Landesverwaltungsabgabe in Höhe von € 155 einzuheben.

Beispiel Gemeindeverwaltungsabgaben

Gemäß TP 1a) bb) Besonderer Teil Krnt GemeindeverwaltungsabgabenV ist für eine baupolizeiliche Bewilligung zur Errichtung sonstiger baulicher Anlagen (§ 6 lit b K-BO) eine Gemeindeverwaltungsabgabe in Höhe von € 33,40 einzuheben.

Gemäß TP 18 Besonderer Teil Krnt GemeindeverwaltungsabgabenV 2019 ist für eine Befreiung von der Kanalanschlusspflicht nach § 5 Abs 3 Krnt GemeindekanalisationsG eine Gemeindeverwaltungsabgabe in Höhe von € 86,80 einzuheben.

502 § 6 BVwAbgV.

503 § 2 BVwAbgV.

504 Für Kärnten etwa die LandesverwaltungsabgabenV 2019 und die GemeindeverwaltungsabgabenV 2019; für Burgenland etwa die Landes-VerwaltungsabgabenV 2012; für NÖ etwa die Landes-VerwaltungsabgabenV 2001 und die Gemeinde-VerwaltungsabgabenV 1973; für OÖ etwa die LandesverwaltungsabgabenV 2011 und die GemeindeverwaltungsabgabenV 2012; für Salzburg etwa die Verwaltungs- und KommissionsgebührenV 2018; für Stmk etwa die Landes-VerwaltungsabgabenV 2016; für Tirol etwa die Landes-VerwaltungsabgabenV 2007 und die Gemeinde-VerwaltungsabgabenV 2007; für Vorarlberg etwa die VerwaltungsabgabenV; für Wien etwa die Verwaltungs- und KommissionsgebührenV.

6.4. Stempel- und Rechtsgebühren

Nach § 75 Abs 3 AVG bleiben die gesetzlichen Bestimmungen über die Stempel- und Rechtsgebühren des Bundes unberührt. Die gesetzlichen Bestimmungen über die Stempel- und Rechtsgebühren des Bundes finden sich im Gebührengesetz 1957. Demzufolge unterliegen Schriften und Amtshandlungen der Gebührenpflicht.[505] Unter Schriften sind die in den Tarifbestimmungen (§ 14 GebG) angeführten Eingaben und Beilagen, amtlichen Ausfertigungen, Protokolle (Niederschriften), Rechnungen und Zeugnisse etc zu verstehen.[506]

Werden in einer Eingabe mehrere Ansuchen gestellt, so ist für jedes Ansuchen die Eingabegebühr zu entrichten. Werden in einer amtlichen Ausfertigung mehrere Bewilligungen (Berechtigungen, Bescheinigungen) erteilt, so ist für jede die Stempelgebühr zu entrichten.[507]

Zur Entrichtung der Stempelgebühren ist bei Eingaben, deren Beilagen und Protokollen derjenige, in dessen Interesse die Eingabe eingebracht oder das Protokoll verfasst wird, bei amtlichen Ausfertigungen und Zeugnissen derjenige, für den oder in dessen Interesse diese ausgestellt werden, und bei Amtshandlungen derjenige, in dessen Interesse die Amtshandlung erfolgt, verpflichtet. Trifft die Verpflichtung zwei oder mehrere Personen bzw allfällige Vertreter, so sind sie zur ungeteilten Hand zahlungspflichtig.[508]

Von der Zahlungspflicht befreit sind zB der Bund, die von ihm betriebenen Unternehmungen, die übrigen Gebietskörperschaften im Rahmen ihres öffentlich-rechtlichen Wirkungskreises sowie öffentlich-rechtliche Körperschaften.[509]

Die Gebühren sind entweder feste Gebühren oder Hundertsatzgebühren. Die festen Gebühren sind durch Barzahlung, durch Einzahlung mit Erlagschein, mittels Bankomat- oder Kreditkarte oder durch andere bargeldlose elektronische Zahlungsformen zu entrichten. Die Behörde hat die Höhe der entrichteten oder zu entrichtenden Gebühr im bezughabenden Verwaltungsakt in nachprüfbarer Weise festzuhalten. Die Hundertsatzgebühren sind grundsätzlich mit Bescheid festzusetzen.[510]

Oft sehen die Tarifbestimmungen die Entrichtung fester Gebühren für je einen Bogen vor. Darunter ist ein Papier zu verstehen, dessen Seitengröße das Ausmaß von zweimal 210 mm × 297 mm nach einer oder nach beiden Richtungen nicht überschreitet. Für dieses Ausmaß überschreitende Papierblätter sind die festen Stempelgebühren im zweifachen Betrag zu entrichten. Bei inhaltlich fortlaufen-

505 § 1 GebG 1957.
506 § 10 GebG.
507 § 12 GebG.
508 § 13 Abs 1, Abs 2 und Abs 3 GebG.
509 Vgl näher § 2 GebG.
510 § 3 Abs 1 und Abs 3 GebG.

dem Text bleiben unbeschriebene Seiten bei der Berechnung der Anzahl der Bogen außer Ansatz. Wird weniger Papier als ein Bogen verwendet, ist dennoch der volle Betrag zu entrichten.[511] Bei Schriften mit einer vom ersten Bogen festen Gebühr (§ 14 Tarifpost 2 und Tarifpost 7 Abs 1 Z 4 und Z 5) unterliegen der zweite und jeder weitere Bogen einer Gebühr von € 13.[512]

Für das Verwaltungsverfahren sind folgende Tarifposten von Bedeutung (§ 14 GebG):

TP 4:	Auszüge aus Amtsschriften	je Bogen	€ 3,90,
TP 5:	Beilagen, die einer gebührenpflichtigen Eingabe beigelegt werden	je Bogen	€ 3,90,
TP 6:	Eingaben von Privatpersonen, die die Privatinteressen betreffen		€ 14,30,
TP 7:	Protokolle (Niederschriften)		€ 14,30.

Die Gebührenschuld entsteht:

- bei Ansuchen um Erteilung oder Neuausstellung eines Aufenthaltstitels sowie bei den in Tarifpost 10 Abs 1 Z 1 bis Z 9 angeführten Schriften in Patent-, Gebrauchsmuster-, Marken- und Musterangelegenheiten mit Überreichung, bei den übrigen Eingaben sowie bei Beilagen und Protokollen gemäß Tarifpost 7 Abs 1 Z 1 und 2 in dem Zeitpunkt, in dem die das Verfahren in einer Instanz schriftlich ergehende abschließende Erledigung über die in der Eingabe enthaltenen Anbringen zugestellt wird,
- bei amtlichen Ausfertigungen mit deren Hinausgabe (Aushändigung, Übersendung),
- bei Amtshandlungen mit deren Beginn,
- bei Protokollen gemäß Tarifpost 7 Abs 1 Z 4 bis Z 6 im Zeitpunkt der Unterzeichnung,
- bei Zeugnissen im Zeitpunkt der Unterzeichnung oder der Hinausgabe; bei den im Ausland ausgestellten Zeugnissen, sobald von ihnen im Inland ein amtlicher Gebrauch gemacht wird,
- bei Unterschriftsbeglaubigungen im Zeitpunkt der Unterzeichnung durch die Urkundsperson; bei Unterschriftsbeglaubigungen durch vergleichbare ausländische Urkundspersonen, sobald von der Beglaubigung im Inland ein amtlicher Gebrauch gemacht wird.

Automationsunterstützt oder in jeder anderen technisch möglichen Weise eingebrachte Eingaben und Beilagen sowie auf die Weise ergehende Erledigungen, amtliche Ausfertigungen, Protokolle und Zeugnisse stehen schriftlichen Eingaben und Beilagen, Erledigungen, amtlichen Ausfertigungen, Protokollen und

511 § 5 Abs 2 und Abs 3 GebG.
512 § 6 GebG.

Zeugnissen gleich. Für Eingaben und Beilagen, die auf elektronischem Weg unter Inanspruchnahme der Funktion Bürgerkarte (§§ 4 ff E-GovG) eingebracht werden, ermäßigen sich die in den Tarifposten 5 Abs 1 und 6 Abs 1 und 2 angeführten Beträge.[513]

Mit der Vollziehung des GebG sind die Finanzbehörden des Bundes und nicht die zur Durchführung des betreffenden Verwaltungsverfahrens nach dem AVG berufenen Behörden betraut. Wird eine feste Gebühr nicht vorschriftsmäßig entrichtet, hat die Behörde das Finanzamt Österreich über die Nichtentrichtung zu informieren. Das Finanzamt hat als Folge der Nichtentrichtung einen Bescheid zu erlassen und eine Gebührenerhöhung im Ausmaß von 50 % der verkürzten Gebühr festzusetzen.[514] Gegen diesen Bescheid kann Bescheidbeschwerde an das Bundesfinanzgericht erhoben werden.[515]

6.5. Kostenersatz im Maßnahmenbeschwerdeverfahren

Anders als die ZPO kennt das AVG keinen Parteienstreit zwischen Partei und Behörde und damit keine obsiegende oder unterliegende Partei. Eine Ausnahme findet sich in § 35 VwGVG. Im Verfahren über Beschwerden wegen Ausübung unmittelbarer verwaltungsbehördlicher Befehls- und Zwangsgewalt hat die **obsiegende Partei Anspruch auf Ersatz ihrer Aufwendungen** durch die unterlegene Partei. Obsiegende Partei ist der Beschwerdeführer, wenn die angefochtene Ausübung unmittelbarer verwaltungsbehördlicher Befehls- und Zwangsgewalt für rechtswidrig erklärt wird. Wird die Maßnahmenbeschwerde zurück- oder abgewiesen oder vom Beschwerdeführer zurückgezogen, ist die belangte Behörde obsiegende Partei (siehe Kapitel 8.4.3.9.).

6.6. Kosten nichtamtlicher Sachverständiger

Wird die Aufnahme eines Beweises durch Sachverständige notwendig, so sind grundsätzlich die der Behörde beigegebenen oder zur Verfügung stehenden Amtssachverständigen heranzuziehen. In Ausnahmefällen kann die Behörde aber andere geeignete Personen als nichtamtliche Sachverständige heranziehen.[516] Für die dadurch entstehenden Kosten (Barauslagen) hat gemäß § 76 Abs 1 AVG, sofern nach den Verwaltungsvorschriften nicht auch diese von Amts wegen zu tragen sind, im Allgemeinen die Partei aufzukommen, die den **verfahrenseinleitenden Antrag** gestellt hat. Als Barauslagen gelten auch die Gebühren, die den nichtamtlichen Sachverständigen zustehen.

513 § 11 GebG.
514 § 38 iVm § 9 Abs 1 GebG.
515 § 1 BFGG.
516 § 52 Abs 1, 2 und 3 AVG.

Wurde jedoch die Amtshandlung durch das **Verschulden eines anderen Beteiligten** verursacht, so sind die Auslagen von diesem zu tragen. Bei Verschulden mehrerer Beteiligter sind die Auslagen auf die einzelnen Beteiligten angemessen zu verteilen. Wurde die Amtshandlung von Amts wegen angeordnet, so belasten die Auslagen den Beteiligten dann, wenn sie durch sein Verschulden herbeigeführt wurden. Andernfalls hat die Behörde die Barauslagen von Amts wegen zu tragen. Ist eine Amtshandlung nicht ohne größere Barauslagen durchführbar, so kann die Partei, die den verfahrenseinleitenden Antrag gestellt hat, zum **Erlag eines entsprechenden Vorschusses** verhalten werden.[517]

Wurde im Verwaltungsverfahren ein nichtamtlicher Sachverständiger bestellt, so hat dieser für seine Tätigkeit Anspruch auf Gebühren, die durch Verordnung der Bundesregierung in Pauschalbeträgen (nach Tarifen) festzusetzen sind. Da eine solche Verordnung bis dato nicht erlassen wurde, ist subsidiär auf die §§ 24 bis 37, 43 bis 49 und 51 des GebührenanspruchsG (GebAG) zurückzugreifen.

Danach richtet sich der **Anspruch** auf Sachverständigengebühr nach dem erteilten behördlichen Auftrag. Hat der Sachverständige Zweifel über den Umfang und Inhalt des behördlichen Auftrages, so hat er die Weisung der Behörde einzuholen. Ist der bekanntgegebene Zweck der Untersuchung erreicht, so hat der Sachverständige für darüber hinaus erbrachte Leistungen keinen Gebührenanspruch. Ebenfalls keinen darüber hinausgehenden Gebührenanspruch hat der Sachverständige, wenn er seiner **Warnpflicht** nicht ordnungsgemäß nachgekommen ist.[518] Werden zu einer Amtshandlung mehrere Sachverständige zugezogen, so hat jeder von ihnen grundsätzlich Anspruch auf die volle Gebühr.

Ist die Tätigkeit des Sachverständigen aus seinem Verschulden unvollendet geblieben, so hat er keinen, sonst nur einen Anspruch auf die seiner unvollendeten Tätigkeit entsprechende Gebühr. Hat der Sachverständige aus seinem Verschulden seine Tätigkeit nicht innerhalb der vom Gericht festgelegten Frist erbracht oder sein Gutachten so mangelhaft abgefasst, dass es nur deshalb einer Erörterung bedarf, so ist die Gebühr für Mühewaltung um ein Viertel zu mindern.[519] Dem Sachverständigen ist auf Antrag ein angemessener Vorschuss zu gewähren.[520]

Der **Umfang** der Sachverständigengebühr ist in § 24 GebAG geregelt. Danach umfasst die Sachverständigengebühr die notwendigen Kosten, die dem Sachverständigen durch die Reise an den Ort der Befund- oder Beweisaufnahme, durch den Aufenthalt an diesem Ort und durch die Rückreise verursacht werden; ferner die Kosten für die Beiziehung von Hilfskräften und die durch seine Tätigkeit im Verwaltungsverfahren verursachten sonstigen notwendigen Kosten; weiters eine

517 § 76 Abs 2, 3 und 4 AVG.
518 § 25 Abs 1a GebAG; VwGH 27.11.2020, Ro 2020/03/0020.
519 § 25 GebAG.
520 § 26 GebAG.

Entschädigung für Zeitversäumnis, eine Gebühr für die Mühewaltung einschließlich einer Gebühr für die Teilnahme an einer Verhandlung sowie einer Gebühr für das Aktenstudium.

Der nichtamtliche Sachverständige hat seine Gebühr **binnen 14 Tagen nach Abschluss seiner Tätigkeit** (idR Übermittlung des schriftlichen Gutachtens) bei sonstigem Verlust unter Aufgliederung der einzelnen Gebührenbestandteile bei der Behörde, die ihn herangezogen hat, geltend zu machen.[521] Enthält die Gebührennote des Sachverständigen keine **Aufgliederung** der einzelnen Gebührenbestandteile, stellt dies einen verbesserungsfähigen Mangel dar. Holt der Sachverständige innerhalb der im Verbesserungsauftrag gesetzten Frist die Aufgliederung nicht nach, führt dies zum Verlust seines Gebührenanspruches.[522] In diesem Fall darf die Behörde die Sachverständigengebühr der Partei nicht (mehr) vorschreiben, selbst dann nicht, wenn die Behörde die Gebühr bescheidmäßig bestimmt und bezahlt hat.[523]

Neben der Aufgliederung der einzelnen Gebührenbestandteile hat der Sachverständige die Umstände, die für die Gebührenbestimmung bedeutsam sind, zu bescheinigen, also glaubhaft zu machen.[524] Unterlässt er diese **Bescheinigung**, stellt dies einen verbesserungsfähigen Mangel dar. In diesem Fall hat die Behörde den Sachverständigen aufzufordern, sich über die Umstände, die für die Gebührenberechnung bedeutsam sind, zu äußern und, unter Setzung einer bestimmten Frist, noch fehlende Bestätigungen vorzulegen. Damit soll dem Recht des Sachverständigen auf Parteiengehör entsprochen werden.[525] Auf seine Ansprüche und die allfällige Notwendigkeit der Bescheinigung ist der nichtamtliche Sachverständige schon in der Ladung aufmerksam zu machen.[526]

Wurde die Gebührennote vom Sachverständigen fristgerecht und gesetzeskonform gelegt, hat die Behörde die Gebühr mit Bescheid zu bestimmen (**Gebührenbestimmungsbescheid**). Die Gebührenbeträge sind auf volle 10 Cent aufzurunden.[527] Die Gebühr ist dem nichtamtlichen Sachverständigen kostenfrei zu zahlen.[528] Ein Bescheid, mit dem die Kosten eines nichtamtlichen Sachverständigen festgesetzt werden, betrifft allein das Verhältnis zwischen Behörde und Sachverständigem. Es steht daher nur ihm ein Rechtsmittel zu. Der Partei, die im Allgemeinen gemäß § 76 Abs 1 AVG für Barauslagen aufzukommen hat, kommt im Verfahren betreffend die Festsetzung der Sachverständigengebühren keine Parteistellung und somit auch kein Berufungs- bzw Beschwerderecht zu. Sie kann ihre Rechte erst im Verfahren

521 § 53a Abs 1 AVG iVm § 38 Abs 1 GebAG; VwGH 18.3.2004, 2002/03/0165.
522 VwGH 24.4.2003, 2003/07/0027.
523 VwGH 4.4.2003, 2002/06/0190.
524 § 38 Abs 2 GebAG.
525 *Hengstschläger/Leeb*, AVG § 53a Rz 11 und 14 (Stand 1.7.2005, rdb.at).
526 § 38 Abs 3 GebAG.
527 § 53a Abs 2 AVG.
528 § 53a Abs 3 AVG.

betreffend die Vorschreibung von Barauslagen (Sachverständigengebühren) gemäß § 76 AVG geltend machen.[529]

Die Überwälzung der von der Behörde mit Bescheid bestimmten und bezahlten Sachverständigengebühr auf die Partei ist nur dann zulässig, wenn der Beweis durch Sachverständige iSd § 52 Abs 1 AVG notwendig war und die in § 52 Abs 2 oder Abs 3 AVG normierten Bedingungen für die Heranziehung eines nichtamtlichen Sachverständigen erfüllt sind. Das bedeutet: Die Kostentragung durch eine Partei setzt voraus, dass entweder kein geeigneter Amtssachverständiger zur Verfügung stand oder die Heranziehung des nichtamtlichen Sachverständigen aufgrund der Besonderheit des Falles geboten war (§ 52 Abs 2 AVG) oder der Antragsteller die Heranziehung eines nichtamtlichen Sachverständigen unter Angabe eines bestimmten Betrages, der voraussichtlich nicht überschritten wird, angeregt hat und dadurch eine wesentliche Verfahrensbeschleunigung zu erwarten war (§ 52 Abs 3 AVG). Überdies muss der nichtamtliche Sachverständige seine Gebühren iSd GebAG rechtzeitig und rechtsrichtig geltend gemacht[530] und die Behörde die Gebühr bescheidmäßig festgesetzt und bezahlt haben. Erst mit der bescheidmäßigen Festsetzung und Bezahlung ist die Gebühr der Behörde iSd § 76 Abs 1 erster Satz AVG erwachsen und zur Barauslage iSd § 76 Abs 1 zweiter Satz AVG geworden.[531]

Liegen all diese Voraussetzungen vor, können die Sachverständigengebühren der Partei, die den verfahrenseinleitenden Antrag gestellt hat, mit Bescheid vorgeschrieben werden (**Kostenbescheid**). Vor Erlassung des Kostenbescheides ist der Partei Gelegenheit zu geben, sich zur Angemessenheit der Gebührennote des Sachverständigen und zu einem allfälligen Erlöschen des Gebührenanspruches zu äußern.[532] Der Gebührenbestimmungsbescheid hat für die Partei des Verwaltungsverfahrens keine Bindungswirkung, er ist aber zwingende Voraussetzung für die Vorschreibung von Barauslagen im Kostenbescheid. Genau aus diesem Grund kann die Partei, die gemäß § 76 AVG für die Barauslagen aufzukommen hat, im Verfahren betreffend die Vorschreibung der Barauslagen deren Richtigkeit und Rechtmäßigkeit monieren. Sie hat ein Recht darauf, dass ihr Kosten (Sachverständigengebühren), die von der Behörde bescheidmäßig festgesetzt und bezahlt wurden, nur dann auferlegt werden, wenn diese dem Sachverständigen auch zustehen.[533]

Die Reihenfolge (Geltendmachung der Gebühren durch den nichtamtlichen Sachverständigen, Gebührenbestimmungsbescheid und Kostenbescheid) ist strikt einzuhalten. Es ist unzulässig, die Partei zur direkten Begleichung der Sachverständi-

529 VwGH 28.1.2016, 2013/07/0134.
530 VwGH 31.7.2012, 2010/05/0053.
531 VwGH 9.7.2020, Ra 2018/11/0082.
532 VwGH 26.2.1998, 97/07/0204.
533 *Hengstschläger/Leeb*, AVG § 53a Rz 16 (Stand 1.7.2005, rdb.at).

gengebühr zu verpflichten. Wird sie dennoch angeleitet, den Betrag an Barauslagen unmittelbar an den Sachverständigen zu bezahlen, so ist sie zum Ersatz nicht verpflichtet. Eine Vorschreibung von Sachverständigengebühren, die der Behörde (noch) nicht erwachsen sind, ist jedenfalls rechtswidrig.[534]

Eine Ausnahme besteht im UVP-Verfahren: Dort ist die Beiziehung von nichtamtlichen Sachverständigen auch ohne das Vorliegen der Voraussetzungen des § 52 Abs 2 und 3 AVG zulässig. Es können auch fachlich einschlägige Anstalten, Institute oder Unternehmen als Sachverständige bestellt werden. Kosten, die der Behörde bei der Durchführung der Verfahren nach dem UVP-G erwachsen, wie Gebühren oder Honorare für Sachverständige, sind vom Projektwerber zu tragen. Die Behörde kann dem Projektwerber durch Bescheid auftragen, diese Kosten nach Prüfung der sachlichen und rechnerischen Richtigkeit durch die Behörde **direkt zu bezahlen.**[535] Im Bescheid ist die Höhe der Gebühr festzusetzen und zu begründen (Vereinigung von Gebühren- und Kostenbescheid). Der Gebühren- und Kostbescheid ist sowohl dem Projektwerber als auch dem nichtamtlichen Sachverständigen zuzustellen. Beide können dagegen Rechtsmittel erheben.[536]

Beispiel

Sachverhalt

In einem auf Antrag einer Partei eingeleiteten Verwaltungsverfahren wird ein nichtamtlicher Sachverständiger korrekterweise herangezogen und mit der Erstellung von Befund und Gutachten beauftragt. Der Sachverständige übermittelt sein Gutachten am 17.3.2021 der Behörde, welche dieses am 22.3.2021 den Parteien im Rahmen des Parteiengehörs zur Kenntnis bringt. Die beantragte Bewilligung wird mit Bescheid vom 22.4.2021 erteilt. Der Sachverständige legt am 3.5.2021 eine Gebührennote, woraufhin die Behörde in der Folge zunächst einen Gebührenbestimmungs- und anschließend einen Kostenbescheid erlässt. Auch die Kosten werden von der Behörde vorschriftsgemäß an den Sachverständigen bezahlt.

Ergebnis

Der Gebührenanspruch des Sachverständigen ist erloschen, zumal er seine Gebühr nicht binnen 14 Tagen ab Übermittlung des Gutachtens an die Behörde geltend gemacht hat. Hat der Sachverständige keinen Anspruch mehr, ist auch die Vorschreibung seiner Gebühren an die antragstellende Partei unzulässig. Eine Verpflichtung zur Zahlung besteht nicht.

Beispiel

Sachverhalt

In einem auf Antrag einer Partei eingeleiteten Verwaltungsverfahren wird ein nicht amtlicher Sachverständiger korrekterweise herangezogen und mit der Erstellung von Befund und Gutachten beauftragt. Nach Übermittlung seines Gutachtens legt er frist-

534 VwGH 21.10.1987, 87/03/0175; 19.6.1990, 89/07/0175; 26.2.1998, 97/07/0204; 8.6.2005, 2002/03/0076; 24.3.2015, 2012/03/0076.

535 § 3b UVP-G.

536 *Wagner-Reitinger/Bayer/Dworak*, Gebühren nichtamtlicher Sachverständiger im Verwaltungsverfahren, ÖJZ 2017/63, 450.

gerecht und gesetzeskonform eine Gebührennote. Die Behörde übermittelt die Gebührennote an die antragstellende Partei mit dem Ersuchen, die Kosten des nichtamtlichen Sachverständigen binnen 14 Tagen mittels beiliegenden Erlagscheines direkt auf dessen Konto zu bezahlen.

Ergebnis

Die Vorgehensweise der Behörde ist unzulässig, da sie weder einen Gebührenbestimmungsbescheid noch einen Kostenbescheid erlassen hat. Ein Ersatz der Barauslagen durch die antragstellende Partei setzt voraus, dass die Barauslagen der Behörde erwachsen sind, was nur dann der Fall ist, wenn sie nach bescheidmäßiger Festsetzung (Gebührenbestimmung) auch tatsächlich bezahlt wurden. Eine solche Situation liegt nicht vor. Auch Kostenbescheid wurde keiner erlassen. Eine Verpflichtung zur Zahlung besteht nicht.

7. Rechtsschutz innerhalb der Verwaltung

7.1. Vorstellung gegen Mandatsbescheide

7.1.1. Allgemeines

Die Vorstellung ist das ordentliche Rechtsmittel gegen Mandatsbescheide gemäß § 57 Abs 1 AVG (siehe Kapitel 5.3.2.). Es handelt sich um ein remonstratives Rechtsmittel, dh, dieselbe Behörde, die den Bescheid erlassen hat, muss auch über die Vorstellung entscheiden.

7.1.2. Frist, Form und Einbringungsstelle

Die Frist für die Erhebung der Vorstellung beträgt **zwei Wochen**. Sie beginnt mit der Erlassung des Mandatsbescheides zu laufen und ist dann gewahrt, wenn das Rechtsmittel am letzten Tag der Frist einem Zustelldienst übergeben wurde und an die richtige Behörde adressiert ist (siehe Kapitel 3.).

Die Vorstellung ist **schriftlich** bei der Behörde, die den Mandatsbescheid erlassen hat, einzubringen. Diese hat auch das weitere Verfahren zu führen. Die Vorstellung muss nicht begründet werden. Es genügt, wenn der bekämpfte Mandatsbescheid bezeichnet wird. Fehlt diese Bezeichnung, hat die Behörde einen Verbesserungsauftrag gemäß § 13 Abs 3 AVG zu erteilen.

7.1.3. Verfahren über die Vorstellung

Sofern die Vorstellung nicht zurückzuweisen oder unzulässig ist, hat die Behörde, die den Mandatsbescheid erlassen hat, binnen **zwei Wochen** nach Einlangen der Vorstellung das Ermittlungsverfahren einzuleiten und in der Sache neuerlich zu entscheiden.[537] Unterlässt sie die fristgerechte Einleitung, tritt der angefochtene Mandatsbescheid ex lege außer Kraft. In diesem Fall besteht keine Pflicht zur neuerlichen Sachentscheidung.[538] Das Außerkrafttreten des Bescheides ist der Partei auf deren Verlangen schriftlich zu bestätigen.[539]

Leitet die Behörde das Ermittlungsverfahren aufgrund einer fristgerechten und zulässigen Vorstellung rechtzeitig ein, tritt der Mandatsbescheid nicht außer Kraft, sondern bildet den Prozessgegenstand des Vorstellungsverfahrens. Die Behörde hat im Rahmen des durchzuführenden Ermittlungsverfahrens den maßgebenden Sachverhalt festzustellen und unter Wahrung von Parteiengehör eine neuerliche Entscheidung zu erlassen. Diese neue Entscheidung (der Vollstel-

537 VwGH 19.12.2012, 2012/06/0108.
538 VwSlg 13128 A/1990.
539 § 57 Abs 3 AVG.

lungsbescheid) ersetzt sodann den Mandatsbescheid.[540] Die Behörde kann die Vorstellung entweder abweisen und den Mandatsbescheid bestätigen oder den Mandatsbescheid aufheben oder abändern.

Gegen den Vorstellungsbescheid kann entweder das Rechtsmittel der Berufung oder Bescheidbeschwerde erhoben werden.

7.1.4. Wirkungen der Vorstellung

Einer rechtzeitigen und zulässigen Vorstellung kommt nur dann **aufschiebende Wirkung** zu, wenn sie gegen die Vorschreibung einer **Geldleistung** gerichtet ist, dh, wenn mit dem Mandatsbescheid eine Geldleistung vorgeschrieben wurde.[541] Diesfalls kann die vorgeschriebene Geldleistung erst nach Eintritt der Rechtskraft des Bescheides einbringlich gemacht (vollstreckt) werden. Rechtskräftig wird der Bescheid dann, wenn die Frist für die Erhebung der Vorstellung ungenützt verstrichen ist oder die Vorstellung nicht fristgerecht erhoben wurde. Ein Ausschluss der aufschiebenden Wirkung ist nicht möglich.[542]

Einer Vorstellung gegen Mandatsbescheide, mit denen unaufschiebbare Maßnahmen wegen **Gefahr im Verzug** vorgeschrieben wurden, kommt **keine aufschiebende Wirkung** zu. Sie sind daher – unabhängig von der Erhebung einer Vorstellung – sofort vollstreckbar.[543]

7.2. Berufung im eigenen Wirkungsbereich der Gemeinde

7.2.1. Allgemeines

Mit der Verwaltungsgerichtsbarkeits-Novelle 2012 wurden die administrativen Instanzenzüge innerhalb der Verwaltung im Wesentlichen abgeschafft. Seither können Bescheide einer Verwaltungsbehörde grundsätzlich nur mehr mit Beschwerde an das zuständige VwG bekämpft werden. Einzige Ausnahme stellt der eigene Wirkungsbereich der Gemeinde dar: Der zweistufige innergemeindliche Instanzenzug soll grundsätzlich bestehen, kann aber gesetzlich ausgeschlossen werden.[544] Von diesem Ausschlussrecht hat zB das Bundesland Tirol Gebrauch gemacht. In der Steiermark wurde der innergemeindliche Instanzenzug bei Bauverfahren abgeschafft.

In jenen Bundesländern, in denen der zweistufige innergemeindliche Instanzenzug beibehalten wurde, können Bescheide, die in Angelegenheiten des eigenen Wirkungsbereiches ergangenen sind, grundsätzlich mit Berufung bekämpft werden.

---

540 VwSlg 10881 A/1982.
541 § 57 Abs 2 AVG.
542 *Walter/Thienel*, Verwaltungsverfahrensgesetze[17] (2008) § 57 AVG Rz 7.
543 VwGH 23.10.2001, 2001/11/0306.
544 Art 118 Abs 4 B-VG.

7.2.2. Die Berufung

Die Berufung ist das ordentliche Rechtsmittel gegen Bescheide, die im eigenen Wirkungsbereich der Gemeinde ergangen sind. Voraussetzung für eine Berufung ist ein Bescheid. Gegen Verfahrensordnungen (siehe Kapitel 5.5.2.1.) ist eine abgesonderte Berufung nicht zulässig. Verfahrensanordnungen können erst in der Berufung gegen den die Sache erledigenden Bescheid angefochten werden.[545] Ferner ist eine Berufung gegen Mandatsbescheide (siehe Kapitel 5.3.2.) unzulässig. Mandatsbescheide können mit dem Rechtsmittel der Vorstellung bekämpft werden (siehe Kapitel 7.1.).[546]

Im AVG finden sich weder Regelungen über den Instanzenzug in Angelegenheiten des eigenen Wirkungsbereiches der Gemeinde noch Regelungen darüber, ob gegen einen in Angelegenheiten des eigenen Wirkungsbereiches der Gemeinde ergangenen Bescheid das Rechtsmittel der Berufung zulässig ist. Das AVG selbst bestimmt nur, dass gegen die Bewilligung oder die Verfügung der Wiederaufnahme und gegen die Bewilligung der Wiedereinsetzung keine Berufung zulässig ist.[547] In erster Linie bestimmen die Verwaltungsvorschriften (Materiengesetze), welche Behörde im Instanzenzug in Angelegenheiten des eigenen Wirkungsbereiches der Gemeinde zuständig ist. Subsidiär regeln die jeweiligen Gemeindeordnungen und Stadtstatuten den Instanzenzug.[548] So sieht das Bgld BauG vor, dass Baubehörde erster Instanz der Bürgermeister bzw in Städten mit eigenem Statut der Magistrat, Baubehörde zweiter Instanz der Gemeinderat bzw der Stadtsenat ist.[549] Ergänzend dazu bestimmt § 83 Abs 1 Bgld GemO, dass der Instanzenzug gegen Bescheide des Bürgermeisters in Angelegenheiten des eigenen Wirkungsbereiches, soweit gesetzlich nicht anderes bestimmt ist, an den Gemeinderat geht. Die Wortfolge „soweit gesetzlich nicht anderes bestimmt ist“ bringt die Subsidiarität der Bgld GemO zum Ausdruck.

7.2.2.1. Frist

Die Frist für die Einbringung der Berufung beträgt **zwei Wochen**. Sie beginnt für jede Partei individuell mit der Erlassung des Bescheides an sie zu laufen. Wurde der Bescheid dem Berufungswerber zugestellt, beginnt die Frist mit dem Tag der **Zustellung** zu laufen, im Fall bloß mündlicher Verkündung des Bescheides mit dem Tag der **Verkündigung**.[550] Eine Berufung ist nicht mehr zulässig, wenn die Partei nach der Zustellung oder Verkündung des Bescheides ausdrücklich auf die Berufung verzichtet hat.[551]

545 § 63 Abs 2 AVG.
546 § 57 Abs 2 AVG.
547 § 63 Abs 1 AVG.
548 *Fister/Simon*, Allgemeines Verwaltungsverfahrensrecht, in *Bergthaler/Grabenwarter* (Hrsg), Musterhandbuch Öffentliches Recht (2014) Rz 49.
549 § 30 Abs 1 Bgld BauG.
550 § 63 Abs 5 AVG.
551 § 63 Abs 4 AVG.

Im Mehrparteienverfahren gilt Folgendes: Ist der Bescheid bereits einer Partei zugestellt oder verkündet worden, kann die Berufung auch von einer anderen Partei, an die der Bescheid noch nicht ergangen ist, erhoben werden, wenn sie Kenntnis vom Bescheidinhalt erlangt hat.[552]

Nach Wochen, Monaten oder Jahren bestimmte Fristen enden mit dem Ablauf desjenigen Tages der letzten Woche oder des Monates, der durch seine Benennung oder Zahl dem Tag entspricht, an dem die Frist begonnen hat.[553] Abgestellt wird auf das fristenauslösende Ereignis – die Zustellung bzw Verkündung. Die Tage von der Übergabe an einen Zustelldienst zur Übermittlung an die Behörde bis zum Einlangen bei dieser (Tage des Postlaufes) werden in die Frist nicht eingerechnet.[554] Es gilt das sog Postaufgabeprivileg. Eine Berufung gilt sohin als rechtzeitig eingebracht, wenn sie am letzten Tag der Frist an einen Zustelldienst übergeben wird und an die Behörde erster Instanz adressiert ist (siehe Kapitel 3.). Wird die Berufung innerhalb der zweiwöchigen Frist (versehentlich) bei der Berufungsbehörde eingebracht, so gilt sie dennoch als richtig und rechtzeitig eingebracht. In diesem Fall hat die Berufungsbehörde die bei ihr eingebrachte Berufung unverzüglich an die Behörde erster Instanz weiterzuleiten.[555] Wird die Berufung hingegen bei einer anderen (unzuständigen) Behörde eingebracht, gilt § 6 Abs 1 AVG: Die Berufung ist entweder ohne unnötigen Aufschub auf Gefahr des Berufungswerbers an die zuständige Behörde weiterzuleiten oder der Berufungswerbers ist an diese zu verweisen. In beiden Fällen trägt der Berufungswerber das Risiko der Fristversäumnis. Die Frist ist nur dann gewahrt, wenn die Berufung entweder vor Fristablauf bei der zuständigen Behörde einlangt oder von der unzuständigen Behörde spätestens am letzten Tag der Frist zur Weiterleitung an die zuständige Behörde einem Zustelldienst übergeben wird.

Beispiel

Ein Baubescheid wird dem Bauwerber am Mittwoch, dem 6.10.2021, zugestellt. Er ist mit der Entscheidung nicht einverstanden und möchte Berufung erheben. Die zweiwöchige Berufungsfrist endet am Mittwoch, dem 20.10.2021. Spätestens an diesem Tag muss die Berufung einem Zustelldienst übergeben werden.

Besondere Vorsicht ist geboten, wenn die Berufung per E-Mail oder Fax eingebracht wird. Gemäß § 13 Abs 5 AVG ist die Behörde nur während der Amtsstunden verpflichtet, schriftliche Anbringen entgegenzunehmen oder Empfangsgeräte empfangsbereit zu halten. Die Amtsstunden sind im Internet und an der Amtstafel bekanntzumachen. Nur die Einbringung während den Amtsstunden ist fristwahrend, sofern die Behörde nicht anderes kundgemacht hat.

552 VwGH 28.4.2011, 2009/07/0023.
553 § 32 Abs 2 AVG.
554 § 33 Abs 3 AVG.
555 § 63 Abs 5 letzter Satz AVG.

Beispiel

Ein Baubescheid wird dem Bauwerber am Freitag, dem 8.10.2021, zugestellt. Die zweiwöchige Berufungsfrist endet am Freitag, dem 22.10.2021. Da der Berufungswerber nicht mehr zur Post kommt, bringt er die Berufung am letzten Tag der Frist per Fax ein. Die Behörde hat im Internet und an der Amtstafel kundgemacht, dass für Anbringen per Fax oder E-Mail, die außerhalb der Amtsstunden (08:00 bis 15:00) übermittelt werden, keine Bereitschaft zur Entgegennahme besteht und solche Anbringen erst mit Wiederbeginn der Amtsstunden als eingebracht und eingelangt gelten; das gilt auch für Rechtsmittel. Der Berufungswerber faxt die Berufung um 16:30 Uhr – also außerhalb der Amtsstunden. Die Berufung ist verspätet.

7.2.2.2. Form und Einbringungsstelle

Die Berufung ist **schriftlich** bei der Behörde, die den Bescheid in erster Instanz erlassen hat, einzubringen. Wird die Berufung innerhalb der zweiwöchigen Frist (versehentlich) bei der Berufungsbehörde eingebracht, gilt dies auch als rechtzeitige Einbringung. Die Berufungsbehörde hat in diesem Fall die bei ihr eingebrachte Berufung unverzüglich an die **Behörde erster Instanz** weiterzuleiten.[556]

7.2.2.3. Kein Anwaltszwang

Im verwaltungsbehördlichen Verfahren herrscht **kein Anwaltszwang**.

7.2.2.4. Inhalt der Berufung

Die Berufung hat folgenden Inhalt aufzuweisen:

- die Bezeichnung des angefochtenen Bescheides (Berufungserklärung) und
- einen begründeten Berufungsantrag.[557]

Aus der **Berufungserklärung** muss klar und eindeutig hervorgehen, welche Entscheidung der Behörde mit der Berufung bekämpft wird. Zu diesem Zweck sind die bescheiderlassende Behörde, die Rechtssache, die Geschäftszahl und das Bescheiddatum anzugeben.[558]

Der **Berufungsantrag** muss erkennen lassen, was der Berufungswerber anstrebt, dh, ob der angefochtene Bescheid ersatzlos zu beseitigen oder in bestimmter Weise abzuändern ist.[559]

Das Gesetz verlangt aber nicht nur einen Berufungsantrag, sondern auch dessen Begründung. In der **Berufungsbegründung** sind die Gründe darzulegen, aus welchen sich der Berufungswerber beschwert erachtet, dh, aus welchen Gründen der angefochtene Bescheid bekämpft wird. Solche sind insbesondere die inhaltliche Rechtswidrigkeit, die unrichtige Beweiswürdigung, Verfahrensfehler oder

556 § 63 Abs 5 iVm § 13 Abs 2 AVG.
557 § 63 Abs 3 AVG.
558 VwGH 5.11.2014, 2012/10/0252.
559 VwGH 29.3.1995, 92/05/0227.

zweckwidriges Ermessen. Da im Berufungsverfahren **kein Neuerungsverbot** besteht, dürfen auch neue Tatsachen und Beweise vorgebracht werden.

Nach Ansicht des VwGH dürfen an das Erfordernis des Berufungsantrages und der Berufungsbegründung keine allzu hohen Anforderungen gestellt werden. Die Berufung muss insgesamt erkennen lassen, was der Berufungswerber anstrebt und womit er seinen Standpunkt vertritt.[560] Das Fehlen einer Berufungserklärung, einer Berufungsbegründung oder eines Berufungsantrages sind sohin einer Verbesserung zugänglich und führen grundsätzlich nicht zur sofortigen Zurückweisung.[561] Vielmehr hat die Behörde von Amts wegen deren Behebung zu veranlassen und dem Berufungswerber unter Setzung einer angemessenen Frist einen Verbesserungsauftrag gemäß § 13 Abs 3 AVG zu erteilen. Im Verbesserungsauftrag ist darauf hinzuweisen, dass bei fruchtlosem Ablauf dieser Frist die Berufung zurückgewiesen wird. Wird der Mangel rechtzeitig behoben, gilt die Berufung als ursprünglich richtig eingebracht.

7.2.2.5. Wirkung der Berufung (§ 64 AVG)

Gemäß § 64 Abs 1 AVG hat eine rechtzeitig eingebrachte und zulässige Berufung ex lege **aufschiebende Wirkung**.[562] Die aufschiebende Wirkung hat zur Folge, dass der angefochtene Bescheid nicht vollstreckt werden kann.

Die Behörde kann die aufschiebende Wirkung jedoch mit Bescheid ausschließen, wenn nach Abwägung der berührten öffentlichen Interessen und Interessen anderer Parteien der vorzeitige Vollzug des angefochtenen Bescheides oder die Ausübung der durch den angefochtenen Bescheid eingeräumten Berechtigung wegen Gefahr im Verzug dringend geboten ist. Zuständig zur Entscheidung über den Ausschluss der aufschiebenden Wirkung ist die Behörde, die den angefochtenen Bescheid erlässt bzw erlassen hat. Ein solcher Ausspruch ist tunlichst schon in den über die Hauptsache ergehenden Bescheid aufzunehmen. Treten die Voraussetzungen für den Ausschluss der aufschiebenden Wirkung aber erst später (also während des Berufungsverfahrens) ein, hat die Behörde die aufschiebende Wirkung mit gesondertem verfahrensrechtlichem Bescheid auszuschließen. Der spätere Ausschluss der aufschiebenden Wirkung ist bis zur Erlassung des Berufungsbescheides zulässig.[563]

7.2.2.6. Berufungsvorentscheidung durch die Behörde erster Instanz (§ 64a AVG)

Mit der Berufungsvorentscheidung wird der Behörde, die den Bescheid (in erster Instanz) erlassen hat, die Möglichkeit eingeräumt, über die Berufung zunächst

560 VwGH 29.3.1995, 92/05/0227.
561 VwGH 8.10.2014, 2013/10/0262; 22.3.2001, 2000/07/0261.
562 § 63 Abs 4 AVG.
563 § 64 Abs 2 AVG; *Hengstschläger/Leeb*, AVG § 64 Rz 34 (Stand 1.7.2007, rdb.at).

selbst mittels **Berufungsvorentscheidung** zu entscheiden. Damit erhält sie eine „zweite Chance“ zur allfälligen Verbesserung ihrer Entscheidung. Gemäß § 64a Abs 1 AVG kann die Behörde die Berufung binnen **zwei Monaten** nach Einlangen bei der Behörde erster Instanz durch Berufungsvorentscheidung erledigen. Sie kann die Berufung nach Vornahme allfälliger notwendiger Ergänzungen des Ermittlungsverfahrens als unzulässig oder verspätet zurückweisen, den Bescheid aufheben oder in jede Richtung ändern. Eine gänzliche Abweisung der Berufung und sohin vollinhaltliche Bestätigung der eigenen Entscheidung ist unzulässig. Ob die Behörde von der Möglichkeit der Berufungsvorentscheidung Gebrauch macht, liegt ausschließlich in ihrem Ermessen. Eine Pflicht dazu besteht nicht. Dementsprechend haben die Parteien auch keinen Rechtsanspruch darauf.

Will die Behörde von der Erlassung einer Berufungsvorentscheidung absehen, hat sie der Berufungsbehörde die Berufung unter Anschluss der Akten des Verwaltungsverfahrens unverzüglich vorzulegen. Will die Behörde hingegen eine Berufungsvorentscheidung erlassen, stehen ihr dafür (nur) **zwei Monate** ab dem Einlangen der Berufung bei der Behörde erster Instanz zur Verfügung.

Grundsätzlich trifft die Behörde keine Pflicht, die Parteien vom Einlangen einer Berufung (sog Berufungsmitteilung) zu verständigen. Nur wenn in der Berufung neue Tatsachen oder Beweise vorgebracht werden, die der Behörde erheblich erscheinen, hat sie den etwaigen Berufungsgegnern Mitteilung zu machen und ihnen Gelegenheit zu geben, binnen angemessener, zwei Wochen nicht übersteigender Frist vom Inhalt der Berufung Kenntnis zu nehmen und sich dazu zu äußern.[564] Wurden keine erheblichen neuen Tatsachen oder Beweise vorgebracht, aber Ergänzungen des Ermittlungsverfahrens notwendig, ist den Parteien ebenfalls Gelegenheit zu geben, vom Ergebnis der Ermittlungsergänzungen Kenntnis und dazu Stellung zu nehmen.[565]

Die Berufungsvorentscheidung stellt eine (neue) Sachentscheidung dar, die – sofern nicht eine Zurückweisung erfolgt – **zur Gänze** an die Stelle des angefochtenen Bescheides tritt. Da sie mit schriftlichem Bescheid zu erlassen ist, hat sie alle erforderlichen Bescheidmerkmale aufzuweisen (siehe Kapitel 5.5.2.2.). Eine bloß mündliche Verkündung wäre unzulässig. Um rechtzeitig zu sein, muss die Berufungsvorentscheidung innerhalb der Zweimonatsfrist erlassen, dh zugestellt werden. Die Zustellung hat allen Parteien gegenüber, dh auch jenen, die keine Berufung erhoben haben, zu erfolgen.[566] Im **Mehrparteienverfahren** genügt für die Rechtzeitigkeit der Berufungsvorentscheidung, dass diese innerhalb der Frist zumindest einer Partei gegenüber ordnungsgemäß erlassen (dh zugestellt) wurde.

564 § 65 AVG.
565 Vgl § 37 AVG iVm § 45 Abs 3 AVG.
566 *Kolonovits/Muzak/Stöger*, Verwaltungsverfahrensrecht[11] Rz 550 f.

Mit Ablauf der zweimonatigen Frist für die Berufungsvorentscheidung geht die Zuständigkeit zur Entscheidung über die Berufung ex lege auf die Berufungsbehörde über. Erlässt die Behörde dennoch eine Berufungsvorentscheidung, belastet sie diese infolge Unzuständigkeit mit Rechtswidrigkeit. Sie ist aber gültig und wirksam. Sofern die Berufungsvorentscheidung nicht mit Vorlageantrag bekämpft wird, erwächst sie in Rechtskraft, erledigt damit die Berufung(en) und schafft res iudicata. Das bedeutet, dass trotz Zuständigkeitsübergang die verspätete Berufungsvorentscheidung einer Entscheidung durch die zuständige Berufungsbehörde entgegensteht. Die Berufungsbehörde kann in diesem Fall nur dann über die Berufung entscheiden, wenn gegen die Berufungsvorentscheidung ein fristgerechter Vorlageantrag erhoben wird. Entscheidet die Berufungsbehörde ohne Vorlageantrag, belastet sie den Berufungsbescheid ebenfalls mit Rechtswidrigkeit. Der Berufungsbescheid wäre aber gültig und wirksam und würde, sofern er nicht bekämpft wird, die Berufungsvorentscheidung verdrängen.[567] Berufungsvorentscheidungen und Berufungen, die von einer unzuständigen Behörde erlassen wurden, können gemäß § 68 Abs 4 Z 1 AVG von der sachlich in Betracht kommenden Oberbehörde als nichtig erklärt werden (siehe Kapitel 7.4.4.).

7.2.2.7. Vorlageantrag

Hat die Behörde eine Berufungsvorentscheidung erlassen, kann dagegen das Rechtsmittel des Vorlageantrages erhoben werden. **Jede Partei** (nicht nur der Berufungswerber) kann binnen **zwei Wochen** nach Zustellung der Berufungsvorentscheidung bei der Behörde, die die Berufungsvorentscheidung erlassen hat, den **schriftlichen Antrag** stellen, dass die Berufung der Berufungsbehörde zur Entscheidung vorgelegt wird (Vorlageantrag). Eine Begründung ist nicht erforderlich. Mit dem Einlangen des rechtzeitigen und zulässigen Vorlageantrages tritt die Berufungsvorentscheidung außer Kraft. E contrario tritt daher der angefochtene Bescheid wieder in Kraft. Das bedeutet, dass das Verfahren in das Stadium vor Erlassung der Berufungsvorentscheidung zurücktritt. Demzufolge entscheidet die Berufungsbehörde ausschließlich über die ursprünglich eingebrachte Berufung. Vom Außerkrafttreten der Berufungsvorentscheidung hat die Behörde die Parteien zu verständigen.[568]

Zulässige Vorlageanträge sind der Berufungsbehörde unter Anschluss der Berufung und der Akten des Verwaltungsverfahrens vorzulegen. Verspätete und unzulässige Vorlageanträge sind von der Behörde, die die Berufungsvorentscheidung erlassen hat, bescheidmäßig zurückzuweisen. Gegen den Zurückweisungsbescheid kann wiederum Berufung erhoben werden.

567 VwGH 4.11.1996, 96/10/0109; *Hengstschläger/Leeb*, AVG § 64a Rz 20 f (Stand 1.7.2007, rdb.at); *Hengstschläger*, Verwaltungsverfahrensrecht[4] Rz 507.

568 § 64a Abs 2 und Abs 3 AVG; VwGH 27.2.2013, 2011/05/0101.

7.2.2.8. Verfahren vor der Berufungsbehörde

Das Verfahren vor der Berufungsbehörde beginnt mit der Vorlage der Berufung. Gemäß § 73 Abs 1 AVG ist die Berufungsbehörde verpflichtet, über Berufungen ohne unnötigen Aufschub, idR aber spätestens sechs Monate nach deren Einlangen bei der Behörde erster Instanz einen Berufungsbescheid zu erlassen. Die Entscheidungsfrist für die Berufungsbehörde läuft daher bereits ab dem Einlangen der Berufung bei der Behörde erster Instanz. Dass die Behörde erster Instanz eine Berufungsvorentscheidung erlässt, gegen die in der Folge ein Vorlageantrag erhoben wird, ändert nichts an der der Berufungsbehörde zur Verfügung stehenden Entscheidungsfrist. Das bedeutet, dass mit der Einbringung des Vorlageantrages bei der Behörde, die die Berufungsvorentscheidung erlassen hat, die Entscheidungsfrist für die Berufungsbehörde nicht neuerlich beginnt. Sie ist daher immer verkürzt.[569]

Sofern die Berufung nicht zurückzuweisen, der angefochtene Bescheid zu beheben und die Angelegenheit zur neuerlichen Entscheidung an die Behörde unterer Instanz zurückzuverweisen oder das Verfahren einzustellen ist, hat die Berufungsbehörde in der Sache selbst zu entscheiden.[570]

Eine Zurückweisung erfolgt insbesondere dann, wenn die Berufung verspätet ist, einen Mangel aufweist und dieser trotz Verbesserungsauftrag nicht fristgerecht behoben wurde oder die Berufung unzulässig ist. Unzulässig ist die Berufung etwa dann, wenn gegen den Bescheid gar keine Berufung zulässig ist (zB Mandatsbescheid), die Berufungslegitimation fehlt oder auf die Berufung verzichtet wurde.

Eine **Einstellung** des Berufungsverfahrens kommt in Betracht, wenn die Berufung zurückgezogen wurde.

Hat die Behörde notwendige Sachverhaltsermittlungen unterlassen, die eine Durchführung oder Wiederholung einer mündlichen Verhandlung unvermeidlich machen, kann die Berufungsbehörde mit **Behebung und Zurückverweisung** vorgehen.[571] Für eine solche Vorgehensweise muss die Berufung rechtzeitig und zulässig sein und dürfen Mängel nur in der Sachverhaltsfeststellung – dh im Tatsachenbereich – bestehen. Andere Mängel, zB eine Verletzung des Rechts auf Parteiengehör, berechtigten dazu nicht.[572] Darüber hinaus darf sich der Sachverhaltsmangel nur mit Durchführung oder Wiederholung einer mündlichen Verhandlung beheben lassen.[573] Ungeachtet dessen kann die Berufungsbehörde

569 *Hengstschläger/Leeb*, AVG § 64a Rz 39 (Stand 1.7.2007, rdb.at).
570 § 66 Abs 4 AVG.
571 § 66 Abs 2 AVG.
572 *Hengstschläger/Leeb*, AVG § 66 Rz 11 (Stand 1.7.2007, rdb.at).
573 *Kolonovits/Muzak/Stöger*, Verwaltungsverfahrensrecht[11] Rz 565.

die mündliche Verhandlung und unmittelbare Beweisaufnahme selbst durchführen, wenn hiermit eine Zeit- und Kostenersparnis verbunden ist. Diesbezüglich wird ihr Ermessen eingeräumt. Die Verfahrensparteien haben zwar einen Rechtsanspruch darauf, dass die Berufungsbehörde nur dann von der Ermächtigung zur Zurückverweisung gemäß § 66 Abs 2 AVG Gebrauch macht, wenn auch die gesetzlichen Voraussetzungen dafür vorliegen, es besteht jedoch kein Recht der Partei darauf, dass die Sache an die Unterinstanz zurückverwiesen wird.[574] Durch die unrichtige Anwendung der Ermessensausübung werden die Verfahrensparteien aber in ihrem Recht auf Sachentscheidung durch die Berufungsbehörde verletzt, wodurch der Zurückverweisungsbescheid rechtswidrig wird.[575] Die Durchführung bzw Wiederholung einer mündlichen Verhandlung ist auch in jenen Fällen unvermeidlich (und damit eine Zurückverweisung zulässig), in denen aufgrund einer zulässigen Änderung des verfahrenseinleitenden Antrages gemäß § 13 Abs 8 AVG (siehe Kapitel 2.5.5.) zur Ergänzung bzw Feststellung des nun maßgeblich geänderten Sachverhaltes die gleichzeitige Anwesenheit der Verfahrensparteien in einer mündlichen Verhandlung notwendig erscheint. Insbesondere gilt dies dann, wenn eventuell neue Gutachten einzuholen sind und auch die gleichzeitige Anwesenheit von Sachverständigen und Verfahrensparteien bei der Verhandlung erforderlich ist.[576] Überschreitet die von der Behörde notwendig erachtete Projektänderung die Sache des ursprünglichen Projektes, liegt also eine wesentliche Projektänderung vor, so ist eine Zurückverweisung zum Zweck einer solchen wesentlichen Projektänderung nach § 66 Abs 2 AVG unzulässig.[577]

Die Berufungsbehörde hat im Zurückverweisungsbescheid auszuführen, welche Mängel der Unterbehörde bei der Feststellung des maßgebenden Sachverhaltes im Verfahren unterlaufen sind und warum diese Feststellungen nur im Rahmen einer mündlichen Verhandlung durch die Unterbehörde getroffen werden können.[578] Diese dargelegten tragenden Aufhebungsgründe entfalten für das weitere bei der Unterbehörde zu führende Verfahren insoweit Bindungswirkung, als diese an die Rechtsansicht, welche die Berufungsbehörde ihrer Entscheidung zugrunde gelegt hat, gebunden ist. Eine Bindung besteht freilich nur solange, als keine wesentliche Änderung der Sach- und Rechtslage eintritt.[579] Die Bindungswirkung tritt mit Rechtskraft des Zurückverweisungsbescheides ein. Ab diesem Zeitpunkt haben die Verfahrensparteien ein subjektives Recht darauf, dass die Unterbehörde eine der Rechtsansicht der Berufungsbehörde entsprechende Entscheidung trifft und die ihr erteilten Aufträge zur Sachverhaltsergänzung einhält.[580]

574 VwGH 19.12.2012, 2012/08/0148.
575 VwGH 28.4.2016, 2013/07/0055
576 VwGH 28.7.2016, 2013/07/0137.
577 VwGH 28.4.2005, 2001/07/0007.
578 VwGH 17.10.2006, 2005/20/0459.
579 VwGH 16.11.1995, 93/07/0186.
580 VwGH 4.2.2009, 2006/15/0381.

Liegen keine dieser drei Entscheidungsmöglichkeiten vor (Zurückweisung, Einstellung oder Zurückverweisung zur neuerlichen Entscheidung), hat die Berufungsbehörde **in der Sache selbst** (meritorisch) zu entscheiden und darf den angefochtenen Bescheid in jede Richtung – auch zum Nachteil des Berufungswerbers – abändern;[581] dies auch aus Gründen, die in der Berufung nicht vorgebracht wurden.[582] Der Berufungsbehörde ist es jedoch verwehrt, über mehr abzusprechen, als Gegenstand der unterinstanzlichen Entscheidung war. Sie darf daher zB Bescheidadressaten nicht auswechseln oder hinzufügen. So darf die Berufungsbehörde im Berufungsbescheid den wasserpolizeilichen Auftrag nicht an B oder an A und B erteilen, wenn die Unterbehörde den wasserpolizeilichen Auftrag nur gegenüber A erlassen hat. Gleiches gilt auch, wenn die Unterbehörde nur formell (zB Zurückweisung eines Antrages) entschieden hat. In diesem Fall ist der Berufungsbehörde eine inhaltliche Entscheidung in der Sache verwehrt. Vielmehr darf sie nur darüber absprechen, ob die Zurückweisung rechtmäßig erfolgte oder nicht.[583]

Grundsätzlich bildet der von der Unterbehörde vollständig festgestellte Sachverhalt die Entscheidungsgrundlage für die Berufungsbehörde. Da im Berufungsverfahren **kein Neuerungsverbot** gilt, ist es zulässig, neue Tatsachen und Beweise vorzubringen. Werden in einer Berufung neue Tatsachen oder Beweise vorgebracht, die der Berufungsbehörde erheblich erscheinen, hat sie – wie auch die zur Berufungsvorentscheidung zuständige Behörde – den etwaigen Berufungsgegnern Mitteilung zu machen und ihnen Gelegenheit zu geben, binnen angemessener, zwei Wochen nicht übersteigender Frist vom Inhalt der Berufung Kenntnis zu nehmen und sich dazu zu äußern.[584] Ändert sich der Sachverhalt, hat die Berufungsbehörde den maßgeblichen Sachverhalt festzustellen. Die dafür notwendig erachteten Ergänzungen des Ermittlungsverfahrens – die keine Neudurchführung oder Wiederholung einer mündlichen Verhandlung iSd § 66 Abs 2 AVG erforderlich machen – kann sie entweder selbst vornehmen oder die Unterinstanz damit beauftragen.[585] Den Parteien ist Gelegenheit zu geben, vom Ergebnis der Ermittlungsergänzungen Kenntnis und dazu Stellung zu nehmen.[586] Ist die Sache zur Entscheidung reif, kann sie das Ermittlungsverfahren durch Verfahrensanordnung schließen. Die Schließung des Ermittlungsverfahrens hat zur Folge, dass jener Sachverhalt, der im Zeitpunkt der Schließung vorliegt, die Entscheidungsgrundlage für den Berufungsbescheid bildet.[587]

581 § 66 Abs 4 AVG; VwGH 29.9.2016, 2013/07/0152.
582 VwGH 21.10.2004, 2003/07/0105.
583 *Kolonovits/Muzak/Stöger*, Verwaltungsverfahrensrecht[11] Rz 559; *Hengstschläger/Leeb*, AVG § 66 Rz 63 und Rz 92 (Stand 1.7.2007, rdb.at); VwGH 25.10.1994, 92/07/0098.
584 § 65 AVG.
585 § 66 Abs 1 AVG.
586 Vgl § 37 AVG iVm § 45 Abs 3 AVG.
587 § 39 Abs 3 AVG; VwGH 26.5.2021, Ra 2019/04/0071.

Die meritorische Entscheidung der Berufungsbehörde kann in der ersatzlosen Behebung des angefochtenen Bescheides, der Abweisung der Berufung oder in deren Stattgabe bestehen. Bei der **ersatzlosen Behebung** des angefochtenen Bescheides handelt es sich um eine sog negative Sachentscheidung. Eine solche kommt grundsätzlich nur in Frage, wenn der angefochtene Bescheid nicht hätte ergehen dürfen. Ein derartiger Fall liegt vor, wenn ein antragsbedürftiger Bescheid ohne Antrag erlassen wurde[588] oder ein verfahrenseinleitender Antrag im Stadium des Berufungsverfahrens zurückgezogen wurde.[589]

Eine **Abweisung** der Berufung und somit eine Bestätigung des angefochtenen Bescheides hat zu erfolgen, wenn die Berufungsbehörde die Rechtsansicht der Unterbehörde teilt. Dies kann entweder aus den gleichen Gründen oder aus anderen Gründen der Fall sein. Kommt die Berufungsbehörde zum gleichen rechtlichen Ergebnis wie die Unterbehörde, hat sie einen (im Spruch) gleichlautenden Bescheid zu erlassen. Der Berufungsbescheid tritt an die Stelle des angefochtenen Bescheides.

Eine **Stattgabe** der Berufung und somit eine Änderung bzw Aufhebung des angefochtenen Bescheides hat zu erfolgen, wenn der Bescheid mit Rechtswidrigkeit belastet ist. In diesem Fall erlässt die Berufungsbehörde eine neue Sachentscheidung, die den angefochtenen Bescheid ersetzt. Auch eine teilweise Stattgabe kommt in Betracht.

Die Berufungsbehörde fällt ihre Entscheidungen in Form eines Bescheides. Die Berufungsentscheidung hat daher alle erforderlichen Bescheidmerkmale aufzuweisen (sieh Kapitel 5.5.2.2.) Gemäß § 67 AVG ist der Berufungsbescheid aber auch dann zu begründen, wenn dem Berufungsantrag stattgegeben wird.[590] Der Berufungsbescheid kann im Rechtsmittelweg bekämpft werden.

7.3. Devolutionsantrag

Grundsätzlich kann man sich gegen die Untätigkeit einer Behörde mittels Säumnisbeschwerde an das VwG zur Wehr setzen. Davon ausgenommen sind Angelegenheiten des eigenen Wirkungsbereiches der Gemeinde (zB Baurecht), soweit der innergemeindliche Instanzenzug nicht abgeschafft wurde. In diesen Fällen kann die Verletzung der Entscheidungspflicht mit Devolutionsantrag gemäß § 73 Abs 2 AVG geltend gemacht werden.

Sofern nicht kürzere oder längere Entscheidungsfristen vorgesehen sind, ist die Behörde gemäß § 73 Abs 1 AVG verpflichtet, über Anträge von Parteien ohne unnötigen Aufschub, spätestens aber sechs Monate nach deren Einlangen einen Bescheid

588 VwGH 9.10.2014, 2013/05/0014.
589 VwGH 30.3.2006, 2003/20/0345; 24.11.1998, 98/05/0091.
590 § 67 AVG.

zu erlassen. In verbundenen Verfahren (§ 39 Abs 2b AVG), in denen sich aufgrund der anzuwendenden Rechtsvorschriften unterschiedliche Entscheidungsfristen ergeben, ist die zuletzt ablaufende Entscheidungsfrist maßgeblich. Erlässt die (Gemeinde-)Behörde erster Instanz innerhalb der gesetzlich vorgesehenen Entscheidungsfrist keinen Bescheid, kann jedenfalls der Antragsteller (zB Baubewilligungswerber) wegen Verletzung der Entscheidungspflicht einen Devolutionsantrag gemäß § 73 Abs 2 AVG einbringen. Einem Nachbarn (Anrainer) steht im Gegensatz zum Baubewilligungswerber im Bauverfahren erster Instanz kein Rechtsanspruch auf Erlassung eines (Bau-)Bescheides zu, weswegen er auch keinen Devolutionsantrag einbringen kann.[591] Im Berufungsverfahren hingegen hat ein Nachbar ein Recht auf Entscheidung. Wird über seine Berufung nicht rechtzeitig entschieden, kann er Säumnisbeschwerde an das VwG (siehe Kapitel 8.4.4.) erheben.[592]

Die Frist, die verstreichen muss, um einen Devolutionsantrag einbringen zu können, beginnt mit dem Tag zu laufen, an dem der vollständige Antrag samt allen erforderlichen Beilagen bei der zuständigen Behörde eingelangt ist. Die Entscheidungsfrist endet mit Ablauf desjenigen Tages, der durch seine Zahl dem Tag entspricht, an dem der vollständige Antrag bei der zuständigen Behörde eingelangt ist.

Beispiel

Wurde ein vollständiger Antrag auf Erteilung einer Baubewilligung samt allen erforderlichen Beilagen am 1.4.2021 bei der zuständigen Behörde eingebracht, endet eine Entscheidungsfrist von sechs Monaten mit Ablauf des 1.10.2021. Erlässt die Behörde innerhalb dieses Zeitraumes keinen Bauescheid, kann ab 2.10.2021 ein Devolutionsantrag eingebracht werden.

Der Devolutionsantrag ist **schriftlich** bei der Berufungsbehörde einzubringen. Damit geht die Zuständigkeit zur Entscheidung über den Antrag auf die **Berufungsbehörde** über. Für die Berufungsbehörde beginnt die Entscheidungsfrist mit dem Einlangen des Devolutionsantrages zu laufen.[593]

Der Devolutionsantrag darf erst nach Ablauf der Entscheidungsfrist bei der Post aufgegeben werden, andernfalls ist er verfrüht.[594] Ein vor Ablauf der Entscheidungsfrist eingebrachter Devolutionsantrag ist unzulässig und **zurückzuweisen**. Er bewirkt in der Sache selbst keinen Zuständigkeitsübergang an die Berufungsbehörde.[595] Im Mehrparteienverfahren gilt: Ist der Bescheid zumindest einer Partei innerhalb der Entscheidungsfrist zugestellt worden, kann kein Devolutionsantrag mehr eingebracht werden. Wird dennoch einer eingebracht, ist dieser als unzulässig zurückzuweisen.[596]

591 VwGH 27.2.1996, 95/05/0041.
592 VwGH 28.9.2010, 2009/05/0316.
593 § 73 Abs 3 AVG.
594 VwGH 15.10.1996, 94/05/0327.
595 VwGH 31.1.1995, 93/08/0021.
596 VwGH 16.12.1980, 2264/80.

Wurde der Devolutionsantrag zwar nach Ablauf der Entscheidungsfrist eingebracht, sind aber die Verzögerungen nicht auf ein überwiegendes Verschulden der (Gemeinde-)Behörde erster Instanz zurückzuführen, ist der Devolutionsantrag **abzuweisen**. Mit der rechtskräftigen Abweisung des Devolutionsantrages geht die Zuständigkeit wieder an die (Gemeinde-)Behörde erster Instanz zurück.[597]

Liegt hingegen ein überwiegendes Verschulden der erstinstanzlichen (Gemeinde-)Behörde vor, hat die Berufungsbehörde dem Devolutionsantrag **stattzugeben** und **in der Sache selbst** zu entscheiden. Die Zuständigkeit geht diesfalls auf die Berufungsbehörde über, die sodann anstelle der untätigen (Gemeinde-)Behörde erster Instanz entscheidet.

Die Ab- oder Zurückweisung des Devolutionsantrages durch die Berufungsbehörde kann mit Bescheidbeschwerde an das VwG bekämpft werden (siehe Kapitel 8.4.2.). Eine Bescheidbeschwerde ist auch zulässig, wenn die Berufungsbehörde aufgrund des Devolutionsantrages in der Sache selbst entscheidet. Ist die Berufungsbehörde hingegen mit ihrer meritorischen Entscheidung säumig, kann Säumnisbeschwerde an das VwG erhoben werden (siehe Kapitel 8.4.4.).

7.4. Amtswegige Änderung und Behebung von Bescheiden

7.4.1. Allgemeines

Gemäß § 68 Abs 2 bis 4 AVG können **rechtskräftige Bescheide** unter gewissen Voraussetzungen aufgehoben, abgeändert oder für nichtig erklärt werden. Damit kommt es zu einer Durchbrechung des allgemeinen Grundsatzes der Unabänderlichkeit rechtskräftiger Bescheide. Zur Rechtskraft von Bescheiden siehe Kapitel 5.5.2.4.1. und 5.5.2.4.2.

Auf die Ausübung des der Behörde gemäß § 68 Abs 2 bis 4 AVG zustehenden Abänderungs- und Behebungsrechtes steht niemandem ein Anspruch zu. Die Ausübung des Aufsichtsrechtes kann zwar angeregt, nicht aber erzwungen werden.[598]

Abgesehen von den in § 68 Abs 2 bis 4 AVG vorgesehenen Änderungs- und Aufhebungsmöglichkeiten können auch die Verwaltungsvorschriften (Materiengesetze) derartige Bestimmungen vorsehen. Solche materiellrechtlichen Bestimmungen bleiben von § 68 AVG unberührt. Das bedeutet: Sehen die Materiengesetze derartige Befugnisse vor, können Berechtigungen durch einen anderen als auf § 68 Abs 2 bis 4 AVG gestützten Bescheid zurückgenommen oder eingeschränkt werden.[599] Eine solche Regelung findet sich zB in § 79 GewO.

597 § 73 Abs 2 letzter Satz AVG; VwGH 15.12.1993, 93/03/0216.
598 § 68 Abs 7 AVG; VwGH 15.5.2019, Ra 2018/01/0152.
599 § 68 Abs 6 AVG; *Kolonovits/Muzak/Stöger*, Verwaltungsverfahrensrecht[11] Rz 665.

Sofern die Behörde keinen Anlass sieht, nach § 68 Abs 2 bis 4 AVG vorzugehen, sind Anbringen von Beteiligten, die die Abänderung eines der Berufung nicht oder nicht mehr unterliegenden Bescheides begehren, **wegen entschiedener Sache zurückzuweisen** (res iudicata). Damit wird der Grundsatz ne bis in idem statuiert, wonach über ein- und dieselbe Rechtssache nur einmal rechtskräftig entschieden werden darf. Für eine Zurückweisung muss sohin Identität der Sache, also eine gleichbleibende maßgebliche Sach- und Rechtslage vorliegen. Eine Zurückweisung wegen entschiedener Sache ist unzulässig, wenn mit dem Antrag die Wiederaufnahme eines Verfahrens (§ 69 AVG) oder Wiedereinsetzung in den vorherigen Stand (§ 71 AVG) begehrt wird.[600]

Beispiel

A beantragte bei der dafür zuständigen Baubehörde die baurechtliche Bewilligung für die Errichtung eines Einfamilienhauses. Da die gesetzlichen Voraussetzungen dafür nicht vorlagen, wies die Behörde den Antrag ab. Der Bescheid erwuchs in Rechtskraft. Ein Jahr später bringt A erneut einen Antrag auf baurechtliche Bewilligung für ein- und dasselbe Einfamilienhaus ein. An der Sach- und Rechtslage hat sich in der Zwischenzeit nichts geändert. Infolge Identität der Sache hat die Behörde nach § 68 Abs 1 AVG vorzugehen und den Antrag wegen res iudicata zurückzuweisen.

7.4.2. Abänderung und Behebung gemäß § 68 Abs 2 AVG

Gemäß § 68 Abs 2 AVG können rechtskräftige Bescheide, aus denen niemandem ein Recht erwachsen ist, sowohl von der Behörde, die den Bescheid erlassen hat, als auch in Ausübung des Aufsichtsrechtes von der sachlich in Betracht kommenden Oberbehörde aufgehoben oder abgeändert werden.

Bescheiderlassende Behörde ist jene, die den Bescheid in letzter Instanz erlassen hat.[601] Sachlich in Betracht kommende Oberbehörde ist jedenfalls die Berufungsbehörde und auch jede sonstige Behörde, die durch die Ausübung des Weisungs- oder Aufsichtsrechtes den Inhalt der Entscheidung hätte bestimmen können. Keine Oberbehörden sind Verwaltungsgerichte.[602]

Bescheide, aus denen **niemandem ein Recht erwachsen** ist, sind insbesondere solche, die im Einparteienverfahren ergangen sind und mit denen das Begehren der Partei ab- bzw zurückgewiesen, ihr ein Recht aberkannt oder ihr eine Verpflichtung auferlegt wurde.[603] Es handelt sich also um rein **belastende Bescheide**. Dazu zählen etwa die Erteilung eines bau- oder wasserpolizeilichen Auftrages, die Entziehung einer Gewerbe- bzw Lenkerberechtigung oder Bescheide, mit denen eine Mutwillensstrafe verhängt wurde.

600 § 68 Abs 1 AVG; VwGH 28.6.2017, Ra 2017/07/0085.
601 VwGH 19.2.2014, 2013/22/0308.
602 *Hengstschläger/Leeb*, AVG § 68 Rz 64 und Rz 65 (Stand 1.3.2018, rdb.at).
603 VwGH 26.6.2019, Ra 2019/21/0146.

Nach Ansicht des VwGH können jedoch nicht nur rein belastende Bescheide, also solche, aus denen niemanden ein Recht erwachsen ist, aufgehoben oder abgeändert werden, sondern auch **begünstigende Bescheide**. Entscheidend, ob § 68 Abs 2 AVG angewendet werden kann, ist der Effekt der Aufhebung oder Abänderung: Eine Abänderung, welche die Rechtslage der Partei begünstigt, sie also besser stellt, ist immer zulässig, und zwar unabhängig davon, ob es sich um einen begünstigenden oder um einen belastenden Bescheid handelt. Hingegen sind Abänderungen, die für die Partei nachteilig, also belastend sind, unzulässig und können mit § 68 Abs 2 AVG nicht vorgenommen werden. Daraus folgt, dass im Einparteienverfahren eine Änderung sowohl begünstigender als auch belastender Bescheide **zugunsten** der Partei stets zulässig ist. Bei der Aufhebung muss differenziert werden: Im Einparteienverfahren ergangene, rein belastende Bescheide können **zugunsten** der Partei (soweit die materielle Rechtslage dem nicht entgegensteht) gänzlich behoben werden. Eine (gänzliche) Behebung begünstigender Bescheide ist hingegen unzulässig.[604] Die Abänderung oder Aufhebung eines Bescheides nach § 68 abs 2 AVG wirkt **ex nunc**, dh ab dem Zeitpunkt der Bescheiderlassung.[605]

Begünstigende Bescheide, also Bescheide aus denen der Partei ein Recht erwachsen ist, sind zB Aufenthaltsbewilligungen, die Erteilung einer individuellen Befähigung oder die Zulassung zur Rechtsanwaltsprüfung.

7.4.3. Abänderung gemäß § 68 Abs 3 AVG

Andere als in § 68 Abs 2 AVG genannte rechtskräftige Bescheide kann die Behörde, die den Bescheid in letzter Instanz erlassen hat, oder die sachlich in Betracht kommende Oberbehörde im öffentlichen Interesse insoweit abändern, als dies

- zur Beseitigung von Missständen, die das Leben oder die Gesundheit von Menschen gefährdenden, oder
- zur Abwehr schwerer volkswirtschaftlicher Schädigungen

notwendig und unvermeidlich ist. In diesen zwei Fällen ist – im Gegensatz zu § 68 Abs 2 AVG – auch eine Änderung von Bescheiden **zulasten** der Partei zulässig.

Von einem das Leben und die Gesundheit von Menschen gefährdenden Missstand iSd § 68 Abs 3 AVG kann nicht schon dann gesprochen werden, wenn eine solche Gefahr nach den allgemeinen Erfahrungen nicht ausgeschlossen werden kann, sondern nur dann, wenn eine konkrete Gefährdung nachgewiesen ist.[606] Diese muss in einem mängelfreien Verfahren festgestellt werden.

604 *Hengstschläger/Leeb*, AVG § 68 Rz 81, 85 (Stand 1.3.2018, rdb.at); VwGH 1.7.1998, 98/12/0143.
605 VwGH 29.5.2008, 2008/07/0019.
606 VwSlg 7499/A/1969.

Beispiel

A wurde die baubehördliche Bewilligung für die Errichtung eines Hühnerstalles samt Abluftanlage unter Vorschreibung von Auflagen erteilt. Der Bescheid erwuchs in Rechtskraft. Einige Zeit später erließ die Behörde einen auf § 68 Abs 3 AVG gestützten Bescheid und erteilte A den Auftrag, die Abluftanlage durch Errichtung einer Biofilteranlage in geschlossener Bauweise mit vorgeschalteter Wäsche zu ändern. Die Behörde stützte ihre Entscheidung auf ein umwelthygienisches Sachverständigengutachten, aus dem im Wesentlichen hervorging, dass die gesamte Abluft des Hühnerstalles durch ihren Keimgehalt und den Gehalt an Staub- und Geruchsstoffen als gesundheitsgefährdend (für die umliegende Wohnnachbarschaft) einzustufen sei. Auch im eingeholten humanmedizinischen Gutachten wurde ein dringender Handlungsbedarf attestiert. Ferner hielt der Sachverständige für Luftreinhaltung fest, dass, abgesehen von einer Absiedelung, die Erfassung der Abluft des Hühnerstalles und die Zuführung der gesammelten Abluft in einen Biofilter die einzige Möglichkeit darstelle, die Staub- und Geruchsimmission zu vermeiden.

A bekämpfte diesen Bescheid, jedoch ohne Erfolg. Der VwGH erachtete das Vorgehen der Behörde für zulässig. Es bestehe kein Zweifel daran, dass im Falle der Fortführung des Hühnerzuchtbetriebes ohne Errichtung der aufgetragenen Biofilteranlage weiterhin eine konkrete Gefährdung der Gesundheit von Menschen verursacht wird. Da diese Maßnahme überdies die einzige Möglichkeit zur Vermeidung der Staub- und Geruchsimmission darstellt, ist die Behörde auch mit möglichster Schonung der erworbenen Rechte des A vorgegangen.[607]

Unter schweren volkswirtschaftlichen Schädigungen sind Beeinträchtigungen volkswirtschaftlicher, nicht privatwirtschaftlicher Belange von ernster Bedeutung für die allgemeine Wohlfahrt zu verstehen Es muss sich dabei um eine konkrete Schädigung der Volkswirtschaft handeln, die entweder schon eingetreten, aber noch reversibel oder unmittelbar zu befürchten ist.[608]

Ein Vorgehen nach § 68 Abs 3 AVG soll die absolute Ausnahme darstellen und nur dann erfolgen, wenn es **notwendig** und **unvermeidlich** ist. In allen Fällen hat die Behörde mit möglichster **Schonung der erworbenen Rechte** vorzugehen. Sie darf nur jene noch zum Ziel führenden Maßnahmen treffen, die den geringsten Eingriff in die Rechte der Partei bedeuten.[609] Wird ein Bescheid nach § 68 Abs 3 AVG erlassen, so wirkt dieser **ex nunc.**

7.4.4. Nichtigerklärung gemäß § 68 Abs 4 AVG

Gemäß § 68 Abs 4 AVG können rechtskräftige Bescheide von Amts wegen in Ausübung des Aufsichtsrechtes von der sachlich in Betracht kommenden Oberbehörde als nichtig erklärt werden, wenn der Bescheid

- von einer unzuständigen Behörde oder von einer nicht richtig zusammengesetzten Kollegialbehörde erlassen wurde (Z 1),

607 Entnommen VwGH 13.4.1993, 93/05/0007.
608 VwGH 28.11.2013, 2010/07/0071.
609 VwGH 22.4.2002, 2000/10/0110.

- einen strafgesetzwidrigen Erfolg herbeiführen würde (Z 2),
- tatsächlich undurchführbar ist (Z 3) oder
- an einem durch gesetzliche Vorschrift ausdrücklich mit Nichtigkeit bedrohten Fehler leidet (Z 4).

Die Nichtigkeitsgründe sind taxativ aufgezählt. Eine Nichtigerklärung wegen Unzuständigkeit oder unrichtiger Zusammensetzung einer (Kollegial-)Behörde (Z 1) stellt in der Praxis wohl den Hauptanwendungsfall dar. Sie ist nur innerhalb von drei Jahren ab Erlassung des Bescheides zulässig.[610] Der Nichtigkeitsgrund der Herbeiführung eines strafgesetzwidrigen Erfolges (Z 2) hat in der Praxis wenig Relevanz. Tatsächlich undurchführbar ist ein Bescheid (Z 3), wenn die aufgetragene Maßnahme bereits vor Erlassung des Bescheides gesetzt wurde (zB einstweilige Verfügungen gemäß § 122 WRG)[611] oder ein nicht vorhandenes Gebäude Gegenstand eines Abbruchbescheides ist.[612] Bestimmungen, wann ein Bescheid an einem mit Nichtigkeit bedrohten Fehler leidet (Z 4), finden sich in zahlreichen Materiengesetzen. So sieht zB § 25 K-BO vor, dass Baubewilligungsbescheide mit Nichtigkeit bedroht sind, wenn das Vorhaben mit dem Flächenwidmungsplan nicht in Einklang zu bringen ist. Weiters bestimmt § 70 Abs 3 LFG, dass bei sonstiger drohender Nichtigkeit vor der Erteilung einer Bewilligung für die Errichtung eines Flugfeldes die Stellungnahme des Bundesministers für Landesverteidigung einzuholen ist.

7.5. Wiedereinsetzung in den vorherigen Stand (§ 71 und § 72 AVG)

Gegen die Versäumung einer Frist oder einer mündlichen Verhandlung ist auf Antrag der Partei, die durch die Versäumung einen Rechtsnachteil erleidet, die Wiedereinsetzung in den vorigen Stand zu bewilligen, wenn:

- die **Partei** glaubhaft macht, dass sie durch ein unvorhergesehenes oder unabwendbares Ereignis verhindert war, die Frist einzuhalten oder zur Verhandlung zu erscheinen, und sie kein Verschulden oder nur ein minderer Grad des Versehens trifft, oder
- die **Partei** die Rechtsmittelfrist versäumt hat, weil der Bescheid keine Rechtsmittelbelehrung, keine Rechtsmittelfrist oder fälschlich die Angabe enthält, dass kein Rechtsmittel zulässig sei.

Die Wiedereinsetzung in den vorigen Stand setzt sohin Parteistellung voraus. Darüber hinaus ist sie nur gegen die **Versäumung einer verfahrensrechtlichen Frist** zulässig. Gegen die Versäumung einer (nur) materiellrechtlichen Frist kommt eine Wiedereinsetzung in den vorherigen Stand nicht in Betracht.[613] Die Frist muss

610 § 68 Abs 5 AVG.
611 VwGH 20.2.1997, 96/07/0204.
612 *Hengstschläger/Leeb*, AVG § 68 Rz 117 (Stand 1.3.2018, rdb.at).
613 VwGH 26.4.2011, 2011/03/0017.

gegenüber der Partei zu laufen begonnen und die Partei muss die Frist versäumt haben. Beginnt die Frist nicht zu laufen, weil zB keine rechtswirksame Zustellung erfolgt ist, kann keine Fristversäumnis eintreten. In diesem Fall kommt auch kein Wiedereinsetzungsantrag in Betracht. Es kann jedoch die Zustellung des Bescheides beantragt werden.[614] Gegen die Versäumung der Frist zur Stellung des Wiedereinsetzungsantrages findet keine Wiedereinsetzung in den vorigen Stand statt.

Die Wiedereinsetzung in den vorigen Stand ist neben der Versäumung einer verfahrensrechtlichen Frist auch gegen die **Versäumung einer mündlichen Verhandlung** zulässig. Eine mündliche Verhandlung gilt als versäumt, wenn die Partei nicht oder nicht rechtzeitig erscheint. Damit eine Partei überhaupt rechtzeitig erscheinen kann, muss sie von der Behörde ordnungsgemäß geladen worden sein. Ohne ordnungsgemäße Ladung zu einer mündlichen Verhandlung kann eine Versäumung nicht eintreten. Ein dennoch gestellter Wiedereinsetzungsantrag wäre unzulässig.

Ist eine Partei präkludiert, weil sie es verabsäumt hat, rechtzeitig Einwendungen zu erheben, kann sie mangels Parteistellung keinen Antrag auf Wiedereinsetzung in den vorherigen Stand nach § 71 AVG stellen. Präkludierten Parteien steht jedoch die Quasi-Wiedereinsetzung nach § 42 Abs 3 AVG zur Verfügung (siehe Kapitel 7.6.).

Weitere Voraussetzung für die Wiedereinsetzung in den vorherigen Stand ist, dass die Partei durch die Versäumung einer Frist oder einer mündlichen Verhandlung einen **Rechtsnachteil** erlitten hat. Das bedeutet, dass die Partei eine Prozesshandlung (zB in der mündlichen Verhandlung Einwendungen zu erheben oder im Rahmen des Parteiengehörs zum Ergebnis amtlicher Erhebungen Stellung zu nehmen) nicht mehr vornehmen kann. Ob die versäumte Prozesshandlung im Endeffekt erfolgsgekrönt gewesen wäre, ist nicht relevant. Ebenso nicht relevant sind die Interessen (allfälliger) anderer Parteien.[615]

Damit einem Antrag auf Wiedereinsetzung in den vorherigen Stand stattgegeben wird, muss die Partei **glaubhaft machen**, dass das **Ereignis**, das sie an der Einhaltung der Frist oder an der Teilnahme der Verhandlung gehindert hat, **unvorhersehbar oder unabwendbar** war. Den Wiedereinsetzungswerber trifft sohin die Beweislast. Als Ereignis gilt alles, das die Einhaltung der Frist verhindert hat (zB Verkehrsstau, Naturkatastrophe, Krankheit [Dispositionsunfähigkeit], Vergessen, Versehen, Rechtsirrtum, Verschreiben). **Unvorhergesehen** ist ein Ereignis dann, wenn die Partei es tatsächlich nicht einberechnet hat und dessen Eintritt auch unter Bedachtnahme von zumutbarer Aufmerksamkeit und Vorsicht nicht

614 VwGH 16.12.2016, Ra 2014/02/0150; *Kolonovits/Muzak/Stöger*, Verwaltungsverfahrensrecht[11] Rz 624.

615 *Hengstschläger/Leeb*, AVG § 72 Rz 31 und 32 (Stand 1.1.2020, rdb.at); *Kolonovits/Muzak/Stöger*, Verwaltungsverfahrensrecht[11] Rz 627.

erwarten konnte. Ein Ereignis ist **unabwendbar**, wenn es durch einen Durchschnittsmenschen objektiv nicht verhindert werden konnte.[616] Zwischen dem Ereignis und der Versäumung einer Frist oder mündlichen Verhandlung muss ein Kausalzusammenhang bestehen, der im Wiedereinsetzungsantrag dargelegt werden muss.[617] Es genügt, wenn eine der beiden Eigenschaften (unvorhersehbar oder unabwendbar) zutrifft.

Der Wiedereinsetzungsantrag kann nicht auf Umstände gestützt werden, die die Behörde schon früher für unzureichend befunden hat, um die Verlängerung der versäumten Frist oder die Verlegung der versäumten Verhandlung zu bewilligen. Das bedeutet: Hat die Partei, die den Wiedereinsetzungsantrag stellt, zB zuvor eine Vertagungsbitte eingebracht und wurde dieser Vertagungsbitte nicht stattgegeben, so können die Gründe, die für die Vertagungsbitte herangezogen wurden, nicht noch einmal für die Wiedereinsetzung herangezogen werden.

Die Bewilligung der Wiedereinsetzung in den vorherigen Stand setzt weiters voraus, dass den Wiedereinsetzungswerber **kein Verschulden oder nur ein minderer Grad des Versehens** trifft. Der Begriff des minderen Grades des Versehens ist als leichte Fahrlässigkeit iSd § 1332 ABGB zu verstehen. Leichte Fahrlässigkeit liegt nur dann vor, wenn ein Fehler begangen wird, der gelegentlich auch einem sorgfältigen Menschen unterläuft. Der Wiedereinsetzungswerber darf also nicht auffallend sorglos gehandelt und somit die im Verkehr mit Behörden und für die Einhaltung von Terminen und Fristen erforderliche und ihm nach seinen persönlichen Fähigkeiten zumutbare Sorgfalt außer Acht gelassen haben.[618] Dabei ist an berufliche rechtskundige Parteienvertreter ein strengerer Maßstab anzulegen als an Rechtsunkundige oder bisher noch nie an behördlichen oder gerichtlichen Verfahren beteiligten Personen.[619]

Ebenso ist einem Antrag auf Wiedereinsetzung in den vorherigen Stand stattzugeben, wenn der Bescheid **keine Rechtsmittelbelehrung, keine Rechtsmittelfrist oder fälschlich die Angabe enthält, dass kein Rechtsmittel zulässig sei**, und die Rechtsmittelfrist deswegen versäumt wurde. Hier verlangt das Gesetz keine Glaubhaftmachung, sondern geht von deren Offenkundigkeit aus. Nach der Rsp des VwGH ist für die Wiedereinsetzung in den vorherigen Stand nach § 71 Abs 1 Z 2 AVG maßgeblich, ob sich die Rechtsmittelbelehrung für einen juristischen Laien, dh für eine mit den Verwaltungsvorschriften nicht vertraute Person, als irreführend darstellt, gleichgültig, ob sie durch einen Rechtsanwalt vertreten ist oder nicht.[620]

616 VwSlg 9024 A/1976; VwGH 26.5.2010, 2010/08/0081.
617 VwGH 26.6.1975, 0310/75.
618 VwGH 1.6.2006, 2005/07/0044.
619 VwGH 29.1.2004, 2001/20/0425.
620 VwGH 30.6.2016, Ra 2016/16/0038.

7.5.1. Antragsfrist, Antragsform und Antragsinhalt

Der Antrag auf Wiedereinsetzung in den vorherigen Stand muss binnen **zwei Wochen** nach dem Wegfall des Hindernisses oder nach dem Zeitpunkt, in dem die Partei von der Zulässigkeit der Berufung (bzw des Rechtsmittels) Kenntnis erlangt hat, gestellt werden.[621] Wann eine Kenntnis anzunehmen ist, obliegt der einzelfallbezogenen Beurteilung. Im Fall der Versäumung einer verfahrensrechtlichen Frist (zB einer Berufungsfrist) hat die Partei die **versäumte Handlung** (also die Berufung) **gleichzeitig** mit dem Wiedereinsetzungsantrag **nachzuholen**. Nach Ansicht des VwGH stellt das Fehlen der Nachholung der versäumten Handlung jedoch grundsätzlich einen verbesserungsfähigen Mangel dar.[622]

Der Antrag auf Wiedereinsetzung ist **schriftlich** (§ 13 Abs 1 AVG) einzubringen und hat Angaben über die **Rechtzeitigkeit** zu enthalten. Ebenso sind im Wiedereinsetzungsantrag **alle Wiedereinsetzungsgründe glaubhaft geltend** zu **machen**. Nach Ablauf der Wiedereinsetzungsfrist vorgebrachte Argumente sind nicht mehr zu berücksichtigen.[623] Weiters muss dargelegt werden, dass den Wiedereinsetzungswerber kein den minderen Grad des Versehens übersteigendes Verschulden trifft.

7.5.2. Entscheidung über den Antrag auf Wiedereinsetzung, Wirkung der Wiedereinsetzung und Rechtsmittel

Liegen die Voraussetzungen für die Wiedereinsetzung vor, **hat** die zuständige Behörde den Wiedereinsetzungsantrag mit verfahrensrechtlichem Bescheid **zu bewilligen**. Liegen die Voraussetzungen zur Bewilligung nicht vor, hat die Behörde den Antrag mit verfahrensrechtlichem Bescheid **abzuweisen**.[624] **Zurückzuweisen** ist ein Wiedereinsetzungsantrag zB dann, wenn einem Verbesserungsauftrag nicht fristgerecht entsprochen oder der Wiedereinsetzungsantrag nicht rechtzeitig eingebracht wurde.

Zur Entscheidung über den Antrag auf Wiedereinsetzung ist die Behörde berufen, bei der die versäumte Handlung vorzunehmen war oder die die versäumte Verhandlung angeordnet oder die unrichtige Rechtsmittelbelehrung erteilt hat.[625]

Wird ein Wiedereinsetzungsantrag wegen Versäumung einer mündlichen Verhandlung gestellt und gleichzeitig gegen den bereits erlassenen Bescheid Berufung erhoben, so darf über die Berufung erst entschieden werden, wenn der Wiedereinsetzungsantrag abgewiesen wurde.[626] Wird die Wiedereinsetzung bewilligt,

621 *Hengstschläger/Leeb*, AVG § 72 Rz 34 und 35 (Stand 1.1.2020, rdb.at).
622 VwSlg 15935 A/2002.
623 VwGH 21.2.2017, Ra 2016/12/0026.
624 VwGH 17.2.2011, 2009/07/0082.
625 § 71 Abs 4 AVG.
626 § 72 Abs 3 AVG.

ist die Berufung ohnehin hinfällig, da bei Bewilligung der Wiedereinsetzung das Verfahren in die Lage zurücktritt, in der es sich vor dem Eintritt der Versäumnis befunden hat.[627] Das bedeutet, dass alle nach der versäumten Handlung im betroffenen Verfahren gesetzten Verfahrensakte (zB mündliche Verhandlungen oder erlassene Bescheide) rückwirkend ihre Gültigkeit verlieren und sohin ex lege außer Kraft treten bzw als nicht mehr existent anzusehen sind. Auch in Rechtskraft erwachsene Bescheide treten mit der Bewilligung der Wiedereinsetzung ex lege außer Kraft, ohne dass es einer ausdrücklichen Aufhebung bedarf.[628]

Für den Fall, dass ein Wiedereinsetzungsantrag wegen Versäumung einer Rechtsmittelfrist gestellt und gleichzeitig gegen den bereits erlassenen Bescheid ein Rechtsmittel erhoben wird, darf nach Ansicht des VwGH über das Rechtsmittel sogleich entschieden werden.[629] Das bedeutet, dass das Rechtsmittel wegen Verspätung sogleich zurückgewiesen werden kann. Wird dem Wiedereinsetzungsantrag in der Folge stattgegeben, tritt die Zurückweisung nach § 72 Abs 1 AVG außer Kraft. Diese Vorgehensweise erscheint aus prozessökonomischen Gründen wenig sinnvoll, ist aber (außer bei Zuerkennung der aufschiebenden Wirkung) zulässig.[630]

Einem Antrag auf Wiedereinsetzung in den vorherigen Stand kommt grundsätzlich **keine aufschiebende Wirkung** zu. Die Behörde kann dem Antrag auf Wiedereinsetzung in den vorherigen Stand aber aufschiebende Wirkung zuerkennen. Dazu ist die Behörde nach hA auch verpflichtet, wenn dem Antragsteller sonst ein unverhältnismäßiger Nachteil entstünde.[631] Wird die aufschiebende Wirkung zuerkannt, ist ein von der Bewilligung der Wiedereinsetzung in den vorherigen Stand betroffener Bescheid der Vollstreckung zumindest vorläufig entzogen.[632] Auch eine verspätete Berufung darf im Falle der Zuerkennung der aufschiebenden Wirkung des Wiedereinsetzungsantrages bis zur Entscheidung über den Wiedereinsetzungsantrag nicht sogleich zurückgewiesen werden.[633]

Sowohl die Bewilligung der Wiedereinsetzung als auch die Ab- oder Zurückweisung können mit **Beschwerde** beim VwG bekämpft werden.[634]

7.5.3. Wiedereinsetzung vor dem VwG und VwGH

Wird eine Frist zur Erhebung einer Beschwerde an das VwG (zB einer Bescheid- oder Maßnahmenbeschwerde) versäumt, ist für den Antrag auf Wiedereinsetzung in den vorherigen Stand ausschließlich § 33 VwGVG maßgebend. Nach An-

627 § 72 Abs 1 AVG.
628 VwGH 28.3.2012, 2009/22/0017.
629 VwSlg 12.275 A/1986 verst Sen.
630 *Hengstschläger*, Verwaltungsverfahrensrecht[4] Rz 622.
631 VwGH 29.9.2011, AW 2011/21/0117.
632 VwGH 19.3.2014, 2013/21/0181; *Kolonovits/Muzak/Stöger*, Verwaltungsverfahrensrecht[11] Rz 637.
633 *Hengstschläger*, Verwaltungsverfahrensrecht[4] Rz 622.
634 *Kolonovits/Muzak/Stöger*, Verwaltungsverfahrensrecht[11] Rz 639 f.

sicht des VwGH sind allerdings die in der Rsp zu § 71 AVG entwickelten Grundsätze auf § 33 VwGVG übertragbar.[635] Auch vor dem VwGH kommt eine Wiedereinsetzung gemäß § 46 VwGG in Betracht.[636]

7.6. Quasi-Wiedereinsetzung (§ 42 Abs 3 AVG)

Die Bestimmung über die Quasi-Wiedereinsetzung ist in enger Anlehnung an die Wiedereinsetzung in den vorherigen Stand (siehe Kapitel 7.5.) konzipiert. Im Unterschied zur Wiedereinsetzung in den vorherigen Stand nach § 71 AVG kommt die Quasi-Wiedereinsetzung nur auf **präkludierte Parteien** zur Anwendung. Mit der Quasi-Wiedereinsetzung wird sohin **präkludierten** Personen, also jenen, die ihre Parteistellung verloren haben, die Möglichkeit eingeräumt, nachträglich Einwendung zu erheben und dadurch ihre Parteistellung ex nunc wiederzuerlangen. Das ist bis zur rechtskräftigen Entscheidung der Sache möglich.

Gemäß § 42 Abs 1 AVG verliert eine Person ihre Parteistellung grundsätzlich dann, wenn eine mündliche Verhandlung stattfindet, dieser mündlichen Verhandlung eine qualifizierte (doppelte) Kundmachung mit dem Hinweis auf die Präklusionsfolgen vorausgegangen ist und die Partei dennoch nicht rechtzeitig Einwendungen erhoben hat. Der Hinweis in der Kundmachung, dass eine Person ihre Parteistellung verliert, sofern sie nicht rechtzeitig Einwendungen erhebt, hat klar und deutlich zu erfolgen.

Damit die Präklusionswirkungen sohin eintreten können, muss die Kundmachung in doppelter Form erfolgen, und zwar einerseits gemäß § 41 Abs 1 zweiter Satz AVG sowie andererseits in einer den Verwaltungsvorschriften vorgesehenen besonderen Form (siehe Kapitel 5.3.3.3.). § 41 Abs 1 zweiter Satz AVG sieht vor, dass die Kundmachung an der Amtstafel der Gemeinde, in der für amtliche Kundmachungen der Behörde bestimmten Zeitung oder durch Verlautbarung im elektronischen Amtsblatt der Behörde zu erfolgen hat. Die besondere Form der Kundmachung ergibt sich aus den jeweiligen Materiengesetzen. Sehen die Materiengesetze über die Kundmachung keine besondere Form vor, so tritt die Präklusion ein, wenn die mündliche Verhandlung einerseits gemäß § 41 Abs 1 zweiter Satz AVG und andererseits in geeigneter Form kundgemacht wurde.[637] Eine geeignete Form ist zB die Kundmachung im Internet unter der Adresse der Behörde, wenn sich aus einer dauerhaften Kundmachung an der Amtstafel der Behörde ergibt, dass solche Kundmachungen im Internet erfolgen können und unter welcher Adresse sie erfolgen. Sonstige Formen der Kundmachung sind geeignet, wenn sie sicherstellen, dass ein Beteiligter von der Verhandlung voraussichtlich Kenntnis erlangt.[638]

635 VwGH 25.5.2020, Ra 2018/19/0708.
636 § 46 VwGG.
637 § 42 Abs 1 AVG.
638 § 42 Abs 1a AVG.

§ 41 Abs 1 erster Satz AVG sieht vor, dass die Anberaumung einer mündlichen Verhandlung durch persönliche Verständigung der bekannten Beteiligten zu erfolgen hat. Wurde aber die persönliche Verständigung unterlassen, verlieren die „bekannten Beteiligten" dennoch ihre Parteistellung, wenn die Kundmachung in doppelter Form erfolgte und sie spätestens in der mündlichen Verhandlung keine Einwendungen erhoben haben. Dies deswegen, weil die Präklusionsregelung des § 42 Abs 1 AVG nicht auf die in § 41 Abs 1 erster Satz AVG vorgesehene persönliche Verständigung der bekannten Beteiligten abstellt, sondern darauf, ob die mündliche Verhandlung gemäß § 41 Abs 1 zweiter Satz AVG und in der nach den Verwaltungsvorschriften vorgesehenen besonderen Form oder in anderer geeigneter Form kundgemacht wurde.[639]

Wurde eine mündliche Verhandlung nicht gemäß § 42 Abs 1 AVG kundgemacht, so erstreckt sich die Präklusion nur auf jene Beteiligten, die rechtzeitig die Verständigung von der Anberaumung der Verhandlung erhalten haben.[640]

Um die Quasi-Wiedereinsetzung zu rechtfertigen, muss die präkludierte Person glaubhaft machen, dass sie durch ein unvorhergesehenes oder unabwendbares Ereignis verhindert war, rechtzeitig Einwendung zu erheben und sie **kein Verschulden** oder nur ein **minderer Grad des Versehens** trifft. Der Begriff des minderen Grades des Versehens ist als leichte Fahrlässigkeit iSd § 1332 ABGB zu verstehen. Leichte Fahrlässigkeit liegt nur dann vor, wenn ein Fehler begangen wird, der gelegentlich auch einem sorgfältigen Menschen unterläuft. Der Quasi-Wiedereinsetzungswerber darf also nicht auffallend sorglos gehandelt und somit die im Verkehr mit Behörden und für die Einhaltung von Terminen und Fristen erforderliche und ihm nach seinen persönlichen Fähigkeiten zumutbare Sorgfalt außer Acht gelassen haben.

Als Ereignis gilt alles, was die präkludierte Person an der rechtzeitigen Erhebung von Einwendungen gehindert hat. **Unabwendbar ist ein Ereignis**, wenn es durch einen Durchschnittsmenschen objektiv nicht verhindert werden konnte. **Unvorhergesehen** ist ein Ereignis dann, wenn die Partei es tatsächlich nicht einberechnet hat und dessen Eintritt auch unter Bedachtnahme von zumutbarer Aufmerksamkeit und Vorsicht nicht erwarten konnte.[641]

Die Einwendungen müssen binnen **zwei Wochen** nach dem Wegfall des Hindernisses, jedoch **spätestens bis zum Zeitpunkt der rechtskräftigen Entscheidung** der Sache bei der Behörde, die die mündliche Verhandlung anberaumt hat, **schriftlich** (§ 13 Abs 1 zweiter Satz AVG) eingebracht werden. Gleichzeitig mit den Einwendungen müssen die Gründe, die zur Verhinderung der rechtzeitigen

639 VwGH 28.1.2016, Ro 2014/07/0017.
640 § 42 Abs 2 AVG.
641 VwGH 27.9.2013, 2010/05/0202.

Erhebung von Einwendungen geführt haben, angegeben und muss auch zur Rechtzeitigkeit der Quasi-Wiedereinsetzung ausgeführt werden. Das Fehlen eines derartigen Vorbringens stellt einen verbesserungsfähigen Mangel dar. Bei der zweiwöchigen Frist handelt es sich um eine verfahrensrechtliche Frist, dh, die Tage des Postlaufes werden nicht mitgerechnet.

Die Einwendungen sind von jener Behörde zu berücksichtigen, bei der das Verfahren anhängig ist. Diese kann von der Einbringungsbehörde verschieden sein. Gelangt die Behörde zur Ansicht, dass die Voraussetzungen für die Quasi-Wiedereinsetzung vorliegen und die Einwendungen zulässig sind, erlangt die Partei ex nunc wieder Parteistellung. Die Behörde hat über die Quasi-Wiedereinsetzung und die Einwendungen nicht in einem gesonderten Bescheid, sondern inzident, dh in dem in der Sache selbst ergehenden Bescheid, abzusprechen. Erachtet sie die Voraussetzungen für die Quasi-Wiedereinsetzung für nicht gegeben, bleibt es beim Verlust der Parteistellung. In diesem Fall sind die Einwendungen in dem in der Sache ergehenden Bescheid zurückzuweisen. Nur wenn die Einwendungen verspätet – also nach Rechtskraft der in der Sache ergehenden Entscheidung – eingebracht werden, hat ein gesonderter Bescheid zu ergehen, in dem die Einwendungen als verspätet und daher unzulässig zurückzuweisen sind.[642]

Organparteien sind von der Präklusionsregelung nicht umfasst.[643] Ebenso kann die Parteistellung des Antragstellers nicht präkludieren. Versäumt sohin derjenige, über dessen Antrag das Verfahren eingeleitet wurde, die Verhandlung, kann die Behörde die Verhandlung entweder in seiner Abwesenheit durchführen oder auf seine Kosten vertagen. Auf diese Rechtsfolgen ist der Antragsteller in der Kundmachung hinzuweisen.[644]

Die Quasi-Wiedereinsetzung gilt gemäß § 44b Abs 1 AVG auch für **Großverfahren**. Sind an einer Verwaltungssache oder an verbundenen Verwaltungssachen voraussichtlich insgesamt mehr als 100 Personen beteiligt, so kann die Behörde den Antrag oder die Anträge durch Edikt kundmachen. Das Edikt ist im redaktionellen Teil zweier im Bundesland weitverbreiteter Tageszeitungen und im „Amtsblatt zur Wiener Zeitung" zu verlautbaren (siehe Kapitel 5.3.4.). Wurde ein Antrag durch Edikt kundgemacht, so hat dies zur Folge, dass Personen ihre Stellung als Partei verlieren, soweit sie nicht rechtzeitig bei der Behörde schriftlich Einwendungen erheben. Der Eintritt dieser Rechtsfolge ist in Großverfahren sohin nicht von der Durchführung einer mündlichen Verhandlung, sondern von der rechtzeitigen Erhebung schriftlicher Einwendungen abhängig.

642 *Hengstschläger*, Verwaltungsverfahrensrecht[4] Rz 333; *Hengstschläger/Leeb*, AVG § 42 Rz 61 (Stand 1.4.2021, rdb.at).
643 VwGH 14.9.2004, 2002/10/0002.
644 § 42 Abs 4 AVG.

7.7. Wiederaufnahme (§ 69 und § 70 AVG)

Die Wiederaufnahme des Verfahrens hat den Zweck, ein durch rechtskräftigen Bescheid abgeschlossenes Verfahren, dem besondere Mängel anhaften, aus den im Gesetz taxativ ausgezählten Gründen aus der Welt zu schaffen und die Rechtskraft des Bescheides zu beseitigen. Die Wiederaufnahme ermöglicht sohin die Wiedereröffnung eines bereits rechtskräftig abgeschlossenen Verfahrens und die neuerliche Entscheidung in derselben Rechtssache.

Die Wiederaufnahme des Verfahrens ist möglich, wenn ein Verfahren durch Bescheid abgeschlossen wurde, ein ordentliches Rechtsmittel gegen den Bescheid nicht oder nicht mehr erhoben werden kann und ein Wiederaufnahmegrund vorliegt. Die vier **Wiederaufnahmegründe** sind in § 69 Abs 2 AVG taxativ aufgezählt. Danach ist eine Wiederaufnahme zulässig, wenn

- der Bescheid durch Fälschung einer Urkunde, falsches Zeugnis oder eine andere gerichtlich strafbare Handlung herbeigeführt oder sonst wie erschlichen wurde (Z 1),
- neue Tatsachen oder Beweismittel hervorkommen sind, die im Verfahren ohne Verschulden der Partei nicht geltend gemacht werden konnten und allein oder in Verbindung mit dem sonstigen Ergebnis des Verfahrens voraussichtlich einen im Hauptinhalt des Spruches anders lautenden Bescheid herbeigeführt hätten (Z 2),
- der Bescheid gemäß § 38 AVG von Vorfragen abhängig war und nachträglich über eine solche Vorfrage von der zuständigen Verwaltungsbehörde bzw vom zuständigen Gericht in wesentlichen Punkten anders entschieden wurde (Z 3) oder
- nachträglich ein Bescheid oder eine gerichtliche Entscheidung bekannt wird, der bzw die einer Aufhebung oder Abänderung auf Antrag einer Partei nicht unterliegt und die im Verfahren die Einwendung der entschiedenen Sache begründet hätte (Z 4).

7.7.1. Wiederaufnahme auf Antrag, Antragsfrist, Antragsform und Antragsinhalt

Die Wiederaufnahme des Verfahrens setzt Parteistellung im wiederaufzunehmenden Verfahren voraus. Der Antrag einer Partei auf Wiederaufnahme ist binnen **zwei Wochen** bei der Behörde einzubringen, die den Bescheid in **erster Instanz** erlassen hat. Die Frist beginnt mit dem Zeitpunkt, in dem der Antragsteller von dem Wiederaufnahmegrund Kenntnis erlangt hat. Erlangt der Antragsteller nach der Verkündung des mündlichen Bescheides, aber vor Zustellung der schriftlichen Ausfertigung Kenntnis vom Wiederaufnahmegrund, beginnt die zweiwöchige Frist erst mit dem Tag der Zustellung der schriftlichen Ausfertigung des Bescheides zu laufen. Nach Ablauf von drei Jahren nach Erlassung des Bescheides kann ein Antrag auf Wiederaufnahme nicht mehr gestellt werden. Beide Fristen (zwei Wochen und drei Jahre) stellen verfahrensrechtliche Fristen dar, dh, die Tage des Postlaufes werden in die Frist nicht eingerechnet. Ein Wiederaufnahmeantrag ist daher rechtzeitig, wenn er am letzten Tag der Frist an die richtige Behörde adressiert an einen Zustelldienst übergeben wird.

Der Antrag auf Wiederaufnahme ist **schriftlich** (§ 13 Abs 1 zweiter Satz AVG) einzubringen und hat Angaben über die Rechtzeitigkeit zu enthalten. Konkret sind vom Antragsteller die Umstände, aus welchen sich die Einhaltung der gesetzlichen Fristen (zwei Wochen und drei Jahre) ergibt, glaubhaft zu machen.[645] Zu diesem Zweck hat der Antragsteller sowohl das Datum der Kenntnis vom Wiederaufnahmegrund als auch das Datum der Bescheiderlassung anzugeben. Angaben, wie zB vom Wiederaufnahmegrund „erst jetzt“ Kenntnis erlangt zu haben, entsprechen nicht der Verpflichtung der datumsmäßigen Bezeichnung.[646] Weiters hat der Antrag das wiederaufzunehmende Verfahren zu bezeichnen und den Wiederaufnahmegrund anzugeben. Nach Ablauf der zweiwöchigen Frist dürfen weder neue Wiederaufnahmegründe geltend gemacht noch Wiederaufnahmegründe ausgetauscht werden. Insofern ist die Behörde bei der Entscheidung über den Antrag auf Wiederaufnahme an die von der Partei vorgebrachten Gründe gebunden.[647] Leidet der Wiederaufnahmeantrag an einem Form- oder Inhaltsmangel, hat die Behörde einen Verbesserungsauftrag zu erteilen.

7.7.2. Entscheidung über den Antrag auf Wiederaufnahme und Rechtsmittel

Für die Entscheidung über den Antrag auf Wiederaufnahme ist jene Behörde zuständig, die den Bescheid in **letzter Instanz** erlassen hat.[648] Dem Antrag kommt **keine aufschiebende Wirkung** zu. Eine solche kann auch nicht zuerkannt werden.

Liegen die Voraussetzungen für die Wiederaufnahme vor, **hat** die zuständige Behörde den Wiederaufnahmeantrag mit verfahrensrechtlichem Bescheid **zu bewilligen**. Liegen die Voraussetzungen zur Bewilligung nicht vor, weil der im Antrag geltend gemachte Wiederaufnahmegrund nicht zutrifft, hat die Behörde den Antrag mit verfahrensrechtlichem Bescheid **abzuweisen**. **Zurückzuweisen** ist ein Wiederaufnahmeantrag etwa dann, wenn einem Verbesserungsauftrag nicht fristgerecht entsprochen oder der Wiederaufnahmeantrag nicht rechtzeitig eingebracht wurde.[649]

645 § 69 Abs 2 AVG.
646 VwGH 22.1.1986, 85/11/0177.
647 VwGH 30.3.2021, Ra 2020/07/0075.
648 § 69 Abs 4 AVG.
649 *Hengstschläger/Leeb*, AVG § 70 Rz 72 ff (Stand 1.1.2020, rdb.at).

Eine Berufung gegen die Bewilligung oder Verfügung der Wiederaufnahme ist nicht zulässig,[650] gegen die Zurück- oder Abweisung (sofern ein innergemeindlicher Instanzenzug besteht) hingegen schon.[651] Sowohl die Bewilligung der Wiederaufnahme als auch die Ab- oder Zurückweisung können mit **Beschwerde** an das VwG bekämpft werden.[652]

7.7.3. Wiederaufnahme von Amts wegen

Gemäß § 69 Abs 3 AVG kann die Behörde bei Vorliegen eines Wiederaufnahmegrundes die Wiederaufnahme des Verfahrens auch **von Amts wegen** verfügen.

Bei der amtswegigen Wiederaufnahme spielt die zweiwöchige Frist keine Rolle, sehr wohl aber die Frist von drei Jahren. Nach Ablauf von **drei Jahren** nach der Erlassung des Bescheides ist eine Wiederaufnahme grundsätzlich nicht mehr zulässig. Eine Ausnahme stellt die Wiederaufnahme aus den in § 69 Abs 1 Z 1 AVG genannten Gründen dar. Das sind jene, in denen der Bescheid durch Fälschung einer Urkunde, falsches Zeugnis oder eine andere gerichtlich strafbare Handlung herbeigeführt oder sonst wie erschlichen worden ist.

Die Verfügung der Wiederaufnahme ist ein verfahrensrechtlicher Bescheid, gegen den eine Berufung nicht zulässig ist.[653] Sie kann sofort mit Beschwerde an das VwG bekämpft werden.

7.7.4. Wirkungen der Wiederaufnahme

Die Bewilligung bzw Verfügung der Wiederaufnahme hat zur Folge, dass der Bescheid, mit dem das wiederaufzunehmende Verfahren abgeschlossen wurde, außer Kraft tritt.[654] Durch die Bewilligung bzw Verfügung der Wiederaufnahme tritt das Verfahren in das Stadium vor Erlassung des alten Bescheides, der durch die Wiederaufnahme außer Kraft tritt, zurück.

Sofern dies aufgrund der Aktenlage möglich ist, soll gleichzeitig mit dem die Wiederaufnahme bewilligenden oder verfügenden Bescheid auch die neue Sachentscheidung getroffen werden. Andernfalls hat die Behörde auszusprechen, inwieweit (in welchem Stadium) und in welcher Instanz das Verfahren wieder aufzunehmen ist.[655]

Gegenstand der neuen Sachentscheidung ist jene Rechtssache, die auch Gegenstand des alten außer Kraft getretenen Bescheides war. Da es durch die Wieder-

650 § 63 Abs 1 zweiter Satz AVG.
651 *Hengstschläger/Leeb*, AVG § 70 Rz 91 (Stand 1.1.2020, rdb.at); aA *Kolonovits/Muzak/Stöger*, Verwaltungsverfahrensrecht[11] Rz 613.
652 *Kolonovits/Muzak/Stöger*, Verwaltungsverfahrensrecht[11] Rz 608 und 613.
653 § 63 Abs 1 zweiter Satz AVG; VwGH 4.9.2003, 2003/21/0082.
654 VwGH 8.8.2019, Ra 2019/04/0049.
655 § 70 Abs 1 AVG.

aufnahme zu einer Durchbrechung der materiellen Rechtskraft des alten Bescheides kommt, ist über dieselbe Angelegenheit erneut zu entscheiden. Der neuen Entscheidung hat – wie jedem anderen Verfahren – ein Ermittlungsverfahren (siehe Kapitel 5.3. und 5.4.) voranzugehen. Frühere Erhebungen und Beweisaufnahmen, die durch die Wiederaufnahmegründe nicht betroffen werden, sind nicht zu wiederholen. Der neuen Sachentscheidung ist die Sach- und Rechtslage zum Zeitpunkt ihrer Entscheidung zugrunde zu legen. Die neue Sachentscheidung ersetzt den alten Bescheid **ex tunc**. Sie kann sowohl zu Gunsten als auch zu Lasten der Partei ausfallen und ist im Rechtsmittelweg bekämpfbar.[656]

7.7.5. Wiederaufnahme vor dem VwG und VwGH

Gemäß § 32 VwGVG bzw § 45 VwGG ist eine Wiederaufnahme des Verfahrens aus denselben Gründen auch bei Verfahren möglich, die durch ein Erkenntnis oder einen Beschluss eines VwG bzw des VwGH abgeschlossen wurden.

656 VwGH 22.3.2001, 2008/03/2011; 21.11.2002, 2001/07/0027.

8. Rechtsschutz vor den Verwaltungsgerichten erster Instanz

8.1. Verwaltungsgerichtsbarkeit

Die Verwaltungsgerichtsbarkeits-Novelle 2012 war eine Jahrhundertreform, mit der die Schaffung einer zweistufigen Verwaltungsgerichtsbarkeit einherging. Mit Wirkung vom 1.1.2014 wurden in jedem Bundesland ein Verwaltungsgericht (Landesverwaltungsgericht) und auf Bundesebene zwei Verwaltungsgerichte (Bundesverwaltungsgericht und Bundesfinanzgericht) eingerichtet, das sog „9 + 2 Modell". Die UVS sind in den VwG der Länder aufgegangen, der AsylGH wurde Teil des BVwG und das BFG trat an die Stelle des bisherigen UFS.

Das BVwG hat seinen Sitz in Wien und Außenstellen in Graz, Innsbruck und Linz. Das BFG hat seinen Sitz ebenfalls in Wien. Außenstellen gibt es in Feldkirch, Graz, Innsbruck, Klagenfurt, Linz und Salzburg.

Durch die Verwaltungsgerichtsbarkeits-Novelle 2012 wurden auch unzählige Sonderbehörden aufgelöst und die administrativen Instanzenzüge innerhalb der Verwaltung im Wesentlichen abgeschafft. Seither können Bescheide einer Verwaltungsbehörde grundsätzlich nur mehr mit Beschwerde an das zuständige VwG bekämpft werden. Einzige Ausnahme stellt der eigene Wirkungsbereich der Gemeinde dar: Der zweistufige Instanzenzug soll grundsätzlich bestehen bleiben, kann aber gesetzlich ausgeschlossen werden. Dies ist in einzelnen Bundesländern (zB Steiermark und Tirol) zum Teil auch geschehen.[657]

Mit dem Verwaltungsgerichtsverfahrensgesetz (VwGVG) wurde für das Verfahren vor den VwG – mit Ausnahme des Verfahrens vor dem BFG – ein eigenes Verfahrensrecht geschaffen, das sich stark am AVG orientiert.[658] Für das Verfahren vor dem BFG wurden durch das Finanzverwaltungsgerichtsbarkeitsgesetz 2012 (FVwGG 2012) die erforderlichen gesetzlichen Anpassungen und Neuregelungen vorgenommen.[659]

8.2. Die Kompetenz der Verwaltungsgerichte

Gemäß Art 130 Abs 1 B-VG erkennen die VwG über

- Beschwerden gegen den Bescheid einer Verwaltungsbehörde wegen Rechtswidrigkeit,
- Beschwerden gegen die Ausübung unmittelbarer verwaltungsbehördlicher Befehls- und Zwangsgewalt wegen Rechtswidrigkeit,

657 ErläutRV 1618 BlgNR 24. GP 3; Art 118 Abs 4 B-VG; Art 129 B-VG.
658 § 1 VwGVG.
659 ErläutRV 2007 BlgNR 24. GP 1.

- Beschwerden wegen Verletzung der Entscheidungspflicht durch eine Verwaltungsbehörde.

Gemäß Art 130 Abs 1a B-VG erkennt das BVwG über die Anwendung von Zwangsmitteln gegenüber Auskunftspersonen eines Untersuchungsausschusses des Nationalrates.

Gemäß Art 130 Abs 2 B-VG können durch Bundes- oder Landesgesetz sonstige Zuständigkeiten der VwG vorsehen werden:

- Entscheidung über Beschwerden wegen Rechtswidrigkeit eines Verhaltens einer Verwaltungsbehörde in Vollziehung der Gesetze,
- Entscheidung über Beschwerden wegen Rechtswidrigkeit eines Verhaltens eines Auftraggebers in den Angelegenheiten des öffentlichen Auftragswesens,
- Entscheidung über Streitigkeiten in dienstrechtlichen Angelegenheiten der öffentlich Bediensteten und
- Entscheidung über Beschwerden, Streitigkeiten oder Anträge in sonstigen Angelegenheiten.

Gemäß Art 130 Abs 2a B-VG erkennen die VwG auch über Beschwerden von Personen wegen Verletzung in ihren Rechten gemäß der DSGVO durch das jeweilige VwG.

Die VwG erkennen durch Einzelrichter, sofern die Bundes- oder Landesgesetze nicht die Entscheidung durch den Senat vorsehen.[660] Eine Senatsentscheidung ist zB in § 40 Abs 2 UVP-G vorgesehen.

Für Verwaltungsrichter gelten die richterlichen Garantien, dh, sie sind unabhängig, unabsetzbar und unversetzbar.[661]

8.3. Die sachliche und örtliche Zuständigkeit der Verwaltungsgerichte

8.3.1. Die sachliche Zuständigkeit der Verwaltungsgerichte

Das **BFG** erkennt gemäß Art 131 Abs 3 B-VG über

- Bescheid-, Maßnahmen- und Säumnisbeschwerden in Rechtssachen in Angelegenheiten der öffentlichen Abgaben (mit Ausnahme der Verwaltungsabgaben des Bundes, der Länder und Gemeinden) und des Finanzstrafrechts,
- Beschwerden in sonstigen gesetzlich festgelegten Angelegenheiten, soweit die genannten Angelegenheiten unmittelbar von den Abgaben- oder Finanzstrafbehörden des Bundes besorgt werden,

660 § 2 VwGVG; Art 135 Abs 1 B-VG.
661 Art 87, Art 88 und Art 134 Abs 7 B-VG.

- Beschwerden wegen Rechtswidrigkeit eines Verhaltens einer Verwaltungsbehörde in Vollziehung der Gesetze, soweit das BFG in derselben Angelegenheit aufgrund verfassungsrechtlicher oder einfachgesetzlicher Anordnung auch für Bescheid-, Maßnahmen- und Säumnisbeschwerden zuständig ist.[662]

Das **BVwG** ist, soweit nicht eine Zuständigkeit des BFG gegeben ist, gemäß Art 131 Abs 2 und Abs 6 B-VG in folgenden Angelegenheiten zuständig:

- Bescheid-, Maßnahmen- und Säumnisbeschwerden in Rechtssachen in den Angelegenheiten der Vollziehung des Bundes, die unmittelbar von Bundesbehörden besorgt werden (zB Fremden- und Asylwesen, Ausländerbeschäftigung, Arbeitslosenversicherung, Behindertenangelegenheiten, Denkmalschutz, Marktordnung, Schulrecht, Umweltverträglichkeitsprüfung),
- Beschwerden in Rechtssachen in den Angelegenheiten des öffentlichen Auftragswesens, die gemäß Art 14b Abs 2 Z 1 B-VG in Vollziehung Bundessache sind, soweit eine einfachgesetzliche Zuständigkeit dafür vorgesehen ist,
- Streitigkeiten in dienstrechtlichen Angelegenheiten der öffentlich Bediensteten des Bundes, soweit eine einfachgesetzliche Zuständigkeit dafür vorgesehen ist,
- Beschwerden wegen Rechtswidrigkeit eines Verhaltens einer Verwaltungsbehörde in Vollziehung der Gesetze, soweit das BVwG in derselben Angelegenheit aufgrund verfassungsrechtlicher oder einfachgesetzlicher Anordnung auch für Bescheid-, Maßnahmen- und Säumnisbeschwerden zuständig ist.[663]

In allen anderen Angelegenheiten entscheiden aufgrund der sog Generalklausel die **Landesverwaltungsgerichte.**[664]

Grundsätzlich kann zur sachlichen Zuständigkeit Folgendes festgehalten werden: Das BVwG entscheidet über Beschwerden in Angelegenheiten der unmittelbaren Bundesverwaltung (ausgenommen Finanzrechtsangelegenheiten). Die LVwG entscheiden über Beschwerden in Angelegenheiten der Gemeindeverwaltung (zB Baurecht als Angelegenheit des eigenen Wirkungsbereiches), der Landesverwaltung (zB Naturschutz, Jagdrecht) sowie der mittelbaren Bundesverwaltung (zB Führerscheinrecht, Gewerberecht, Wasserrecht).

8.3.2. Die örtliche Zuständigkeit der Verwaltungsgerichte

Für die örtliche Zuständigkeit der VwG ist § 3 VwGVG maßgebend.

In Angelegenheiten der **Landesverwaltung** ist das jeweilige LVwG zuständig.

In Angelegenheiten der **Bundesverwaltung** differenziert sich die örtliche Zuständigkeit nach dem Beschwerdegegenstand:

662 *Mayer/Kucsko-Stadlmayer/Stöger*, Bundesverfassungsrecht[11] (2015) Rz 927/35.
663 *Mayer/Kucsko-Stadlmayer/Stöger*, Bundesverfassungsrecht[11] Rz 927/35.
664 Art 131 Abs 1 und Abs 6 B-VG.

Bei **Bescheid- und Säumnisbeschwerden** richtet sich die örtliche Zuständigkeit bei unbeweglichen Sachen nach der Lage des Gutes; bei Sachen, die sich auf den Betrieb eines Unternehmens oder einer sonstigen Tätigkeit beziehen, nach dem Ort, an dem das Unternehmen betrieben oder die Tätigkeit ausgeübt wird oder werden soll; in sonstigen Sachen zunächst nach dem Hauptwohnsitz (Sitz) des Beteiligten, und zwar im Zweifelsfall des belangten oder verpflichteten Teils, dann nach seinem Aufenthalt, dann nach seinem letzten Hauptwohnsitz (Sitz) im Inland, schließlich nach seinem letzten Aufenthalt im Inland, wenn aber keiner dieser Zuständigkeitsgründe in Betracht kommen kann oder Gefahr im Verzug ist, nach dem Anlass des Einschreitens.

In **Verwaltungsstrafsachen** wird auf den Sitz der Behörde, die den Bescheid erlassen bzw bei Säumnis nicht erlassen hat, abgestellt.

Bei **Maßnahmenbeschwerden** ist die örtliche Zuständigkeit an den Ort geknüpft, an dem die Ausübung unmittelbarer verwaltungsbehördlicher Befehls- und Zwangsgewalt begonnen wurde. Wurde diese im Ausland ausgeübt, richtet sich die örtliche Zuständigkeit danach, wo das ausübende Organ die Bundesgrenze überschritten hat.

Bei **Beschwerden wegen Rechtswidrigkeit eines Verhaltens einer Verwaltungsbehörde** in Vollziehung der Gesetze richtet sich die örtliche Zuständigkeit nach dem Ort, an dem das Verhalten gesetzt wurde.

Lässt sich die Zuständigkeit nicht nach den zuvor genannten Regelungen bestimmen, ist das LVwG Wien örtlich zuständig.

8.3.3. Ausnahmen von der Zuständigkeit der Verwaltungsgerichte

Von der Zuständigkeit der Verwaltungsgerichte ausgeschlossen sind Rechtssachen, die zur Zuständigkeit der ordentlichen Gerichte oder des VfGH gehören, sofern das B-VG nicht anderes bestimmt.

8.4. Ausgewählte Rechtsmittel an die VwG

8.4.1. Allgemeines

Gemäß Art 130 Abs 1 B-VG erkennen die VwG über

- Beschwerden gegen den Bescheid einer Verwaltungsbehörde wegen Rechtswidrigkeit,
- über Beschwerden gegen die Ausübung unmittelbarer verwaltungsbehördlicher Befehls- und Zwangsgewalt und
- über Beschwerden wegen Verletzung der Entscheidungspflicht durch eine Verwaltungsbehörde.

Beschwerdegegenstände sind sohin der Bescheid (Z 1), die rechtswidrige Maßnahme (Z 2) und die Verletzung der Entscheidungspflicht (Z 3). Die Bescheidbeschwerde ist die häufigste Beschwerdeart, die an die VwG erhoben wird.

8.4.2. Die Bescheidbeschwerde

Gemäß Art 130 Abs 1 Z 1 B-VG erkennen die VwG über Beschwerden gegen den Bescheid einer Verwaltungsbehörde wegen Rechtswidrigkeit. Wer behauptet, durch den Bescheid einer Verwaltungsbehörde in seinen Rechten verletzt zu sein, kann gemäß Art 132 Abs 1 B-VG Beschwerde gegen den Bescheid erheben.

Wie bereits erwähnt, gibt es grundsätzlich keinen administrativen Instanzenzug innerhalb der Behörde mehr. Ausgenommen sind lediglich Angelegenheiten des eigenen Wirkungsbereiches der Gemeinde (zB Baurecht), sofern der Instanzenzug dort nicht gesetzlich abgeschafft wurde. Abgeschafft wurde der innergemeindliche Instanzenzug zB in Tirol.

8.4.2.1. Frist

Die Frist zur Erhebung einer Bescheidbeschwerde beträgt **vier Wochen**. Sie beginnt, wenn der Bescheid dem Beschwerdeführer zugestellt wurde, mit dem Tag der **Zustellung**, wenn der Bescheid dem Beschwerdeführer nur mündlich verkündet wurde, mit dem Tag der **Verkündigung** zu laufen.[665]

Im Mehrparteienverfahren gilt Folgendes: Ist der Bescheid bereits einer anderen Partei zugestellt oder verkündet worden, kann die Beschwerde bereits ab dem Zeitpunkt erhoben werden, in dem der Beschwerdeführer von dem Bescheid Kenntnis erlangt hat.[666]

Nach Wochen, Monaten oder Jahren bestimmte Fristen enden mit dem Ablauf desjenigen Tages der letzten Woche oder des Monates, der durch seine Benennung oder Zahl dem Tag entspricht, an dem die Frist begonnen hat.[667] Abgestellt wird auf das fristenauslösende Ereignis – die Zustellung bzw Verkündung. Die Tage von der Übergabe an einen Zustelldienst zur Übermittlung an die Behörde bis zum Einlangen bei dieser (Postlauf) werden in die Frist nicht eingerechnet.[668] Es gilt das sog Postaufgabeprivileg. Eine Bescheidbeschwerde gilt sohin als rechtzeitig eingebracht, wenn sie am letzten Tag der Frist an die richtige Behörde adressiert an einen Zustelldienst übergeben wurde (siehe Kapitel 3.).

Beispiel

Ein Baubescheid wird dem Bauwerber am Mittwoch, dem 13.1.2021, zugestellt. Er ist mit der Entscheidung nicht einverstanden und möchte Beschwerde erheben. Die vierwöchige Beschwerdefrist endet am Mittwoch, dem 10.3.2021. Spätestens an diesem Tag muss die Beschwerde einem Zustelldienst übergeben werden.

665 § 7 Abs 4 VwGVG.
666 § 7 Abs 3 VwGVG.
667 § 32 Abs 2 AVG.
668 § 33 Abs 3 AVG.

Besondere Vorsicht ist geboten, wenn die Bescheidbeschwerde per E-Mail oder Fax eingebracht wird. Gemäß § 13 Abs 5 AVG ist die Behörde nur während der Amtsstunden verpflichtet, schriftliche Anbringen entgegenzunehmen oder Empfangsgeräte empfangsbereit zu halten. Die Amtsstunden sind im Internet und an der Amtstafel bekanntzumachen. Nur die Einbringung während den Amtsstunden ist fristwahrend, sofern die Behörde nicht anderes kundgemacht hat.

Beispiel

Ein Gewerbebescheid wird dem Gewerbetreibenden am Freitag, dem 26.3.2021, zugestellt. Die vierwöchige Beschwerdefrist endet am Freitag, dem 23.4.2021. Da der Beschwerdeführer nicht mehr zur Post kommt, bringt er die Beschwerde am letzten Tag der Frist per Fax ein. Auf der Homepage der Behörde findet sich folgender Hinweis: „Die Amtsstunden der Behörde sind von 08:00 bis 15:00 Uhr. Falls Sie uns außerhalb der Amtsstunden ein elektronisches Anbringen übermitteln, wird es erst mit dem Wiederbeginn der Amtsstunden entgegengenommen und bearbeitet. Es gilt daher erst zu diesem Zeitpunkt als eingebracht und eingelangt. Das gilt auch für Rechtsmittel." Der Beschwerdeführer faxt die Beschwerde um 15:10 Uhr – also außerhalb der Amtsstunden. Solche Eingaben, die außerhalb der Amtsstunden eingebracht werden, gelten erst mit Beginn der Amtsstunden des nächsten Arbeitstages als eingebracht. Die Beschwerde ist verspätet.

8.4.2.2. Form und Einbringungsstelle

Die Beschwerde ist **schriftlich** bei der belangten Behörde in einfacher Ausfertigung einzubringen.[669]

Wird die Beschwerde versehentlich beim VwG eingebracht, gilt § 6 Abs 1 AVG. Das VwG hat die Beschwerde entweder ohne unnötigen Aufschub auf Gefahr des Beschwerdeführers an die zuständige belangte Behörde weiterzuleiten oder den Beschwerdeführer an diese zu verweisen. In beiden Fällen trägt der Beschwerdeführer das Risiko der Fristversäumnis. Die Frist ist nur dann gewahrt, wenn die Beschwerde entweder vor Fristablauf bei der zuständigen belangten Behörde einlangt oder vom VwG spätestens am letzten Tag der Frist zur Weiterleitung an die zuständige belangte Behörde einem Zustelldienst übergeben wird.

8.4.2.3. Gebühr

Für Bescheidbeschwerden fällt grundsätzlich eine Eingabegebühr in Höhe von € 30 an. Die Gebühr ist auf das Konto des Finanzamtes für Gebühren, Verkehrsteuern und Glücksspiel zu entrichten. Der Beschwerde ist ein Nachweis über die Einzahlung der Eingabegebühr beizulegen.

Keiner Eingabegebühr unterliegen zB Beschwerden in Verwaltungsstrafsachen.[670]

669 § 12 VwGVG; § 13 Abs 1 AVG iVm § 20 VwGVG.
670 § 14 TP 6 Abs 5 Z 7 GebG.

8.4.2.4. Kein Anwaltszwang

Im verwaltungsgerichtlichen Verfahren herrscht **kein Anwaltszwang**.

8.4.2.5. Inhalt der Beschwerde (§ 9 VwGVG)

Die Bescheidbeschwerde hat folgenden Inhalt aufzuweisen:

- die Bezeichnung des angefochtenen Bescheides,
- die Bezeichnung der belangten Behörde,
- die Gründe, auf die sich die Behauptung der Rechtswidrigkeit stützt,
- das Begehren und
- die Angaben, die erforderlich sind, um zu beurteilen, ob die Beschwerde rechtzeitig eingebracht ist.

Erfüllt die Bescheidbeschwerde nicht alle Inhalts- bzw Formerfordernisse, kann dem Beschwerdeführer ein Verbesserungsauftrag erteilt werden. In diesem ist darauf hinzuweisen, dass die Bescheidbeschwerde zurückgewiesen wird, wenn der Mangel nicht innerhalb einer angemessenen Frist (diese ist im Verbesserungsauftrag festzusetzen) behoben wird. Bei rechtzeitiger Behebung gilt die Bescheidbeschwerde als ursprünglich richtig eingebracht.[671]

8.4.2.6. Wirkung der Beschwerde (§ 13 VwGVG)

Grundsätzlich hat eine rechtzeitig eingebrachte und zulässige Bescheidbeschwerde ex lege **aufschiebende Wirkung**. Der angefochtene Bescheid kann sohin während des verwaltungsgerichtlichen Verfahrens nicht vollstreckt werden.

Sowohl die Behörde als auch das VwG können die aufschiebende Wirkung mit Bescheid bzw Beschluss **ausschließen**, wenn nach Abwägung der berührten öffentlichen Interessen und Interessen anderer Parteien der vorzeitige Vollzug des angefochtenen Bescheides oder die Ausübung der durch den angefochtenen Bescheid eingeräumten Berechtigung wegen Gefahr im Verzug dringend geboten ist. Die Behörde hat einen solchen Ausspruch tunlichst schon in den über die Hauptsache ergehenden Bescheid aufzunehmen.[672]

Wurde die aufschiebende Wirkung mit Bescheid oder Beschluss ausgeschlossen, kann das VwG einen solchen Bescheid oder seinen eigenen Beschluss auf Antrag einer Partei aufheben oder abändern, wenn es die Voraussetzungen des Ausschlusses der aufschiebenden Wirkung anders beurteilt oder wenn sich die Voraussetzungen, die für die Entscheidung über den Ausschluss der aufschiebenden Wirkung maßgebend waren, wesentlich geändert haben.[673]

671 § 17 VwGVG iVm § 13 Abs 3 AVG.
672 § 13 Abs 2, § 22 Abs 2 VwGVG.
673 § 22 Abs 3 VwGVG.

In Verwaltungsstrafsachen kann die aufschiebende Wirkung einer Beschwerde nicht ausgeschlossen werden.[674]

8.4.2.7. Vorverfahren und Beschwerdevorentscheidung (§ 14 VwGVG)

Ähnlich der Berufungsvorentscheidung, die freilich nur mehr in Angelegenheiten des eigenen Wirkungsbereiches der Gemeinde – sofern der Instanzenzug dort nicht gesetzlich abgeschafft wurde – eine Rolle spielt, soll auch die belangte Behörde die Möglichkeit haben, über die Bescheidbeschwerde zunächst selbst mittels **Beschwerdevorentscheidung** zu entscheiden. Damit wird der belangten Behörde eine „zweite Chance" zur Verbesserung ihrer Entscheidung eingeräumt. Gemäß § 14 VwGVG steht es der Behörde frei, den angefochtenen Bescheid innerhalb von zwei Monaten aufzuheben, abzuändern oder die Beschwerde zurück- oder abzuweisen. Ob die Behörde von dieser Möglichkeit Gebrauch macht, liegt ausschließlich in ihrem Ermessen. Eine Pflicht besteht nicht. Dementsprechend haben die Parteien auch keinen Rechtsanspruch auf Erlassung einer Beschwerdevorentscheidung.

Will die belangte Behörde von der Erlassung einer Beschwerdevorentscheidung absehen, hat sie dem VwG die Beschwerde unter Anschluss der Akten des Verwaltungsverfahrens unverzüglich vorzulegen. Gleichzeitig hat die Behörde den Parteien eine Mitteilung über die Vorlage der Beschwerde an das VwG zuzustellen; diese Mitteilung hat den Hinweis zu enthalten, dass Schriftsätze ab Vorlage der Beschwerde an das VwG unmittelbar bei diesem einzubringen sind.[675] Mit dem Einlangen der vorgelegten Beschwerde beim VwG beginnt die Entscheidungsfrist des VwG zu laufen.[676]

Will die belangte Behörde eine Beschwerdevorentscheidung erlassen, stehen ihr dafür grundsätzlich **zwei Monaten** ab dem Einlangen der Beschwerde bei ihr zur Verfügung. Abweichende Entscheidungsfristen finden sich zB in § 20g Abs 3 AuslBG (zehn Wochen) und § 40 Abs 4 UVP-G (sechs Wochen). § 351h Abs 3 ASVG schließt eine Beschwerdevorentscheidung überhaupt aus.

Die Beschwerdevorentscheidung selbst stellt einen Bescheid dar. Sie hat daher alle erforderlichen Bescheidmerkmale aufzuweisen (siehe Kapitel 5.5.2.2.). Bei der Erlassung der Beschwerdevorentscheidung ist die Behörde – wie auch das VwG – an das Beschwerdevorbringen, also an die Beschwerdegründe und das Beschwerdebegehren bzw an die Erklärung über den Umfang der Anfechtung, gebunden. Es besteht sohin ein beschränkter Prüfungsumfang. Überschreitet die Behörde diesen Prüfungsumfang, überschreitet sie damit ihre Zuständigkeit, wodurch sie die Beschwerdevorentscheidung mit Rechtswidrigkeit belastet.[677]

674 § 41 VwGVG.
675 § 14 Abs 2 VwGVG iVm § 20 VwGVG.
676 § 34 Abs 1 zweiter Satz VwGVG.
677 *Goldstein/Neudorfer* in *Raschauer/Wessely* (Hrsg), VwGVG § 14 Rz 4 (Stand 31.3.2018, rdb.at) mwN.

Die belangte Behörde hat die Beschwerdevorentscheidung binnen zwei Monaten schriftlich zu erlassen. Eine bloß mündliche Verkündung wäre unzulässig.[678] Um die Frist zu wahren, muss die Beschwerdevorentscheidung innerhalb dieses Zeitraumes erlassen werden. Mit der Erlassung wird die Beschwerdevorentscheidung rechtlich existent. Im Mehrparteienverfahren genügt es, wenn die Beschwerdevorentscheidung zumindest einer Partei gegenüber ordnungsgemäß erlassen (dh zugestellt) wurde.

Mit Ablauf der zweimonatigen Frist für die Beschwerdevorentscheidung geht die Zuständigkeit zur Entscheidung über die Beschwerde auf das VwG über. Erlässt die Behörde dennoch eine Beschwerdevorentscheidung, belastet sie die Beschwerdevorentscheidung infolge Unzuständigkeit mit Rechtswidrigkeit.

8.4.2.8. Vorlageantrag (§ 15 VwGVG)

Hat die Behörde eine Beschwerdevorentscheidung erlassen, kann dagegen das Rechtsmittel des Vorlageantrages erhoben werden. Für Vorlageanträge fällt grundsätzlich eine Eingabegebühr in Höhe von € 15 an. **Jede Partei** kann binnen **zwei Wochen** nach Zustellung der Beschwerdevorentscheidung bei der Behörde den **schriftlichen Antrag** stellen, dass die Beschwerde dem VwG zur Entscheidung vorgelegt wird. Wird der Vorlageantrag von einer anderen Partei als dem Beschwerdeführer gestellt, hat er die Gründe, auf die sich die Behauptung der Rechtswidrigkeit stützt (§ 9 Abs 1 Z 3 VwGVG), und ein Begehren (§ 9 Abs 1 Z 4 VwGVG) zu enthalten.

Ein rechtzeitig eingebrachter und zulässiger Vorlageantrag hat aufschiebende Wirkung, wenn der Beschwerde ex lege aufschiebende Wirkung zukommt und die Behörde diese nicht ausgeschlossen hat oder wenn der Beschwerde von Gesetzes wegen keine aufschiebende Wirkung zukommt, die Behörde diese aber zuerkannt hat.

Zulässige Vorlageanträge sind dem VwG unter Anschluss der Beschwerde und der Akten des Verwaltungsverfahrens vorzulegen. Mit der Vorlage geht die Zuständigkeit auf das VwG über. Gleichzeitig mit der Vorlage hat die Behörde den Parteien eine Mitteilung über die Vorlage der Beschwerde an das VwG zuzustellen. Diese Mitteilung hat den Hinweis zu enthalten, dass Schriftsätze ab Vorlage der Beschwerde an das VwG unmittelbar bei diesem einzubringen sind.[679]

Verspätete und unzulässige Vorlageanträge sind von der Behörde mit Bescheid zurückzuweisen. Wird gegen einen solchen Bescheid Beschwerde erhoben, hat die Behörde dem VwG unverzüglich die Akten des Verfahrens vorzulegen. Gleichzeitig hat die Behörde den Parteien eine Mitteilung über die Vorlage der Beschwerde an das Verwaltungsgericht zuzustellen; diese Mitteilung hat den

678 *Kolonovits/Muzak/Stöger*, Verwaltungsverfahrensrecht[11] Rz 769.
679 § 15 Abs 2 VwGVG.

Hinweis zu enthalten, dass Schriftsätze ab Vorlage der Beschwerde an das VwG unmittelbar bei diesem einzubringen sind. Eine Beschwerdevorentscheidung darf in einem solchen Fall nicht erlassen werden.

Anders als die Berufungsvorentscheidung tritt die Beschwerdevorentscheidung durch einen rechtzeitigen und zulässigen Vorlageantrag nicht außer Kraft.[680] Vielmehr derogiert die Beschwerdevorentscheidung dem Ausgangsbescheid, tritt also an dessen Stelle. Das Rechtsmittel, über welches das VwG zu entscheiden hat, bleibt im Fall eines zulässigen Vorlageantrages die Beschwerde. Der Vorlageantrag richtet sich nämlich nur darauf, dass die Beschwerde dem VwG vorgelegt wird. Da sich die Beschwerde gegen den Ausgangsbescheid richtet und sich ihre Begründung auf diesen beziehen muss, bleibt der Ausgangsbescheid auch Maßstab dafür, ob die Beschwerde berechtigt ist oder nicht. Durch das VwG aufgehoben, abgeändert oder bestätigt werden kann aber nur – außer in Fällen einer Zurückweisung der Beschwerde – die an die Stelle des Ausgangsbescheides getretene Beschwerdevorentscheidung.[681] Folgende (Entscheidungs-)Konstellationen sind denkbar:[682]

- Ist die **Beschwerde gegen den Ausgangsbescheid nicht berechtigt**, so ist sie vom VwG abzuweisen. Eine Beschwerdevorentscheidung, die ebenfalls – allenfalls mit einer ergänzenden Begründung – in einer Abweisung bestanden hat, ist zu bestätigen. Im Fall einer zu Gunsten des Beschwerdeführers abändernden oder aufhebenden Beschwerdevorentscheidung ist – durch Erlassung des an die Stelle der Beschwerdevorentscheidung tretenden Erkenntnisses – idR der Spruch des Ausgangsbescheides wiederherzustellen.
- Ist die **Beschwerde** gegen den Ausgangsbescheid **(teilweise) berechtigt**, so ist ihr vom VwG (teilweise) stattzugeben. Eine Beschwerdevorentscheidung, die der Beschwerde ebenfalls im gebotenen Umfang stattgegeben hat und den Ausgangsbescheid – im Rahmen des durch die Beschwerde abgesteckten Verfahrensgegenstandes – rechtskonform abgeändert oder behoben hat, ist zu bestätigen, eine rechtswidrige – den Ausgangsbescheid entweder bestätigende oder in rechtswidriger (etwa nicht weit genug gehender) Weise abändernde – Beschwerdevorentscheidung ist ihrerseits abzuändern (dh durch ein rechtmäßiges Erkenntnis zu ersetzen) oder gegebenenfalls – wenn eine Entscheidung in der betreffenden Sache gar nicht hätte ergehen dürfen – ersatzlos zu beheben.
- Will das VwG die Sache an die Behörde **zurückverweisen**, ist die Beschwerdevorentscheidung aufzuheben und die Angelegenheit zur Erlassung eines neuen Bescheides an die Behörde zurückzuverweisen.[683]

680 ErläutRV 2009 BlgNR 24. GP 5.
681 VwGH 25.5.2021, Ra 2020/08/0046 mwN.
682 *Fister/Fuchs/Sachs*, Verwaltungsgerichtsverfahren² § 15 VwGVG Rz 9 (Stand 1.10.2018, rdb.at); VwGH 17.12.2015, Ro 2015/08/0026; 14.9.2016, Ra 2015/08/0145.
683 VwGH 25.5.2021, Ra 2020/08/0046 mwN.

- Ist die **Beschwerde nicht zulässig**, so ist sie vom VwG zurückzuweisen, wobei der Beschluss des VwG an die Stelle der Beschwerdevorentscheidung tritt. Dies hat die Wirkung, dass die Rechtskraft des Ausgangsbescheides festgestellt wird, selbst wenn die Behörde die Unzulässigkeit der Beschwerde nicht wahrgenommen und eine meritorische – den Ausgangsbescheid aufhebende oder abändernde – Beschwerdevorentscheidung erlassen haben sollte.
- Ist die **Beschwerde zulässig**, wurde sie mit der Beschwerdevorentscheidung aber zurückgewiesen, so hat das VwG inhaltlich über die Beschwerde zu erkennen (und den Ausgangsbescheid zu bestätigen, zu beheben oder abzuändern), wobei seine Entscheidung an die Stelle der Beschwerdevorentscheidung tritt, ohne dass diese explizit behoben werden muss.

8.4.2.9. Verfahren vor dem VwG bei der Bescheidbeschwerde

Mit der Vorlage der Bescheidbeschwerde durch die belangte Behörde an das VwG beginnt das Verfahren vor dem VwG und somit auch dessen Entscheidungsfrist (idR sechs Monate) zu laufen. Ab diesem Zeitpunkt sind die Schriftsätze unmittelbar beim VwG einzubringen.[684]

Das VwG hat auf Antrag oder, wenn es dies für erforderlich hält, von Amts wegen eine **öffentliche mündliche Verhandlung** durchzuführen. Die Verhandlung kann entfallen, wenn die Beschwerde zurückzuweisen ist, bereits aufgrund der Aktenlage feststeht, dass der angefochtene Bescheid aufzuheben ist oder die Rechtssache durch einen Rechtspfleger erledigt wird. Die Parteien können auf die Durchführung einer Verhandlung auch ausdrücklich verzichten. Ein solcher Verzicht kann bis zum Beginn der Verhandlung erklärt werden. Ungeachtet eines Parteiantrages kann das VwG von einer Verhandlung auch absehen, wenn die Akten erkennen lassen, dass die mündliche Verhandlung eine weitere Klärung der Rechtssache nicht erwarten lässt, und einem Entfall weder Art 6 Abs 1 EMRK noch Art 47 GRC entgegenstehen.[685]

In **Verwaltungsstrafsachen** hat das VwG grundsätzlich über jede Beschwerde eine öffentliche mündliche Verhandlung durchzuführen. Die Verhandlung kann nur dann entfallen, wenn die Beschwerde zurückzuweisen ist oder bereits aufgrund der Aktenlage feststeht, dass der angefochtene Bescheid aufzuheben ist. Darüber hinaus kann das VwG von einer Verhandlung absehen, wenn

- in der Beschwerde nur eine unrichtige rechtliche Beurteilung behauptet wird,
- sich die Beschwerde nur gegen die Strafhöhe richtet,
- im angefochtenen Bescheid eine € 500 nicht übersteigende Geldstrafe verhängt wurde oder
- sich die Beschwerde gegen einen verfahrensrechtlichen Bescheid richtet

684 § 34 Abs 1 zweiter Satz iVm § 20 zweiter Satz VwGVG.
685 § 24 VwGVG.

und keine Partei die Durchführung einer Verhandlung beantragt hat. Der Beschwerdeführer hat die Durchführung einer mündlichen Verhandlung in der Beschwerde zu beantragen.[686] Liegt ein solcher Antrag vor, ist das VwG grundsätzlich zur Durchführung einer mündlichen Verhandlung verpflichtet. Ungeachtet eines Parteiantrages kann das VwG von einer Verhandlung absehen, wenn es einen Beschluss zu fassen hat, die Akten erkennen lassen, dass die mündliche Verhandlung eine weitere Klärung der Rechtssache nicht erwarten lässt, und einem Entfall weder Art 6 Abs 1 EMRK noch Art 47 GRC entgegenstehen.[687] Ein Absehen von der Verhandlung ist auch möglich, wenn die Parteien auf die Durchführung einer Verhandlung ausdrücklich verzichten.[688]

Verhandlungen vor dem VwG sind grundsätzlich öffentlich. Öffentlichkeit meint Volksöffentlichkeit, was bedeutet, dass jedermann an der Verhandlung vor dem VwG teilnehmen darf (nicht nur Parteien und deren Vertreter).[689] Die Öffentlichkeit von der Verhandlung darf nur so weit ausgeschlossen werden, als dies aus Gründen der Sittlichkeit, der öffentlichen Ordnung oder der nationalen Sicherheit, der Wahrung von Geschäfts- und Betriebsgeheimnissen sowie im Interesse des Schutzes Jugendlicher oder des Privatlebens einer Partei, eines Opfers, eines Zeugen oder eines Dritten geboten ist. Der Ausschluss der Öffentlichkeit erfolgt durch verfahrensleitenden Beschluss entweder von Amts wegen oder auf Antrag einer Partei oder eines Zeugen. Unmittelbar nach der Verkündung des Beschlusses haben sich alle Zuhörer zu entfernen, doch können die Parteien verlangen, dass je drei Personen ihres Vertrauens die Teilnahme an der Verhandlung gestattet wird.[690]

Soweit nicht Rechtswidrigkeit infolge Unzuständigkeit der Behörde vorliegt, hat das VwG den angefochtenen Bescheid aufgrund der Beschwerde zu überprüfen. Der **Prüfungsumfang** des VwG ist beschränkt.[691] In der allenfalls durchzuführenden Verhandlung hat das VwG die zur Entscheidung der Rechtssache erforderlichen Beweise aufzunehmen. Da **kein Neuerungsverbot** gilt, können neue Tatsachenvorbringen erstattet und neue Beweise vorgebracht werden.[692] Ist die Sache zur Entscheidung reif, kann das VwG das Ermittlungsverfahren durch Verfahrensanordnung für geschlossen erklären und eine Entscheidung fällen.[693]

Das VwG fällt seine Entscheidungen entweder in Form eines Erkenntnisses oder Beschlusses. Mit Beschluss entscheidet das VwG insbesondere bei Zurückweisung der Beschwerde, Einstellung des Beschwerdeverfahrens sowie Behebung des

686 § 44 Abs 1 bis Abs 3 VwGVG.
687 § 44 Abs 4 VwGVG.
688 § 44 Abs 5 VwGVG.
689 *Kolonovits/Muzak/Stöger*, Verwaltungsverfahrensrecht[11] Rz 809.
690 § 25 Abs 1 bis Abs 3 VwGVG.
691 § 27 VwGVG; VwGH 15.10.2019, Ra 2019/02/0109.
692 VwGH 10.6.2021, Ra 2017/06/0106; 29.3.2017, Ra 2016/05/0069.
693 § 39 Abs 3 AVG iVm § 17 VwGVG.

Bescheides und Zurückverweisung der Angelegenheit an die Behörde zur neuerlichen Entscheidung.

Eine **Zurückweisung** erfolgt insbesondere dann, wenn die Beschwerde verspätet ist, das VwG für die Beschwerde unzuständig ist, entschiedene Sache oder mangelnde Beschwerdelegitimation vorliegt oder einem Verbesserungsauftrag nicht fristgerecht nachgekommen wurde. Eine **Einstellung** des Beschwerdeverfahrens kommt in Betracht, wenn die Beschwerde zurückgezogen oder der Beschwerdeführer klaglos gestellt wurde. Hat die Behörde notwendige Sachverhaltsermittlungen unterlassen, kann das VwG mit **Behebung und Zurückverweisung** vorgehen. Eine solche Vorgehensweise kommt auch bei fehlerhaften Ermessensentscheidungen in Betracht, sofern das VwG nicht in der Sache selbst zu entscheiden hat. Im Fall der Behebung und Zurückverweisung ist die Behörde an die rechtliche Beurteilung gebunden, von welcher das VwG bei seinem Beschluss ausgegangen ist.[694]

Sofern die Beschwerde nicht zurückzuweisen oder das Verfahren einzustellen ist, hat das VwG die Rechtssache durch Erkenntnis zu erledigen.[695] Grundsätzlich trifft das VwG die Pflicht zur Sachentscheidung. Sachentscheidung bedeutet Stattgebung oder Abweisung der Beschwerde bzw ersatzlose Behebung des angefochtenen Bescheides. Das VwG hat **in der Sache selbst** zu entscheiden, wenn

- der maßgebliche Sachverhalt feststeht oder
- die Feststellung des maßgeblichen Sachverhaltes durch das VwG selbst im Interesse der Raschheit gelegen oder mit einer erheblichen Kostenersparnis verbunden ist.[696]

Liegen diese Voraussetzungen nicht vor, hat das VwG dennoch in der Sache selbst zu entscheiden, wenn die Behörde dem nicht bei der Vorlage der Beschwerde unter Bedachtnahme auf die wesentliche Vereinfachung oder Beschleunigung des Verfahrens widerspricht.[697] Entscheidung in der Sache selbst bedeutet, dass das VwG den angefochtenen Bescheid entweder bestätigen, aufheben, ändern oder ersatzlos beheben kann. Eine ersatzlose Behebung kommt in Betracht, wenn der angefochtene Bescheid von einer unzuständigen Behörde erlassen wurde.

Hebt das VwG den angefochtenen Bescheid auf, ist die Behörde verpflichtet, in der betreffenden Rechtssache mit den ihr zu Gebote stehenden rechtlichen Mitteln unverzüglich den der Rechtsanschauung des VwG entsprechenden Rechtszustand herzustellen.[698]

694 § 28 Abs 3 zweiter und dritter Satz, § 28 Abs 4 VwGVG.
695 § 28 Abs 1 VwGVG.
696 § 28 Abs 2 VwGVG.
697 § 28 Abs 3 erster Satz VwGVG.
698 § 28 Abs 5 AVG.

Erkenntnisse des VwG sind **im Namen der Republik** zu verkünden und auszufertigen. Sie sind zu begründen. Bei der Fällung des Erkenntnisses ist nur auf das Rücksicht zu nehmen, was in der Verhandlung vorgekommen ist.[699] Hat eine Verhandlung in Anwesenheit von Parteien stattgefunden, so hat idR das VwG das Erkenntnis mit den wesentlichen Entscheidungsgründen sogleich mündlich zu verkünden.[700] Mit der mündlichen Verkündung gilt das Erkenntnis als erlassen und rechtlich existent. Ob eine mündliche Verkündung im Anschluss an die Verhandlung erfolgt, hängt idR von der Komplexität der Sach- und Rechtslage ab. Im Falle der mündlichen Verkündung hat das VwG die (Verhandlungs-)Niederschrift den zur Erhebung einer Revision beim VwGH oder einer Beschwerde beim VfGH legitimierten Parteien und Organen auszufolgen oder zuzustellen. Der Niederschrift ist einerseits eine Belehrung über das Recht anzuschließen, dass binnen zwei Wochen nach Ausfolgung bzw Zustellung der Niederschrift eine schriftliche (Voll-)Ausfertigung des mündlich verkündeten Erkenntnisses verlangt werden kann, sowie andererseits darüber, dass ein Antrag auf schriftliche (Voll-)Ausfertigung des mündlichen Erkenntnisses eine Voraussetzung für die Zulässigkeit der Revision beim VwGH und der Beschwerde beim VfGH darstellt.[701]

Wird kein Antrag auf schriftliche Ausfertigung des mündlich verkündeten Erkenntnisses gestellt oder wird auf die Revision beim VwGH und die Beschwerde beim VfGH verzichtet, kann das **Erkenntnis in gekürzter Form** ausgefertigt werden. Die gekürzte Ausfertigung hat den Spruch sowie einen Hinweis auf den Verzicht oder darauf, dass eine schriftliche Ausfertigung des Erkenntnisses nicht beantragt wurde, zu enthalten.[702]

Wird hingegen ein fristgerechter Antrag auf (Voll-)Ausfertigung (von auch nur einem hiezu Berechtigten) gestellt, hat das VwG das **Erkenntnis in voller Form** auszufertigen. Mit der Zustellung der schriftlichen (Voll-)Ausfertigung beginnen sodann die Revisionsfrist an den VwGH bzw die Beschwerdefrist an den VfGH zu laufen.[703]

Die Verkündung eines Erkenntnisses entfällt, wenn keine Verhandlung durchgeführt worden ist oder das Erkenntnis nicht sogleich am Schluss der Verhandlung gefasst werden kann und für jedermann die Einsichtnahme in das Erkenntnis gewährleistet ist. Wird das Erkenntnis nicht mündlich verkündet, ist es schriftlich zu erlassen. Ein schriftliches Erkenntnis wird mit der Zustellung an wenigstens eine Partei rechtlich existent.

699 § 25 Abs 6 und Abs 7 letzter Satz VwGVG.
700 § 29 Abs 1 und Abs 2 VwGVG.
701 § 29 Abs 2a VwGVG.
702 § 29 Abs 5 VwGVG.
703 *Leeb* in *Hengstschläger/Leeb* (Hrsg), AVG § 29 VwGVG Rz 80 (Stand 15.2.2017, rdb.at).

Für **verfahrensabschließende Beschlüsse** (zB Zurückweisung der Beschwerde oder Einstellung des Beschwerdeverfahrens) gilt Folgendes: Sie sind nicht im Namen der Republik zu verkünden, aber zu begründen. Eine schriftliche Ausfertigung des Beschlusses ist den Parteien zuzustellen. Eine mündliche Verkündung ist zulässig. In diesem Fall finden die Bestimmungen über die gekürzte Ausfertigung sinngemäß Anwendung.[704] Verfahrensabschließende Beschlüsse haben – wie auch Erkenntnisse – eine Belehrung über die Beschwerde beim VfGH und die Revision beim VwGH zu enthalten.[705]

In **Verwaltungsstrafsachen** hat das VwG jedenfalls in der Sache selbst zu entscheiden. Die Entscheidung erfolgt in Form eines Erkenntnisses. Nur die Zurückweisung der Beschwerde und die Einstellung des Verfahrens haben in Beschlussform zu ergehen.[706] Davon zu unterscheiden ist die Einstellung des Verwaltungsstrafverfahrens gemäß § 45 Abs 1 VStG: Diese hat wiederum durch Erkenntnis zu erfolgen.[707]

8.4.2.10. Rechtskraft

Erkenntnisse und verfahrensabschließende Beschlüsse des VwG erwachsen mit ihrer Erlassung in Rechtskraft und werden damit grundsätzlich sofort verbindlich und vollstreckbar. Daran ändert auch die offene Frist zur Erhebung einer Revision an den VwGH nichts, da dieser grundsätzlich keine aufschiebende Wirkung zukommt. Anderes gilt nur bei Zuerkennung der aufschiebenden Wirkung.[708]

8.4.2.11. Kostenersatz

Im Verfahren über Beschwerden gegen einen Bescheid einer Verwaltungsbehörde wegen Rechtswidrigkeit gibt es grundsätzlich keinen Kostenersatz. Es gilt sohin hinsichtlich der Kosten der Grundsatz der Selbsttragung bzw der amtswegigen Tragung.[709] Abweichend davon können in den Materiengesetzen Kostenersatzregelungen vorgesehen sein. Besteht ein Kostenersatzanspruch, ist der Antrag auf Kostenersatz bei sonstigem Anspruchsverlust so zeitgerecht zu stellen, dass der Ausspruch über die Kosten in die Entscheidung des VwG aufgenommen werden kann. Die Höhe der zu ersetzenden Kosten wird vom VwG bestimmt und kann von diesem auch in einem Pauschalbetrag festgesetzt werden.[710]

704 § 29 Abs 2a, 2b und 5 iVm § 31 Abs 3 VwGVG.
705 § 30 iVm § 31 Abs 3 VwGVG.
706 § 50 VwGVG.
707 *Fister/Fuchs/Sachs,* Verwaltungsgerichtsverfahren[2] § 50 VwGVG Rz 2 (Stand 1.10.2018, rdb.at); VwGH 9.9.2016, Ra 2016/002/0137.
708 VwGH 30.8.2018, Ra 2018/21/0111; *Kolonovits/Muzak/Stöger,* Verwaltungsverfahrensrecht[11] Rz 869.
709 § 17 VwGVG iVm § 74 Abs 1 und § 75 Abs 1 AVG.
710 § 17 VwGVG iVm § 74 Abs 2 AVG.

Im **Verwaltungsstrafverfahren** gilt:

Wird die **Beschwerde zur Gänze abgewiesen** und somit das Straferkenntnis der Verwaltungsbehörde bestätigt, hat das VwG auszusprechen, dass der Bestrafte einen Beitrag zu den Kosten des Strafverfahrens zu leisten hat. Dieser Betrag ist für das Beschwerdeverfahren mit 20 % der verhängten Strafe, mindestens jedoch mit € 10 zu bemessen. Bei Freiheitsstrafen ist zur Berechnung der Kosten ein Tag Freiheitsstrafe gleich € 100 anzurechnen. Sind im verwaltungsgerichtlichen Verfahren Barauslagen erwachsen (§ 76 AVG), so ist dem Bestraften der Ersatz dieser Auslagen aufzuerlegen, soweit sie nicht durch Verschulden einer anderen Person verursacht sind. Dies gilt nicht für Gebühren, die dem Dolmetscher und Übersetzer zustehen, der dem Beschuldigten beigestellt wurde. Einem beigegebenen Verfahrenshilfeverteidiger sind die Kosten eines Dolmetschers, soweit dessen Beiziehung zu den Besprechungen zwischen dem Verteidiger und dem Beschuldigten notwendig war, von jenem Rechtsträger, in dessen Vollziehungsbereich das Verwaltungsgericht in der Angelegenheit gehandelt hat, in der Höhe der für Dolmetscher geltenden Bestimmungen des GebAG zu vergüten. Die Gebühr ist beim VwG, das über den Antrag auf Beigebung eines Verteidigers entschieden hat, geltend zu machen.[711]

Wird der **Beschwerde auch nur teilweise Folge** gegeben, sind die Kosten des Beschwerdeverfahrens dem Beschwerdeführer nicht aufzuerlegen.[712]

Wird der **Beschwerde zur Gänze stattgegeben** und das Straferkenntnis aufgehoben, sind die Kosten des Verfahrens von der Behörde zu tragen. Sind die Kosten bereits bezahlt worden, sind sie zu erstatten.[713]

8.4.3. Die Maßnahmenbeschwerde

Gemäß Art 130 Abs 1 Z 2 B-VG erkennen die VwG über Beschwerden gegen die Ausübung unmittelbarer verwaltungsbehördlicher Befehls- und Zwangsgewalt wegen Rechtswidrigkeit. Wer behauptet, durch die ausgeübte unmittelbare verwaltungsbehördliche Befehls- und Zwangsgewalt in seinen Rechten verletzt zu sein, kann gemäß Art 132 Abs 2 B-VG Beschwerde erheben.

Eine Ausübung unmittelbarer verwaltungsbehördlicher Befehls- und Zwangsgewalt liegt dann vor, wenn ein Verwaltungsorgan im Rahmen der Hoheitsverwaltung einseitig gegen einen individuell bestimmten Adressaten einen Befehl erteilt oder Zwang ausübt und damit unmittelbar – also ohne vorangegangenen Bescheid – in subjektive Rechte des Betroffenen eingreift. Das ist im Allgemeinen dann der Fall, wenn physischer Zwang ausgeübt oder die unmittelbare Ausübung physischen Zwanges bei Nichtbefolgung eines Befehles droht.

711 § 52 Abs 1 bis Abs 4 VwGVG.
712 § 52 Abs 8 VwGVG.
713 § 52 Abs 9 VwGVG.

Akte unmittelbarer verwaltungsbehördlicher Befehls- und Zwangsgewalt sind zB Festnahmen, Beschlagnahmen, faktische Betriebsschließung nach dem GSpG, Auflösungen einer Versammlung, zwangsweise Blutabnahmen, Betretungsverbote und Wegweisungen nach dem SPG sowie das Betreten von Liegenschaften und Wohnungen.[714]

Ziel des Maßnahmenbeschwerdeverfahrens ist die Feststellung, ob der angefochtene Akt unmittelbarer verwaltungsbehördlicher Befehls- und Zwangsgewalt rechtmäßig war oder nicht.

8.4.3.1. Beschwerdelegitimation

Beschwerdelegitimiert ist derjenige, der behauptet, durch die Ausübung unmittelbarer verwaltungsbehördlicher Befehls- und Zwangsgewalt in seinen subjektiven Rechten verletzt zu sein. Das trifft regelmäßig nur auf den **Adressaten** der Maßnahme als unmittelbar davon Betroffenen zu. Hat die Maßnahme den Tod des Adressaten zur Folge, sind auch **nahe Angehörige** beschwerdelegitimiert.[715] Ebenso kann Dritten unter gewissen Voraussetzungen eine Beschwerdelegitimation zukommen.

Die Behauptung der Verletzung in subjektiven Rechten kann sich sowohl auf einfachgesetzlich gewährleistete Rechte als auch auf verfassungsgesetzlich gewährleistete Rechte und Unionsrecht beziehen.[716] Die Unterlassung der Erhebung einer Maßnahmenbeschwerde hat nach Auffassung des VwGH die Rechtmäßigkeit der Maßnahme zur Folge. Das gilt auch dann, wenn einer Maßnahmenbeschwerde kein Erfolg beschieden war.[717]

8.4.3.2. Frist

Die Frist zur Erhebung einer Maßnahmenbeschwerde beträgt **sechs Wochen**.[718] Sie beginnt mit dem Zeitpunkt, in dem der Betroffene **Kenntnis** von der Ausübung unmittelbarer verwaltungsbehördlicher Befehls- und Zwangsgewalt erlangt hat. War der Betroffene aber durch die Befehls- und Zwangsgewalt behindert, von seinem Beschwerderecht Gebrauch zu machen, beginnt die Frist mit dem Wegfall dieser Behinderung.[719]

Nach Wochen, Monaten oder Jahren bestimmte Fristen enden mit dem Ablauf desjenigen Tages der letzten Woche oder des Monates, der durch seine Benen-

714 VwGH 20.1.2005, 2002/07/0011; 22.2.2007, 2006/11/0154; 10.4.2008, 2004/01/0502; 10.5.2010, 2010/17/0073; 29.5.2019, Ra 2018/02/0238; 13.10.2020, Ra 2019/16/0105; 14.12.2020, Ra 2020/01/0424; 9.2.2021, Ra 2021/01/0023.

715 VfSlg 16.109/2001.

716 Vgl *Hengstschläger/Leeb*, AVG § 67c Rz 21 (Stand 1.7.2007, rdb.at).

717 VwGH 26.6.2013, 2012/05/0076; 8.4.2014, 2012/05/0113.

718 § 7 Abs 4 VwGVG.

719 § 7 Abs 4 Z 3 VwGVG.

nung oder Zahl dem Tag entspricht, an dem die Frist begonnen hat.[720] Abgestellt wird auf die Kenntnis der Ausübung unmittelbarer verwaltungsbehördlicher Befehls- und Zwangsgewalt bzw den Wegfall der Behinderung (zB Festnahme). Die Tage von der Übergabe an einen Zustelldienst zur Übermittlung an die Behörde bis zum Einlangen bei dieser (Postlauf) werden in die Frist nicht eingerechnet.[721] Es gilt das sog Postaufgabeprivileg. Eine Maßnahmenbeschwerde gilt sohin als rechtzeitig eingebracht, wenn sie am letzten Tag der Frist an das richtige VwG adressiert an einen Zustelldienst übergeben wurde (siehe Kapitel 3.).

8.4.3.3. Inhalt der Beschwerde (§ 9 VwGVG)

Die Maßnahmenbeschwerde hat folgenden Inhalt aufzuweisen:

- die Bezeichnung der angefochtenen Maßnahme,
- die Angabe, welches Organ die Maßnahme gesetzt hat (soweit zumutbar), andernfalls die Bezeichnung der Behörde, der die Maßnahme zuzurechnen ist,
- die Gründe, auf die sich die Behauptung der Rechtswidrigkeit stützt,
- das Begehren und
- Angaben, die erforderlich sind, um zu beurteilen, ob die Beschwerde rechtzeitig eingebracht ist.

Erfüllt die Maßnahmenbeschwerde nicht alle Inhalts- bzw Formerfordernisse, kann dem Beschwerdeführer ein Verbesserungsauftrag erteilt werden. In diesem ist darauf hinzuweisen, dass die Maßnahmenbeschwerde zurückgewiesen wird, wenn der Mangel nicht innerhalb einer angemessenen Frist (diese ist im Verbesserungsauftrag festzusetzen) behoben wird. Bei rechtzeitiger Behebung gilt die Maßnahmenbeschwerde als ursprünglich richtig eingebracht.[722]

8.4.3.4. Form und Einbringungsstelle

Die Beschwerde ist **schriftlich** beim zuständigen VwG einzubringen.[723]

Die sachliche Zuständigkeit des VwG richtet sich nach dem Vollzugsbereich des Verwaltungsaktes. Konkret ist auf die funktionelle Zuordnung des handelnden Verwaltungsorgans abzustellen. Grundsätzlich ist das BVwG für Angelegenheiten der unmittelbaren Bundesverwaltung (ausgenommen Finanzrechtangelegenheiten), im Übrigen das jeweilige LVwG zuständig. Über Maßnahmenbeschwerden gegen Amtshandlungen von Abgabenbehörden des Bundes entscheidet das BFG.[724]

Die örtliche Zuständigkeit ist an den Ort geknüpft, an dem die Ausübung unmittelbarer verwaltungsbehördlicher Befehls- und Zwangsgewalt begonnen wurde.

720 § 32 Abs 2 AVG.
721 § 33 Abs 3 AVG.
722 § 17 VwGVG iVm § 13 Abs 3 AVG.
723 § 20 VwGVG.
724 Art 131 Abs 3 B-VG iVm § 1 Abs 3 Z 2 BFGG.

Wurde diese im Ausland ausgeübt, richtet sich die örtliche Zuständigkeit danach, wo das ausübende Organ die Bundesgrenze überschritten hat.[725] Die Frage der örtlichen Zuständigkeit ist nur in jenen Angelegenheiten relevant, in denen die LVwG sachlich zuständig sind. Der Zuständigkeitsbereich des BVwG und BFG erstreckt sich ohnehin auf das gesamte Bundesgebiet.

Wird die Beschwerde versehentlich bei der Behörde oder dem unzuständigen VwG eingebracht, gilt § 17 VwGVG iVm § 6 Abs 1 AVG. Die Behörde bzw das VwG haben die Beschwerde entweder ohne unnötigen Aufschub auf Gefahr des Beschwerdeführers an das zuständige VwG weiterzuleiten oder den Beschwerdeführer an dieses zu verweisen. In beiden Fällen trägt der Beschwerdeführer das Risiko der Fristversäumnis. Die Frist ist nur dann gewahrt, wenn die Beschwerde entweder vor Fristablauf beim zuständigen VwG eingelangt ist oder von der Behörde bzw dem unzuständigen VwG spätestens am letzten Tag der Frist zur Weiterleitung an das zuständige VwG einem Zustelldienst übergeben wird.

8.4.3.5. Gebühr

Für Maßnahmenbeschwerden fällt grundsätzlich eine Eingabegebühr in Höhe von € 30 an. Die für einen von einer Beschwerde gesondert eingebrachten Antrag auf Zuerkennung der aufschiebenden Wirkung zu entrichtende Eingabegebühr beträgt € 15. Die Gebühr ist auf das Konto des Finanzamtes für Gebühren, Verkehrsteuern und Glücksspiel zu entrichten. Der Beschwerde ist ein Nachweis über die Einzahlung der Eingabegebühr beizulegen.

8.4.3.6. Kein Anwaltszwang

Im verwaltungsgerichtlichen Verfahren herrscht **kein Anwaltszwang**.

8.4.3.7. Wirkung der Beschwerde

Einer Maßnahmenbeschwerde kommt gemäß § 22 Abs 1 VwGVG ex lege **keine aufschiebende Wirkung** zu.

Das VwG kann eine solche jedoch auf **Antrag des Beschwerdeführers** mit Beschluss **zuerkennen**. Eine Zuerkennung der aufschiebenden Wirkung kommt nur dann in Betracht, wenn dem keine zwingenden öffentlichen Interessen entgegenstehen, die Maßnahme gegenwärtig noch andauert (zB Anhaltung eines Festgenommenen) und die Abwägung zwischen öffentlichen Interessen und jenen des Antragstellers zugunsten des Antragstellers ausgeht. Der Antragsteller hat konkret darzulegen, dass mit dem Andauern der Maßnahme für ihn ein unverhältnismäßiger Nachteil verbunden wäre und worin dieser Nachteil liegt.[726]

725 § 3 Abs 2 Z 2 VwGVG.

726 *Wessely* in *Raschauer/Wessely* (Hrsg), VwGVG § 22 Rz 5 (Stand 31.3.2018, rdb.at); *Blecha* in *Bumberger/Lampert/Larcher/Weber* (Hrsg), VwGVG Kommentar (2019) § 22 VwGVG Rz 9 ff.

8.4.3.8. Verfahren vor dem VwG

Das VwG hat auf Antrag, oder, wenn es dies für erforderlich hält, von Amts wegen eine öffentliche mündliche Verhandlung durchzuführen. Eine solche kann entfallen, wenn die Beschwerde zurückzuweisen ist oder aufgrund der Aktenlage feststeht, dass die angefochtene Ausübung unmittelbarer verwaltungsbehördlicher Befehls- und Zwangsgewalt für rechtswidrig zu erklären ist.[727]

Prozessgegenstand des Verfahrens über eine Maßnahmenbeschwerde ist die **Rechtmäßigkeit** des angefochtenen Verwaltungsaktes. Maßgebend für die Beurteilung ist jene Rechtslage, die im Zeitpunkt der Setzung des Verwaltungsaktes bestand. Die Feststellung des maßgeblichen Sachverhaltes obliegt allein dem VwG.[728] Mit der Maßnahmenbeschwerde wird aber kein subjektiv-öffentliches Recht dergestalt eingeräumt, dass ein Anspruch auf die Feststellung bestünde, in welchen einzelnen Rechten der Betroffene verletzt wurde. Das subjektiv-öffentliche Recht eines Maßnahmenbeschwerdeführers besteht alleine darin, dass der angefochtene Verwaltungsakt für rechtswidrig erklärt wird. Die Gründe der Rechtswidrigkeit haben sich dagegen aus der Begründung der Entscheidung des VwG zu ergeben.[729]

Das VwG hat die Beschwerde **zurückzuweisen**, wenn sie zB verspätet erhoben wurde oder es an der Beschwerdelegitimation mangelt. **Abzuweisen** ist die Beschwerde, wenn die Ausübung unmittelbarer verwaltungsbehördlicher Zwangsgewalt rechtmäßig war. Wird die Beschwerde zB zurückgezogen oder nachträglich ein Bescheid erlassen, ist das Verfahren **einzustellen**.

Wenn die Beschwerde nicht zurück- oder abzuweisen ist, hat das VwG gemäß § 28 Abs 6 VwGVG die Ausübung unmittelbarer verwaltungsbehördlicher Befehls- und Zwangsgewalt **für rechtswidrig zu erklären und gegebenenfalls aufzuheben**. Dauert die für rechtswidrig erklärte Ausübung unmittelbarer verwaltungsbehördlicher Befehls- und Zwangsgewalt noch an, so hat die belangte Behörde unverzüglich den der Rechtsanschauung des VwG entsprechenden Zustand herzustellen (zB Freilassung).

8.4.3.9. Kostenersatz (§ 35 VwGVG)

Im Verfahren über Beschwerden wegen Ausübung unmittelbarer verwaltungsbehördlicher Befehls- und Zwangsgewalt hat die **obsiegende Partei Anspruch auf Ersatz ihrer Aufwendungen** durch die unterlegene Partei. Obsiegende Partei ist der Beschwerdeführer, wenn die angefochtene Ausübung unmittelbarer verwaltungsbehördlicher Befehls- und Zwangsgewalt für rechtswidrig erklärt wird.

727 § 24 Abs 1 und Abs 2 Z 1 VwGVG.
728 *Bumberger* in *Bumberger/Lampert/Larcher/Weber* (Hrsg), VwGVG Kommentar § 28 VwGVG Rz 125.
729 VwGH 26.6.2018, Ra 2016/05/0081; 25.6.2020, Ra 2020/14/0178.

Wird die Beschwerde zurück- oder abgewiesen oder vom Beschwerdeführer zurückgezogen, ist die belangte Behörde obsiegende Partei.

Als Aufwendungen gelten Kommissionsgebühren und Barauslagen, für die der Beschwerdeführer aufzukommen hat, Fahrtkosten sowie die durch Verordnung[730] des Bundeskanzlers festzusetzenden Pauschalbeträge für den Schriftsatz-, Verhandlungs- und den Vorlageaufwand.

Den Kostenersatz für die obsiegende belangte Behörde regelt § 35 Abs 5 VwGVG. Für den Ersatz der den Behörden erwachsenen Kosten ist ein Pauschalbetrag festzusetzen, der dem durchschnittlichen Vorlage-, Schriftsatz und Verhandlungsaufwand der Behörde entspricht.

Aufwandersatz ist **auf Antrag** der Partei zu leisten. Der Antrag kann bis zum Schluss der mündlichen Verhandlung gestellt werden.

8.4.4. Die Säumnisbeschwerde

Die Säumnisbeschwerde bietet – wie auch der Devolutionsantrag – eine rechtliche Möglichkeit, sich gegen die **Untätigkeit einer Verwaltungsbehörde** zur Wehr zu setzen.

Gemäß Art 130 Abs 1 Z 3 B-VG erkennen die VwG über Beschwerden wegen **Verletzung der Entscheidungspflicht** durch eine Verwaltungsbehörde. Wer behauptet, im Verwaltungsverfahren als Partei zur Geltendmachung der Entscheidungspflicht berechtigt zu sein, kann gemäß Art 132 Abs 3 B-VG Beschwerde erheben.

Soweit in den Verwaltungsvorschriften nichts anderes bestimmt ist, haben Behörden über Anträge von Parteien ohne unnötigen Aufschub, spätestens aber sechs Monate nach deren Einlangen den Bescheid zu erlassen. Mit *„Anträgen von Parteien“* sind alle Anträge gemeint, die einer bescheidmäßigen Erledigung zuzuführen sind. Umfasst sind auch Anträge auf Wiedereinsetzung in den vorherigen Stand und Anträge auf Wiederaufnahme des Verfahrens.[731]

8.4.4.1. Legitimation zur Antragstellung

Zur Erhebung einer Säumnisbeschwerde ist legitimiert, wer im Verfahren vor der Verwaltungsbehörde als Partei zur Geltendmachung der Entscheidungspflicht berechtigt zu sein behauptet.[732] Das ist jedenfalls jene Partei, die einen verfahrenseinleitenden Antrag gestellt oder eine Berufung erhoben hat, der bzw die eine Erledigungspflicht auslöst.

730 VwG-AufwErsV.

731 *Kolonovits/Muzak/Stöger*, Verwaltungsverfahrensrecht[11] Rz 917; *Mayer/Kucsko-Stadlmayer/Stöger*, Bundesverfassungsrecht[11] Rz 927/24.

732 Art 132 Abs 3 B-VG.

Eine Säumnisbeschwerde kann erst erhoben werden, wenn die Behörde die Rechtssache nicht innerhalb von sechs Monaten entschieden hat. Ist aber durch Bundes- oder Landesgesetz eine kürzere oder längere Entscheidungsfrist bestimmt, kann die Säumnisbeschwerde erst nach Ablauf dieser kürzeren oder längeren Frist erhoben werden.[733] Kürzere Entscheidungsfristen finden sich bspw in folgenden Gesetzen: § 20g AuslBG (drei Monate), § 84 Abs 7 EisbG (zwei Monate) und § 40 Abs 4 UVP-G (sechs bzw acht Wochen). Ergeben sich in verbundenen Verfahren aus den anzuwendenden Rechtsvorschriften unterschiedliche Entscheidungsfristen, ist die zuletzt ablaufende Frist maßgeblich.[734]

Die Entscheidungsfrist beginnt mit dem Zeitpunkt, in dem der Antrag auf Sachentscheidung bei der zuständigen Behörde eingelangt ist.

Gemäß § 8 Abs 2 VwGVG sind folgende Zeiten in die Entscheidungsfrist nicht einzurechnen:

- die Zeit, während deren das Verfahren bis zur rechtskräftigen Entscheidung einer Vorfrage ausgesetzt ist,
- die Zeit eines Verfahrens vor dem VwGH, VfGH oder EuGH.

Ein Verschulden der Behörde an der Säumnis ist für die Zulässigkeit einer Säumnisbeschwerde nicht erforderlich.

Für die Zulässigkeit einer Säumnisbeschwerde ist jedoch der Zeitpunkt ihrer Erhebung maßgeblich. Unzulässig ist eine Säumnisbeschwerde, wenn sie vor Ablauf der Entscheidungsfrist oder am Tag des Einlangens der verwaltungsbehördlichen Entscheidung erhoben wird.[735] Eine vor Ablauf der Entscheidungsfrist zur Post gegebene Säumnisbeschwerde wird noch vor Ablauf der Frist erhoben und ist unzulässig.

Im Mehrparteienverfahren gilt Folgendes: Wurde die Entscheidung zumindest einer Partei zugestellt, liegt keine Säumnis und somit keine Verletzung der Entscheidungspflicht vor. Eine Säumnisbeschwerde ist diesfalls unzulässig.[736]

8.4.4.2. Inhalt der Säumnisbeschwerde

Der notwendige Inhalt einer Säumnisbeschwerde ist in § 9 Abs 5 VwGVG geregelt. Danach hat die Säumnisbeschwerde zu enthalten:

- Bezeichnung der Behörde, deren Entscheidung in der Rechtssache begehrt wurde,
- Begehren auf Erledigung des verfahrenseinleitenden Antrages,
- Glaubhaftmachung des Ablaufes der Frist zur Erhebung der Säumnisbeschwerde.

733 § 8 Abs 1 VwGVG.
734 § 73 Abs 1 AVG.
735 VwGH 28.1.2004, 2003/12/0147; 4.9.2001, 2001/05/0048.
736 VwGH 19.9.2013, 2013/01/0075.

8.4.4.3. Form und Einbringungsstelle

Die Beschwerde ist **schriftlich** bei der **belangten säumigen Behörde** einzubringen.[737] Wird die Beschwerde versehentlich beim VwG eingebracht, gilt § 17 VwGVG iVm § 6 Abs 1 AVG. Das VwG hat die Beschwerde entweder ohne unnötigen Aufschub auf Gefahr des Beschwerdeführers an die zuständige belangte Behörde weiterzuleiten oder den Beschwerdeführer an diese zu verweisen.

8.4.4.4. Gebühr

Für Säumnisbeschwerden fällt grundsätzlich eine Eingabegebühr in Höhe von € 30 an. Die Gebühr ist auf das Konto des Finanzamtes für Gebühren, Verkehrsteuern und Glücksspiel zu entrichten. Der Beschwerde ist ein Nachweis über die Einzahlung der Eingabegebühr beizulegen.

8.4.4.5. Kein Anwaltszwang

Im verwaltungsgerichtlichen Verfahren herrscht **kein Anwaltszwang**.

8.4.4.6. Nachholung des Bescheides

Gemäß § 16 VwGVG kann die belangte säumige Behörde den Bescheid innerhalb einer Frist von **bis zu drei Monaten** nachholen. Wird der Bescheid innerhalb dieser Frist erlassen (dh zugestellt) oder wurde er vor Einleitung des Verfahrens erlassen, ist das Verfahren **mit Bescheid einzustellen**. Die Frist zur Nachholung des Bescheides beginnt mit dem Einlangen der Säumnisbeschwerde bei der belangten säumigen Behörde zu laufen. Holt die Behörde den Bescheid nicht (fristgerecht) nach, hat sie dem VwG die Beschwerde unter Anschluss der Akten vorzulegen. Gleichzeit hat die Behörde den Parteien eine Mitteilung über die Vorlage der Beschwerde an das VwG zuzustellen; diese Mitteilung hat den Hinweis zu enthalten, dass Schriftsätze ab Vorlage der Beschwerde an das VwG unmittelbar bei diesem einzubringen sind.[738] Mit der Vorlage der Beschwerde oder dem ungenützten Ablauf der Nachfrist geht die Zuständigkeit auf das VwG über.[739] Das VwG hat dann in der Sache zu entscheiden, ohne dass ein ausdrücklicher Abspruch über die Stattgebung der Säumnisbeschwerde vorzunehmen ist.[740]

Wird der verwaltungsbehördliche Bescheid nach Ablauf der gesetzlich eingeräumten Nachfrist erlassen, ist dieser mit Rechtswidrigkeit wegen Unzuständigkeit der Behörde belastet. Diese Rechtswidrigkeit ist im Falle der Erhebung einer Bescheidbeschwerde im Rahmen des Beschwerdeverfahrens vom VwG gemäß § 27 VwGVG nicht nur über Einwand des Beschwerdeführers, sondern auch amtswegig wahrzunehmen.[741]

737 § 12 VwGVG iVm § 20 VwGVG.
738 § 16 Abs 2 VwGVG.
739 VwGH 9.6.2020, Ra 2020/10/0016; 17.2.2021, Ra 2020/13/0088.
740 VwGH 27.5.2015, Ra 2015/19/0075.
741 VwGH 19.9.2017, Ro 2017/20/0001.

8.4.4.7. Das Verfahren vor dem VwG

Das VwG hat zunächst die formalen Anforderungen an die Säumnisbeschwerde zu prüfen, also ob die Entscheidungsfrist abgelaufen ist und dem Beschwerdeführer ein Erledigungsanspruch zukommt. Liegt eine dieser Voraussetzungen nicht vor, ist die Beschwerde mit Beschluss **zurückzuweisen.**[742] Die Zuständigkeit, über die betriebene Verwaltungsangelegenheit zu entscheiden, bleibt diesfalls bei der Behörde.

Das Beschwerdeverfahren ist **einzustellen**, wenn die Säumnisbeschwerde zurückgezogen wird.

Ein Verschulden der Behörde an der Säumnis ist für die Zulässigkeit einer Säumnisbeschwerde nicht erforderlich. Nichtsdestotrotz ist die Beschwerde **abzuweisen**, wenn die Verzögerung nicht auf ein überwiegendes Verschulden der Behörde zurückzuführen ist.[743] Der VwGH hat ein überwiegendes Verschulden der Behörde darin angenommen, dass diese die für die zügige Verfahrensführung notwendigen Schritte unterlässt oder mit diesen grundlos zuwartet. Weiters hat der VwGH ausgesprochen, dass der allgemeine Hinweis auf die Überlastung der Behörde die Geltendmachung der Entscheidungspflicht nicht vereiteln kann.[744] Auch in diesem Fall bleibt die Zuständigkeit zur Entscheidung in der betriebenen Verwaltungsangelegenheit bei der Behörde.

Ist die Säumnisbeschwerde weder zurück- noch abzuweisen, hat das VwG gemäß § 28 Abs 7 VwGVG **in der Sache selbst** zu entscheiden. Dabei hat es **zwei Möglichkeiten**:

- Das VwG kann sein Erkenntnis vorerst auf die Entscheidung einzelner maßgeblicher Rechtsfragen beschränken und der Behörde auftragen, den versäumten Bescheid unter Zugrundelegung der hiermit festgelegten Rechtsanschauung binnen bestimmter, **acht Wochen nicht übersteigender Frist** zu erlassen. Kommt die Behörde dem Auftrag nicht nach, so entscheidet das VwG durch Erkenntnis in der Sache selbst.
- Das VwG entscheidet sogleich **in der Sache** selbst.

Entscheidet das VwG in der Sache selbst, hat es das der Behörde zustehende Ermessen zu handhaben.[745] Das bedeutet, dass das VwG den maßgeblichen Sachverhalt zu ermitteln, nötigenfalls Sachverständigengutachten einzuholen und die Verwaltungsangelegenheit insgesamt zu erledigen hat.[746]

Das VwG hat – wie auch die Verwaltungsbehörde – über verfahrenseinleitende Anträge von Parteien und Beschwerden gemäß § 34 VwGVG ohne unnötigen

742 § 28 Abs 1 iVm § 31 Abs 1 VwGVG.
743 § 8 Abs 1 letzter Satz VwGVG.
744 VwGH 19.6.2018, Ra 2018/03/0021.
745 § 28 Abs 7 letzter Satz VwGVG.
746 *Kolonovits/Muzak/Stöger*, Verwaltungsverfahrensrecht[11] Rz 935.

Aufschub, spätestens aber sechs Monate nach deren Einlangen zu entscheiden. Die Frist beginnt entweder mit dem Einlangen der vorgelegten Beschwerde bzw im Falle des § 28 Abs 7 VwGVG (Auftrag an die Behörde, den versäumten Bescheid unter Zugrundelegung der festgelegten Rechtsanschauung binnen acht Wochen nicht übersteigender Frist zu erlassen) mit Ablauf der vom VwG gesetzten Frist. Ergeben sich in verbundenen Verfahren aufgrund der anzuwendenden Rechtsvorschriften unterschiedliche Entscheidungsfristen, so ist die zuletzt ablaufende Frist maßgeblich. In die Entscheidungsfrist werden die Zeiten, während deren das Verfahren bis zur rechtskräftigen Entscheidung einer Vorfrage ausgesetzt ist, und die Zeit eines Verfahrens vor dem VwGH, VfGH oder EuGH nicht eingerechnet.

Entscheidet (auch) das VwG nicht innerhalb der gesetzlich vorgesehenen Entscheidungspflicht, kann ein Fristsetzungsantrag an den VwGH erhoben werden (siehe Kapitel 9.3.).

8.4.4.8. Kostenersatz

Im Verfahren über Beschwerden wegen Verletzung der Entscheidungspflicht findet **kein Kostenersatz** statt.

9. Das Verfahren vor dem VwGH

9.1. Allgemeines

Mit der Verwaltungsgerichtsbarkeits-Novelle 2012 ist es zu einer grundlegenden Reform des österreichischen Verwaltungsrechtsschutzsystems und damit auch zu einer wesentlichen Änderung des Verfahrens vor dem VwGH gekommen.

Gemäß Art 133 Abs 1, Abs 2 und Abs 2a B-VG erkennt der VwGH nunmehr über

- Revisionen gegen das Erkenntnis eines VwG wegen Rechtswidrigkeit,
- Anträge auf Fristsetzung wegen Verletzung der Entscheidungspflicht durch ein VwG,
- Kompetenzkonflikte zwischen VwG oder zwischen einem VwG und dem VwGH,
- Anträge eines ordentlichen Gerichtes auf Feststellung der Rechtswidrigkeit eines Bescheides oder eines Erkenntnisses eines VwG,
- Beschwerden wegen Verletzung in Rechten gemäß der DSGVO.

Ausgenommen von der Zuständigkeit des VwGH sind Rechtssachen, die in die Zuständigkeit des VfGH fallen.[747] Nach Art 144 B-VG erkennt der VfGH über Beschwerden gegen das Erkenntnis oder den Beschluss eines VwG, soweit der Beschwerdeführer behauptet, durch das Erkenntnis oder den Beschluss in einem verfassungsgesetzlich gewährleisteten Recht oder wegen Anwendung einer gesetzwidrigen Verordnung, einer gesetzwidrigen Kundmachung über die Wiederverlautbarung eines Gesetzes (Staatsvertrages), eines verfassungswidrigen Gesetzes oder eines rechtswidrigen Staatsvertrages in seinen einfachgesetzlich gewährleisteten Rechten verletzt zu sein.

Der VwGH hat seinen Sitz in Wien und besteht aus einem Präsidenten, einem Vizepräsidenten und der erforderlichen Zahl an sonstigen Mitgliedern. Der Präsident leitet den VwGH. Er wird im Verhinderungsfall vom Vizepräsidenten vertreten. Sämtliche Mitglieder des VwGH sind Richter und damit in der Ausübung ihres Amtes unabhängig, unabsetzbar und unversetzbar.[748]

Der VwGH erkennt durch Senate in unterschiedlichen Besetzungen. IdR bestehen die Senate aus fünf Mitgliedern (Fünfersenat), in Verwaltungsstrafsachen aus drei Mitgliedern (Strafsenat). Daneben gibt es auch noch einen verstärkten Senat, der aus neun Mitgliedern besteht. Der verstärkte Senat erkennt dann, wenn die Entscheidung ein Abgehen von der bisherigen Rechtsprechung des VwGH bedeuten würde oder die zu lösende Rechtsfrage in der bisherigen Rechtsprechung des VwGH nicht einheitlich beantwortet wird.[749] Die Beratungen und Abstimmungen der Senate sind nicht öffentlich und erfolgen grundsätzlich mit einfacher Mehrheit.[750]

747 Art 133 Abs 5 B-VG.
748 Art 87, 88 und 134 Abs 7 B-VG.
749 Art 135 Abs 1 B-VG iVm § 11 Abs 1, § 13 Abs 1 VwGG.
750 § 15 Abs 1 und 3 VwGG.

9.2. Die Revision

Gegen Erkenntnisse und Beschlüsse der VwG kann beim VwGH das Rechtsmittel der Revision erhoben werden.[751] Eine Revision gegen Erkenntnisse oder Beschlüsse der VwG ist nur zulässig, wenn sie von der Lösung einer Rechtsfrage abhängt, der grundsätzliche Bedeutung zukommt. Eine Rechtsfrage von grundsätzlicher Bedeutung liegt insbesondere dann vor, wenn

- das Erkenntnis des VwG von der Rechtsprechung des VwGH abweicht,
- eine solche Rechtsprechung fehlt oder
- die zu lösende Rechtsfrage in der bisherigen Rechtsprechung des VwGH nicht einheitlich beantwortet wird.

Ob eine Rechtsfrage von grundsätzlicher Bedeutung vorliegt und somit eine Revision an den VwGH zulässig ist, hat zunächst das VwG im Spruch seines Erkenntnisses oder Beschlusses auszusprechen. Der Ausspruch ist kurz zu begründen.[752] Hat das VwG ausgesprochen, dass die Revision aufgrund des Vorliegens einer Rechtsfrage von grundsätzlicher Bedeutung zulässig ist, kann eine ordentliche Revision erhoben werden. Spricht das VwG hingegen aus, dass die Revision mangels Vorliegens einer Rechtsfrage von grundsätzlicher Bedeutung unzulässig ist, steht die Erhebung einer außerordentlichen Revision offen. In diesem Fall hat die Revisionsschrift – neben den allgemeinen Inhaltserfordernissen – auch gesondert jene Gründe anzuführen, aus denen entgegen dem Ausspruch des VwG die Revision für zulässig erachtet wird.[753] Anhand der vorgebrachten Gründe überprüft der VwGH sodann die Zulässigkeit der außerordentlichen Revision. Bei der Beurteilung der Zulässigkeit der Revision ist er an den Ausspruch des VwG nicht gebunden, sehr wohl aber an die in der Revision vorgebrachten Gründe.[754]

Inwieweit eine Revision gegen Beschlüsse eines VwG zulässig ist, regelt § 25a Abs 2 VwGG. Danach ist eine Revision **unzulässig** gegen

- Zurückweisungsbeschlüsse wegen Versäumung der Revisionsfrist, Unzuständigkeit des VwGH, entschiedener Sache (res iudicata) und mangelnder Legitimation zur Erhebung der Revision,
- Beschlüsse über die Zuerkennung der aufschiebenden Wirkung,
- Zurückweisungsbeschlüsse betreffend Fristsetzungsanträge wegen verfrühter Antragstellung, Unzuständigkeit des VwGH, entschiedener Sache (res iudicata) oder mangelnder Legitimation zur Stellung des Fristsetzungsantrages,
- Beschlüsse betreffend Anträge auf Wiederaufnahme des Verfahrens und Wiedereinsetzung in den vorherigen Stand,

751 Art 133 Abs 1 und Abs 9 B-VG.
752 § 25a Abs 1 VwGG.
753 § 28 Abs 3 VwGG.
754 § 34 Abs 1a VwGG; VwGH 2.2.2018, Ra 2017/18/0387.

- Zurückweisungsbeschlüsse wegen Verspätung oder Unzulässigkeit von Vorlageanträgen[755] und
- Beschlüsse über die Gewährung von Verfahrenshilfe.

Eine abgesonderte Revision gegen verfahrensleitende Beschlüsse ist **unzulässig**. Solche können erst in der Revision gegen das die Rechtssache erledigende Erkenntnis angefochten werden. Absolut **unzulässig** ist eine Parteirevision in Verwaltungsstraf- oder Finanzstrafsachen, wenn eine Geldstrafe von maximal € 750 und keine Freiheitsstrafe verhängt werden durfte und im angefochtenen Erkenntnis tatsächlich nur eine Geldstrafe von maximal € 400 verhängt wurde. Eine Revision ist ebenfalls **unzulässig**, wenn nach der Verkündung oder Zustellung des Erkenntnisses oder Beschlusses ausdrücklich auf die Revision verzichtet wurde. Wurde das Erkenntnis des VwG mündlich verkündet, ist eine Revision nur nach einem fristgerechten Antrag auf (Voll-)Ausfertigung des Erkenntnisses gemäß § 29 Abs 4 VwGVG durch mindestens einen der hiezu Berechtigten zulässig.[756]

9.2.1. Revisionslegitimation

Gemäß Art 133 Abs 6 Z 1 B-VG kann gegen das Erkenntnis eines VwG Revision wegen Rechtswidrigkeit erheben, wer durch das Erkenntnis in seinen Rechten verletzt zu sein behauptet (Parteirevision). Daneben sind sowohl die belangte Behörde des Verfahrens vor dem VwG,[757] der zuständige Bundesminister in den in Art 132 Abs 1 Z 2 B-VG genannten Rechtssachen[758] und sonstige durch Bundes- oder Landesgesetz bestimmte Organe, Personen bzw Einrichtungen revisionslegitimiert (Amts-/Organrevision).[759]

9.2.2. Parteien des Revisionsverfahrens

Parteien im Revisionsverfahren sind:

- der Revisionswerber,
- die belangte Behörde des Verfahrens vor dem VwG,
- der zuständige Bundesminister oder die Landesregierung in Fällen des § 22 zweiter Satz VwGG und
- die Personen, die durch eine Aufhebung des angefochtenen Erkenntnisses oder Beschlusses oder eine Entscheidung in der Sache selbst in ihren rechtlichen Interessen berührt werden (Mitbeteiligte).[760]

755 Gegen Beschlüsse des VwG betreffend die Zurückweisung der Revision bzw des Fristsetzungsantrages kann gemäß § 30b Abs 1 VwGG jede Partei binnen zwei Wochen nach Zustellung des Beschlusses beim VwG den Antrag stellen, dass die Revision bzw der Fristsetzungsantrag dem VwGH zur Entscheidung vorgelegt wird (Vorlageantrag).

756 § 25a Abs 3 bis 4a VwGG.

757 Art 133 Abs 6 Z 2 B-VG.

758 Art 133 Abs 6 Z 3 B-VG.

759 Art 133 Abs 8 B-VG.

760 § 21 Abs 1 VwGG.

9.2.3. Frist

Die Frist zur Erhebung einer Revision beträgt **sechs Wochen**.

Für die **Parteirevision** beginnt die Frist mit dem Tag der Zustellung des Erkenntnisses oder Beschlusses an den Revisionswerber zu laufen.[761] Wurde das Erkenntnis oder der Beschluss nur mündlich verkündet, gilt Folgendes: Eine Revision ist nur nach Einbringung eines schriftlichen Antrages auf schriftliche (Voll-)Ausfertigung des Erkenntnisses oder Beschlusses zulässig. Der Antrag ist binnen zwei Wochen ab Ausfolgung bzw Zustellung der Niederschrift beim VwG zu stellen. Mit der Zustellung der schriftlichen (Voll-)Ausfertigung des Erkenntnisses oder Beschlusses beginnt die Revisionsfrist zu laufen.[762]

Im Mehrparteienverfahren kann die Revision bereits ab dem Zeitpunkt erhoben werden, in dem der Revisionswerber vom Erkenntnis Kenntnis erlangt hat und das Erkenntnis bereits einer anderen Partei zugestellt wurde.[763] Voraussetzung ist allerdings, dass die Parteistellung des Revisionswerbers im vorangegangenen Verfahren unstrittig war und dieser dem Verfahren auch tatsächlich beigezogen wurde.[764]

Hat die Partei innerhalb der Revisionsfrist Verfahrenshilfe beantragt, so beginnt für sie die Revisionsfrist mit der Zustellung des Bescheides über die Bestellung des Rechtsanwaltes an diesen. Wird der rechtzeitig gestellte Antrag auf Bewilligung der Verfahrenshilfe abgewiesen, so beginnt die Revisionsfrist mit der Zustellung des abweisenden Beschlusses an die Partei.[765]

Hat der VfGH eine Beschwerde gemäß Art 144 Abs 3 B-VG antragsgemäß dem VwGH abgetreten, so beginnt die Revisionsfrist mit der Zustellung des Erkenntnisses oder Beschlusses des VfGH oder, wenn der Antrag auf Abtretung der Beschwerde erst nach dessen Zustellung gestellt wurde, mit der Zustellung des Beschlusses, mit dem die Beschwerde abgetreten wird.[766]

Die Frist für die **Amtsrevision** der belangten Behörde beginnt mit dem Tag der Zustellung des Erkenntnisses oder Beschlusses an die belangte Behörde zu laufen.[767] Für sonstige Amts- oder Organrevisionen beginnt sie mit dem Tag der Zustellung des Erkenntnisse oder Beschlusses an den zuständigen Bundesminister bzw das revisionsbefugte Organ zu laufen. Wurde kein Erkenntnis oder Beschluss zugestellt, läuft die Revisionsfrist mit dem Zeitpunkt der Kenntnisnahme.[768]

761 § 26 Abs 1 Z 1 VwGG.
762 § 25a Abs 4a VwGG iVm § 29 Abs 4 und Abs 5 VwGVG.
763 § 26 Abs 2 VwGG.
764 VwGH 25.6.2015, Ra 2015/07/0006.
765 § 26 Abs 3 VwGG.
766 § 26 Abs 4 VwGG.
767 § 26 Abs 1 Z 2 VwGG.
768 § 26 Abs 1 Z 3 und Z 5 VwGG.

Die Tage des Postlaufes werden in die Frist nicht eingerechnet.[769] Das Postlaufprivileg gilt nicht für die elektronische Übermittlung schriftlicher Anbringen. Eine Revision, die zwar am letzten Tag der Frist, jedoch außerhalb der Amtsstunden in den elektronischen Verfügungsbereich des VwG gelangt, ist verspätet.[770] Es sind daher für die rechtswirksame Einbringung schriftlicher Anbringen stets die Amtsstunden der jeweiligen Einbringungsstelle zu beachten.

9.2.4. Inhalt der Revision

Die Revision hat folgenden Inhalt aufzuweisen:

- die Bezeichnung des angefochtenen Erkenntnisses oder Beschlusses,
- die Bezeichnung des VwG,
- den Sachverhalt,
- die Bezeichnung der Rechte, in denen der Revisionswerber verletzt zu sein behauptet (Revisionspunkte),
- die Gründe, auf die sich die Behauptung der Rechtswidrigkeit stützt (Revisionsgründe),
- ein bestimmtes Begehren und
- die Angaben, die erforderlich sind, um zu beurteilen, ob die Revision rechtzeitig eingebracht ist.

Bei Revisionen gegen Erkenntnisse oder Beschlüsse, die nicht wegen Verletzung in Rechten erhoben wurden (Amtsrevisionen), tritt an die Stelle der Revisionspunkte die Erklärung über den Umfang der Anfechtung. Hat das VwG im Erkenntnis ausgesprochen, dass die Revision nicht zulässig ist, hat die Revision auch gesondert die Gründe zu enthalten, aus denen entgegen dem Ausspruch des VwG die Revision für zulässig erachtet wird (außerordentliche Revision).[771] Nach Ansicht des VwGH hat der Revisionswerber aber auch bei der ordentlichen Revision die Gründe für die Zulässigkeit der Revision gesondert darzulegen, sofern er der Ansicht ist, dass die Begründung des VwG für die Zulässigkeit der Revision nicht ausreicht, oder er eine andere Rechtsfrage grundsätzlicher Bedeutung für relevant erachtet.[772]

Der Revision ist eine Ausfertigung, Abschrift oder Kopie des angefochtenen Erkenntnisses (Beschlusses) anzuschließen, wenn es dem Revisionswerber zugestellt worden ist.[773] Ist das Erkenntnis dem Revisionswerber nicht zugestellt worden, hat dieser nachzuweisen, dass zumindest eine Partei des Verfahrens vor dem VwG einen Antrag auf Vollausfertigung des Erkenntnisses gestellt hat oder das Erkenntnis bereits einer anderen Partei zugestellt wurde.[774]

769 § 62 Abs 2 VwGG iVm § 33 Abs 3 AVG.
770 VwGH 31.3.2016, Ra 2016/07/0021.
771 § 28 Abs 3 VwGG.
772 VwGH 19.2.2015, Ro 2015/21/0002.
773 § 28 Abs 4 und Abs 5 VwGG.
774 § 28 Abs 4 iVm § 25a Abs 4a letzter Satz iVm § 26 Abs 2 VwGG.

9.2.5. Wirkung der Revision

Die Revision hat **keine aufschiebende Wirkung**. Diese kann jedoch vom Revisionswerber beantragt werden. Bis zur Vorlage der Revision hat das VwG, ab Vorlage der Revision der VwGH die aufschiebende Wirkung mit Beschluss zuzuerkennen, wenn dem nicht zwingende öffentliche Interessen entgegenstehen und nach Abwägung der berührten öffentlichen Interessen und Interessen anderer Parteien mit dem Vollzug des angefochtenen Erkenntnisses oder mit der Ausübung der durch das angefochtene Erkenntnis eingeräumten Berechtigung für den Revisionswerber ein unverhältnismäßiger Nachteil verbunden wäre.

Die Zuerkennung der aufschiebenden Wirkung muss nur dann begründet werden, wenn durch sie Interessen anderer Parteien berührt werden. Ändern sich die Voraussetzungen, die für die Entscheidung über die aufschiebende Wirkung der Revision maßgebend waren, wesentlich, ist von Amts wegen oder auf Antrag einer Partei über die aufschiebende Wirkung neu zu entscheiden.

Wird die aufschiebende Wirkung zuerkannt, ist der Vollzug der angefochtenen Entscheidung aufzuschieben und sind die hiezu erforderlichen Anordnungen zu treffen. Der Inhaber der durch das angefochtene Erkenntnis oder den angefochtenen Beschluss eingeräumten Berechtigung darf diese nicht ausüben.[775]

9.2.6. Form und Einbringungsstelle

Die Revision ist schriftlich abzufassen und beim VwG einzubringen.[776] Gemäß § 24 Abs 1 VwGG sind – soweit nicht anderes bestimmt ist – **Schriftsätze beim VwG** einzubringen.

Unmittelbar **beim VwGH** sind insbesondere einzubringen:

- Schriftsätze im Revisionsverfahren ab Vorlage der Revision an den VwGH,
- Anträge auf Bewilligung der Verfahrenshilfe zur Einbringung einer Revision gegen ein Erkenntnis oder einen Beschluss des VwG, in dem das VwG ausgesprochen hat, dass die Revision nicht zulässig ist,
- Schriftsätze im Verfahren über einen Fristsetzungsantrag, die an den VwGH gerichtet sind.

Schriftsätze und Beilagen sind entweder in Papierform oder im Wege des elektronischen Rechtsverkehrs (ERV) einzubringen. Rechtsanwälte sind grundsätzlich dazu verpflichtet, am ERV teilzunehmen. Von jedem Schriftsatz samt Beilagen sind so viele gleichlautende Ausfertigungen beizubringen, dass jeder Partei oder Behörde eine Ausfertigung zugestellt und überdies eine für die Akten des VwGH

775 § 30 VwGG.
776 § 25a Abs 5 VwGG.

zurückbehalten werden kann. Für Schriftsätze, die elektronisch eingebracht werden, genügt eine einfache Einbringung.[777]

9.2.7. Gebühr

Für Revisionen ist grundsätzlich eine Eingabegebühr in Höhe von € 240 zu entrichten. Die Gebühr ist auf das Konto des Finanzamtes Österreich zu entrichten. Der Revision ist ein Nachweis über die Einzahlung der Eingabegebühr beizulegen. Wird eine Revision im Weg des elektronischen Rechtsverkehrs eingebracht, so ist die Gebühr durch Abbuchung und Einziehung zu entrichten. In diesem Fall ist in der Revision das Konto anzugeben, von dem die Eingabegebühr einzuziehen ist.[778]

Gebietskörperschaften, ebenso wie Personen, denen Verfahrenshilfe bewilligt wurde, sind von der Entrichtung der Eingabegebühr befreit.

9.2.8. Anwaltszwang

Vor dem VwGH besteht insofern **absoluter Anwaltszwang**, als Revisionen, Fristsetzungsanträge, Anträge auf Wiederaufnahme des Verfahrens und auf Wiedereinsetzung in den vorherigen Stand zwingend von einem Rechtsanwalt (in Abgabensachen und Abgabenstrafsachen alternativ auch von einem Steuerberater oder Wirtschaftsprüfer) abzufassen und einzubringen sind. Von diesem absoluten Anwaltszwang ausgenommen sind Revisionen und Anträge, die vom Bund, einem Land, einer Stadt mit eigenem Statut oder deren Stiftungen, Fonds und Anstalten sowie ihren Organen eingebracht werden. Für Revisionen und Anträge, die von rechtskundigen Bediensteten des Bundes, eines Landes, einer Gemeinde oder eines Gemeindeverbandes, die dem Dienst- oder Ruhestand angehören, in eigenen Dienstrechtssachen eingebracht werden, besteht ebenfalls kein absoluter Anwaltszwang.[779]

In den übrigen Fällen besteht **relativer Anwaltszwang**, dh, die Parteien können sich von einem Rechtsanwalt vertreten lassen. Die Vertretung durch einen Rechtsanwalt (Steuerberater oder Wirtschaftsprüfer) oder durch die Finanzprokuratur schließt nicht aus, dass auch die Parteien selbst erscheinen und im eigenen Namen Erklärungen abgeben.[780]

Der Bund, die Länder, die Gemeinden und die Gemeindeverbände, deren Stiftungen, Fonds und Anstalten und die sonstigen Selbstverwaltungskörperschaften sowie deren Behörden werden durch ihre vertretungsbefugten oder bevollmächtigten Organe vertreten. Mit der Vertretung des Bundes, der Länder, ihrer Stiftungen, Fonds und Anstalten sowie deren Behörden kann auch die Finanzprokuratur, mit

777 § 24 Abs 3 und 4 VwGG.
778 § 24a VwGG.
779 § 24 Abs 2 VwGG.
780 § 23 Abs 1 und Abs 4 VwGG.

der Vertretung der Länder, der Gemeinden und Gemeindeverbände ihrer Stiftungen, Fonds und Anstalten sowie deren Behörden können auch Organe des sachlich in Betracht kommenden Bundesministeriums betraut werden.[781] Die Behörden sind aber auch berechtigt, einen Rechtsanwalt zu beauftragen.

9.2.9. Vorverfahren vor dem VwG

Die Revision ist beim VwG einzubringen, dessen Entscheidung bekämpft wird. Das VwG hat ein Vorverfahren durchzuführen, das je nach Revisionsart unterschiedlich ist.

Im Falle einer **ordentlichen Revision** hat das VwG die Revision mit Beschluss zurückzuweisen, wenn die Revision verspätet eingebracht wurde, der VwGH unzuständig ist, entschiedene Sache vorliegt oder es an der Revisionslegitimation mangelt.[782] Gegen einen solchen Zurückweisungsbeschluss kann jede Partei binnen zwei Wochen nach Zustellung des Beschlusses beim VwG den Antrag stellen, dass die Revision dem VwGH zur Entscheidung vorgelegt wird (Vorlageantrag). Verspätete und unzulässige Vorlageanträge sind vom VwG mit Beschluss zurückzuweisen. Gegen einen solchen Zurückweisungsbeschluss ist keine Revision zulässig. Ist der Vorlageantrag hingegen fristgerecht und zulässig, hat das VwG diesen samt der Revision und den Akten des Verfahrens dem VwGH vorzulegen. Gleichzeitig hat das VwG den Parteien eine Mitteilung über die Vorlage der Revision an den VwGH zuzustellen; diese Mitteilung hat den Hinweis zu enthalten, dass Schriftsätze ab Vorlage der Revision an den VwGH unmittelbar bei diesem einzubringen sind.[783]

Leidet die Revision an einem Form- oder Inhaltsmangel, hat das VwG einen Verbesserungsauftrag unter Setzung einer kurzen Frist zu erlassen. Dem Revisionswerber steht es frei, einen neuen, dem Verbesserungsauftrag voll Rechnung tragenden Schriftsatz unter Wiedervorlage der zurückgestellten unverbesserten Revision einzubringen. Die Versäumung dieser Frist gilt als Zurückziehung.[784]

Über einen Antrag auf Zuerkennung der aufschiebenden Wirkung hat das VwG unverzüglich mit Beschluss zu entscheiden.[785]

Das VwG hat den anderen Parteien Ausfertigungen der Revision samt Beilagen mit der Aufforderung zuzustellen, binnen einer mit höchstens acht Wochen festzusetzenden Frist eine Revisionsbeantwortung einzubringen. Im Fall des § 29 VwGG hat das VwG eine Ausfertigung der Revision samt Beilagen auch dem zu-

781 § 23 Abs 2 und Abs 3 VwGG.
782 § 30a Abs 1 VwGG.
783 § 30b VwGG iVm § 25a Abs 2 Z 2 VwGG.
784 § 30a Abs 2 VwGG.
785 § 30a Abs 3 VwGG.

ständigen Bundesminister bzw der Landesregierung mit der Mitteilung zuzustellen, dass es ihm bzw ihr freisteht, binnen einer mit höchstens acht Wochen festzusetzenden Frist eine Revisionsbeantwortung einzubringen.[786]

Nach Ablauf der für die Revisionsbeantwortung gesetzten Frist hat das VwG den anderen Parteien Ausfertigungen der eingelangten Revisionsbeantwortungen samt Beilagen zuzustellen und dem VwGH die Revision und die Revisionsbeantwortungen samt Beilagen unter Anschluss der Akten des Verfahrens vorzulegen. Gleichzeitig hat das VwG den Parteien eine Mitteilung über die Vorlage der Revision an den VwGH zuzustellen. Diese Mitteilung hat den Hinweis zu enthalten, dass Schriftsätze ab Vorlage der Revision an den VwGH unmittelbar bei diesem einzubringen sind.[787] Damit endet das Vorverfahren.

Im Falle der **außerordentlichen Revision** hat das VwG den anderen Parteien sowie im Falle des § 29 VwGG dem zuständigen Bundesminister bzw der Landesregierung eine Ausfertigung der außerordentlichen Revision samt Beilagen zuzustellen und dem VwGH die außerordentliche Revision samt Beilagen unter Anschluss der Akten des Verfahrens vorzulegen. Gleichzeitig hat das VwG den Parteien eine Mitteilung über die Vorlage der Revision an den VwGH zuzustellen. Diese Mitteilung hat den Hinweis zu enthalten, dass Schriftsätze ab Vorlage der außerordentlichen Revision an den VwGH unmittelbar bei diesem einzubringen sind.[788] Das eigentliche Vorverfahren wird diesfalls vom VwGH geführt.

Hat das VwG das Vorverfahren nicht ordnungsgemäß durchgeführt, kann der VwGH dem VwG die Revision samt Beilagen unter Anschluss der Akten des Verfahrens mit dem Auftrag zurückstellen, diese Verfahrensschritte binnen einer kurzen Frist nachzuholen. Der VwGH kann diese Verfahrensschritte auch selbst vornehmen, wenn dies im Interesse der Zweckmäßigkeit, Raschheit, Einfachheit und Kostenersparnis gelegen ist.

9.2.10. Vorverfahren vor dem VwGH

Das Verfahren vor dem VwGH beginnt entweder mit der Vorlage des Vorlageantrages bzw der Vorlage der Revision. Im Falle der außerordentlichen Revision hat der VwGH das ansonsten dem VwG obliegende Vorverfahren selbst zu führen. Revisionen, die sich wegen Versäumung der Revisionsfrist, Unzuständigkeit des VwGH oder Nichtvorliegens einer Rechtsfrage von erheblicher Bedeutung als ungeeignet erweisen oder denen die Einwendung der entschiedenen Sache oder der Mangel der Revisionslegitimation entgegensteht, sind ohne weiteres Verfahren mit Beschluss zurückzuweisen. Bei der Beurteilung, ob eine Rechtsfrage von erheblicher Bedeutung vorliegt, ist der VwGH nicht an den Ausspruch des VwG

786 § 30a Abs 4 und 5 VwGG.

787 § 30a Abs 6 VwGG.

788 § 30a Abs 7 VwGG.

gebunden. Die Zulässigkeit einer außerordentlichen Revision hat der VwGH im Rahmen der dafür in der Revision vorgebrachten Gründe zu überprüfen.[789]

Leidet die Revision an einem Form- oder Inhaltsmangel, hat der VwGH einen Verbesserungsauftrag unter Setzung einer kurzen Frist zu erlassen. Die Versäumung dieser Frist gilt als Zurückziehung der Revision.[790]

Revisionen, deren Inhalt erkennen lässt, dass die vom Revisionswerber behaupteten Rechtsverletzungen nicht vorliegen, sind ohne weiteres Verfahren als unbegründet abzuweisen. Das angefochtene Erkenntnis oder der angefochtene Beschluss ist ohne weiteres Verfahren aufzuheben, wenn dem Verfahren keine Mitbeteiligten beizuziehen sind, sich schon aus dem Erkenntnis oder dem Beschluss ergibt, dass eine der in der Revision behaupteten Rechtsverletzungen vorliegt und die belangte Behörde oder die eingetretene Behörde in einer Revisionsbeantwortung oder innerhalb einer ihr zu setzenden angemessenen Frist nichts vorgebracht hat, das geeignet ist, das Vorliegen dieser Rechtsverletzung als nicht gegeben erkennen zu lassen.[791]

Erweist sich die außerordentliche Revision zur weiteren Behandlung als geeignet, hat der VwGH die anderen Parteien aufzufordern, binnen einer mit höchstens acht Wochen festzusetzenden Frist eine Revisionsbeantwortung einzubringen. Im Fall des § 29 VwGG hat der VwGH eine Ausfertigung der außerordentlichen Revision samt Beilagen auch dem zuständigen Bundesminister bzw der Landesregierung mit der Mitteilung zuzustellen, dass es ihm bzw ihr freisteht, binnen einer mit höchstens acht Wochen festzusetzenden Frist eine Revisionsbeantwortung einzubringen. Nach Ablauf der für die Revisionsbeantwortung gesetzten Frist hat der VwGH den anderen Parteien Ausfertigungen der eingelangten Revisionsbeantwortungen samt Beilagen zuzustellen.[792] Das Verfahren ist auch dann fortzuführen, wenn keine Revisionsbeantwortungen erstattet wurden.[793] Darüber hinaus kann der VwGH die Parteien auffordern, weitere Schriftsätze einzubringen oder sich zu Schriftsätzen der anderen Parteien zu äußern. Die Parteien können solche Schriftsätze auch unaufgefordert einbringen.[794]

9.2.11. Mündliche Verhandlung

Nach Abschluss des Vorverfahrens ist vor dem VwGH eine Verhandlung über die Revision durchzuführen, wenn

- der Revisionswerber innerhalb der Revisionsfrist oder eine andere Partei innerhalb der Frist zur Erstattung der Revisionsbeantwortung die Durchführung der Verhandlung beantragt hat oder

789 § 34 Abs 1 und 1a VwGG.
790 § 34 Abs 2 VwGG.
791 § 35 VwGG.
792 § 36 VwGG.
793 § 37a VwGG.
794 § 37 VwGG.

- der Berichter oder der Vorsitzende die Durchführung der Verhandlung für zweckmäßig erachtet oder der Senat sie beschließt.[795]

Ungeachtet eines Parteiantrages kann der VwGH von einer Verhandlung absehen, wenn

- das Verfahren einzustellen (§ 33 VwGG) oder die Revision zurückzuweisen ist (§ 34 VwGG),
- die Revision ohne weiteres Verfahren als unbegründet abzuweisen (§ 35 Abs 1 VwGG) oder das angefochtene Erkenntnis oder der angefochtene Beschluss ohne weiteres Verfahren aufzuheben ist (§ 35 Abs 2 VwGG),
- das angefochtene Erkenntnis oder der angefochtene Beschluss wegen Rechtswidrigkeit infolge Unzuständigkeit des VwG aufzuheben ist (§ 42 Abs 2 Z 2 VwGG),
- das angefochtene Erkenntnis oder der angefochtene Beschluss wegen Rechtswidrigkeit infolge Verletzung von Verfahrensvorschriften aufzuheben ist (§ 42 Abs 2 Z 3 VwGG),
- das angefochtene Erkenntnis oder der angefochtene Beschluss nach der ständigen Rechtsprechung des VwGH wegen Rechtswidrigkeit seines Inhaltes aufzuheben ist,
- keine andere Partei eine Revisionsbeantwortung eingebracht hat und das angefochtene Erkenntnis oder der angefochtene Beschluss aufzuheben ist,
- die Schriftsätze der Parteien und die Akten des Verfahrens vor dem VwG erkennen lassen, dass die mündliche Erörterung eine weitere Klärung der Rechtssache nicht erwarten lässt und einem Entfall der Verhandlung weder Art 6 Abs 1 EMRK noch Art 47 GRC entgegenstehen.[796]

Die Verhandlung ist öffentlich. Die Öffentlichkeit darf von der Verhandlung nur so weit ausgeschlossen werden, als dies aus Gründen der Sittlichkeit, der öffentlichen Ordnung oder der nationalen Sicherheit, der Wahrung von Geschäfts- und Betriebsgeheimnissen sowie im Interesse des Schutzes Jugendlicher oder des Privatlebens einer Partei, eines Opfers, eines Zeugen oder eines Dritten geboten ist.[797]

9.2.12. Entscheidungsbefugnis des VwGH

Prüfungsmaßstab der Revision ist die Rechtmäßigkeit bzw Rechtswidrigkeit des angefochtenen Erkenntnisses oder Beschlusses. Soweit nicht Rechtswidrigkeit infolge Unzuständigkeit des VwG oder infolge Verletzung von Verfahrensvorschriften vorliegt, hat der VwGH das angefochtene Erkenntnis oder den angefochtenen Beschluss aufgrund des vom VwG angenommenen Sachverhaltes im Rahmen der geltend gemachten Revisionspunkte bzw im Rahmen der Erklärung über den Umfang der Anfechtung zu überprüfen. Im Verfahren vor dem VwGH herrscht – abgese-

795 § 39 Abs 1 VwGG.
796 § 39 Abs 2 VwGG.
797 § 40 Abs 4 VwGG.

hen von ein paar Ausnahmen – ein **Neuerungsverbot**. Die Prüfung der Rechtsmäßigkeit bzw Rechtswidrigkeit des angefochtenen Erkenntnisses oder Beschlusses hat auf Grundlage jener Rechtslage zu erfolgen, die zum Zeitpunkt seiner Erlassung bestanden hat.

Soweit die Revision nicht zurückzuweisen oder das Verfahren einzustellen ist, hat der VwGH meritorisch mit Erkenntnis zu entscheiden. Der VwGH kann die Revision entweder als unbegründet abweisen, das angefochtene Erkenntnis oder den angefochtenen Beschluss aufheben oder in der Sache selbst entscheiden.

Eine **Einstellung** des Revisionsverfahrens kommt in Betracht, wenn der Revisionswerber in irgendeiner Lage des Verfahrens klaglos gestellt worden ist oder die Revision zurückgezogen wurde.[798]

Eine **Zurückweisung** der Revision hat zu erfolgen, wenn die Revision verspätet eingebracht wurde, der VwGH zur Behandlung der Revision unzuständig ist, keine Rechtsfrage von erheblicher Bedeutung oder entschiedene Sache vorliegt oder der Revisionswerber nicht revisionslegitimiert ist.[799]

Eine **Abweisung** der Revision hat zu erfolgen, wenn der Revisionswerber nicht aus einem der in § 42 Abs 2 VwGG genannten Gründen in einem als Revisionspunkt geltend gemachten subjektiven Recht verletzt wird oder wenn die im Rahmen der Anfechtungserklärung behauptete objektive Rechtsverletzung nicht vorliegt.[800]

Eine **Aufhebung** des angefochtenen Erkenntnisses oder Beschlusses hat zu erfolgen

- wegen Rechtswidrigkeit seines Inhaltes,
- wegen Rechtswidrigkeit infolge Unzuständigkeit des VwG,
- wegen Rechtswidrigkeit infolge Verletzung von Verfahrensvorschriften, und zwar weil der Sachverhalt vom VwG in einem wesentlichen Punkt aktenwidrig angenommen wurde (Aktenwidrigkeit) oder der Sachverhalt in einem wesentlichen Punkt einer Ergänzung bedarf (Ergänzungsbedürftigkeit) oder das VwG bei Einhaltung der verletzten Verfahrensvorschriften zu einem anderen Erkenntnis oder Beschluss hätte kommen können (Verfahrensmangel).[801]

Durch die Aufhebung des angefochtenen Erkenntnisses oder Beschlusses tritt die Rechtssache in die Lage zurück, in der sie sich vor Erlassung des angefochtenen Erkenntnisses bzw Beschlusses befunden hat (Ex-tunc-Wirkung). Das VwG (und die Verwaltungsbehörden) sind dann verpflichtet, in der betreffenden Rechtssache mit den ihnen zu Gebote stehenden rechtlichen Mitteln unverzüglich den der Rechtsanschauung des VwGH entsprechenden Rechtszustand herzustellen (sog

798 § 33 VwGG.
799 § 34 Abs 1 VwGG.
800 *Fischer/Pabel/Raschauer*, Handbuch der Verwaltungsgerichtsbarkeit Kap 13 Rz 136 (Stand 30.10.2019, rdb.at).
801 § 42 Abs 2 VwGG.

Bindungswirkung). Das bedeutet idR, dass das VwG eine neuerliche Entscheidung gemäß der Rechtsansicht des VwGH unter Zugrundelegung der aktuellen Sach- und Rechtslage zu treffen hat. Es hat sohin über die Beschwerde neuerlich zu entscheiden. Erfolgt die Aufhebung wegen mangelnder Tatsachenfeststellung, besteht die Herstellung des der Rechtsansicht des VwGH entsprechenden Rechtszustandes in der notwendigen ergänzenden Feststellung des Sachverhaltes.[802]

In der Sache selbst darf der VwGH entscheiden, wenn die Sache entscheidungsreif ist und die Entscheidung in der Sache selbst im Interesse der Einfachheit, Zweckmäßigkeit und Kostenersparnis liegt. In diesem Fall hat er den maßgeblichen Sachverhalt festzustellen und kann zu diesem Zweck auch das VwG mit der Ergänzung des Ermittlungsverfahrens beauftragen.[803] Seine Entscheidung hat er auf Basis der aktuellen Rechtslage zu treffen.

Erkenntnisse sind im Namen der Republik zu verkünden, auszufertigen und zu begründen. Sie erwachsen mit ihrer Erlassung sofort in Rechtskraft.

9.2.13. Kostenersatz

Im Verfahren vor dem VwGH haben die Parteien **Anspruch auf Kostenersatz** nach Maßgabe der §§ 47 bis 59 VwGG. Anspruch auf Kostenersatz hat:

- der **Revisionswerber** im Fall der Aufhebung des angefochtenen Erkenntnisses oder Beschlusses oder der Entscheidung in der Sache selbst,[804]
- der **Rechtsträger** der belangten Behörde im Verfahren vor dem VwG im Fall der Abweisung der Revision und[805]
- der **Mitbeteiligte** im Fall der Abweisung der Revision.[806]

Im Fall einer Amtsrevision haben der Revisionswerber und der Rechtsträger der belangten Behörde keinen Anspruch auf Kostenersatz.[807]

Der Revisionswerber hat bei auch nur teilweisem Obsiegen bzw auch nur teilweiser Klaglosstellung Anspruch auf Ersatz der Kommissionsgebühren, der Eingabegebühr, des Schriftsatzaufwandes, der Reisekosten (Fahrt- und Aufenthaltskosten) und des sonstigen Verhandlungsaufwandes.[808] Die obsiegende belangte Behörde hat Anspruch auf Ersatz des Schriftsatzaufwandes, der Reisekosten und des sonstigen Verhandlungsaufwandes.[809] Dem obsiegenden Mitbeteiligten werden Kom-

802 § 42 Abs 3 iVm § 63 Abs 1 VwGG; *Fischer/Pabel/Raschauer*, Verwaltungsgerichtsbarkeit Kap 13 Rz 143 (Stand 30.10.2019, rdb.at).
803 § 42 Abs 4 VwGG.
804 § 47 Abs 2 Z 1 VwGG.
805 § 47 Abs 2 Z 2 iVm Abs 5 VwGG.
806 § 47 Abs 3 VwGG.
807 § 47 Abs 4 VwGG.
808 § 48 Abs 1 iVm § 50 iVm § 55 VwGG.
809 § 48 Abs 2 iVm § 51 VwGG.

missionsgebühren, Eingabegebühr, Schriftsatzaufwand, Reisekosten und sonstiger Verhandlungsaufwand ersetzt.[810] Als Ersatz für den Vorlage-, Schriftsatz- und Verhandlungsaufwand sowie die Aufenthaltskosten sind Pauschalbeträge zu zahlen, deren Höhe durch Verordnung des Bundeskanzlers (VwGH-AufwErsV) festzusetzen ist.[811] Die sonstigen ersatzfähigen Aufwendungen sind voll zu ersetzen.

Kostenersatz ist nur auf **schriftlichen Antrag** zuzuerkennen. Der Antrag für den Schriftsatzaufwand ist im Schriftsatz, für Reisekosten und Verhandlungsaufwand am Schluss der mündlichen Verhandlung und für Leistungen betreffend Kommissionsgebühren und Barauslagen binnen einer Woche ab dem Entstehen der Leistungspflicht einzubringen.[812] Über rechtzeitig gestellte Anträge hat der VwGH in dem das Verfahren abschließenden Erkenntnis bzw Beschluss, wenn dies nicht möglich ist, mit abgesondertem Beschluss zu entscheiden. Nicht rechtzeitig gestellt Anträge sind zurückzuweisen. Wurde jedoch bis zur Entscheidung zumindest ein allgemeiner Antrag auf Zuerkennung von Kosten gestellt, sind die Pauschalbeträge für Schriftsatz- und Verhandlungsaufwand sowie die tatsächlich entrichteten Kommissionsgebühren und die Eingabegebühr im gebührenden Ausmaß jedenfalls zuzusprechen.[813]

9.3. Der Fristsetzungsantrag

9.3.1. Allgemeines

Wegen Verletzung der Entscheidungspflicht durch ein VwG kann ein Fristsetzungsantrag an den VwGH gestellt werden.[814] Der Fristsetzungsantrag bietet eine rechtliche Möglichkeit, sich gegen die Untätigkeit eines VwG zur Wehr zu setzen. Gemäß Art 6 Abs 1 EMRK hat jedermann Anspruch darauf, dass seine Sache in billiger Weise öffentlich und innerhalb einer angemessenen Frist gehört wird. Soweit durch Bundes- oder Landesgesetz nichts anderes bestimmt ist, hat das VwG über verfahrenseinleitende Anträge von Parteien und Beschwerden ohne unnötigen Aufschub, spätestens aber sechs Monate nach deren Einlangen zu entscheiden.

9.3.2. Legitimation zur Antragstellung

Zur Stellung eines Fristsetzungsantrages ist legitimiert, wer im Verfahren vor dem VwG als Partei zur Geltendmachung der Entscheidungspflicht berechtigt zu sein behauptet.[815] Das ist jedenfalls jene Partei, die einen verfahrenseinleitenden Antrag oder eine Beschwerde an das VwG gestellt hat, der bzw die eine Erledigungspflicht

810 § 48 Abs 3 VwGG.
811 § 49 Abs 1, 2 und 4 VwGG iVm VwGH-AufwErsV.
812 § 59 Abs 1 und Abs 2 VwGG.
813 § 59 Abs 3 VwGG.
814 Art 133 Abs 1 Z 2 B-VG; § 38 VwGG.
815 Art 133 Abs 7 B-VG.

auslöst. Nach Ansicht des VwGH kommt auch der belangten Behörde als Partei des Verfahrens das Recht zur Einbringung eines Fristsetzungsantrages zu.[816]

Art 148c B-VG ermächtigt zudem die Volksanwaltschaft zur Erhebung eines Fristsetzungsantrages in einem bestimmten Fall oder aus Anlass eines bestimmten Falles.

9.3.3. Verletzung der Entscheidungspflicht

Ein Fristsetzungsantrag kann erst gestellt werden, wenn das VwG die Rechtssache nicht binnen sechs Monaten entschieden hat. Ist aber durch Bundes- oder Landesgesetz eine kürzere oder längere Entscheidungsfrist bestimmt, kann der Fristsetzungsantrag erst nach Ablauf dieser kürzeren oder längeren Frist gestellt werden.[817]

Als längere Entscheidungsfrist deutet der VwGH die Regelung in § 43 VwGVG. Danach tritt ein Straferkenntnis außer Kraft, wenn seit dem Einlangen einer rechtzeitig eingebrachten und zulässigen Beschwerde des Beschuldigten grundsätzlich 15 Monate vergangen sind. Die sechsmonatige Entscheidungsfrist gilt laut VwGH nur dann, wenn von einer anderen Person als vom Beschuldigten Beschwerde erhoben wird (zB Erhebung einer Amtsbeschwerde zulasten des Beschuldigten).[818]

Im Verfahren über Bescheid- und Maßnahmenbeschwerden beginnt die Entscheidungsfrist mit der Vorlage der Beschwerde (Einlangen beim VwG),[819] im Verfahren über Säumnisbeschwerden mit Ablauf der vom VwG gesetzten Frist zu laufen.[820] Ergeben sich in verbundenen Verfahren aufgrund der anzuwendenden Rechtsvorschriften unterschiedliche Entscheidungsfristen, so ist die zuletzt ablaufende Frist maßgeblich.[821]

§ 38 Abs 2 VwGG ordnet an, dass folgende Zeiten in die Entscheidungsfrist nicht einzurechnen sind:

- die Zeit, während deren das Verfahren bis zur rechtskräftigen Entscheidung einer Vorfrage ausgesetzt ist,
- die Zeit eines Verfahrens vor dem VwGH, VfGH oder EuGH,
- in Verwaltungs- und Finanzstrafsachen die Zeit, in der die Verfolgung nicht eingeleitet oder fortgesetzt werden kann, und die Zeit, in der wegen der Tat gegen den Täter ein Strafverfahren bei der Staatsanwaltschaft, beim Gericht oder bei einer Behörde geführt wird,

816 VwGH 6.4.2016, Fr 2015/03/0011.
817 § 38 Abs 1 VwGG.
818 VwGH 18.12.2014, Fr 2014/01/0048.
819 VwGH 10.9.2014, Fr 2014/20/0022.
820 § 34 Abs 1 iVm § 28 Abs 7 VwGVG.
821 § 34 Abs 1 VwGG.

- die Zeit vom Ablauf des Tages der Kundmachung eines Beschlusses nach § 38a Abs 1 VwGG (Masseverfahren bei Revisionen) bis zum Ablauf des Tages der Kundmachung des gemäß § 38a Abs 4 beschlossenen Rechtssatzes.[822]

Ein Verschulden des VwG an der Säumnis ist für die Zulässigkeit eines Fristsetzungsantrages nicht erforderlich.[823] Ein solches ist jedoch für den Kostenersatz relevant.

Wurde die Entscheidung zumindest einer Partei zugestellt, liegt keine Säumnis und somit keine Verletzung der Entscheidungspflicht vor. Ein Fristsetzungsantrag ist diesfalls unzulässig. Unzulässig ist ein Fristsetzungsantrag auch, wenn er vor Ablauf der Entscheidungsfrist oder am Tag des Einlangens der verwaltungsgerichtlichen Entscheidung (Erkenntnis oder Beschluss) erhoben wird.[824]

9.3.4. Inhalt des Fristsetzungsantrages

Der notwendige Inhalt eines Fristsetzungsantrages ist in § 38 Abs 3 VwGG geregelt. Danach hat der Fristsetzungsantrag zu enthalten:

- die Bezeichnung des VwG, dessen Entscheidung in der Rechtssache begehrt wird (zB LVwG Kärnten),
- den Sachverhalt,
- das Begehren, dem VwG für die Entscheidung eine Frist zu setzen,
- die Angaben, die erforderlich sind, um glaubhaft zu machen, dass die Antragsfrist abgelaufen ist.

9.3.5. Anwaltspflicht, Einbringungsstelle und Eingabegebühr

Der Fristsetzungsantrag ist durch einen bevollmächtigten **Rechtsanwalt** abzufassen und unmittelbar beim **säumigen VwG** einzubringen.[825] Für ihn ist eine Eingabegebühr in Höhe von € 240 zu entrichten.[826]

9.3.6. Das Verfahren über den Fristsetzungsantrag

Der Fristsetzungsantrag ist beim säumigen VwG einzubringen. Im Verfahren über einen Fristsetzungsantrag ist ausschließlich der Antragsteller Partei.[827]

Das VwG prüft zunächst, ob die Entscheidungsfrist abgelaufen ist, der VwGH zuständig ist, keine res iudicata vorliegt und der Antragsteller zur Antragstellung

822 § 38a Abs 3 Z 1 lit c VwGG.
823 *Kolonovits/Muzak/Stöger*, Verwaltungsverfahrensrecht[11] Rz 1415; *Weber* in *Bumberger/Lampert/Larcher/Weber* (Hrsg), VwGVG Art 133 B-VG Rz 4.
824 VwGH 13.10.2015, Fr 2015/03/0007; 18.12.2015, Fr 201/12/0023; 19.6.2017, Fr 2017/19/0006.
825 § 24 Abs 1 Z 3 und Abs 2 VwGG.
826 § 24a Z 1 VwGG.
827 § 21 Abs 3 VwGG; VwGH 12.11.2014, Fr 2014/20/0028.

legitimiert ist. Trifft einer dieser Umstände nicht zu, hat das VwG den Fristsetzungsantrag ohne weiteres Verfahren mit Beschluss zurückzuweisen.[828]

Gegen den Zurückweisungsbeschluss kann binnen zwei Wochen ab Zustellung des Beschlusses ein Antrag beim VwG gestellt werden, dass der Fristsetzungsantrag dem VwGH zur Entscheidung vorgelegt wird. Sofern der Vorlageantrag wegen Verspätung oder Unzulässigkeit nicht zurückzuweisen ist, ist er gemeinsam mit Fristsetzungsantrag dem VwGH vorzulegen.[829]

Leidet der Fristsetzungsantrag an einem Form- oder Inhaltsmangel, hat das VwG dem Antragsteller einen Mängelbehebungsauftrag unter Setzung einer kurzen Frist zu erteilen. Kommt der Antragsteller diesem Mängelbehebungsauftrag nicht, nicht fristgerecht oder nicht vollständig nach, gilt der Antrag als zurückgezogen. Dies hindert den Antragsteller freilich nicht, einen dem Mängelbehebungsauftrag voll Rechnung tragenden neuen Fristsetzungsantrag zu stellen.[830]

Ist der Fristsetzungsantrag nicht zurückzuweisen, hat das VwG den Fristsetzungsantrag dem VwGH unter Anschluss der Akten des Verfahrens vorzulegen. Hier beginnt das eigentliche Fristsetzungsverfahren. Ab Vorlage des Fristsetzungsantrages an den VwGH sind allfällige weitere Schriftsätze unmittelbar bei diesem einzubringen.[831]

Der VwGH kann das Fristsetzungsverfahren wie folgt erledigen:

- Einstellung des Verfahrens wegen Zurückziehung des Antrages oder Klaglosstellung,[832]
- Zurückweisung des Fristsetzungsantrages wegen Nichtablauf der Entscheidungsfrist, Unzuständigkeit des VwGH, res iudicata oder mangelnder Antraglegitimation,[833]
- Erlassung eines Auftrages an das VwG, innerhalb einer Frist von bis zu drei Monaten das Erkenntnis oder den Beschluss zu erlassen und eine Ausfertigung, Abschrift oder Kopie desselben dem VwGH vorzulegen oder anzugeben, warum eine Verletzung der Entscheidungspflicht nicht vorliegt. Die Frist kann einmal verlängert werden, wenn das VwG das Vorliegen von in der Sache gelegenen Gründen nachzuweisen vermag, die eine fristgerechte Erlassung des Erkenntnisses oder Beschlusses unmöglich machen. Wird das Erkenntnis oder der Beschluss erlassen, so ist das Verfahren über den Fristsetzungsantrag einzustellen.[834]

828 § 30a Abs 1 und 8 VwGG.
829 § 30b VwGG.
830 § 30a Abs 2 und 8 VwGG.
831 § 24 Abs 1 Z 3 VwGG.
832 § 38 Abs 4 iVm § 33 Abs 1 VwGG.
833 § 38 Abs 4 iVm § 34 Abs 1 VwGG.
834 § 38 Abs 4 VwGG.

Ist das VwG dem Auftrag des VwGH nicht nachgekommen, so hat ihm der VwGH gemäß § 42a VwGG mit Erkenntnis aufzutragen, die Entscheidung innerhalb einer von ihm festzusetzenden angemessenen Frist nachzuholen. Mit dem Erkenntnis nach § 42a VwGG endet das Fristsetzungsverfahren. Auch wenn das VwG im konkreten Fall seine Entscheidung in der ihm in diesem Erkenntnis festgelegten Frist immer noch nicht nachgeholt hat, kann der Antragsteller keine weitere Entscheidung nach § 42a VwGG über seinen ursprünglichen Fristsetzungsantrag begehren. Die Missachtung dieser Frist kann jedoch amtshaftungs-, disziplinar- und strafrechtlichen Konsequenzen nach sich ziehen.[835]

Über Fristsetzungsanträge entscheidet immer ein Dreiersenat.[836] Mündliche Verhandlung ist keine vorgesehen.

9.3.7. Kostenersatz

Im Fall, dass der VwGH dem VwG eine Frist zur Nachholung des Erkenntnisses oder Beschlusses gemäß § 42a VwGG setzt, gebührt voller Aufwandersatz. Wird das Verfahren wegen Nachholung des versäumten Erkenntnisses oder Beschlusses eingestellt, gebührt nur der halbe Pauschalbetrag für den Ersatz des Schriftsatzaufwandes.[837]

Kein Aufwandersatz gebührt, wenn das VwG Gründe nachzuweisen vermag, die eine fristgerechte Erlassung des Erkenntnisses oder Beschlusses unmöglich gemacht haben, und diese Gründe dem Antragsteller vor Einbringung des Fristsetzungsantrages bekannt gegeben hat, die Verzögerung der verwaltungsgerichtlichen Entscheidung ausschließlich auf das Verschulden des Antragstellers zurückzuführen war oder die dem Fristsetzungsantrag zugrunde liegende Rechtssache mutwillig betrieben wird.[838]

Der Aufwandersatz ist von jedem Rechtsträger zu tragen, in dessen Namen die belangte Behörde in dem Verfahren vor dem VwG gehandelt hat. Diesem Rechtsträger fließt auch umgekehrt der zu leistende Aufwandersatz zu.[839]

9.4. Verfahren zur Entscheidung von Kompetenzkonflikten

Gemäß Art 133 Abs 1 Z 3 B-VG erkennt der VwGH über Kompetenzkonflikte zwischen VwG oder zwischen einem VwG und dem VwGH. In diesem Verfahren gemäß § 71 VwGG sind die Bestimmungen der §§ 43 bis 46, 48, 49, 51 und 52 des VfGG sinngemäß anzuwenden.

835 VwGH 12.9.2017, Fr 2017/09/0009.
836 § 12 Abs 1 Z 1 lit c VwGG.
837 § 56 Abs 1 VwGG.
838 § 56 Abs 2 VwGG.
839 § 47 Abs 5 VwGG.

Unterschieden werden positive und negative Kompetenzkonflikte. Ein positiver Kompetenzkonflikt liegt vor, wenn zwei VwG oder ein VwG und der VwGH die Entscheidung derselben Sache in Anspruch nehmen, wobei dies in einem Fall zu Unrecht erfolgt. Ein negativer Kompetenzkonflikt liegt vor, wenn in derselben Sache zwei VwG oder ein VwG und der VwGH die Zuständigkeit abgelehnt haben, wobei eine Ablehnung zu Unrecht erfolgte.[840]

Liegt noch keine rechtskräftige Entscheidung in der Hauptsache vor, so hat der VwGH im Falle eines **positiven Kompetenzkonfliktes** das Verfahren zur Entscheidung des Kompetenzkonfliktes von Amts wegen einzuleiten. Die amtswegige Verfahrenseinleitung hat zu erfolgen, sobald er vom Entstehen des Konfliktes Kenntnis erlangt. Dies kann durch Anzeige eines VwG oder der an der Sache beteiligten Behörden oder Parteien erfolgen oder durch den Inhalt der eigenen Akten. Die Einleitung des Verfahrens beim VwGH unterbricht das bei dem betreffenden Gericht anhängige Verfahren bis zur Entscheidung über den Kompetenzkonflikt. Hat jedoch ein VwG oder der VwGH bereits eine rechtskräftige Entscheidung in der Hauptsache gefällt, so bleibt die alleinige Zuständigkeit dieses Gerichtes aufrecht. Ein Verfahren zur Entscheidung von Kompetenzkonflikten darf diesfalls nicht eingeleitet werden.[841]

Bei **negativen Kompetenzkonflikten** kann nur von den beteiligten Parteien ein Antrag auf Entscheidung über den Kompetenzkonflikt gestellt werden.[842] Der Antrag ist unmittelbar beim VwGH einzubringen.[843]

Der VwGH hat eine mündliche Verhandlung durchzuführen und seine Entscheidung in Form eines Erkenntnisses zu erlassen.[844] Das Erkenntnis des VwGH über die Kompetenz hat auch die diesem Erkenntnis entgegenstehenden behördlichen Akte aufzuheben.[845]

9.5. Verfahren über Feststellungsanträge ordentlicher Gerichte

Gemäß Art 133 Abs 2 B-VG können durch Bundes- oder Landesgesetz sonstige Zuständigkeiten des VwGH zur Entscheidung über Anträge eines ordentlichen Gerichtes auf Feststellung der Rechtswidrigkeit eines Bescheides oder eines Erkenntnisses oder Beschlusses eines VwG vorgesehen werden. Solche einfachgesetzlichen Regelungen finden sich in Amts- und Organhaftungssachen, in Rechtssachen betreffend die Verpflichtungen des Fernsehveranstalters nach dem

840 VfGH 27.9.2002, G 330/01-KI-3/01.
841 § 71 VwGG iVm § 43 Abs 2, 3 und 5 VfGG.
842 § 71 VwGG iVm § 46 Abs 1 VfGG.
843 VwGH 20.3.2018, Ko 2018/03/0001.
844 § 71 VwGG iVm § 45, § 46 Abs 2 und § 49 VfGG.
845 § 71 VwGG iVm § 51 VfGG.

Fernseh-Exklusivrechtegesetz und in Angelegenheit der Nachprüfung im Rahmen der Vergabe von Aufträgen.

Gemäß § 11 Abs 1 AHG hat das Amtshaftungsgericht, wenn die Entscheidung des Rechtsstreites von der Frage der Rechtswidrigkeit des Bescheides einer Verwaltungsbehörde oder des Erkenntnisses oder Beschlusses eines VwG abhängig ist, über die noch kein Erkenntnis des VwGH oder des VfGH vorliegt, und das Amtshaftungsgericht den Bescheid bzw das Erkenntnis oder den Beschluss für rechtswidrig hält, das Amtshaftungsverfahren (sofern die Klage nicht abzuweisen ist) zu unterbrechen und beim VwGH die Feststellung der Rechtswidrigkeit des Bescheides bzw des Erkenntnisses oder des Beschlusses zu beantragen. Vergleichbare Regelungen finden sich zB im Organhaftpflichtgesetz (OrgHG), Bundesvergabegesetz (BVergG 2018), Bundesvergabegesetz Verteidigung und Sicherheit 2012 (BVergGVS 2012), Bundesvergabegesetz Konzessionen 2018 (BVergGKonz 2018) und Fernseh-Exklusivrechtgesetz (FERG).

Das Feststellungsverfahren ist in den §§ 64 bis 70 VwGG geregelt. Sobald der Unterbrechungsbeschluss rechtskräftig geworden ist, hat das Gericht beim VwGH den Feststellungsantrag einzubringen. Der Antrag hat den Bescheid bzw das Erkenntnis oder den Beschluss und allenfalls die Punkte zu bezeichnen, deren Überprüfung das Gericht verlangt. Die Akten des Rechtsstreites sind dem Antrag anzuschließen. Der Umstand, dass die zu überprüfende Entscheidung nicht mehr dem Rechtsbestand angehört, stellt kein Hindernis für die Antragstellung dar.[846] Den übrigen Parteien steht es frei, binnen zwei Wochen nach Rechtskraft des Unterbrechungsbeschlusses ergänzende Ausführungen zur Frage der Rechtswidrigkeit des Bescheides bzw des Erkenntnisses oder des Beschlusses zu machen.[847]

Parteien des Feststellungsverfahrens sind das antragstellende Gericht, die Behörde, die den Bescheid, bzw das VwG, das das Erkenntnis oder den Beschluss erlassen hat, und die Parteien des Rechtsstreites vor dem antragstellenden Gericht.[848]

Die Durchführung einer mündlichen Verhandlung bleibt dem VwGH überlassen.[849] Bei der Prüfung der Rechtmäßigkeit hat der VwGH die Sach- und Rechtslage im Zeitpunkt der Erlassung des angefochtenen Bescheides, Erkenntnisses oder Beschlusses zugrunde zu legen. Liegt keine Rechtswidrigkeit vor, ist der Feststellungsantrag abzuweisen, ansonsten die Rechtswidrigkeit festzustellen.[850] Das Erkenntnis des VwGH hat lediglich feststellende Bedeutung. Je eine Ausfertigung ist den Parteien zuzustellen.[851] Nach Einlangen des Erkenntnisses des VwGH hat

846 VwGH 13.2.2020, Fe 2019/01/0001.
847 § 65 Abs 1 und 2 VwGG.
848 § 64 VwGG.
849 § 66 VwGG.
850 VwGH 13.2.2020, Fe 2019/01/0001.
851 § 67 VwGG.

das Gericht das Verfahren fortzusetzen und den Rechtsstreit unter Bindung an die Rechtsanschauung des VwGH zu entscheiden.[852]

9.6. Datenschutzbeschwerde

Gemäß Art 133 Abs 2a B-VG erkennt der VwGH über die Beschwerde einer Person, die durch ihn in Ausübung seiner gerichtlichen Zuständigkeiten in ihren Rechten gemäß der DSGVO verletzt zu sein behauptet. Für das Datenschutzbeschwerdeverfahren gelten gemäß § 76a VwGG sinngemäß die Bestimmungen der §§ 84 und 85 GOG.

Die Beschwerde ist binnen einem Jahr ab dem Tag, an dem der Betroffene von der Entscheidung oder dem Vorgang Kenntnis erlangt hat, beim VwGH einzubringen. Nach Ablauf von drei Jahren nach der Entscheidung oder dem Vorgang kann die Feststellung nicht mehr begehrt werden. In der Beschwerde ist anzugeben und zu begründen, worin der Beschwerdeführer die Verletzung seines Rechtes erblickt. Die zum Anlass der Beschwerde genommene Entscheidung oder der entsprechende Vorgang ist genau zu bezeichnen. Der Tag, an dem der Betroffene von der Entscheidung oder dem Vorgang Kenntnis erlangt hat, ist anzuführen. Der Betroffene kann sich bei der Erhebung der Beschwerde nur von einem Rechtsanwalt vertreten lassen (relativer Anwaltszwang). Der erkennende Senat hat auszusprechen, ob die behauptete Rechtsverletzung stattgefunden hat. Wird der Beschwerde Folge gegeben, ist dem Bund der Ersatz der Beschwerdekosten an den Beschwerdeführer aufzuerlegen.[853]

852 § 11 Abs 1 AHG; § 9 Abs 1 OrgHG; § 373 Abs 5 BVergG 2018; § 116 Abs 5 BVergGKonz 2018; § 142 Abs 4 BVergGVS 2012; § 3 Abs 9 FERG.

853 § 76a VwGG iVm § 85 GOG.

10. Das Verfahren vor dem VfGH

10.1. Allgemeines

Der VfGH hat seinen Sitz in Wien und besteht aus einem Präsidenten, einem Vizepräsidenten, zwölf weiteren Mitgliedern und sechs Ersatzmitgliedern. Der Präsident leitet den VfGH. Er führt auch den Vorsitz bei Verhandlungen und Beratungen. Im Fall seiner Verhinderung wird er vom Vizepräsidenten vertreten. Ist auch dieser verhindert, so übernimmt die Leitung das älteste Mitglied.

Der Präsident, der Vizepräsident, sechs weitere Mitglieder und drei Ersatzmitglieder werden vom Bundespräsidenten auf Vorschlag der Bundesregierung ernannt. Diese Mitglieder und Ersatzmitglieder sind aus dem Kreis der Richter, Verwaltungsbeamten und Professoren eines rechtswissenschaftlichen Faches an einer Universität zu entnehmen. Die übrigen sechs Mitglieder und drei Ersatzmitglieder ernennt der Bundespräsident auf Vorschlag des Nationalrates bzw Bundesrates. Mitglieder der Bundesregierung, einer Landesregierung, eines allgemeinen Vertretungskörpers, des Europäischen Parlaments sowie Angestellte oder sonstige Funktionäre einer politischen Partei können dem VfGH nicht angehören.

Alle Mitglieder und Ersatzmitglieder müssen das Studium der Rechtswissenschaften oder die rechts- und staatswissenschaftlichen Studien abgeschlossen haben und über eine zehnjährige juristische Berufserfahrung verfügen. Anders als die Mitglieder des VwGH sind die Mitglieder und Ersatzmitglieder des VfGH keine Berufsrichter. Sie üben ihr Amt als nebenberufliche Tätigkeit aus und kommen aus verschiedenen Berufen (zB Richter, Universitätsprofessoren, Verwaltungsbeamte, Rechtsanwälte). Bis auf Verwaltungsbeamte können sie ihren Beruf weiter ausüben. Verwaltungsbeamte sind unter Entfall ihrer Bezüge außer Dienst zu stellen. Auf die Mitglieder und Ersatzmitglieder finden die Bestimmungen der Art 87 Abs 1 und 2 und Art 88 Abs 2 B-VG Anwendung. Sie sind in der Ausübung ihres Amtes unabhängig, unabsetzbar und unversetzbar. Das Amt der Verfassungsrichter endet mit Ablauf jenes Jahres, in dem sie das 70. Lebensjahr vollenden. Eine Amtsenthebung kann nur durch Erkenntnis des VfGH selbst erfolgen.[854]

Der VfGH wählt aus seiner Mitte auf die Dauer von drei Jahren ständige Referenten. Der Präsident weist jede Rechtssache einem Referenten zu. Der Referent prüft das Vorliegen der Prozessvoraussetzungen, trifft verfahrensleitende Anordnungen im Vorverfahren und verfahrensleitende Anordnungen, die nur zur Vorbereitung der Entscheidung dienen. Insbesondere kann er zur Vorbereitung der Verhandlung die Vernehmung von Beteiligten, Zeugen, Sachverständigen und Auskunftspersonen, die Vornahme eines Augenscheines, die Herbeischaffung

854 Art 147 B-VG; § 10 Abs 1 VfGG.

von Urkunden sowie Amts- und Gerichtsakten anordnen sowie Auskünfte von Verwaltungsbehörden und Gerichten einholen. Weiters entscheidet er über die Gewährung von Verfahrenshilfe und erteilt Verbesserungsaufträge zur Behebung von Formmängeln.[855] Kurzum bereitet der ständige Referent den Prozessstoff auf und die Entscheidungsentwürfe vor.

Der VfGH erkennt grundsätzlich in voller Besetzung, dh in Anwesenheit des Präsidenten, des Vizepräsidenten und der übrigen zwölf Mitglieder (Plenum). Das Plenum ist beschlussfähig, wenn der Vorsitzende und mindestens acht weitere Mitglieder (sog Stimmführer) anwesend sind. In gewissen (einfacheren) Fällen genügt die Anwesenheit des Vorsitzenden und vier weiterer Mitglieder (sog kleine Besetzung). Jedes Mitglied kann aber verlangen, dass ein für die kleine Besetzung vorgesehener Fall im Plenum beraten wird.[856]

Beschlüsse werden grundsätzlich mit einfacher Stimmenmehrheit gefasst. Lediglich in den Fällen der Ablehnung der Behandlung von Anträgen auf Normprüfung bzw Beschwerden hat die Entscheidung einstimmig zu ergehen.[857] Die Abstimmung erfolgt nicht öffentlich. Der Vorsitzende stimmt nicht mit, es sei denn, es kommt infolge Fehlens eines Mitgliedes zur Stimmengleichheit. In diesem Fall ist der Vorsitzende verpflichtet, seine Stimme abzugeben, die dann den Ausschlag gibt (sog Dirimierungsrecht).[858]

Der VfGH tagt nicht permanent, sondern tritt zu Sessionen zusammen, die vier Mal im Jahr in der Dauer von jeweils drei Wochen stattfinden. Im Bedarfsfall können Zwischensessionen einberufen werden. Im Rahmen der Sessionen werden die entscheidungsreifen Rechtssachen beraten und entschieden.

10.2. Kompetenzen des VfGH

Die Kompetenzen des VfGH sind in der Bundesverfassung (Art 137 bis Art 145 B-VG) abschließend geregelt. Danach erkennt der VfGH über

- vermögensrechtliche Ansprüche gegen Bund, Länder, Gemeinden und Gemeindeverbände, die weder im ordentlichen Rechtsweg auszutragen noch durch Bescheid einer Verwaltungsbehörde zu erledigen sind (sog Kausalgerichtsbarkeit; Art 137 B-VG),
- Kompetenzkonflikte zwischen Gerichten und Verwaltungsbehörden, ordentlichen Gerichten und Verwaltungsgerichten oder dem VfGH sowie zwischen dem VfGH selbst und allen anderen Gerichten und zwischen dem Bund und einem Land oder den Ländern untereinander (Art 138 Abs 1 B-VG),

855 § 2 Abs 1, § 18 und § 20 VfGG.
856 § 7 VfGG.
857 § 31 iVm § 19 Abs 3 Z 1 VfGG.
858 § 30 Abs 1 iVm § 31 VfGG.

- Anträge der Bundesregierung oder einer Landesregierung auf Kompetenzfeststellung, also ob ein Akt der Gesetzgebung oder Vollziehung in die Zuständigkeit des Bundes oder der Länder fällt (Art 138 Abs 2 B-VG),
- Anträge der Bundesregierung oder einer beteiligten Landesregierung, ob eine Vereinbarung gemäß Art 15a B-VG vorliegt und Verpflichtungen daraus erfüllt worden sind (Art 138a B-VG),
- Streitigkeiten betreffend die Einsetzung eines Untersuchungsausschusses, den Umfang des grundsätzliches Beweisbeschlusses, die Ladung einer Auskunftsperson, Meinungsverschiedenheiten betreffend die Vorlage von Informationen, die Rücksichtnahme auf ein gleichzeitig anhängiges Strafverfahren, Beschwerden über die Verletzung von Persönlichkeitsrechten durch ein Verhalten eines Untersuchungsausschusses sowie Anfechtungen von Entscheidungen des Nationalratspräsidenten und Bundesratsvorsitzenden über die Klassifizierung von Informationen, die dem Nationalrat bzw Bundesrat zur Verfügung stehen (Art 138 b B-VG),
- Gesetzwidrigkeiten von Verordnungen (Art 139 B-VG),
- Gesetzwidrigkeiten von Kundmachungen über die Wiederverlautbarung eines Gesetzes/Staatsvertrages gemäß Art 139a B-VG,
- Verfassungswidrigkeiten von Gesetzen (Art 140 B-VG),
- Rechtswidrigkeiten von Staatsverträgen (Art 140a B-VG),
- Wahlanfechtungen von Wahlen des Bundespräsidenten, Nationalrates, Bundesrates, Landtages, Gemeinderates, Bürgermeisters, Bezirksvorstehers, Europäischen Parlamentes, der Landesregierung, des Gemeindevorstandes (Stadtsenates, Stadtrates) und der satzungsgebenden Organe (Vertretungskörpern) der gesetzlich berufenen Vertretungen/Kammern (Art 141 Abs 1 lit a und b B-VG),
- Anträge auf Verlust des Mandates (Amtes) eines Mitgliedes eines allgemeinen Vertretungskörpers, eines in Österreich gewählten Mitgliedes des Europäischen Parlamentes, des Bundespräsidenten, eines Mitgliedes der Bundesregierung, eines Staatssekretärs, des Rechnungshofpräsidenten, eines Mitgliedes der Volksanwaltschaft, eines Mitgliedes der Landesregierung, eines Mitgliedes des Gemeindevorstandes (zB Bürgermeister) oder eines Mitgliedes eines satzungsgebenden Organs (Vertretungskörpers) einer gesetzlichen beruflichen Vertretung (Art 141 Abs 1 lit c bis g B-VG),
- Anfechtungen des Ergebnisses von Volksbegehren, Volksabstimmungen, Volksbefragungen und Europäischen Bürgerinitiativen (Art 141 Abs 1 lit h B-VG),
- die Aufnahme und Streichung von Personen in bzw aus Wählerevidenzen (Art 141 Abs 1 lit i B-VG),
- Anfechtungen von selbstständig anfechtbaren Bescheiden und Entscheidungen der Verwaltungsbehörden sowie VwG in den Fällen des Art 141 lit a bis c und g bis i B-VG (Art 141 Abs 1 lit j B-VG),
- Anklagen gegen oberste Staatsorgane, insbesondere gegen den Bundespräsidenten, die Mitglieder der Bundesregierung und der Landesregierung, einen

Landeshauptmann und die übrigen Mitglieder der Landesregierung, die Staatsekretäre und einen Präsidenten der Bildungsdirektion wegen schuldhaften Rechtsverletzungen einschließlich strafbarerer Handlungen im Zusammenhang mit der Amtstätigkeit (Art 142 und Art 143 B-VG),
- Beschwerden gegen Erkenntnisse und Beschlüsse eines VwG (Art 144 B-VG),
- Verletzungen des Völkerrechtes (Art 145 B-VG),
- Beschwerden wegen Verletzung in Rechten gemäß der DSGVO durch den VfGH (§ 88b VfGG).

Die häufigsten Verfahren sind Beschwerden gegen Erkenntnisse und Beschlüsse der VwG, Gesetzesprüfungsverfahren und Verordnungsprüfungsverfahren. Auf diese wird im Folgenden näher eingegangen.

10.3. Beschwerde gegen Erkenntnisse und Beschlüsse der VwG (Erkenntnisbeschwerde Art 144 B-VG)

Der VfGH erkennt über Beschwerden gegen Erkenntnisse und Beschlüsse eines VwG, soweit der Beschwerdeführer behauptet, durch

- das Erkenntnis oder den Beschluss in einem verfassungsgesetzlich gewährleisteten Recht oder
- wegen Anwendung einer gesetzwidrigen Verordnung, einer gesetzwidrigen Kundmachung über die Wiederverlautbarung eines Gesetzes (Staatsvertrages), eines verfassungswidrigen Gesetzes oder eines rechtswidrigen Staatsvertrages in seinen sonstigen Rechten

verletzt zu sein.[859]

Ein verfassungsgesetzlich gewährleistetes Recht (Grundrecht) ist ein subjektives Recht, das dem Einzelnen durch eine Rechtsvorschrift im Verfassungsrang eingeräumt ist.[860] Verfassungsgesetzlich gewährleistete Rechte (Grundrechte) sind zB das Recht auf Gleichheit aller Staatsbürger vor dem Gesetz (Art 7 Abs 1 B-VG iVm Art 2 StGG), das Recht auf aktives und passives Wahlrecht (Art 26, 60, 95 und 117 B-VG), das Recht auf Leben (Art 85 B-VG iVm Art 2 EMRK iVm 13. ZP-EMRK), das Recht auf Achtung des Privat- und Familienlebens (Art 8 EMRK), das Recht auf Datenschutz (§ 1 DSG), das Recht auf den gesetzlichen Richter (Art 83 Abs 2 B-VG) oder das Recht auf ein faires Verfahren (Art 6 EMRK). Im Anwendungsbereich des Unionsrechts können auch die durch die Grundrechte-Charta der EU garantierten Rechte vor dem VfGH als verfassungsgesetzlich gewährleistete Rechte geltend gemacht werden.[861]

859 Art 144 Abs 1 und 4 B-VG.
860 *Muzak*, B-VG[6] Art 144 Rz 7 (Stand 1.10.2020, rdb.at).
861 VfSlg 19632/2012; *Grabenwarter/Frank*, B-VG Art 144 Rz 2 (Stand 20.6.2020, rdb.at).

Verwaltungsgerichtliche Entscheidungen, die in den Fällen des Art 141 B-VG ergehen, sind keiner Erkenntnisbeschwerde nach Art 144 B-VG zugänglich. Sie können nur gemäß Art 141 Abs 1 lit j B-VG angefochten werden.[862]

Inwieweit gegen Beschlüsse der VwG Beschwerde erhoben werden kann, bestimmt das VfGG. Auf Beschlüsse der VwG sind die für deren Erkenntnisse geltenden Bestimmungen sinngemäß anzuwenden.[863] Gegen folgende Beschlüsse ist gemäß § 88a Abs 2 VfGG eine Beschwerde **unzulässig**:

- Aussprüche des VwG über die Zulässigkeit der Revision,[864]
- Zurückweisungsbeschlüsse wegen Versäumung der Revisionsfrist, Unzuständigkeit des VwGH, entschiedener Sache (res iudicata) und mangelnder Legitimation zur Erhebung der Revision,[865]
- Beschlüsse über die Zuerkennung der aufschiebenden Wirkung,[866]
- Zurückweisungsbeschlüsse betreffend Fristsetzungsanträge wegen verfrühter Antragstellung, Unzuständigkeit des VwGH, entschiedener Sache (res iudicata) oder mangelnder Legitimation zur Stellung des Fristsetzungsantrages,[867]
- Beschlüsse betreffend Anträge auf Wiederaufnahme des Verfahrens und Wiedereinsetzung in den vorherigen Stand,[868]
- Zurückweisungsbeschlüsse wegen Verspätung oder Unzulässigkeit von Vorlageanträgen[869] und
- Beschlüsse über die Gewährung von Verfahrenshilfe.[870]

Eine abgesonderte Beschwerde gegen verfahrensleitende Beschlüsse ist **unzulässig**. Sie können erst in der Beschwerde gegen das die Rechtssache erledigende Erkenntnis angefochten werden.[871]

10.3.1. Beschwerdelegitimation

Gemäß Art 144 Abs 1 und 4 B-VG kann gegen das Erkenntnis oder den Beschluss eines VwG Beschwerde erheben, wer durch das Erkenntnis oder den Beschluss in einem verfassungsgesetzlich gewährleisteten Recht oder wegen Anwendung einer gesetzwidrigen Verordnung, einer gesetzwidrigen Kundmachung über die Wiederverlautbarung eines Gesetzes (Staatsvertrages), eines verfassungswidrigen Gesetzes oder eines rechtswidrigen Staatsvertrages in seinen subjektiven Rechten verletzt zu sein behauptet.

862 VfSlg 19944/2015.
863 Art 144 Abs 4 B-VG iVm § 88a Abs 1 VfGG.
864 Art 144 Abs 5 B-VG iVm § 25a Abs 1 VwGG.
865 § 30a Abs 1 VwGG.
866 § 30a Abs 3 VwGG.
867 § 30a Abs 8 VwGG.
868 § 30a Abs 9 VwGG.
869 § 30b Abs 3 VwGG.
870 § 61 Abs 2 VwGG.
871 § 88a Abs 3 VfGG.

Anders als bei der Revision an den VwGH gemäß Art 133 Abs 6 B-VG lässt Art 144 B-VG eine Beschwerde an den VfGH wegen behauptetet objektiver Rechtsverletzung nicht zu; eine Organ- oder Amtsbeschwerde ist daher unzulässig.[872] § 19 Abs 4 UVP-G sieht vor, dass Bürgerinitiativen die Einhaltung von Umweltschutzvorschriften als subjektives Recht mit Beschwerde an den VfGH geltend machen können.[873]

10.3.2. Parteien des Beschwerdeverfahrens

Parteien im Beschwerdeverfahren sind insbesondere:

- der Beschwerdeführer,
- die belangte Behörde des Verfahrens vor dem VwG und
- das VwG.[874]

10.3.3. Beschwerdefrist

Die Frist zur Erhebung einer Beschwerde beträgt **sechs Wochen**. Sie beginnt mit dem Tag der Zustellung des Erkenntnisses zu laufen. Ist das Erkenntnis bereits einer anderen Partei zugestellt worden, kann die Beschwerde bereits ab dem Zeitpunkt erhoben werden, in dem der Beschwerdeführer von dem Erkenntnis Kenntnis erlangt hat.[875]

Wurde das Erkenntnis mündlich verkündet, ist eine Beschwerde nur nach einem rechtzeitigen Antrag auf Vollausfertigung des Erkenntnisses gemäß § 29 Abs 4 VwGVG durch zumindest eine Partei des Verfahrens vor dem VwG zulässig. In diesem Fall beginnt die Beschwerdefrist mit der Zustellung der schriftlichen Ausfertigung des Erkenntnisses zu laufen.

Hat die Partei innerhalb der Beschwerdefrist die Bewilligung der Verfahrenshilfe beantragt (§ 64 ZPO), so beginnt für sie die Beschwerdefrist mit der Zustellung des Bescheides über die Bestellung des Rechtsanwaltes an diesen. Der Bescheid ist durch den VfGH zuzustellen. Wird der rechtzeitig gestellte Antrag auf Bewilligung der Verfahrenshilfe abgewiesen, so beginnt die Beschwerdefrist mit der Zustellung des abweisenden Beschlusses an die Partei.[876] Wird der Verfahrenshilfeantrag zurückgewiesen, tritt keine Unterbrechung der Beschwerdefrist ein.[877]

Die Tage des Postlaufes werden in die Frist nicht eingerechnet.[878] Das Postlaufprivileg gilt nur dann, wenn die Beschwerde an den VfGH adressiert ist. Im Falle

872 *Muzak*, B-VG[6] Art 144 Rz 6 (Stand 1.10.2020, rdb.at).
873 § 19 Abs 4 UVP-G.
874 VfSlg 19917/2014.
875 § 82 Abs 1 und 2 VfGG.
876 § 82 Abs 3 VfGG.
877 VfSlg 17907/2006.
878 § 35 Abs 2 VfGG.

der Falschadressierung (zB an das VwG oder den VwGH) gilt die Beschwerde nur dann als rechtzeitig eingebracht, wenn sie noch innerhalb der offenen Frist beim VfGH tatsächlich einlangt.[879]

10.3.4. Inhalt der Beschwerde

Die Beschwerde hat folgenden Inhalt aufzuweisen:

- den Artikel des B-VG, aufgrund dessen der VfGH angerufen wird,
- die Bezeichnung des angefochtenen Erkenntnisses oder Beschlusses,
- die Bezeichnung des VwG, das das Erkenntnis bzw den Beschluss erlassen hat,
- den Sachverhalt,
- die Angabe, ob der Beschwerdeführer durch das angefochtene Erkenntnis in verfassungsgesetzlich gewährleisteten Rechten oder wegen Anwendung einer gesetzwidrigen Verordnung, einer gesetzwidrigen Kundmachung über die Wiederverlautbarung eines Gesetzes (Staatsvertrages), eines verfassungswidrigen Gesetzes oder eines rechtswidrigen Staatsvertrages in seinen Rechten verletzt zu sein behauptet; wird in der Beschwerde die Verletzung in Rechten wegen Anwendung einer gesetzwidrigen generellen Norm behauptet, so auch die Bezeichnung der für rechtswidrig erachteten Rechtsvorschrift,
- ein bestimmtes Begehren und
- die Angaben, die erforderlich sind, um zu beurteilen, ob die Beschwerde rechtzeitig eingebracht ist.[880]

Der Beschwerde ist eine Ausfertigung, Abschrift oder Kopie des angefochtenen Erkenntnisses oder Beschlusses anzuschließen, wenn es bzw er dem Beschwerdeführer zugestellt worden ist. Ist das Erkenntnis oder der Beschluss dem Beschwerdeführer nicht zugestellt worden, hat dieser nachzuweisen, dass das Erkenntnis oder der Beschluss bereits einer anderen Partei zugestellt worden ist.[881] Wurde das Erkenntnis mündlich verkündet, ist eine Beschwerde nur nach einem rechtzeitigen Antrag auf Vollausfertigung des Erkenntnisses gemäß § 29 Abs 4 VwGVG durch zumindest eine Partei des Verfahrens vor dem VwG zulässig. Ein Nachweis über einen rechtzeitigen Antrag auf Vollausfertigung des Erkenntnisses ist der Beschwerde anzuschließen.[882]

10.3.5. Wirkung der Beschwerde

Die Beschwerde hat **keine aufschiebende Wirkung**. Der VfGH kann der Beschwerde auf Antrag des Beschwerdeführers die aufschiebende Wirkung mit Beschluss zuzuerkennen, wenn dem nicht zwingende öffentliche Interessen ent-

879 VfGH 14.11.2019, E 4038/2019.
880 § 15 Abs 2 iVm § 82 Abs 4 VfGG.
881 § 82 Abs 5 VfGG.
882 § 82 Abs 3b letzter Satz VfGG.

gegenstehen und nach Abwägung der berührten öffentlichen Interessen und Interessen anderer Parteien mit dem Vollzug des angefochtenen Erkenntnisses (Beschlusses) oder mit der Ausübung der durch das angefochtene Erkenntnis (den angefochtenen Beschluss) eingeräumten Berechtigung für den Beschwerdeführer ein unverhältnismäßiger Nachteil verbunden wäre.

Die Zuerkennung der aufschiebenden Wirkung bedarf nur dann einer Begründung, wenn durch sie Interessen anderer Parteien berührt werden. Ändern sich die Voraussetzungen, die für die Entscheidung über die aufschiebende Wirkung der Beschwerde maßgebend waren, wesentlich, ist von Amts wegen oder auf Antrag einer Partei über die aufschiebende Wirkung neu zu entscheiden.

Wird die aufschiebende Wirkung zuerkannt, ist der Vollzug des angefochtenen Erkenntnisses (Beschlusses) aufzuschieben und sind die hiezu erforderlichen Anordnungen zu treffen. Der durch das angefochtene Erkenntnis bzw den angefochtenen Beschluss Berechtigte darf diese Berechtigung nicht ausüben.[883]

10.3.6. Form und Einbringungsstelle

Die Beschwerde ist **schriftlich** abzufassen und unmittelbar beim **VfGH** in einfacher Ausfertigung einzubringen.[884] Schriftsätze und Beilagen sind entweder in Papierform oder im Wege des elektronischen Rechtsverkehrs (ERV) einzubringen. Rechtsanwälte sind grundsätzlich zur Einbringung via ERV verpflichtet. Soweit auch Behörden über die technischen Möglichkeiten verfügen, sind auch sie zu dieser Form der Einbringung verpflichtet. Ein Verstoß gegen diese Verpflichtung begründet einen Mangel, der zu verbessern ist.[885]

10.3.7. Gebühr

Für Beschwerden ist grundsätzlich eine Eingabegebühr in Höhe von € 240 zu entrichten. Die Gebühr ist unter Angabe des Verwendungszweckes durch Überweisung auf ein entsprechendes Konto des Finanzamtes Österreich zu entrichten. Die Entrichtung der Gebühr ist durch einen Zahlungsbeleg nachzuweisen. Dieser Beleg ist der Beschwerde anzuschließen. Wird eine Beschwerde via ERV eingebracht, ist das Konto, von dem die Eingabegebühr einzuziehen ist, anzugeben.[886]

Gebietskörperschaften, ebenso wie Personen, denen Verfahrenshilfe bewilligt wurde, sind von der Entrichtung der Eingabegebühr (einstweilig) befreit.[887]

883 § 85 VfGG.
884 § 15 Abs 1, § 17 Abs 1 und 2 VfGG.
885 § 14a Abs 1 und 4 VfGG.
886 § 17a Z 1, 4 und 5 VfGG.
887 § 17a Z 2 VfGG.

10.3.8. Anwaltszwang

Vor dem VfGH besteht – von wenigen Ausnahmen abgesehen – **absoluter Anwaltszwang**. Beschwerden wegen Verletzung in verfassungsgesetzlich gewährleisteten Rechten oder in sonstigen Rechten sind von einem bevollmächtigten Rechtsanwalt abzufassen und einzubringen.[888] Im Übrigen können Parteien ihre Sache vor dem VfGH selbst führen oder sich von einem Rechtsanwalt vertreten lassen.[889]

Der Bund, die Länder, die Gemeinden und die Gemeindeverbände, deren Stiftungen, Fonds und Anstalten und die sonstigen Selbstverwaltungskörperschaften sowie deren Behörden werden durch ihre vertretungsbefugten oder bevollmächtigten Organe vertreten. Mit der Vertretung des Bundes, der Länder, ihrer Stiftungen, Fonds und Anstalten sowie deren Behörden kann auch die Finanzprokuratur, mit der Vertretung der Länder, der Gemeinden und Gemeindeverbände, ihrer Stiftungen, Fonds und Anstalten sowie deren Behörden können auch Organe des sachlich in Betracht kommenden Bundesministeriums betraut werden. Die Finanzprokuratur und die Organe der Bundesministerien dürfen jedoch die Vertretung eines anderen Rechtsträgers als des Bundes nur übernehmen, wenn weder eine Bundesbehörde noch der Bund selbst am Verfahren beteiligt ist und bei der Vertretung von Behörden der sachlich in Betracht kommende Bundesminister, sonst der Bundesminister für Finanzen zustimmt.[890]

Die Vertretung durch einen Rechtsanwalt oder die Finanzprokuratur schließt nicht aus, dass auch die Parteien selbst erscheinen und im eigenen Namen Erklärungen abgeben.[891]

10.3.9. Vorverfahren und mündliche Verhandlung

Die Beschwerde ist beim VfGH einzubringen. Der VfGH prüft zunächst, ob die Prozessvoraussetzungen (wie etwa Beschwerdelegitimation, Zuständigkeit des VfGH, Rechtzeitigkeit der Beschwerde oder Formerfordernisse) vorliegen. Beschwerden, die den Formerfordernissen nicht entsprechen, sind, sofern die Mängel voraussichtlich zu beheben sind, dem Beschwerdeführer zur Verbesserung innerhalb einer Frist zurückzustellen.[892]

Liegen die Prozessvoraussetzungen nicht vor, ist die Beschwerde zurückzuweisen. Bei Vorliegen der Prozessvoraussetzungen kann der VfGH die Behandlung der Beschwerde ablehnen, wenn sie keine hinreichende Aussicht auf Erfolg hat oder wenn von der Entscheidung die Klärung einer verfassungsrechtlichen Frage

888 § 17 Abs 2 iVm § 82 VfGG.
889 § 24 Abs 1 VfGG.
890 § 24 Abs 2 und 3 VfGG.
891 § 24 Abs 5 VfGG.
892 § 18 VfGG.

nicht zu erwarten ist.[893] Andernfalls stellt der VfGH dem VwG und der belangten Behörde eine Ausfertigung der Beschwerde zu und fordert diese (Parteien) auf, die Akten des Verwaltungs(gerichts)verfahrens vorzulegen und eine Stellungnahme (Gegenschrift) zur Beschwerde abzugeben.[894] Der VfGH kann die Parteien auffordern, binnen angemessener Frist weitere schriftliche (Gegen-)Äußerungen zu erstatten. Die Parteien können auch unaufgefordert schriftliche Äußerungen und Gegenäußerungen erstatten.[895]

Wurde die Behandlung der Beschwerde nicht abgelehnt, wird idR nach Einlangen der Gegenschrift und allfälliger Äußerungen und Gegenäußerungen bzw nach fruchtlosem Ablauf der Frist für die Einbringung einer Gegenschrift bzw (Gegen-)Äußerung vom Präsidenten eine **öffentliche mündliche Verhandlung** anberaumt. Zu dieser sind die Parteien zu laden.[896] Die Verhandlung ist an der Amtstafel und im „Amtsblatt zur Wiener Zeitung" vorher kundzumachen. Darüber hinaus kann sie im Internet auf der Website www.vfgh.gv.at bekannt gemacht werden.[897]

Das Erkenntnis ist, wenn möglich, sogleich nach Schluss der Verhandlung zu fällen und mit den wesentlichen Entscheidungsgründen sofort mündlich zu verkünden. Wenn das Erkenntnis nicht sofort nach Schluss der mündlichen Verhandlung gefällt werden kann, so wird es entweder mündlich in einer besonderen, den Beteiligten nach Schluss der Verhandlung sofort bekanntzugebenden öffentlichen Tagsatzung verkündet oder nach Ermessen des Gerichtshofes auf schriftlichem Wege durch Zustellung einer Ausfertigung bekanntgemacht.[898]

Ohne mündliche Verhandlung können beschlossen werden:

- die Ablehnung einer Beschwerde gemäß Art 144 Abs 2 B-VG,
- die Zurückweisung der Beschwerde wegen offenbarerer Unzuständigkeit des VfGH,
- die Zurückweisung der Beschwerde wegen Versäumung der gesetzlichen (Beschwerde-)Frist,
- die Zurückweisung der Beschwerde wegen Nichtbehebung eines Formmangels,
- die Zurückweisung der Beschwerde wegen rechtskräftig entschiedener Sache,
- die Zurückweisung der Beschwerde wegen mangelnder Beschwerdelegitimation,
- die Einstellung des Verfahrens wegen Zurücknahme der Beschwerde oder Klaglosstellung,
- die Entscheidung in Rechtssachen, in denen die Rechtsfrage durch die bisherige Rechtsprechung des VfGH bereits genügend klargestellt ist.[899]

893 § 144 Abs 2 VfGG.
894 § 20 Abs 3 VfGG.
895 § 83 Abs 2 VfGG.
896 § 84 Abs 2 VfGG.
897 § 22 VfGG.
898 § 26 VfGG.
899 § 19 Abs 3 VfGG.

Darüber hinaus kann der VfGH von einer mündlichen Verhandlung absehen, wenn die Schriftsätze der Parteien des verfassungsgerichtlichen Verfahrens und die dem VfGH vorgelegten Akten erkennen lassen, dass die mündliche Erörterung eine weitere Klärung der Rechtssache nicht erwarten lässt.[900]

10.3.10. Entscheidungsbefugnis des VfGH

Der VfGH kann die Beschwerde zurückweisen, das Verfahren einstellen, die Behandlung der Beschwerde ablehnen, die Beschwerde als unbegründet abweisen oder ihr stattgeben und die angefochtene Entscheidung aufheben.

Eine **Zurückweisung** der Beschwerde kommt in Betracht, wenn der VfGH zur Behandlung der Beschwerde unzuständig ist, die Beschwerde verspätet ist, einem Mängelbehebungsauftrag nicht (fristgerecht) nachgekommen wurde, entschiedene Sache vorliegt oder der Beschwerdeführer nicht beschwerdelegitimiert ist.[901]

Eine **Einstellung** des Beschwerdeverfahrens hat zu erfolgen, wenn die Beschwerde zurückgezogen wurde oder vor Schluss der Verhandlung über die Beschwerde der Nachweis erbracht wird, dass der Beschwerdeführer klaglos gestellt erscheint.[902]

Eine **Ablehnung** der Behandlung der Beschwerde ist bis zur Verhandlung durch Beschluss möglich, wenn die Beschwerde keine hinreichende Aussicht auf Erfolg hat oder von der Entscheidung die Klärung einer verfassungsrechtlichen Frage nicht zu erwarten ist. Ablehnungsbeschlüsse bedürfen der Einstimmigkeit.[903]

Eine **Abweisung** der Beschwerde hat zu erfolgen, wenn der Beschwerdeführer durch das angefochtene Erkenntnis (den angefochtenen Beschluss) weder in einem verfassungsgesetzlich gewährleisteten Recht noch wegen Anwendung einer rechtswidrigen generellen Norm in seinen Rechten verletzt worden ist.

Eine Stattgabe und **Aufhebung** der angefochtenen Entscheidung hat zu erfolgen, wenn der VfGH zum Schluss gelangt, dass der Beschwerdeführer durch das angefochtene Erkenntnis (den angefochtenen Beschluss) in einem verfassungsgesetzlich gewährleisteten Recht oder wegen Anwendung einer gesetzwidrigen Verordnung, einer gesetzwidrigen Kundmachung über die Wiederverlautbarung eines Gesetzes (Staatsvertrages), eines verfassungswidrigen Gesetzes oder eines rechtswidrigen Staatsvertrages in seinen Rechten verletzt worden ist. In diesem Fall sind die VwG und die Verwaltungsbehörden verpflichtet, in der betreffenden Rechtssache mit den ihnen zu Gebote stehenden rechtlichen Mitteln unverzüglich den der Rechtsanschauung des VfGH entsprechenden Rechtszustand herzustellen.[904] Durch die Aufhebung der angefochtenen Entscheidung tritt das Ver-

900 § 19 Abs 4 VfGG.
901 § 19 Abs 3 Z 2 VfGG.
902 § 19 Abs 3 Z 3 und § 86 VfGG.
903 Art 144 Abs 2 B-VG; § 19 Abs 3 Z 1 iVm § 31 letzter Satz VfGG.
904 § 87 Abs 1 und 2 VfGG.

fahren in die Lage zurück, in der es sich vor der Erlassung der angefochtenen Entscheidung befunden hat (Ex-tunc-Wirkung).[905]

Die Erkenntnisse des VfGH werden im Namen der Republik verkündet und ausgefertigt.

10.3.11. Abtretung der Beschwerde an den VwGH

Lehnt der VfGH die Behandlung einer Beschwerde ab oder weist er die Beschwerde ab, hat er auf Antrag des Beschwerdeführers die Beschwerde zur Entscheidung darüber, ob der Beschwerdeführer durch das Erkenntnis in einem sonstigen Recht verletzt wurde, dem VwGH abzutreten. Der Antrag kann entweder in der Beschwerde als Eventualantrag oder innerhalb von zwei Wochen nach Zustellung der Entscheidung des VfGH gestellt werden.[906] Dies hat den Zweck, in Fällen, in welchen nach Ansicht des VfGH keine Klärung einer verfassungsrechtlichen Frage zu erwarten ist, eine Entscheidung des VwGH über die Verletzung einfachgesetzlich gewährleisteter Rechte zu ermöglichen.[907] Die Abtretung der Beschwerde hat unabhängig davon zu erfolgen, ob zu diesem Zeitpunkt eine Revision an den VwGH – aus welchen Gründen immer – unzulässig ist.[908]

Hat der VfGH dem VwGH eine Beschwerde abgetreten, so beginnt die Revisionsfrist mit der Zustellung des Erkenntnisses oder Beschlusses des VfGH oder, wenn der Antrag auf Abtretung der Beschwerde erst nach dessen Zustellung gestellt wurde, mit der Zustellung des Abtretungsbeschlusses zu laufen.[909] Daraus ergibt sich, dass der VwGH nicht über die abgetretene Beschwerde zu entscheiden hat, sondern über die nunmehr neu und erstmals einzubringende Revision.[910]

10.3.12. Kostenersatz

Im Beschwerdeverfahren vor dem VfGH gemäß Art 144 Abs 1 B-VG können die Parteien nach Maßgabe des § 88 iVm § 27 VfGG zum Kostenersatz verpflichtet werden. Kostenersatz kann auferlegt werden:

- der **Partei**, die unterliegt,
- der **Partei**, die den Beschwerdeführer klaglos gestellt hat, und
- dem **Beschwerdeführer**, wenn er die Beschwerde vor der mündlichen Verhandlung zurückzieht, ohne klaglos gestellt worden zu sein.

905 VfSlg 19912/2014 mwN.
906 Art 144 Abs 3 B-VG; § 87 Abs 3 VfGG.
907 *Muzak*, B-VG[6] Art 144 Rz 14 (Stand 1.10.2020, rdb.at).
908 VfSlg 19867/2014; *Eberhard* in *Eberhard/Fuchs/Kneihs/Vašek* (Hrsg), Kommentar zum Verfassungsgerichtshofgesetz 1953 § 87 VfGG Rz 33 (Stand 1.10.2019, rdb.at).
909 § 26 Abs 4 VwGG.
910 VfSlg 19867/2014.

Kostenersatz ist nur auf **schriftlichen Antrag** zuzuerkennen. Die anfallenden Kosten werden mit einem Pauschalsatz abgegolten. Der als Kostenersatz zuzusprechende Pauschalsatz beträgt aktuell € 2.180 + 20 % USt zzgl Eingabegebühr.

10.4. Gesetzprüfungs- und Verordnungsprüfungsverfahren (Normenkontrolle)

10.4.1. Allgemeines

Der VfGH erkennt über die Gesetzwidrigkeit von Verordnungen und über die Verfassungswidrigkeit von Bundes- und Landesgesetzen (sog Normenkontrolle). Ein Normenkontrollverfahren kann entweder von Amts wegen oder auf Antrag eingeleitet werden. Unterschieden werden die konkrete und die abstrakte Normenkontrolle. Im Rahmen der konkreten Normenkontrolle muss die fragliche Norm in einem konkret anhängigen Verfahren zur Anwendung gelangen, bei der abstrakten Normenkontrolle ist hingegen die Prüfbefugnis des VfGH davon unabhängig.

Hat der VfGH Bedenken, ob eine Gesetzes- oder Verordnungsbestimmung, die er in einem bei ihm anhängigen Verfahren anzuwenden hätte, verfassungs- bzw gesetzeswidrig sein könnte, hat er durch einen sog Prüfungsbeschluss ein Gesetzesprüfungs- bzw Verordnungsprüfungsverfahren von Amts wegen einzuleiten.[911] Haben der VwGH, ein VwG oder ein ordentliches Gericht Zweifel daran, ob eine Gesetzes- oder Verordnungsbestimmung, die in einem bei ihnen anhängigen Verfahren anzuwenden ist, verfassungs- bzw gesetzesmäßig ist, sind sie verpflichtet, einen Antrag auf Aufhebung dieser Bestimmung beim VfGH zu stellen.[912] Eine Person, die als Partei einer von einem ordentlichen Gericht in erster Instanz entschiedenen (Zivil- oder Straf-)Rechtssache wegen Anwendung eines verfassungswidrigen Gesetzes bzw einer gesetzwidrigen Verordnung in ihren Rechten verletzt zu sein behauptet, kann aus Anlass eines gegen diese Entscheidung erhobenen Rechtsmittels einen Antrag auf Gesetzes- bzw Verordnungsprüfung an den VfGH stellen (sog Parteiantrag).[913] Schließlich kann eine Person einen solchen Antrag stellen, die behauptet, unmittelbar durch die Verfassungswidrigkeit eines Gesetzes bzw die Gesetzwidrigkeit einer Verordnung in ihren Rechten verletzt zu sein, wenn das Gesetz bzw die Verordnung ohne Fällung einer gerichtlichen Entscheidung oder ohne Erlassung eines Bescheides für sie wirksam geworden ist (sog Individualantrag).[914] Auf die Möglichkeit der Stellung eines Individualantrages wird in der Folge näher eingegangen.

---

911 Art 139 Abs 1 Z 2 B-VG; Art 140 Abs 1 Z 1 lit b B-VG.
912 Art 89 Abs 2 B-VG; Art 135 Abs 4 B-VG; Art 139 Abs 1 Z 1 B-VG; Art 140 Abs 1 Z 1 lit a B-VG.
913 Art 139 Abs 1 Z 4 B-VG; Art 140 Abs 1 Z 1 lit d B-VG.
914 Art 139 Abs 1 Z 3 B-VG; Art 140 Abs 1 Z 1 lit c B-VG.

Im Rahmen der abstrakten Normenkontrolle, also unabhängig von einem konkreten Fall, können folgende Organe einen Antrag auf Aufhebung eines Gesetzes bzw einer Verordnung beim VfGH stellen:[915]

- die Landesregierung in Bezug auf Bundesgesetze,
- ein Drittel der Mitglieder des National- oder Bundesrates in Bezug auf Bundesgesetze,
- die Bundesregierung in Bezug auf Landesgesetze,
- ein Drittel der Mitglieder des Landtages in Bezug auf Landesgesetze, wenn dies die jeweilige Landesverfassung vorsieht,
- die Landesregierung oder die Volksanwaltschaft in Bezug auf Verordnungen von Bundesbehörden,
- die Bundesregierung und die Landesvolksanwälte in Bezug auf Verordnungen von Landesbehörden,
- die Gemeinde in Bezug auf Verordnungen einer Gemeindeaufsichtsbehörde, mit denen eine Verordnung einer Gemeinde aufgehoben wird,
- der Bundesminister für Finanzen in Bezug auf Verordnungen, mit denen eine Gemeindevertretung eine Abgabe ausgeschrieben hat.[916]

10.4.2. Individualantrag auf Normenkontrolle

Gemäß Art 139 Abs 1 Z 3 B-VG und Art 140 Abs 1 Z 1 lit c B-VG ist zur Erhebung eines Individualantrages legitimiert, wer durch eine gesetzwidrige Verordnung bzw ein verfassungswidriges Gesetz unmittelbar in seinen Rechten verletzt zu sein behauptet und für den diese Verordnung bzw dieses Gesetz ohne Fällung einer gerichtlichen Entscheidung oder ohne Erlassung eines Bescheides wirksam geworden ist.

Grundlegende Voraussetzung für die Antragslegitimation ist, dass die Verordnung bzw das Gesetz in die **Rechtssphäre** des Antragstellers **unmittelbar nachteilig** eingreift und sie im Fall der Gesetz- bzw Verfassungswidrigkeit verletzt. Ein derartiger Eingriff ist anzunehmen, wenn er nach Art und Ausmaß durch das Gesetz bzw die Verordnung selbst **eindeutig bestimmt** ist, wenn er die (rechtlich geschützten) Interessen des Antragstellers nicht bloß potentiell, sondern **aktuell** beeinträchtigt und wenn dem Antragsteller **kein anderer zumutbarer Weg** zur Abwehr des – behaupteterweise – rechtswidrigen Eingriffs zur Verfügung steht.[917]

Es müssen somit folgende Voraussetzungen vorliegen:

- nachteiliger Eingriff in die Rechtssphäre des Antragstellers,
- unmittelbarer Eingriff durch die zu prüfende Verordnung (das zu prüfende Gesetz),

915 Art 139 Abs 1 Z 5, 6 und 7 B-VG; Art 140 Abs 1 Z 2 und 3 B-VG.

916 § 10 F-VG.

917 VfGH 25.2.2020, G 84/2020 ua mwN; *Grabenwarter/Lais*, Verfahren vor dem Verfassungsgerichtshof, in *Bergthaler/Grabenwarter* (Hrsg), Musterhandbuch Öffentliches Recht (2014) Rz 137.

- eindeutige Bestimmbarkeit des Eingriffes,
- aktueller Eingriff,
- Fehlen eines anderen zumutbaren Weges.

Bei der Prüfung dieser Voraussetzungen hat der VfGH ausschließlich vom Antragsvorbringen und den darin aufgeworfenen Bedenken auszugehen. Er hat lediglich zu prüfen, ob die vom Antragsteller ins Treffen geführten Wirkungen solche sind, wie sie Art 140 Abs 1 Z 1 lit c B-VG und Art 139 Abs 1 Z 3 B-VG als Voraussetzung für die Antragslegitimation fordern. Es ist nicht Aufgabe des VfGH zu prüfen, ob die Norm möglicherweise andere nachteilige Auswirkungen auf die Rechtssphäre des Antragstellers haben könnte.

Im Individualantrag ist auf Art 139 Abs 1 Z 3 B-VG bzw Art 140 Abs 1 Z 1 lit c B-VG Bezug zu nehmen. Zu Beginn ist darzulegen, inwieweit die Verordnung bzw das Gesetz ohne Fällung einer gerichtlichen Entscheidung oder ohne Erlassung eines Bescheides für den Antragsteller wirksam geworden ist.[918] Die bekämpften Stellen der Verordnung bzw des Gesetzes müssen genau und eindeutig in der aufzuhebenden Fassung bezeichnet werden. Es darf nicht offen bleiben, welche Gesetzes- bzw Verordnungsvorschriften bzw welcher Teil einer Gesetzes- bzw Verordnungsvorschrift tatsächlich der Aufhebung verfallen ist. Sodann sind die gegen die Gesetzmäßigkeit der Verordnung bzw die Verfassungsmäßigkeit des Gesetzes sprechenden **Bedenken** im Einzelnen darzulegen und die Gründe der behaupteten Verfassungs- bzw Gesetzwidrigkeit präzise zu umschreiben. Dem Antrag muss mit hinreichender Deutlichkeit zu entnehmen sein, zu welcher Rechtsvorschrift die zur Aufhebung beantragte Norm im Widerspruch stehen soll und welche Gründe dafür sprechen. Es genügt nicht, auf andere schriftliche Ausführungen, wie etwa Schriftsätze, Gutachten und Aufsätze, zu verweisen. Schließlich hat der Antrag ein konkretes **Anfechtungsbegehren** zu enthalten, wonach entweder der gesamte Inhalt oder bestimmte Stellen einer Verordnung bzw eines Gesetzes als gesetzwidrig bzw verfassungswidrig aufgehoben werden sollen.[919]

10.4.2.1. Frist

Für die Einbringung eines Individualantrages besteht keine Fristgebundenheit. Es müssen die Voraussetzungen gemäß Kapitel 10.4.2. vorliegen.

10.4.2.2. Form und Einbringungsstelle

Der Individualantrag ist **schriftlich** abzufassen und unmittelbar beim **VfGH** in einfacher Ausfertigung einzubringen.[920] Schriftsätze und Beilagen sind entweder in Papierform oder im Wege des elektronischen Rechtsverkehrs (ERV) einzu-

918 § 57 Abs 1 und § 62 Abs 1 VfGG.
919 § 57 Abs 1 und § 62 Abs 1 VfGG.
920 § 15 Abs 1 VfGG; § 17 Abs 1 und 2 VfGG.

bringen. Rechtsanwälte sind grundsätzlich zur Einbringung via ERV verpflichtet. Soweit auch Behörden über die technischen Möglichkeiten verfügen, sind auch sie zu dieser Form der Einbringung verpflichtet. Ein Verstoß gegen diese Verpflichtung begründet einen Mangel, der zu verbessern ist.[921]

10.4.2.3. Gebühr

Individualanträge unterliegen einer Eingabegebühr in Höhe von € 240. Die Gebühr ist unter Angabe des Verwendungszweckes durch Überweisung auf ein entsprechendes Konto des Finanzamtes Österreich zu entrichten. Die Entrichtung der Gebühr ist durch einen Zahlungsbeleg nachzuweisen. Dieser Beleg ist dem Individualantrag anzuschließen. Wird der Individualantrag via ERV eingebracht, ist das Konto, von dem die Eingabegebühr einzuziehen ist, anzugeben.[922]

Verfahrenshilfe für die Einbringung eines Individualantrages kann beantragt werden.[923]

10.4.2.4. Anwaltszwang

Vor dem VfGH besteht – von wenigen Ausnahmen abgesehen – **absoluter Anwaltszwang**. Individualanträge gemäß Art 139 Abs 1 Z 3 und Art 140 Abs 1 Z 1 lit c B-VG sind von einem bevollmächtigten Rechtsanwalt abzufassen und einzubringen.[924] Im Übrigen können Parteien ihre Sache vor dem VfGH selbst führen oder sich von einem Rechtsanwalt vertreten lassen.[925]

Die Vertretung durch einen Rechtsanwalt schließt nicht aus, dass auch die Parteien selbst erscheinen und im eigenen Namen Erklärungen abgeben.[926]

10.4.2.5. Wirkung des Individualantrages

Ein Individualantrag hat **keine aufschiebende Wirkung**. Die Zuerkennung einer aufschiebenden Wirkung ist auch nicht vorgesehen.[927]

10.4.2.6. Verfahren

In Normenkontrollverfahren führt der VfGH nur in Ausnahmefällen eine öffentliche mündliche Verhandlung durch.[928] Ohne vorangegangene Verhandlung kann der VfGH entscheiden, wenn der Individualantrag mangels Vorliegen der

921 § 14a Abs 1 und 4 VfGG iVm § 18 VfGG.
922 § 17a Z 1, 4 und 5 VfGG iVm § 15 Abs 1 VfGG.
923 § 35 VfGG iVm §§ 63 ff ZPO.
924 § 17 Abs 2 iVm § 57 und § 62 VfGG.
925 § 24 Abs 1 VfGG.
926 § 24 Abs 5 VfGG.
927 VfGH 26.2.2018, G 17/2018 ua; VfSlg 20002/2015; 19133/2010.
928 *Grabenwarter/Lais*, Verfahren vor dem Verfassungsgerichtshof, in *Bergthaler/Grabenwarter* (Hrsg), Musterhandbuch Öffentliches Recht (2014) Rz 159.

Prozessvoraussetzungen zurückzuweisen, die Behandlung des Individualantrages abzulehnen oder das Verfahren einzustellen ist.[929] Darüber hinaus kann der VfGH von einer mündlichen Verhandlung absehen, wenn die Schriftsätze der Parteien des verfassungsgerichtlichen Verfahrens und die dem VfGH vorgelegten Akten erkennen lassen, dass die mündliche Erörterung eine weitere Klärung der Rechtssache nicht erwarten lässt.[930]

Wird eine mündliche Verhandlung durchgeführt, so ist diese vom Präsidenten unverzüglich anzuberaumen. Zur mündlichen Verhandlung sind in Verordnungsprüfungsverfahren der Antragsteller, die Verwaltungsbehörde, die die Verordnung erlassen hat, und die zuständige oberste Verwaltungsbehörde des Bundes oder des Landes, die zur Vertretung der angefochtenen Verordnung berufen ist, zu laden.[931] In Gesetzprüfungsverfahren sind der Antragsteller und die zur Vertretung des angefochtenen Gesetzes berufene Regierung zu laden. Zur Vertretung eines angefochtenen Bundesgesetzes ist die Bundesregierung, eines angefochtenen Landesgesetzes die Landesregierung berufen.[932]

Wird in Verordnungsprüfungsverfahren eine mündliche Verhandlung anberaumt, werden zugleich mit der Anberaumung die Verwaltungsbehörde, die die Verordnung erlassen hat, und die zuständige oberste Verwaltungsbehörde des Bundes oder des Landes aufgefordert, binnen zwei Wochen nach Empfang der Ladung eine schriftliche Äußerung über den Gegenstand, also über die behauptete Verfassungswidrigkeit der zu prüfenden Norm, zu erstatten.[933] Für das Ausbleiben dieser Äußerung enthält das VfGG keine Regelung.

In Gesetzesprüfungsverfahren wird zugleich mit der Anberaumung der Verhandlung die berufene Regierung aufgefordert, eine schriftliche Äußerung über den Gegenstand dem VfGH so rechtzeitig vorzulegen, dass die Äußerung spätestens eine Woche vor der Verhandlung dem Gerichtshof vorliegt.[934]

Wenn keine mündliche Verhandlung anberaumt wird, werden die Parteien vom VfGH dennoch aufgefordert, binnen einer bestimmten Frist eine schriftliche Äußerung zum Gegenstand zu erstatten. Dafür wird in der Praxis regelmäßig eine Frist von acht Wochen eingeräumt. Die Frist ist verlängerbar. In Verordnungsprüfungsverfahren ergeht regelmäßig zugleich mit der Aufforderung zu Äußerung die weitere Aufforderung, alle die Verordnung betreffenden Verwaltungsakten vorzulegen.[935]

929 § 19 Abs 3 VfGG.
930 § 19 Abs 4 VfGG.
931 § 58 Abs 1 VfGG.
932 § 63 Abs 1 VfGG.
933 § 58 Abs 2 VfGG.
934 § 63 Abs 2 VfGG.
935 *Fuchs/Kneihs* in *Eberhard/Fuchs/Kneihs/Vašek* (Hrsg), Kommentar zum Verfassungsgerichtshofgesetz 1953 § 63 VfGG Rz 4 (Stand 1.10.2019, rdb.at).

10.4.2.7. Entscheidungsbefugnis des VfGH

Der VfGH kann den Individualantrag zurückweisen, das Verfahren einstellen, die Behandlung des Antrages ablehnen, den Antrag als unbegründet abweisen oder ihm stattgeben.

Eine **Zurückweisung** des Individualantrages kommt insbesondere wegen offenbarer Unzuständigkeit des VfGH, nicht (fristgerechter) Mängelbehebung, rechtskräftig entschiedener Sache und mangelnder Antragslegitimation in Betracht.[936]

Eine **Einstellung** des Verordnungs- und Gesetzesprüfungsverfahren hat zu erfolgen, wenn der Individualantrag zurückgezogen wurde.

Eine **Ablehnung** der Behandlung des Individualantrages ist bis zur Verhandlung durch Beschluss möglich, wenn der Individualantrag keine hinreichende Aussicht auf Erfolg hat.[937]

Eine **Abweisung** des Individualantrages hat zu erfolgen, wenn der VfGH zum Schluss kommt, dass die geprüfte Norm nicht verfassungs- bzw gesetzwidrig ist.

Eine Entscheidung in Form einer **Stattgabe** hat zu erfolgen, wenn die angefochtene Norm verfassungs- oder gesetzwidrig ist bzw war. Der VfGH darf eine Verordnung bzw ein Gesetz nur insoweit aufheben, als ihre/seine Aufhebung ausdrücklich beantragt wurde oder als der VfGH die Verordnung bzw das Gesetz in der bei ihm anhängigen Rechtssache anzuwenden hätte. Gelangt der VfGH jedoch zur Auffassung, dass die ganze Verordnung der gesetzlichen Grundlage entbehrt, von einer unzuständigen Behörde erlassen wurde oder in gesetzwidriger Weise kundgemacht wurde, so hat er die ganze Verordnung als gesetzwidrig aufzuheben. Gelangt er zur Auffassung, dass das ganze Gesetz von einem nach der Kompetenzverteilung nicht berufenen Gesetzgebungsorgan erlassen oder in verfassungswidriger Weise kundgemacht wurde, so hat er das ganze Gesetz als verfassungswidrig aufzuheben. Dies gilt nicht, wenn die Aufhebung der ganzen Verordnung bzw des ganzen Gesetzes offensichtlich den rechtlichen Interessen der Partei zuwiderläuft, die einen Individualantrag gestellt hat.[938]

Ist die Verordnung bzw das Gesetz im Zeitpunkt der Fällung des Erkenntnisses des VfGH bereits außer Kraft getreten, hat der VfGH auszusprechen, dass die Verordnung bzw das Gesetz verfassungswidrig war.[939] Ist die Verordnung bzw das Gesetz noch in Kraft, lautet die Entscheidung auf Aufhebung der angefochtenen Norm wegen Gesetz- bzw Verfassungswidrigkeit. Kommt der VfGH zum Ergebnis, dass die geprüfte Verordnung bzw das geprüfte Gesetz zu einem bestimmten Zeitpunkt verfassungswidrig war, nicht aber auch noch im Zeitpunkt der Fällung

936 § 19 Abs 3 Z 2 VfGG.
937 Art 139 Abs 1b B-VG; Art 140 Abs 1b B-VG.
938 Art 139 Abs 3 B-VG; Art 140 Abs 3 B-VG.
939 Art 139 Abs 4 B-VG; Art 140 Abs 4 B-VG.

seines Erkenntnisses verfassungswidrig ist (sog Konvalidation), so hat er auszusprechen, bis zu welchem Zeitpunkt die Norm verfassungswidrig war.[940]

Das Erkenntnis des VfGH, mit dem eine Verordnung als gesetzwidrig bzw ein Gesetz als verfassungswidrig aufgehoben wird, ist unverzüglich kundzumachen. Die Kundmachung hat im Verordnungsprüfungsverfahren durch die zuständige oberste Behörde des Bundes oder des Landes, im Gesetzprüfungsverfahren durch den Bundeskanzler oder zuständigen Landeshauptmann zu erfolgen. Die Aufhebung tritt grundsätzlich mit Ablauf des Tages der Kundmachung in Kraft, sofern nicht der VfGH für das Außerkrafttreten eine Frist bestimmt hat.[941] Auf die vor der Aufhebung verwirklichten Tatbestände ist die Verordnung bzw das Gesetz – mit Ausnahme des Anlassfalls – weiterhin anzuwenden. Gleiches gilt, wenn der VfGH für das Außerkrafttreten eine Frist gesetzt hat: Die Verordnung bzw das Gesetz ist bis zum Ablauf dieser Frist auf alle bis dahin verwirklichten Sachverhalte – mit Ausnahme des Anlassfalles – anzuwenden (Pro-futuro-Wirkung).[942]

Wird durch ein Erkenntnis des VfGH ein Gesetz als verfassungswidrig aufgehoben, so treten mit dem Tag des Inkrafttretens der Aufhebung, falls das Erkenntnis nicht anderes ausspricht, die gesetzlichen Bestimmungen wieder in Kraft, die durch das vom VfGH als verfassungswidrig erkannte Gesetz aufgehoben worden waren. In der Kundmachung über die Aufhebung des Gesetzes ist auch zu verlautbaren, ob und welche gesetzlichen Bestimmungen wieder in Kraft treten.[943] Für Verordnungen gibt es keine derartige Regelung. Wird daher eine Verordnung aufgehoben, treten frühere Verordnungen nicht wieder in Kraft.

Hebt der VfGH eine Verordnung wegen Gesetzwidrigkeit oder ein Gesetz wegen Verfassungswidrigkeit auf oder spricht er aus, dass eine Verordnung gesetzwidrig bzw ein Gesetz verfassungswidrig war, so sind alle Gerichte und Verwaltungsbehörden an den Spruch des VfGH gebunden.[944]

Die Erkenntnisse des VfGH werden im Namen der Republik verkündet und ausgefertigt.

10.4.2.8. Kostenersatz

In Verordnungs- und Gesetzesprüfungsverfahren ist Kostenersatz nur im Fall des Obsiegens vorgesehen.[945]

Wurde das Verordnungsprüfungsverfahren mit Individualantrag gemäß Art 139 Abs 1 Z 3 B-VG eingeleitet, so sind dem Antragsteller im Fall des Obsiegens die

940 *Grabenwarter/Frank*, B-VG Art 140 Rz 62 (Stand 20.6.2020, rdb.at); VfSlg 12325/1990; 17001/2003.
941 Art 139 Abs 5 B-VG; Art 140 Abs 5 B-VG.
942 Art 139 Abs 6 B-VG; Art 140 Abs 7 B-VG.
943 Art 140 Abs 6 B-VG.
944 Art 139 Abs 6 erster Satz B-VG; Art 140 Abs 7 erster Satz B-VG.
945 § 61a und § 65a iVm § 27 VfGG.

erwachsenen Prozesskosten von dem Rechtsträger zu ersetzen, für den die Behörde bei Erlassung der Verordnung gehandelt hat.[946] Im Fall der Einleitung des Gesetzesprüfungsverfahren mit Individualantrag gemäß Art 140 Abs 1 Z 1 lit c B-VG sind dem Antragsteller im Fall des Obsiegens die erwachsenen Prozesskosten im Fall eines Bundesgesetzes vom Bund, im Fall eines Landesgesetzes vom betreffenden Land zu ersetzen. Bei Unterliegen oder Klaglosstellung gebührt kein Kostenersatz.[947]

Kostenersatz wird nur auf **schriftlichen Antrag** zuerkannt.

946 § 61a VfGG.

947 VfSlg 14478/1996; VfGH 8.6.2020, V 1/2020.

11. Das Vollstreckungsverfahren

11.1. Allgemeines

Die Verwaltungsvollstreckung ist im VVG geregelt. Verwaltungsvollstreckung meint die zwangsweise Durchsetzung von individuellen – in Bescheiden oder gleichstellten Vollstreckungstiteln auferlegten – Verpflichtungen durch Vollstreckungsbehörden. Individuelle Verpflichtungen können Geldleistungen, vertretbare Leistungen (Arbeits- oder Naturalleistungen) und unvertretbare Leistungen (Handlungen, Duldungen oder Unterlassungen) sein. Voraussetzung für die Vollstreckung ist ein – idR rechtskräftiger – Vollstreckungstitel, der mit einer Vollstreckbarkeitsbestätigung versehen sein muss. Außerdem muss der Verpflichtete bei der Erfüllung einer ihm im Vollstreckungstitel auferlegten Pflicht säumig sein oder dieser zuwiderhandeln. Ziel der Vollstreckung ist die Erzwingung des im Vollstreckungstitel intendierten Zustandes mit hoheitlichen Vollstreckungsmitteln.

11.2. Vollstreckungsbehörden (§ 1 VVG)

Vollstreckungsbehörden sind die Bezirksverwaltungsbehörden, die Landespolizeidirektionen und die Gemeindebehörden.

Gemäß § 1 Abs 1 VVG obliegt den **Bezirksverwaltungsbehörden**

- die Vollstreckung der von ihnen selbst und von den ihnen übergeordneten Behörden erlassenen Bescheide,
- die Vollstreckung der von anderen Behörden des Bundes und der Länder erlassenen Bescheide (soweit nicht anderes bestimmt ist),
- die Vollstreckung der von Gemeindebehörden – ausgenommenen die Behörden der Städte mit eigenem Statut – in Angelegenheiten des eigenen Wirkungsbereiches erlassenen Bescheide auf deren Ersuchen,
- die Vollstreckung der von den VwG – ausgenommenen des Bundesfinanzgerichtes – erlassenen Erkenntnisse und Beschlüsse,
- die Einbringung von Geldleistungen, für die durch besondere Vorschriften die Einbringung im Verwaltungsweg (politische Exekution) gewährt ist.

Gemäß Art 146 B-VG obliegt den Bezirksverwaltungsbehörden auch die Vollstreckung von gewissen Erkenntnissen des VfGH, wenn der Bundespräsident ihnen eine entsprechende Weisung erteilt hat. Schließlich obliegt den Bezirksverwaltungsbehörden auch die Vollstreckung von Erkenntnissen des VwGH, mit denen der VwGH in der Sache selbst entscheidet, sofern im Erkenntnis gemäß § 63 Abs 2 VwGG die Bezirksverwaltungsbehörde als Vollstreckungsbehörde bestimmt ist.

In Gemeinden, in denen die **Landespolizeidirektion** zugleich Sicherheitsbehörde erster Instanz ist, obliegt dieser in den Angelegenheiten ihres sachlichen Wirkungsbereiches gemäß § 1 Abs 2 VVG

- die Vollstreckung der von ihr selbst und von den ihr übergeordneten Behörden erlassenen Bescheide,
- die Vollstreckung der von anderen Behörden des Bundes und der Länder erlassenen Bescheide (soweit nicht anderes bestimmt ist),
- die Vollstreckung der von Gemeindebehörden in Angelegenheiten des eigenen Wirkungsbereiches erlassenen Bescheide auf deren Ersuchen,
- die Vollstreckung der von den VwG – ausgenommenen des Bundesfinanzgerichtes – erlassenen Erkenntnisse und Beschlüsse.

Gemäß § 8 SPG ist die jeweilige Landespolizeidirektion zugleich Sicherheitsbehörde erster Instanz für das Gebiet der Gemeinden Eisenstadt, Rust, Graz, Leoben, Innsbruck, Klagenfurt, Villach, Linz, Steyr, Wels, Salzburg, St Pölten, Wiener Neustadt, Schwechat, Wien und die im Gebiet der Gemeinden Fischamend, Klein-Neusiedl und Schwadorf gelegenen Teile des Flughafens Wien-Schwechat.

In Angelegenheiten des eigenen Wirkungsbereiches der Gemeinde haben **Gemeindebehörden** die Wahl, ob sie ihre Bescheide selbst vollstrecken oder ob sie die Bezirksverwaltungsbehörde bzw die Landespolizeidirektion um Vollstreckung ersuchen. So sieht etwa § 95 Stmk GemO vor, dass fällige Gemeindeabgaben und die ihnen gesetzlich gleichgehaltenen Geldleistungen aufgrund von Bescheiden der Gemeindebehörden oder Erkenntnissen des LVwG der Bürgermeister einzubringen (zu vollstrecken) hat. Die Verpflichtung zu anderen Leistungen, Duldungen oder Unterlassungen aufgrund von Bescheiden der Gemeindeorgane oder Erkenntnissen des LVwG hat der Bürgermeister nach den Bestimmungen des VVG entweder selbst zu vollstrecken oder die Bezirksverwaltungsbehörde um die Vollstreckung zu ersuchen. § 53 Abs 2 Tir GemO sieht vor, dass der Bürgermeister fällige Gemeindeabgaben und sonstige durch Bescheid eines Gemeindeorganes festgesetzte Geldleistungen oder Verpflichtungen zu Leistungen, Duldungen oder Unterlassungen nach Maßgabe der gesetzlichen Vorschriften selbst zu vollstrecken oder das Bezirksgericht oder die Bezirkshauptmannschaft um die Vollstreckung zu ersuchen hat.

Eine Vollstreckung durch das **Bezirksgericht** ist gemäß § 3 Abs 1 VVG nur bei der Eintreibung von Geldleistungen vorgesehen (siehe Kapitel 11.6.1.). Bei öffentlichen Abgaben und Beiträgen gelangt die AbgEO zur Anwendung.[948]

948 § 1 Abs 3 VVG.

11.3. Vollstreckungstitel

Als Vollstreckungstitel kommen in Betracht:

- (Leistungs-)Bescheide sowie Strafbescheide nach dem VStG, mit denen Geldstrafen verhängt werden,
- Erkenntnisse und Beschlüsse der VwG (mit Ausnahme des Bundesfinanzgerichtes),
- (bestimmte) Erkenntnisse des VfGH,
- in der Sache selbst ergehende Erkenntnisse des VwGH und
- Rückstandsausweise.

Der Vollstreckung zugänglich sind ausschließlich **Leistungsbescheide**.[949] Leistungsbescheide sind Bescheide, mit denen jemand zur Erbringung einer bestimmten Leistung oder zur Herstellung eines bestimmten Zustandes verpflichtet wird. Leistungsbescheide sind zB bau-, forst-, gewerbe- oder wasserpolizeiliche Aufträge, aber auch Kostenbescheide. Ebenso sind (in einem Bewilligungsbescheid) vorgeschriebene **Auflagen** vollstreckbar, sofern sie ausreichend bestimmt sind. Die Nichteinhaltung von Auflagen kann im Wege der Verwaltungsvollstreckung erzwungen werden.

Neben Leistungsbescheiden sind auch leistungsvorschreibende Erkenntnisse und Beschlüsse der VwG – mit Ausnahme des Bundesfinanzgerichtes – der Vollstreckung zugänglich.[950] Nicht vollstreckbar sind Rechtsgestaltungs- und Feststellungsbescheide sowie rechtsgestaltende und feststellende Erkenntnisse und Beschlüsse der VwG.[951]

Rückstandsausweise sind keine Bescheide, sondern ein „Auszug aus den Rechnungsbehelfen", mit dem die Behörde eine – sich bereits aus dem Gesetz oder aus früher erlassenen Bescheiden ergebende – „Zahlungsverbindlichkeit" bekannt gibt.[952] Bei Rückstandsausweisen handelt es sich um öffentliche Urkunden, die Auskunft über den Stand von offenen Zahlungsverbindlichkeiten eines Schuldners geben.[953] Um Rechtswirksamkeit zu entfalten, müssen sie dem Schuldner nicht zugestellt werden. Vielmehr bilden sie sogleich (soweit dies ausdrücklich im Gesetz vorgesehen ist) einen Exekutionstitel.[954] Um Titelqualität zu erlangen, müssen sie jedoch den in den Verwaltungsvorschriften festgelegten inhaltlichen Mindestanforderungen entsprechen, die von Gesetz zu Gesetz sehr unterschiedlich sein können.[955] Rückstandsausweise können zB zur Einbringung nicht rechtzeitig entrichteter Sozialversicherungsbeiträge, Kammerumlagen oder Beiträge von Wassergenossenschaften ausgefertigt werden.[956]

---

949 VwGH 12.11.1986, 86/03/0130.
950 § 1 Abs 1 Z 3 VVG.
951 VwGH 22.9.1987, 87/11/0044; *Kolonovits/Muzak/Stöger*, Verwaltungsverfahrensrecht[11] Rz 1268.
952 VwSlg 17661 A/2009.
953 OGH 28.10.1993, 10 ObS 146/93.
954 VwGH 28.9.1951, 0849/49.
955 Vgl § 62 ASVG, § 25 BUAG, § 127 WKG.
956 § 64 ASVG, § 127 WKG, § 84 WRG.

11.4. Grundsätze des Vollstreckungsverfahrens (§ 2 VVG)

Nach dem bei der Vollstreckung von Bescheiden zu beachtenden, in § 2 Abs 1 VVG normierten **Grundsatz der Verhältnismäßigkeit** (Schonungsprinzip), ist von den Vollstreckungsbehörden bei der Handhabung der im VVG geregelten Zwangsbefugnisse jeweils das gelindeste noch zum Ziel führende Zwangsmittel anzuwenden. Die Auswahl des gelindesten Zwangsmittels ist von vornherein auf jene Zwangsmittel eingeschränkt, die auch geeignet sind, den Titelbescheid durchzusetzen. Insoweit kommt der Behörde bei der Auswahl des Zwangsmittels Ermessen zu. Zum Ziel führt ein Zwangsmittel nur dann, wenn es den mit dem Titelbescheid aufgetragenen Zustand herstellt.

Geldleistungen dürfen gemäß § 2 Abs 2 VVG nur insoweit zwangsweise eingebracht (vollstreckt) werden, als dadurch der **notwendige Unterhalt** des Verpflichteten und der Personen, für die er nach dem Gesetz zu sorgen hat, nicht gefährdet wird. Als notwendiger Unterhalt ist nach § 63 ZPO derjenige Unterhalt anzusehen, den die Partei für sich und ihre Familie, für deren Unterhalt sie zu sorgen hat, zu einer einfachen Lebensführung benötigt.

11.5. Vollstreckungsverfahren (§ 10 VVG)

Gemäß § 10 Abs 1 VVG sind auf das Vollstreckungsverfahren der I. Teil (§ 1 bis § 36a AVG), hinsichtlich der Rechtsmittelbelehrung § 58 Abs 1, § 61 und der zweite und dritte Abschnitt des IV. Teils (§ 68 bis § 73 AVG) sinngemäß anzuwenden.

Voraussetzung für eine Vollstreckung ist, dass ein entsprechender Vollstreckungstitel vorliegt, dieser gegenüber dem Verpflichteten wirksam geworden ist und der Verpflichtete innerhalb der gesetzten Frist und bis zur Einleitung des Vollstreckungsverfahrens seiner Verpflichtung nicht nachgekommen ist. Die Vollstreckbarkeit des Titelbescheides ist grundsätzlich eine Folge der Rechtskraft und tritt somit im Zweifel erst mit dieser gemeinsam ein.

Die Einleitung des Vollstreckungsverfahrens erfolgt entweder von Amts wegen, auf Ersuchen oder auf Antrag.[957] Voraussetzung ist ein **Vollstreckungstitel samt Vollstreckbarkeitsbestätigung**. Die Vollstreckbarkeitsbestätigung ist kein Bescheid, sondern eine Beurkundung der Titelbehörde, dass der Vollstreckungstitel keinem die Vollstreckbarkeit hemmenden Rechtszug mehr unterliegt.[958] Die Vollstreckungsbehörde hat lediglich zu prüfen, ob ein mit einer Vollstreckbarkeitsbestätigung versehener Vollstreckungstitel vorliegt, nicht aber, ob dieser rechtmäßig ist. Die Frage der Rechtmäßigkeit des in Rechtskraft erwachsenen Titelbescheides kann im Vollstreckungsverfahren nicht mehr aufgeworfen werden.[959]

957 § 1a VVG.
958 Vgl § 3 Abs 2 VVG.
959 VwGH 22.8.2016, Ra 2015/17/0196; 12.8.2010, 2006/10/0158.

Liegt ein Vollstreckungstitel samt Vollstreckbarkeitsbestätigung vor, hat die Vollstreckungsbehörde – grundsätzlich ohne förmliches Ermittlungsverfahren – weiters zu prüfen, ob der Vollstreckungstitel tauglich und die Vollstreckung zulässig ist.[960]

Unzulässig ist die Vollstreckung bspw dann, wenn

- der Vollstreckungstitel nicht formell rechtskräftig ist (außer es wurde die aufschiebende Wirkung des dagegen erhobenen Rechtsmittels ausdrücklich aberkannt),
- der Vollstreckungstitel zwar formell rechtskräftig ist, die Leistungsfrist aber noch nicht abgelaufen ist,
- die Leistungsfrist zu kurz bemessen ist,
- die auferlegte Verpflichtung zu unbestimmt ist,
- einer gegen den Vollstreckungstitel erhobenen Beschwerde an den VfGH oder Revision an den VwGH aufschiebende Wirkung zuerkannt wurde,
- die Leistung bzw Verpflichtung in der Zwischenzeit erfüllt wurde,
- der Vollstreckungstitel oder die Vollstreckbarkeitsbestätigung nachträglich aufgehoben wurden oder
- bei Beseitigungsaufträgen die bewilligungslos durchgeführte Maßnahme nachträglich bewilligt wurde.[961]

Ist der Vollstreckungstitel tauglich (dh liegt etwa ein Leistungsbescheid oder leistungsvorschreibendes Erkenntnis vor) und die Vollstreckung zulässig, hat die Vollstreckungsbehörde eine **Vollstreckungsverfügung** zu erlassen. Die Vollstreckungsverfügung ist ein Bescheid, in dem festgelegt wird, was in welcher Weise, also mit welchen Vollstreckungsmitteln, vollstreckt wird. Auf Basis der Vollstreckungsverfügung sind die vorgeschriebenen Vollstreckungsmittel einzusetzen und damit die Vollstreckung zu vollziehen. Gegen die Vollstreckungsverfügung kann Bescheidbeschwerde an das VwG erhoben werden. Der Beschwerde kommt **keine aufschiebende Wirkung** zu.[962]

11.6. Vollstreckungsmittel

Welches Vollstreckungsmittel die Vollstreckungsbehörde in der Vollstreckungsverfügung verfügt, hängt von der im Vollstreckungstitel vorgeschriebenen Leistung bzw auferlegten Verpflichtung ab. Als Vollstreckungsmittel kommen in Betracht:

- bei der Eintreibung von Geldleistungen die Vermögenspfändung (§ 3 VVG),
- bei der Erzwingung vertretbarer Leistungen die Ersatzvornahme (§ 4 VVG) und

960 Vgl VwGH 25.10.2000, 99/06/0077.

961 VwGH 26.9.2017, Fe 2016/05/0001; 28.10.2013, 2011/05/0152; *Hengstschläger*, Verwaltungsverfahrensrecht[4] Rz 999; *Kolonovits/Muzak/Stöger*, Verwaltungsverfahrensrecht[11] Rz 1294 mwN.

962 § 10 Abs 2 VVG.

- bei der Erzwingung unvertretbarer Leistungen die Verhängung von Zwangsstrafen (§ 5 VVG), die Anwendung unmittelbaren Zwanges (§ 7 VVG) sowie die Erlassung einstweiliger Verfügungen (§ 8 VVG).

Bei der Handhabung der Zwangsbefugnisse hat die Vollstreckungsbehörde stets das gelindeste noch zum Ziel führende Zwangsmittel anzuwenden (Grundsatz der Verhältnismäßigkeit; Schonungsprinzip). Geldleistungen dürfen nur insoweit zwangsweise eingebracht werden, als dadurch der **notwendige Unterhalt** des Verpflichteten und der Personen, für die er nach dem Gesetz zu sorgen hat, nicht gefährdet wird.[963]

11.6.1. Eintreibung von Geldleistungen (§ 3 VVG)

Gemäß § 3 Abs 3 VVG können natürliche Personen, juristische Personen des Privatrechts sowie der Bund, die Länder und die Gemeinden die Eintreibung einer Geldleistung unmittelbar beim zuständigen Bezirksgericht selbst beantragen. Andere juristische Personen des öffentlichen Rechts (zB Kammern) können dies nur, soweit ihnen zur Eintreibung einer Geldleistung die Einbringung im Verwaltungsweg (politische Exekution) gewährt ist, sie also dazu ermächtigt sind.[964]

Alle anderen nicht in § 3 Abs 3 AVG genannten Personen bzw Behörden können sich mit einem Vollstreckungsersuchen, dem ein Vollstreckungstitel samt Vollstreckbarkeitsbestätigung beizulegen ist, an die zuständige Vollstreckungsbehörde wenden. Nach § 3 Abs 1 VVG ist der Verwaltungsbehörde für die Eintreibung von Geldleistungen ein doppelter Weg eröffnet: Die Verwaltungsbehörde kann die Eintreibung selbst vornehmen oder die Eintreibung durch das zuständige Gericht veranlassen. In letzterem Fall bringt die Vollstreckungsbehörde im Namen des ersuchenden Berechtigten (betreibender Gläubiger) den Exekutionsantrag beim zuständigen Bezirksgericht ein. Das Gericht fungiert in diesem Fall der Verwaltungsbehörde gegenüber als Exekutivorgan und hat die für das gerichtliche Exekutionsverfahren geltenden Vorschriften (EO) anzuwenden. Der mit einer Vollstreckbarkeitsbestätigung versehene Vollstreckungstitel bildet den Exekutionstitel.[965] Einwendungen gegen den Anspruch, zu dessen Gunsten Exekution bewilligt wurde, sind bei der Stelle zu erheben, von der der Vollstreckungstitel ausgegangen ist, dh bei der Verwaltungsbehörde (Titelbehörde).[966] Diese hat über die Einwendungen mit verfahrensrechtlichem Bescheid zu entscheiden. Wird den Einwendungen stattgegeben, ist die Exekution einzustellen.[967]

Nur wenn die Eintreibung der Geldleistung im Interesse der Raschheit und der Kostenersparnis gelegen ist, kann die Vollstreckungsbehörde die Eintreibung

963 § 2 VVG.
964 § 3 Abs 3 VVG.
965 § 1 Z 10, 11, 12 und 14 EO.
966 § 3 Abs 2 VVG iVm § 35 EO.
967 § 35 Abs 4 EO.

selbst vornehmen. Das ist zB der Fall, wenn die Vollstreckungsbehörde über einen eigenen „Amtsvollzieher" verfügt. In diesem Fall sind die Vorschriften über die AbgEO sinngemäß anzuwenden.[968] Vorrangig sind mit der Eintreibung von Geldleistungen aber die Gerichte zu betrauen.

11.6.2. Erzwingung vertretbarer Leistungen (§ 4 VVG)

Im Gegensatz zu unvertretbaren Leistungen (siehe Kapitel 11.6.3.) sind vertretbare Leistungen **Arbeits- oder Naturalleistungen**, die nicht nur durch den Verpflichteten selbst, sondern **auch durch einen Dritten** bewerkstelligt werden können.[969]

Vertretbare Leistungen sind zB ein Wiederaufforstungsauftrag,[970] die Verpflichtung zur Abtragung eines konsenslos errichteten Gebäudes,[971] die Verpflichtung zur Umweiselung von Bienenvölkern oder die Verpflichtung zur Entfernung von Abfallablagerungen auf hiezu nicht bewilligten Flächen.

Die Verpflichtung zur Erbringung einer Leistung ergibt sich aus einem Vollstreckungstitel. Erfüllt der Verpflichtete die ihm im Vollstreckungstitel auferlegte Pflicht nicht, nicht vollständig oder nicht zur gehörigen Zeit, kann die mangelnde vertretbare Leistung gemäß § 4 Abs 1 VVG durch Ersatzvornahme auf Gefahr und Kosten des Verpflichteten erzwungen werden. Die Ersatzvornahme setzt sohin einen vollstreckbaren Vollstreckungstitel samt Vollstreckbarkeitsbestätigung sowie die Säumnis des Verpflichteten voraus.

Die Ersatzvornahme ist dem Verpflichteten zunächst anzudrohen. Mit der **Androhung** der Ersatzvornahme ist dem Verpflichteten eine **angemessene Frist** (Paritionsfrist) zur Erfüllung der Verpflichtung – sozusagen als zweite Chance – einzuräumen, die ausreichend bemessen sein muss. Die zu erbringende Leistung ist genau anzugeben. Die Androhung der Ersatzvornahme ist kein Bescheid, sondern eine Verfahrensanordnung. Gegen Verfahrensanordnungen ist ein gesondertes Rechtsmittel nicht zulässig.

Erbringt der Verpflichtete innerhalb der in der Androhung der Ersatzvornahme gesetzten Paritionsfrist die Leistung nicht oder nicht vollständig, hat die Behörde die Ersatzvornahme anzuordnen und durchzuführen. Die **Anordnung** der Ersatzvornahme erfolgt mit Bescheid (Vollstreckungsverfügung). Die Durchführung der Ersatzvornahme erfolgt entweder durch die Behörde selbst oder unter ihrer Aufsicht durch Dritte. IdR beauftragt die Behörde ein Unternehmen mit der Erbringung der Leistung (zB Aufforstung, Abtragung des konsenslos errichteten Gebäudes). Bei der Auswahl des Unternehmens ist die Behörde völlig frei; dem

968 § 3 Abs 1 letzter Satz.
969 VwSlg 7884 A/1790.
970 VwGH 11.12.2009, 2008/10/0146.
971 VwGH 19.10.1970, 0750/70.

Verpflichteten kommt kein Mitspracherecht zu.[972] Sollte der Verpflichtete bei der Durchführung der Ersatzvornahme faktischen Widerstand leisten, kann die Behörde – zur Überwindung dieses Widerstandes – Hilfsorgane gemäß § 9 VVG beiziehen. Die Hilfsorgane können gegebenenfalls Zwangsmaßnahmen setzen. Solche Akte fallen aber nicht unter § 7 VVG, weswegen sie vorher auch nicht anzudrohen sind.[973]

Gemäß § 4 Abs 1 VVG ist die Ersatzvornahme auf Gefahr und Kosten des Verpflichteten durchzuführen. Die **Kosten der Ersatzvornahme** sind dem Verpflichteten mit verfahrensrechtlichem Bescheid vorzuschreiben.[974] Zu den Kosten zählen jene Beträge, die die Behörde an das beauftragte Unternehmen bezahlt hat, und falls sie selbst Leistungen erbracht hat, ein angemessener Beitrag zu ihrem Personal- und Sachaufwand.[975] In praxi werden dem Verpflichteten die für die Ersatzvornahme voraussichtlich anfallenden Kosten idR gleichzeitig mit der Anordnung der Ersatzvornahme in einem gesonderten Spruchteil aufgetragen (sog Kostenvorauszahlungsbescheid). Die voraussichtlich anfallenden Kosten sind zu schätzen, in überprüfbarer Weise aufzuschlüsseln, dem Verpflichteten im Rahmen des Parteiengehörs zur Kenntnis zu bringen und nach Durchführung der Ersatzvornahme mit den tatsächlich angefallenen Kosten zu verrechnen.[976] Der **Auftrag zur Vorauszahlung der Kosten** stellt einen verfahrensrechtlichen Bescheid dar, der vollstreckbar ist.[977]

Gegen die Anordnung der Ersatzvornahme, den Kostenbescheid und den Auftrag zur Vorauszahlung der Kosten kann **Bescheidbeschwerde** an das VwG erhoben werden. Der Beschwerde gegen die Anordnung der Ersatzvornahme kommt keine aufschiebende Wirkung zu,[978] der Beschwerde gegen den Kostenbescheid bzw Auftrag zur Kostenvorauszahlung hingegen schon.

Beispiel

A möchte in seinem Wald eine Hütte errichten, die ihm als Rückzugsort dienen soll. Damit er keine Zeit verliert, schlägert er am 2.8.2021 den Holzbewuchs auf einer Fläche von 150 m^2 und gräbt anschließend die Wurzelstöcke aus. Nachdem er die Fläche baureif gemacht hat, betoniert er das Fundament. Am 18.8.2021 erhält A einen Bescheid der Forstbehörde (Bezirkshauptmannschaft), mit dem ihm die Wiederbewaldung bzw Aufforstung der konsenslos gerodeten Fläche auf dem Grundstück 123 mit Fichten im Pflanzenverband von 2 m mal 2 m sowie die Entfernung des Fundamentes bis 22.9.2021 aufgetragen wird (= Titelbescheid, Vollstreckungstitel). A denkt nicht daran, dieser Verpflichtung nachzukommen, und ignoriert den Bescheid, der in Rechtskraft

972 VwGH 8.4.2014, 2011/05/0050; 18.11.2010, 2010/07/0119; 22.10.1990, 90/10/0003.

973 *Walter/Thienel*, Verwaltungsverfahren[17] VVG § 4 Rz 4; *Kolonovits/Muzak/Stöger*, Verwaltungsverfahrensrecht[11] Rz 1318.

974 VwGH 22.5.2013, 2011/03/0086.

975 § 11 Abs 3 VVG; VwSlg 18718 A/2013; *Hengstschläger*, Verwaltungsverfahrensrecht[4] Rz 987.

976 VwGH 23.5.2002, 2001/07/0183.

977 § 4 Abs 2 VVG.

978 § 10 Abs 2 VVG.

erwächst. In der Folge versieht die Bezirkshauptmannschaft den Bescheid mit einer Vollstreckbarkeitsbestätigung.

Mit Schreiben vom 30.9.2021 droht die Bezirkshauptmannschaft dem A die Ersatzvornahme an und räumt ihm für die Aufforstung der konsenslos gerodeten Fläche auf dem Grundstück 123 mit Fichten im Pflanzenverband von 2 m mal 2 m und die Entfernung des Fundamentes nochmals eine Frist bis zum 15.10.2021 ein. Auch dieses Schreiben ignoriert A.

Infolgedessen holt die Bezirkshauptmannschaft Angebote von verschiedenen Unternehmen ein und bringt diese dem A mit Schreiben vom 21.10.2021 im Rahmen des Parteiengehörs zur Kenntnis. Als Frist für die Stellungnahme wird A der 5.11.2021 eingeräumt. A äußert sich dazu nicht.

Schließlich ordnet die Bezirkshauptmannschaft mit Bescheid (= Vollstreckungsverfügung) vom 8.11.2021 die Ersatzvornahme an (Spruchteil I) und trägt dem A als Vorauszahlung für die Kosten der Durchführung der Ersatzvornahme die Zahlung des im günstigsten Angebot genannten Betrages (Spruchteil II) binnen einer Woche ab Zustellung auf. Wenig überraschend kommt A dem Kostenvorauszahlungsauftrag nicht nach. Da die Durchführung der Ersatzvornahme vom Erlag des Kostenvorschusses unabhängig ist, beauftragt die Bezirkshauptmannschaft das Unternehmen mit dem günstigsten Angebot mit der Aufforstung der konsenslos gerodeten Fläche und der Entfernung des Fundamentes. Das beauftrage Unternehmen forstet die Fläche am 10.12.2021 auftragsgemäß auf und entfernt das Fundament. Die Behörde bezahlt die Kosten laut Angebot.

Nachdem A den Bescheid vom 8.11.2021 in beiden Spruchpunkten unangefochten lässt, erwächst auch dieser in Rechtskraft. Die vorgeschriebenen Kosten zahlt er nicht. Die Bezirkshauptmannschaft hat daher den Bescheid zu vollstrecken, dh die Kosten bei A gemäß § 3 VVG einzutreiben (siehe Kapitel 11.6.1.).

11.6.3. Erzwingung unvertretbarer Leistungen (§ 5 VVG)

Die Verpflichtung zu einer **Duldung** oder **Unterlassung** oder zu einer **Handlung**, die sich wegen ihrer eigentümlichen Beschaffenheit **nicht durch einen Dritten** bewerkstelligen lässt (unvertretbare Leistung), wird gemäß § 5 Abs 1 VVG dadurch vollstreckt, dass der Verpflichtete von der Vollstreckungsbehörde durch Geldstrafen zur Erfüllung seiner Pflicht angehalten wird. Man spricht von sog Zwangs- oder Beugestrafen. Mit Zwangs- oder Beugestrafen soll ein bestimmtes, mögliches und zumutbares Verhalten eines Verpflichteten herbeigeführt werden. Zwangs- oder Beugestrafen greifen oft „empfindlich" in das Vermögen des Betroffenen ein, weswegen sie einen gewissen Anreiz zur Erfüllung der auferlegten Verpflichtung geben.

Unvertretbare Leistungen sind zB die Erstattung einer Bauanzeige,[979] die Schließung eines Betriebes,[980] die Abgabe des Führerscheines[981] oder der Kennzeichen-

979 VwGH 9.10.2014, 2013/05/0110.
980 VwGH 4.11.2009, 2009/07/0006.
981 VwGH 19.12.1996, 96/11/0323.

tafeln,[982] die Abtretung von Grundstücksteilen,[983] die Erstattung eines Sachverständigengutachtens,[984] die Befolgung einer Ladung[985] oder die Unterlassung der Benützung von Räumlichkeiten wegen Widerspruchs zur Baubewilligung.

Die Verpflichtung zu einer Duldung, Unterlassung oder Handlung ergibt sich aus einem Vollstreckungstitel (zB Bescheid). Kommt der Verpflichtete der im Vollstreckungstitel auferlegten Pflicht (zB Abgabe des Führerscheines) nicht nach, kann gegen ihn nach vorheriger Androhung eine Zwangsstrafe verhängt werden. Die Geldstrafe darf in jedem einzelnen Fall den Betrag von € 726 nicht überschreiten.[986]

Der Vollstreckungsvorgang bei Zwangsstrafen ist folgender:

1. Androhung der Zwangsstrafe,
2. bescheidmäßige Verhängung der Zwangsstrafe durch Vollstreckungsverfügung und
3. sofortige Vollstreckung der verhängten Zwangsstrafe als faktische Amtshandlung.[987]

Gemäß § 5 Abs 2 erster Satz VVG ist dem Verpflichteten die Zwangsstrafe zunächst anzudrohen. Mit jeder **Androhung** einer Zwangsstrafe ist (sofern es sich um die Vollstreckung einer unvertretbaren Leistung handelt) eine **angemessene Frist** zur Erfüllung der Verpflichtung einzuräumen (Paritionsfrist). Mit dieser datumsmäßig zu bestimmenden Frist wird dem Verpflichteten die Möglichkeit eingeräumt, die versäumte Handlung nachzuholen und somit der Vollstreckung zu entgehen. In der Androhung sind die zu erbringende Leistung sowie die Art und Höhe der Zwangsstrafe genau anzugeben. Die Androhung ist kein Bescheid, sondern eine Verfahrensanordnung. Gegen sie ist ein gesondertes Rechtsmittel nicht zulässig.

Die angedrohte Zwangsstrafe ist beim ersten Zuwiderhandeln gegen die im Vollstreckungstitel auferlegte Verpflichtung (Duldung bzw Unterlassung) bzw nach fruchtlosem Ablauf der für die Vornahme der Handlung gesetzten Paritionsfrist gemäß § 5 Abs 2 zweiter Satz VVG sofort zu vollziehen. Das bedeutet, dass die Vollstreckungsbehörde die angedrohte Zwangsstrafe mit Bescheid (Vollstreckungsverfügung) zu verhängen hat. Es darf immer nur die Zwangsstrafe verhängt werden, die angedroht wurde. Mit der **Verhängung** der Zwangsstrafe ist für den Fall der Wiederholung oder des weiteren Verzuges ein stets schärferes Zwangsmittel anzudrohen. Ein angedrohtes Zwangsmittel darf nicht mehr voll-

982 VwGH 16.1.1990, 89/11/0084.
983 VwGH 3.12.1981, 2902/80.
984 VwGH 30.6.1992, 89/07/0155.
985 VwGH 10.11.1998, 98/11/0105.
986 § 5 Abs 3 VVG.
987 VwGH 21.11.2018, Ra 2017/17/0255.

zogen werden, sobald der Verpflichtung entsprochen wurde. Ebenso darf ein angedrohtes Zwangsmittel nicht mehr verhängt werden, wenn dem Verpflichteten die Erfüllung der unvertretbaren Leistung tatsächlich unmöglich ist.

Gegen die Verhängung einer Geldstrafe als Zwangsstrafe (Vollstreckungsverfügung) kann **Bescheidbeschwerde** an das VwG erhoben werden. Der Beschwerde kommt keine aufschiebende Wirkung zu, weswegen der Bescheid (Vollstreckungsverfügung) sofort vollstreckt werden kann.[988]

Die Vollstreckung durch Geldstrafen als Zwangsmittel ist auch gegen juristische Personen mit Ausnahme der Körperschaften des öffentlichen Rechts und eingetragene Personengesellschaften zulässig.[989] Die als Zwangsstrafen verhängten Geldstrafen fließen gemäß § 6 Abs 1 VVG der Gebietskörperschaft zu, die den Aufwand der Vollstreckungsbehörde zu tragen hat.

Zwangsstrafen können auch mehrmals (wiederholt) verhängt werden. Kommt der Verpflichtete trotz Verhängung einer angedrohten Zwangsstrafe seiner Verpflichtung nach wie vor nicht nach, kann nach neuerlicher Androhung eine weitere Zwangsstrafe verhängt werden. Kann die Verpflichtung auf diese Weise nicht erfüllt werden, ist bei Vorliegen der Voraussetzungen die Anwendung unmittelbaren Zwanges nach § 7 VVG möglich.

11.6.4. Anwendung unmittelbaren Zwanges (§ 7 VVG)

Sofern die Gesetze nicht anderes bestimmten, kann gemäß § 7 VVG der in einem Vollstreckungstitel entsprechende Zustand durch Anwendung unmittelbaren Zwanges hergestellt werden, wenn dies auf andere Weise nicht oder nicht rechtzeitig möglich ist. Die Anwendung unmittelbaren Zwanges soll somit als **ultima ratio** erfolgen.

In praxi einer der häufigsten Anwendungsfälle für unmittelbaren Zwang ist die zwangsweise Vorführung einer Person, wenn diese einer Ladung (siehe Kapitel 2.10.) trotz Androhung der Vorführung unentschuldigt keine Folge leistet.[990] Wurde in einem Ladungsbescheid für den Fall des Nichterscheinens die zwangsweise Vorführung angedroht (§ 19 Abs 3 AVG), kann die Vollstreckungsbehörde die Anwendung unmittelbaren Zwanges, also die Vorführung der geladenen Person, in einer Vollstreckungsverfügung anordnen. Der Ladungsbescheid bildet in diesem Fall den Vollstreckungstitel. Die Anwendung unmittelbaren Zwanges (zB die Vorführung) ist nur mit Bescheidbeschwerde gegen die Vollstreckungsverfügung bekämpfbar. Der Beschwerde kommt keine aufschiebende Wirkung zu.[991]

988 § 10 Abs 2 VVG.
989 § 5 Abs 4 VVG.
990 VwGH 6.10.1999, 99/01/0120.
991 § 10 Abs 2 VVG.

Wird unmittelbarer Zwang ohne Vorliegen einer Vollstreckungsverfügung ausgeübt, stellt dies einen Akt unmittelbarer verwaltungsbehördlicher Befehls- und Zwangsgewalt dar, der mit Maßnahmenbeschwerde an das VwG bekämpft werden kann (siehe Kapitel 8.4.3.).

Im Fall der Festnahme ist der Festgenommene ehestens, womöglich bei der Festnahme, in einer ihm verständlichen Sprache über die Gründe seiner Festnahme zu unterrichten. Für diese Festnahme gilt weiters § 36 Abs 2 und 3 VStG.

11.7. Einstweilige Verfügungen (§ 8 VVG)

Einstweilige Verfügungen können dann erlassen werden, wenn die Gefahr besteht, dass sich der Verpflichtete einer Leistung entziehen oder deren Vollstreckung vereiteln oder gefährden wird, und diese Gefahr nicht auf andere Art gebannt werden kann. Einstweilige Verfügungen sind somit ein Sicherungsmittel für Leistungsverpflichtungen, ohne dass ein Vollstreckungstitel bereits vorliegt. Erst mit der einstweiligen Verfügung wird ein Vollstreckungstitel geschaffen, der sofort vollstreckbar ist.

Gemäß § 8 Abs 1 VVG darf die Vollstreckungsbehörde eine einstweilige Verfügung nur erlassen, wenn

- die **Pflicht zu einer Leistung feststeht** oder **wahrscheinlich ist und**
- die **Gefahr besteht, dass sich der Verpflichtete** durch Verfügungen über Gegenstände seines Vermögens, durch Vereinbarungen mit dritten Personen oder durch andere Maßnahmen **der Leistung entziehen und deren Vollstreckung vereiteln oder gefährden werde (subjektive Gefahr)**.

Unter Leistungen sind Handlungen, Duldungen oder Unterlassungen zu verstehen. In der einstweiligen Verfügung dürfen nur jene Maßnahmen angeordnet werden, die zur Sicherung der Leistung notwendig und unvermeidbar sind. Als Sicherungsmaßnahmen kommen etwa Veräußerungs- oder Verwertungsverbote oder die Beschlagnahme von Gegenständen in Betracht.[992]

Die einstweilige Verfügung hat in Form eines Bescheides zu ergehen. Dieser Bescheid bildet einen Titelbescheid, der sofort vollstreckt werden kann.[993] Die Vollstreckung der einstweiligen Verfügung ist in einem eigenen Bescheid (Vollstreckungsverfügung) anzuordnen. Die Anordnung kann in derselben Bescheidausfertigung wie die einstweilige Verfügung in einem eigenen Spruchteil erfolgen.

Eine einstweilige Verfügung darf nur so lange erlassen werden, als noch nicht vollstreckt werden kann. Das bedeutet: Liegt ein Vollstreckungstitel bereits vor und kann dieser vollstreckt werden, darf die darin festgelegte Leistungspflicht

992 *Walter/Thienel*, Verwaltungsverfahren[17] VVG § 8 Rz 4.
993 VwGH 25.6.1996, 96/05/0145; § 8 Abs 2 VVG.

nicht durch eine im Rahmen einer einstweiligen Verfügung angeordnete Maßnahme gesichert werden. Sobald die Voraussetzungen für die Erlassung der einstweiligen Verfügung weggefallen sind, ist diese aufzuheben. Sowohl für die Erlassung der einstweiligen Verfügung als auch für deren Aufhebung ist jene Behörde zuständig, die auch für das Vollstreckungsverfahren kompetent ist.[994]

Gegen die einstweilige Verfügung und die Vollstreckungsverfügung kann Bescheidbeschwerde an das VwG erhoben werden. Der Beschwerde kommt **keine aufschiebende Wirkung** zu.[995]

Einstweilige Verfügungen können zB über die Einbehaltung von Geldmitteln erlassen werden, die der in Schubhaft befindliche Fremde bei sich hat. Zweck dieser Einbehaltung ist die Sicherung des Ersatzes der Schubhaftkosten, wenn der diesen Kosten zugrunde liegende Kostenbescheid mangels Rechtskraft noch nicht vollstreckt werden kann und die Gefahr besteht, dass sich der Verpflichtete infolge Abschiebung oder infolge sonstigen Verhaltens der Leistung (Zahlung) entziehen werde.[996]

11.8. Hilfsorgane der Vollstreckung (§ 9 VVG)

Die Vollstreckungsbehörde hat die Vollstreckungshandlung idR selbst zu setzen, dh den Zwang selbst auszuüben. Gemäß § 9 VVG ist die Vollstreckungsbehörde jedoch berechtigt, bei der Durchführung der Vollstreckung Organe der öffentlichen Aufsicht, die Gemeinden und nötigenfalls auch das Bundesheer in Anspruch zu nehmen. Diese Organe können von der Vollstreckungsbehörde zur Unterstützung herangezogen werden. Erwartet die Vollstreckungsbehörde bei der Vollstreckungshandlung bspw Widerstand, kann sie zur Überwindung dieses Widerstandes die Hilfsorgane gemäß § 9 VVG heranziehen.

11.9. Kosten des Vollstreckungsverfahrens (§ 11 VVG)

Gemäß § 11 Abs 1 VVG fallen die Kosten der Vollstreckung dem **Verpflichteten** zur Last und sind gemäß § 3 VVG bei diesem einzutreiben. Einen Anspruch auf Kostenersatz des Verpflichteten ist dem VVG fremd.[997] Wurde die Vollstreckung auf Antrag eingeleitet und sind die Kosten beim Verpflichteten uneinbringlich, so sind sie gemäß § 11 Abs 2 VVG von der Partei zu tragen, auf deren Antrag und in deren Interesse die Vollstreckung vorgenommen wurde (betreibender Gläubiger).[998] Über die Kostentragung hat die Vollstreckungsbehörde mittels verfahrensrechtlichen Bescheids nach AVG zu entscheiden. Der Bescheid ist im Rechtsmittelweg bekämpfbar.

---

994 *Larcher*, Verwaltungsvollstreckungsrecht, in *Bergthaler/Grabenwarter* (Hrsg), Musterhandbuch Öffentliches Recht (2014) Rz 39 f.

995 § 10 Abs 2 VVG.

996 Vgl VwGH 18.5.2001, 97/02/0351.

997 VwGH 14.12.1999, 99/11/0268.

998 § 1a Abs 2 VVG.

Wenn die Vollstreckungsbehörde im Fall einer Ersatzvornahme selbst Leistungen erbringt, für die der Verpflichtete Barauslagen zu ersetzen hätte, würden sie durch einen von der Behörde beauftragten Dritten erbracht, so zählt zu den Kosten auch ein angemessener **Beitrag zum Personal- und Sachaufwand** der Vollstreckungsbehörde. Dieser darf 10 % der bei der Vollstreckung im Übrigen anfallenden Barauslagen nicht übersteigen.[999]

Wurden dem Verpflichteten die voraussichtlich anfallenden Kosten für die Durchführung der Ersatzvornahme mit Kostenvorauszahlungsbescheid vorgeschrieben und hat der Verpflichtete den Kostenvorschuss nicht vor Durchführung der Ersatzvornahme entrichtet, so zählen – sofern die Durchführung der Ersatzvornahme unaufschiebbar ist – zu den Vollstreckungskosten auch angemessene **Finanzierungskosten**. Diese Kosten sind jedenfalls angemessen, wenn sie jährlich den jeweils geltenden Basiszinssatz um nicht mehr als 2 % übersteigen. Maßgebend ist der Zeitpunkt der Erlassung der Vollstreckungsverfügung.[1000] Zu berechnen sind sie ab dem Tag, an dem die Vollstreckungsbehörde die Kosten der Ersatzvornahme vorgestreckt hat.[1001]

11.10. EU-Verwaltungsvollstreckungsgesetz

Das EU-Verwaltungsvollstreckungsgesetz (EU-VStVG)[1002] ist mit 1.3.2008 in Kraft getreten und regelt die Vollstreckung von verwaltungsbehördlich verhängten Geldstrafen und Geldbußen innerhalb der EU. Die Vollstreckung gerichtlich verhängter Geldstrafen und Geldbußen ist im Bundesgesetz über die justizielle Zusammenarbeit in Strafsachen mit den Mitgliedstaaten der EU (EU-JZG) geregelt.

Das EU-VStVG regelt

- die Vollstreckung von Entscheidungen anderer Mitgliedstaaten der EU in Österreich, soweit sie nicht im EU-JZG geregelt ist, und
- die Vollstreckung von Entscheidungen österreichischer Verwaltungsbehörden in einem anderen Mitgliedstaat der EU, jedoch mit Ausnahme der Finanz- und Zollbehörden.[1003]

Damit eine **ausländische Entscheidung in Österreich vollstreckt** werden kann, muss die Entscheidungsbehörde (also jene, die die Entscheidung erlassen hat) die erlassene Entscheidung gemeinsam mit einer Bescheinigung[1004] an die zuständige Vollstreckungsbehörde in Österreich übermitteln. Die österreichische Vollstreckungsbehörde prüft sodann, ob die Vollstreckung in Österreich zulässig ist. Unzulässig ist die Vollstreckung etwa dann, wenn die Vollstreckbarkeit nach österreichi-

999 § 11 Abs 3 VVG.
1000 § 11 Abs 4 VVG.
1001 *Hengstschläger*, Verwaltungsverfahrensrecht[4] Rz 1008.
1002 BGBl I 2008/3 idF BGBl I 2013/33.
1003 § 1 EU-VStVG.
1004 Für die Bescheinigung ist das im Anhang des EU-VStVG vorgesehene Formblatt zu verwenden.

schem Recht verjährt ist oder die Bagatellgrenze (€ 70) unterschritten ist.[1005] Bevor die österreichische Vollstreckungsbehörde die Vollstreckung einer ausländischen Entscheidung ganz oder teilweise verweigert, hat sie auf geeignete Art und Weise die Entscheidungsbehörde zu konsultieren und diese gegebenenfalls um die unverzügliche Übermittlung aller erforderlichen zusätzlichen Angaben zu bitten.[1006]

Liegt eine vollstreckbare ausländische Entscheidung samt Bescheinigung vor und ist die Vollstreckung in Österreich zulässig, hat die österreichische Vollstreckungsbehörde das Vollstreckungsverfahren grundsätzlich nach den Bestimmungen des VVG durchzuführen.[1007] Bevor die Vollstreckungsbehörde die Eintreibung der zu zahlenden Geldstrafe oder Geldbuße durch das zuständige Gericht veranlasst oder diese selbst vornimmt (§ 3 Abs 1 VVG), hat sie den Bestraften zu deren Zahlung aufzufordern und ihm Gelegenheit zu geben, sich zu den möglichen Gründen für eine Verweigerung der Vollstreckung der Entscheidung zu äußern.[1008] Der zu vollstreckende Geldbetrag ist in Euro anzugeben. Ist die zu zahlende Geldstrafe oder Geldbuße in der zu vollstreckenden Entscheidung nicht in Euro angegeben, so ist der zu vollstreckende Geldbetrag zu dem am Tag der Verhängung der Geldstrafe oder Geldbuße geltenden Wechselkurs in Euro umzurechnen.[1009] Bezieht sich die Entscheidung nachweislich auf Taten, die nicht im Hoheitsgebiet des Entscheidungsstaates begangen worden sind, und gilt für diese Taten österreichisches Strafrecht, so ist der zu vollstreckende Betrag auf das nach österreichischem Recht zulässige Höchstmaß herabzusetzen.[1010] Vom Ergebnis der Vollstreckung ist die Entscheidungsbehörde zu unterrichten. Der Erlös aus der Vollstreckung fließt – sofern nicht eine anders lautende Vereinbarung mit dem Entscheidungsstaat getroffen wurde – dem Rechtsträger zu, der den Aufwand der österreichischen Vollstreckungsbehörde zu tragen hat.[1011]

Entscheidungen österreichischer Behörden können **in einem anderen Mitgliedstaat vollstreckt** werden, wenn eine Vollstreckung im Inland nicht möglich ist oder mit einem unverhältnismäßigen Aufwand verbunden wäre. Die österreichische Strafbehörde hat die Entscheidung oder eine beglaubigte Abschrift der Entscheidung zusammen mit einer Bescheinigung der zuständigen Vollstreckungsbehörde des Mitgliedstaates zu übermitteln, in dem der Bestrafte über Vermögen verfügt, Einkommen bezieht oder sich idR aufhält bzw seinen eingetragenen Sitz hat. Für die Bescheinigung ist das Formblatt in Anlage 2 EU-VStVG zu verwenden.[1012]

1005 Vgl näher § 5 EU-VStGVG.
1006 § 5 Abs 4 EU-VStVG.
1007 § 3 EU-VStVG.
1008 § 5 Abs 5 EU-VStVG.
1009 § 6 Abs 1 EU-VStVG.
1010 § 6 Abs 2 EU-VStVG.
1011 § 9 und § 10 EU-VStVG.
1012 § 12 und § 13 EU-VStVG.

Allgemeines Verwaltungsverfahrensgesetz 1991 – AVG

I. Teil: Allgemeine Bestimmungen

1. Abschnitt: Behörden

Zuständigkeit

§ 1. Die sachliche und örtliche Zuständigkeit der Behörden richtet sich nach den Vorschriften über ihren Wirkungsbereich und nach den Verwaltungsvorschriften.

§ 2. Enthalten die in § 1 erwähnten Vorschriften über die sachliche Zuständigkeit keine Bestimmungen, so sind in den Angelegenheiten der Bundesverwaltung die Bezirksverwaltungsbehörden sachlich zuständig.

§ 3. Soweit die in § 1 erwähnten Vorschriften über die örtliche Zuständigkeit nichts bestimmen, richtet sich diese

1. in Sachen, die sich auf ein unbewegliches Gut beziehen: nach der Lage des Gutes;
2. in Sachen, die sich auf den Betrieb eines Unternehmens oder einer sonstigen dauernden Tätigkeit beziehen: nach dem Ort, an dem das Unternehmen betrieben oder die Tätigkeit ausgeübt wird oder werden soll;
3. in sonstigen Sachen: zunächst nach dem Hauptwohnsitz (Sitz) des Beteiligten, und zwar im Zweifelsfall des belangten oder verpflichteten Teiles, dann nach seinem Aufenthalt, dann nach seinem letzten Hauptwohnsitz (Sitz) im Inland, schließlich nach seinem letzten Aufenthalt im Inland, wenn aber keiner dieser Zuständigkeitsgründe in Betracht kommen kann oder Gefahr im Verzug ist, nach dem Anlaß zum Einschreiten; kann jedoch auch danach die Zuständigkeit nicht bestimmt werden, so ist die sachlich in Betracht kommende oberste Behörde zuständig.

§ 4. (1) Ist gemäß den in § 1 erwähnten Vorschriften die örtliche Zuständigkeit mehrerer Behörden gegeben und für diesen Fall nicht anderes bestimmt oder begründen die in § 3 Z 1 und 2 angeführten Umstände die örtliche Zuständigkeit mehrerer Behörden, so haben diese Behörden einvernehmlich vorzugehen.

(2) Gelangen sie in der Sache zu keinem Einvernehmen, so geht die Zuständigkeit auf die sachlich in Betracht kommende Oberbehörde und, wenn danach verschiedene Behörden berufen sind und auch diese sich nicht zu einigen vermögen, auf die sachlich in Betracht kommende gemeinsame Oberbehörde über.

(3) Bei Gefahr im Verzug hat jede der in Abs. 1 bezeichneten Behörden in ihrem Amtsbereich die notwendigen Amtshandlungen unter gleichzeitiger Verständigung der anderen Behörden vorzunehmen.

§ 5. (1) Über Zuständigkeitsstreite zwischen Behörden entscheidet die sachlich in Betracht kommende gemeinsame Oberbehörde.

(2) § 4 Abs. 3 gilt auch in diesem Fall.

§ 6. (1) Die Behörde hat ihre sachliche und örtliche Zuständigkeit von Amts wegen wahrzunehmen; langen bei ihr Anbringen ein, zu deren Behandlung sie nicht zuständig ist, so hat sie diese ohne unnötigen Aufschub auf Gefahr des Einschreiters an die zuständige Stelle weiterzuleiten oder den Einschreiter an diese zu weisen.

(2) Durch Vereinbarung der Parteien kann die Zuständigkeit der Behörde weder begründet noch geändert werden.

Befangenheit von Verwaltungsorganen

§ 7. (1) Verwaltungsorgane haben sich der Ausübung ihres Amtes zu enthalten und ihre Vertretung zu veranlassen:

1. in Sachen, an denen sie selbst, einer ihrer Angehörigen (§ 36a) oder eine von ihnen vertretene schutzberechtigte Person beteiligt sind;
2. in Sachen, in denen sie als Bevollmächtigte einer Partei bestellt waren oder noch bestellt sind;
3. wenn sonstige wichtige Gründe vorliegen, die geeignet sind, ihre volle Unbefangenheit in Zweifel zu ziehen;
4. im Berufungsverfahren, wenn sie an der Erlassung des angefochtenen Bescheides oder der Berufungsvorentscheidung (§ 64a) mitgewirkt haben.

(2) Bei Gefahr im Verzug hat, wenn die Vertretung durch ein anderes Verwaltungsorgan nicht sogleich bewirkt werden kann, auch das befangene Organ die unaufschiebbaren Amtshandlungen selbst vorzunehmen.

2. Abschnitt: Beteiligte und deren Vertreter

Beteiligte; Parteien

§ 8. Personen, die eine Tätigkeit der Behörde in Anspruch nehmen oder auf die sich die Tätigkeit der Behörde bezieht, sind Beteiligte und, insoweit sie an der Sache vermöge eines Rechtsanspruches oder eines rechtlichen Interesses beteiligt sind, Parteien.

Rechts- und Handlungsfähigkeit

§ 9. Insoweit die persönliche Rechts- und Handlungsfähigkeit von Beteiligten in Frage kommt, ist sie von der Behörde, wenn in den Verwaltungsvorschriften nicht anderes bestimmt ist, nach den Vorschriften des bürgerlichen Rechts zu beurteilen.

Vertreter

§ 10. (1) Die Beteiligten und ihre gesetzlichen Vertreter können sich, sofern nicht ihr persönliches Erscheinen ausdrücklich gefordert wird, durch natürliche Personen, die volljährig und handlungsfähig sind und für die in keinem Bereich ein gerichtlicher Erwachsenenvertreter bestellt oder eine gewählte oder gesetzliche Erwachsenenvertretung oder Vorsorgevollmacht wirksam ist, durch juristische Personen oder durch eingetragene Personengesellschaften vertreten lassen. Bevollmächtigte haben sich durch eine schriftliche, auf Namen oder Firma lautende Vollmacht auszuweisen. Vor der Behörde kann eine Vollmacht auch mündlich erteilt werden; zu ihrer Beurkundung genügt ein Aktenvermerk. Schreitet eine zur berufsmäßigen Parteienvertretung befugte Person ein, so ersetzt die Berufung auf die ihr erteilte Vollmacht deren urkundlichen Nachweis.

(2) Inhalt und Umfang der Vertretungsbefugnis richten sich nach den Bestimmungen der Vollmacht; hierüber auftauchende Zweifel sind nach den Vorschriften des bürgerlichen Rechts zu beurteilen. Die Behörde hat die Behebung etwaiger Mängel unter sinngemäßer Anwendung des § 13 Abs. 3 von Amts wegen zu veranlassen.

(3) Als Bevollmächtigte sind solche Personen nicht zuzulassen, die unbefugt die Vertretung anderer zu Erwerbszwecken betreiben.

(4) Die Behörde kann von einer ausdrücklichen Vollmacht absehen, wenn es sich um die Vertretung durch amtsbekannte Angehörige (§ 36a), Haushaltsangehörige, Angestellte oder durch amtsbekannte Funktionäre von beruflichen oder anderen Organisationen handelt und Zweifel über Bestand und Umfang der Vertretungsbefugnis nicht obwalten.

(5) Die Beteiligten können sich eines Rechtsbeistandes bedienen und auch in seiner Begleitung vor der Behörde erscheinen.

(6) Die Bestellung eines Bevollmächtigten schließt nicht aus, daß der Vollmachtgeber im eigenen Namen Erklärungen abgibt.

§ 11. Soll von Amts wegen oder auf Antrag gegen einen schutzberechtigten Beteiligten, der eines gesetzlichen Vertreters entbehrt, oder gegen eine Person, deren Aufenthalt unbekannt ist, eine Amtshandlung vorgenommen werden, so kann die Behörde, wenn die Wichtigkeit der Sache es erfordert, die Betrauung einer Person mit der Obsorge oder die Bestellung eines gerichtlichen Erwachsenenvertreters oder Kurators beim zuständigen Gericht (§ 109 JN) veranlassen.

§ 12. Die Vorschriften dieses Bundesgesetzes über die Beteiligten sind auch auf deren gesetzliche Vertreter und Bevollmächtigte zu beziehen.

3. Abschnitt: Verkehr zwischen Behörden und Beteiligten

Anbringen

§ 13. (1) Soweit in den Verwaltungsvorschriften nicht anderes bestimmt ist, können Anträge, Gesuche, Anzeigen, Beschwerden und sonstige Mitteilungen bei der Behörde schriftlich, mündlich oder telefonisch eingebracht werden. Rechtsmittel und Anbringen, die an eine Frist gebunden sind oder durch die der Lauf einer Frist bestimmt wird, sind schriftlich einzubringen. Erscheint die telefonische Einbringung eines Anbringens der Natur der Sache nach nicht tunlich, so kann die Behörde dem Einschreiter auftragen, es innerhalb einer angemessenen Frist schriftlich oder mündlich einzubringen.

(2) Schriftliche Anbringen können der Behörde in jeder technisch möglichen Form übermittelt werden, mit E-Mail jedoch nur insoweit, als für den elektronischen Verkehr zwischen der Behörde und den Beteiligten nicht besondere Übermittlungsformen vorgesehen sind. Etwaige technische Voraussetzungen oder organisatorische Beschrän-

kungen des elektronischen Verkehrs zwischen der Behörde und den Beteiligten sind im Internet bekanntzumachen.

(3) Mängel schriftlicher Anbringen ermächtigen die Behörde nicht zur Zurückweisung. Die Behörde hat vielmehr von Amts wegen unverzüglich deren Behebung zu veranlassen und kann dem Einschreiter die Behebung des Mangels innerhalb einer angemessenen Frist mit der Wirkung auftragen, dass das Anbringen nach fruchtlosem Ablauf dieser Frist zurückgewiesen wird. Wird der Mangel rechtzeitig behoben, so gilt das Anbringen als ursprünglich richtig eingebracht.

(4) Bei Zweifeln über die Identität des Einschreiters oder die Authentizität eines Anbringens gilt Abs. 3 mit der Maßgabe sinngemäß, dass das Anbringen nach fruchtlosem Ablauf der Frist als zurückgezogen gilt.

(5) Die Behörde ist nur während der Amtsstunden verpflichtet, schriftliche Anbringen entgegenzunehmen oder Empfangsgeräte empfangsbereit zu halten, und, außer bei Gefahr im Verzug, nur während der für den Parteienverkehr bestimmten Zeit verpflichtet, mündliche oder telefonische Anbringen entgegenzunehmen. Die Amtsstunden und die für den Parteienverkehr bestimmte Zeit sind im Internet und an der Amtstafel bekanntzumachen.

(6) Die Behörde ist nicht verpflichtet, Anbringen, die sich auf keine bestimmte Angelegenheit beziehen, in Behandlung zu nehmen.

(7) Anbringen können in jeder Lage des Verfahrens zurückgezogen werden.

(8) Der verfahrenseinleitende Antrag kann in jeder Lage des Verfahrens bis zu einer allfälligen Schließung des Ermittlungsverfahrens (§ 39 Abs. 3) geändert werden. Durch die Antragsänderung darf die Sache ihrem Wesen nach nicht geändert und die sachliche und örtliche Zuständigkeit nicht berührt werden.

(9) (Anm.: aufgehoben durch BGBl. I Nr. 10/2004)

Rechtsbelehrung

§ 13a. Die Behörde hat Personen, die nicht durch berufsmäßige Parteienvertreter vertreten sind, die zur Vornahme ihrer Verfahrenshandlungen nötigen Anleitungen in der Regel mündlich zu geben und sie über die mit diesen Handlungen oder Unterlassungen unmittelbar verbundenen Rechtsfolgen zu belehren.

Niederschriften

§ 14. (1) Mündliche Anbringen von Beteiligten sind erforderlichenfalls ihrem wesentlichen Inhalt nach in einer Niederschrift festzuhalten. Niederschriften über Verhandlungen (Verhandlungsschriften) sind derart abzufassen, daß bei Weglassung alles nicht zur Sache Gehörigen der Verlauf und Inhalt der Verhandlung richtig und verständlich wiedergegeben wird.

(2) Jede Niederschrift hat außerdem zu enthalten:

1. Ort, Zeit und Gegenstand der Amtshandlung und, wenn schon frühere darauf bezügliche Amtshandlungen vorliegen, erforderlichenfalls eine kurze Darstellung des Standes der Sache;

2. die Bezeichnung der Behörde und die Namen des Leiters der Amtshandlung und der sonst mitwirkenden amtlichen Organe, der anwesenden Beteiligten und ihrer Vertreter sowie der etwa vernommenen Zeugen und Sachverständigen.
3. *(Anm.: aufgehoben durch BGBl. I Nr. 5/2008)*

(3) Die Niederschrift ist den vernommenen oder sonst beigezogenen Personen, wenn sie nicht darauf verzichten, zur Durchsicht vorzulegen oder vorzulesen; wenn ein Schallträger verwendet (Abs. 7) oder die Niederschrift elektronisch erstellt wird, kann ihr Inhalt auch auf andere Weise wiedergegeben werden. Der Leiter der Amtshandlung kann auch ohne Verzicht von einer Wiedergabe absehen; die beigezogenen Personen können diesfalls bis zum Schluß der Amtshandlung die Zustellung einer Ausfertigung verlangen und binnen zwei Wochen ab Zustellung Einwendungen wegen behaupteter Unvollständigkeit oder Unrichtigkeit der Niederschrift erheben.

(4) In dem einmal Niedergeschriebenen darf nichts Erhebliches ausgelöscht, zugesetzt oder verändert werden. Durchgestrichene Stellen sollen noch lesbar bleiben. Erhebliche Zusätze oder Einwendungen der beigezogenen Personen wegen behaupteter Unvollständigkeit oder Unrichtigkeit der Niederschrift sind in einen Nachtrag aufzunehmen und gesondert zu unterfertigen.

(5) Die Niederschrift ist vom Leiter der Amtshandlung und den beigezogenen Personen zu unterschreiben; bei Amtshandlungen, denen mehr als drei Beteiligte beigezogen wurden, genügt es jedoch, wenn die Niederschrift von der Partei, die den verfahrenseinleitenden Antrag gestellt hat, und zwei weiteren Beteiligten, in Abwesenheit dieser Partei von mindestens drei Beteiligten, sowie von den sonstigen beigezogenen Personen unterschrieben wird. Kann dem nicht entsprochen werden, so sind die dafür maßgeblichen Gründe in der Niederschrift festzuhalten. Wird die Niederschrift elektronisch erstellt, so kann an die Stelle der Unterschriften des Leiters der Amtshandlung und der beigezogenen Personen ein Verfahren zum Nachweis der Identität (§ 2 Z 1 E-GovG) des Leiters der Amtshandlung und der Authentizität (§ 2 Z 5 E-GovG) der Niederschrift treten.

(6) Den beigezogenen Personen ist auf Verlangen eine Ausfertigung der Niederschrift auszufolgen oder zuzustellen.

(7) Die Niederschrift oder Teile davon können unter Verwendung eines Schallträgers oder in Kurzschrift aufgenommen werden. Die Angaben gemäß Abs. 2, die Feststellung, daß für die übrigen Teile der Niederschrift ein Schallträger verwendet wird, und die Tatsache der Verkündung eines mündlichen Bescheides sind in Vollschrift festzuhalten. Die Aufzeichnung und die in Kurzschrift aufgenommenen Teile der Niederschrift sind unverzüglich in Vollschrift zu übertragen. Die beigezogenen Personen können bis zum Schluß der Amtshandlung die Zustellung einer Ausfertigung der Übertragung verlangen und binnen zwei Wochen ab Zustellung Einwendungen wegen behaupteter Unvollständigkeit oder Unrichtigkeit der Übertragung erheben. Wird eine solche Zustellung beantragt, so darf die Aufzeichnung frühestens einen Monat nach Ablauf der Einwendungsfrist, ansonsten frühestens einen Monat nach erfolgter Übertragung gelöscht werden.

(8) (Anm.: aufgehoben durch BGBl. I Nr. 10/2004)

§ 15. Soweit nicht Einwendungen erhoben wurden, liefert eine gemäß § 14 aufgenommene Niederschrift über den Verlauf und den Gegenstand der betreffenden Amtshandlung vollen Beweis. Der Gegenbeweis der Unrichtigkeit des bezeugten Vorganges bleibt zulässig.

Aktenvermerke

§ 16. (1) Amtliche Wahrnehmungen, mündliche oder telefonische Anbringen oder sonstige Mitteilungen an die Behörde, mündliche oder telefonische Belehrungen, Aufforderungen, Anordnungen und sonstige Äußerungen, schließlich Umstände, die nur für den inneren Dienst der Behörde in Betracht kommen, sind, wenn nicht anderes bestimmt ist und kein Anlass zur Aufnahme einer Niederschrift besteht, erforderlichenfalls in einem Aktenvermerk kurz festzuhalten.

(2) Der Aktenvermerk ist vom Amtsorgan unter Beisetzung des Datums zu unterschreiben; wurde der Aktenvermerk elektronisch erstellt, kann an die Stelle dieser Unterschrift ein Verfahren zum Nachweis der Identität (§ 2 Z 1 E-GovG) des Amtsorgans und der Authentizität (§ 2 Z 5 E-GovG) des Aktenvermerks treten.

Akteneinsicht

§ 17. (1) Soweit in den Verwaltungsvorschriften nicht anderes bestimmt ist, können die Parteien bei der Behörde in die ihre Sache betreffenden Akten Einsicht nehmen und sich von Akten oder Aktenteilen an Ort und Stelle Abschriften selbst anfertigen oder auf ihre Kosten Kopien oder Ausdrucke erstellen lassen. Soweit die Behörde die die Sache betreffenden Akten elektronisch führt, kann der Partei auf Verlangen die Akteneinsicht in jeder technisch möglichen Form gewährt werden.

(2) Allen an einem Verfahren beteiligten Parteien muß auf Verlangen die Akteneinsicht in gleichem Umfang gewährt werden.

(3) Von der Akteneinsicht sind Aktenbestandteile ausgenommen, insoweit deren Einsichtnahme eine Schädigung berechtigter Interessen einer Partei oder dritter Personen oder eine Gefährdung der Aufgaben der Behörde herbeiführen oder den Zweck des Verfahrens beeinträchtigen würde.

(4) Die Verweigerung der Akteneinsicht gegenüber der Partei eines anhängigen Verfahrens erfolgt durch Verfahrensanordnung.

Blinde und hochgradig sehbehinderte Beteiligte

§ 17a. Blinden oder hochgradig sehbehinderten Beteiligten, die eines Vertreters entbehren, hat die Behörde auf Verlangen den Inhalt von Akten oder Aktenteilen durch Verlesung oder nach Maßgabe der vorhandenen technischen Möglichkeiten in sonst geeigneter Weise zur Kenntnis zu bringen.

Erledigungen

§ 18. (1) Die Behörde hat die Sache möglichst zweckmäßig, rasch, einfach und kostensparend zu erledigen und den wesentlichen Inhalt der Amtshandlung erforderlichenfalls in einer Niederschrift oder einem Aktenvermerk festzuhalten.

(2) Erledigungen haben jedenfalls schriftlich zu ergehen, wenn dies in den Verwaltungsvorschriften ausdrücklich angeordnet ist oder von der Partei verlangt wird.

(3) Schriftliche Erledigungen sind vom Genehmigungsberechtigten mit seiner Unterschrift zu genehmigen; wurde die Erledigung elektronisch erstellt, kann an die Stelle dieser Unterschrift ein Verfahren zum Nachweis der Identität (§ 2 Z 1 E-GovG) des Genehmigenden und der Authentizität (§ 2 Z 5 E-GovG) der Erledigung treten.

(4) Jede schriftliche Ausfertigung hat die Bezeichnung der Behörde, das Datum der Genehmigung und den Namen des Genehmigenden zu enthalten. Ausfertigungen in Form von elektronischen Dokumenten müssen mit einer Amtssignatur (§ 19 E-GovG) versehen sein; Ausfertigungen in Form von Ausdrucken von mit einer Amtssignatur versehenen elektronischen Dokumenten oder von Kopien solcher Ausdrucke brauchen keine weiteren Voraussetzungen zu erfüllen. Sonstige Ausfertigungen haben die Unterschrift des Genehmigenden zu enthalten; an die Stelle dieser Unterschrift kann die Beglaubigung der Kanzlei treten, dass die Ausfertigung mit der Erledigung übereinstimmt und die Erledigung gemäß Abs. 3 genehmigt worden ist. Das Nähere über die Beglaubigung wird durch Verordnung geregelt.

(5) Für Bescheide gilt der III. Teil, für Ladungsbescheide überdies § 19.

Ladungen

§ 19. (1) Die Behörde ist berechtigt, Personen, die in ihrem Amtsbereich ihren Aufenthalt (Sitz) haben und deren Erscheinen nötig ist, vorzuladen.

(2) In der Ladung ist außer Ort und Zeit der Amtshandlung auch anzugeben, was den Gegenstand der Amtshandlung bildet, in welcher Eigenschaft der Geladene vor der Behörde erscheinen soll (als Beteiligter, Zeuge usw.) und welche Behelfe und Beweismittel mitzubringen sind. In der Ladung ist ferner bekanntzugeben, ob der Geladene persönlich zu erscheinen hat oder ob die Entsendung eines Vertreters genügt und welche Folgen an ein Ausbleiben geknüpft sind.

(3) Wer nicht durch Krankheit, Behinderung oder sonstige begründete Hindernisse vom Erscheinen abgehalten ist, hat die Verpflichtung, der Ladung Folge zu leisten und kann zur Erfüllung dieser Pflicht durch Zwangsstrafen verhalten oder vorgeführt werden. Die Anwendung dieser Zwangsmittel ist nur zulässig, wenn sie in der Ladung angedroht waren und die Ladung zu eigenen Handen zugestellt war; sie obliegt den Vollstreckungsbehörden.

(4) Eine einfache Ladung erfolgt durch Verfahrensanordnung.

§ 20. Steht die zu ladende Person in einem öffentlichen Amt oder Dienst oder im Dienst eines dem öffentlichen Verkehr dienenden Unternehmens und muß voraussichtlich zur Wahrung der Sicherheit oder anderer öffentlicher Interessen eine Stellvertretung während der Verhinderung dieser Person eintreten, so ist gleichzeitig deren vorgesetzte Stelle von der Ladung zu benachrichtigen.

4. Abschnitt: Zustellungen

§ 21. Zustellungen sind nach dem Zustellgesetz vorzunehmen.

§ 22. Wenn wichtige Gründe hiefür vorliegen, ist eine schriftliche Ausfertigung mit Zustellnachweis zuzustellen. Bei Vorliegen besonders wichtiger Gründe oder wenn es gesetzlich vorgesehen ist, ist die Zustellung zu eigenen Handen des Empfängers zu bewirken.

§ 23. *(Entfällt; Art. III Abs. 2 der Kundmachung)*

§ 24. *(Entfällt; Art. III Abs. 2 der Kundmachung)*

§ 25. *(Entfällt; Art. III Abs. 2 der Kundmachung)*

§ 26. *(Entfällt; Art. III Abs. 2 der Kundmachung)*

§ 27. *(Entfällt; Art. III Abs. 2 der Kundmachung)*

§ 28. *(Entfällt; Art. III Abs. 2 der Kundmachung)*

§ 29. *(Entfällt; Art. III Abs. 2 der Kundmachung)*

§ 30. *(Entfällt; Art. III Abs. 2 der Kundmachung)*

§ 31. *(Entfällt; Art. III Abs. 2 der Kundmachung)*

5. Abschnitt: Fristen

§ 32. (1) Bei der Berechnung von Fristen, die nach Tagen bestimmt sind, wird der Tag nicht mitgerechnet, in den der Zeitpunkt oder das Ereignis fällt, wonach sich der Anfang der Frist richten soll.

(2) Nach Wochen, Monaten oder Jahren bestimmte Fristen enden mit dem Ablauf desjenigen Tages der letzten Woche oder des letzten Monats, der durch seine Benennung oder Zahl dem Tag entspricht, an dem die Frist begonnen hat. Fehlt dieser Tag im letzten Monat, so endet die Frist mit Ablauf des letzten Tages dieses Monats.

§ 33. (1) Beginn und Lauf einer Frist werden durch Samstage, Sonntage oder gesetzliche Feiertage nicht behindert.

(2) Fällt das Ende einer Frist auf einen Samstag, Sonntag, gesetzlichen Feiertag, Karfreitag oder 24. Dezember, so ist der nächste Tag, der nicht einer der vorgenannten Tage ist, als letzter Tag der Frist anzusehen.

(3) Die Tage von der Übergabe an einen Zustelldienst im Sinne des § 2 Z 7 des Zustellgesetzes zur Übermittlung an die Behörde bis zum Einlangen bei dieser (Postlauf) werden in die Frist nicht eingerechnet.

(4) Durch Gesetz oder Verordnung festgesetzte Fristen können, wenn nicht ausdrücklich anderes bestimmt ist, nicht geändert werden.

6. Abschnitt: Ordnungs- und Mutwillensstrafen

Ordnungsstrafen

§ 34. (1) Das Verwaltungsorgan, das eine Verhandlung, Vernehmung, einen Augenschein oder eine Beweisaufnahme leitet, hat für die Aufrechterhaltung der Ordnung und für die Wahrung des Anstandes zu sorgen.

(2) Personen, die die Amtshandlung stören oder durch ungeziemendes Benehmen den Anstand verletzen, sind zu ermahnen; bleibt die Ermahnung erfolglos, so kann ihnen nach vorausgegangener Androhung das Wort entzogen, ihre Entfernung verfügt und ihnen die Bestellung eines Bevollmächtigten aufgetragen werden oder gegen sie eine Ordnungsstrafe bis 726 Euro verhängt werden.

(3) Die gleichen Ordnungsstrafen können von der Behörde gegen Personen verhängt werden, die sich in schriftlichen Eingaben einer beleidigenden Schreibweise bedienen.

(4) Gegen öffentliche Organe und gegen Bevollmächtigte, die zur berufsmäßigen Parteienvertretung befugt sind, ist, wenn sie einem Disziplinarrecht unterstehen, keine Ordnungsstrafe zu verhängen, sondern lediglich die Anzeige an die Disziplinarbehörde zu erstatten.

(5) Die Verhängung einer Ordnungsstrafe schließt die strafgerichtliche Verfolgung wegen derselben Handlung nicht aus.

Mutwillensstrafen

§ 35. Gegen Personen, die offenbar mutwillig die Tätigkeit der Behörde in Anspruch nehmen oder in der Absicht einer Verschleppung der Angelegenheit unrichtige Angaben machen, kann die Behörde eine Mutwillensstrafe bis 726 Euro verhängen.

Widmung und Vollzug der Ordnungs- und Mutwillensstrafen

§ 36. Die Ordnungs- und Mutwillensstrafen fließen der Gebietskörperschaft zu, die den Aufwand der Behörde zu tragen hat. Die Bestimmungen des Verwaltungsstrafgesetzes über den Strafvollzug sind sinngemäß anzuwenden.

7. Abschnitt: Begriffsbestimmungen

Angehörige

§ 36a. (1) Angehörige im Sinne dieses Bundesgesetzes sind

1. der Ehegatte,
2. die Verwandten in gerader Linie und die Verwandten zweiten, dritten und vierten Grades in der Seitenlinie,
3. die Verschwägerten in gerader Linie und die Verschwägerten zweiten Grades in der Seitenlinie,
4. die Wahleltern und Wahlkinder und die Pflegeeltern und Pflegekinder,
5. Personen, die miteinander in Lebensgemeinschaft leben, sowie Kinder und Enkel einer dieser Personen im Verhältnis zur anderen Person sowie
6. der eingetragene Partner.

(2) Abs. 1 Z 3 gilt für eingetragene Partner sinngemäß.

(3) Die durch eine Ehe, Lebensgemeinschaft oder eingetragene Partnerschaft begründete Eigenschaft einer Person als Angehöriger bleibt aufrecht, auch wenn die Ehe, die Lebensgemeinschaft oder die eingetragene Partnerschaft nicht mehr besteht.

II. Teil: Ermittlungsverfahren

1. Abschnitt: Zweck und Gang des Ermittlungsverfahrens

Allgemeine Grundsätze

§ 37. Zweck des Ermittlungsverfahrens ist, den für die Erledigung einer Verwaltungssache maßgebenden Sachverhalt festzustellen und den Parteien Gelegenheit zur Geltendmachung ihrer Rechte und rechtlichen Interessen zu geben. Nach einer Antragsänderung (§ 13 Abs. 8) hat die Behörde das Ermittlungsverfahren insoweit zu ergänzen, als dies im Hinblick auf seinen Zweck notwendig ist.

§ 38. Sofern die Gesetze nicht anderes bestimmen, ist die Behörde berechtigt, im Ermittlungsverfahren auftauchende Vorfragen, die als Hauptfragen von anderen Verwaltungsbehörden oder von den Gerichten zu entscheiden wären, nach der über die maßgebenden Verhältnisse gewonnenen eigenen Anschauung zu beurteilen und diese Beurteilung ihrem Bescheid zugrunde zu legen. Sie kann aber auch das Verfahren bis zur rechtskräftigen Entscheidung der Vorfrage aussetzen, wenn die Vorfrage schon den Gegenstand eines anhängigen Verfahrens bei der zuständigen Verwaltungsbehörde bzw. beim zuständigen Gericht bildet oder ein solches Verfahren gleichzeitig anhängig gemacht wird.

§ 38a. (1) Hat die Behörde dem Gerichtshof der Europäischen Union eine Frage zur Vorabentscheidung nach Art. 267 des Vertrags über die Arbeitsweise der Europäischen Union vorgelegt, so dürfen bis zum Einlangen der Vorabentscheidung nur solche Handlungen vorgenommen oder Entscheidungen und Verfügungen getroffen werden, die durch die Vorabentscheidung nicht beeinflusst werden können oder die die Frage nicht abschließend regeln und keinen Aufschub gestatten.

(2) Erachtet die Behörde die noch nicht ergangene Vorabentscheidung für ihre Entscheidung in der Sache als nicht mehr erforderlich, so hat sie ihren Antrag unverzüglich zurückzuziehen.

§ 39. (1) Für die Durchführung des Ermittlungsverfahrens sind die Verwaltungsvorschriften maßgebend.

(2) Soweit die Verwaltungsvorschriften hierüber keine Anordnungen enthalten, hat die Behörde von Amts wegen vorzugehen und unter Beobachtung der in diesem Teil enthaltenen Vorschriften den Gang des Ermittlungsverfahrens zu bestimmen. Sie kann insbesondere von Amts wegen oder auf Antrag eine mündliche Verhandlung durchführen und mehrere Verwaltungssachen zur gemeinsamen Verhandlung und Entscheidung verbinden oder sie wieder trennen. Die Behörde hat sich bei allen diesen

Verfahrensanordnungen von Rücksichten auf möglichste Zweckmäßigkeit, Raschheit, Einfachheit und Kostenersparnis leiten zu lassen.

(2a) Jede Partei hat ihr Vorbringen so rechtzeitig und vollständig zu erstatten, dass das Verfahren möglichst rasch durchgeführt werden kann (Verfahrensförderungspflicht).

(2b) Sind nach den Verwaltungsvorschriften für ein Vorhaben mehrere Bewilligungen, Genehmigungen oder bescheidmäßige Feststellungen erforderlich und werden diese unter einem beantragt, so hat die Behörde die Verfahren zur gemeinsamen Verhandlung und Entscheidung zu verbinden und mit den von anderen Behörden geführten Verfahren zu koordinieren. Eine getrennte Verfahrensführung ist zulässig, wenn diese im Interesse der Zweckmäßigkeit, Raschheit, Einfachheit und Kostenersparnis gelegen ist.

(3) Wenn die Sache zur Entscheidung reif ist, kann die Behörde das Ermittlungsverfahren durch Verfahrensanordnung für geschlossen erklären. Die Erklärung hat nach Möglichkeit in der mündlichen Verhandlung, in allen anderen Fällen schriftlich zu ergehen.

(4) Das Ermittlungsverfahren ist auf Antrag fortzusetzen, wenn eine Partei glaubhaft macht, dass Tatsachen oder Beweismittel ohne ihr Verschulden nicht geltend gemacht werden konnten und allein oder in Verbindung mit dem sonstigen Ergebnis des Ermittlungsverfahrens voraussichtlich einen im Hauptinhalt des Spruches anders lautenden Bescheid herbeiführen würden. Die Entscheidung über den Antrag erfolgt durch Verfahrensanordnung. Die Behörde kann das Ermittlungsverfahren jederzeit von Amts wegen fortsetzen.

(5) Soweit in den Verwaltungsvorschriften nicht anderes bestimmt ist, gilt das Ermittlungsverfahren als nicht geschlossen, wenn der Bescheid nicht binnen acht Wochen ab jenem Zeitpunkt, zu dem erstmals einer Partei gegenüber das Ermittlungsverfahren für geschlossen erklärt worden ist, gegenüber einer Partei erlassen wird.

Dolmetscher und Übersetzer

§ 39a. (1) Ist eine Partei oder eine zu vernehmende Person der deutschen Sprache nicht hinreichend kundig, stumm, gehörlos oder hochgradig hörbehindert, so ist erforderlichenfalls der der Behörde beigegebene oder zur Verfügung stehende Dolmetscher (Amtsdolmetscher) beizuziehen. Die §§ 52 Abs. 2 bis 4 und 53 sind anzuwenden.

(2) Als Dolmetscher im Sinne dieses Bundesgesetzes gelten auch die Übersetzer.

Mündliche Verhandlung

§ 40. (1) Mündliche Verhandlungen sind unter Zuziehung aller bekannten Beteiligten sowie der erforderlichen Zeugen und Sachverständigen vorzunehmen und, sofern sie mit einem Augenschein verbunden sind, womöglich an Ort und Stelle, sonst am Sitz der Behörde oder an dem Ort abzuhalten, der nach der Sachlage am zweckmäßigsten erscheint. Bei der Auswahl des Verhandlungsortes ist, sofern die mündliche Verhandlung nicht mit einem Augenschein verbunden ist, darauf zu achten, daß dieser für körperbehinderte Beteiligte gefahrlos und tunlichst ohne fremde Hilfe zugänglich ist.

In verbundenen Verfahren (§ 39 Abs. 2b) abzuhaltende mündliche Verhandlungen sind von der Behörde tunlichst gemeinsam durchzuführen.

(2) Die Behörde hat darüber zu wachen, daß die Vornahme eines Augenscheins nicht zur Verletzung eines Kunst-, Betriebs- oder Geschäftsgeheimnisses mißbraucht werde.

§ 41. (1) Die Anberaumung einer mündlichen Verhandlung hat durch persönliche Verständigung der bekannten Beteiligten zu erfolgen. Wenn noch andere Personen als Beteiligte in Betracht kommen, ist die Verhandlung überdies an der Amtstafel der Gemeinde, durch Verlautbarung in der für amtliche Kundmachungen der Behörde bestimmten Zeitung oder durch Verlautbarung im elektronischen Amtsblatt der Behörde kundzumachen.

(2) Die Verhandlung ist so anzuberaumen, dass die Teilnehmer rechtzeitig und vorbereitet erscheinen können. Die Verständigung (Kundmachung) über die Anberaumung der Verhandlung hat die für Ladungen vorgeschriebenen Angaben einschließlich des Hinweises auf die gemäß § 42 eintretenden Folgen zu enthalten. Sie kann unter Hinweis auf die gemäß § 39 Abs. 4 eintretenden Folgen die Aufforderung an die Parteien enthalten, binnen einer angemessenen, vier Wochen möglichst nicht übersteigenden Frist alle ihnen bekannten Tatsachen und Beweismittel geltend zu machen. Falls für Zwecke der Verhandlung Pläne oder sonstige Behelfe zur Einsicht der Beteiligten aufzulegen sind, ist dies bei der Anberaumung der Verhandlung unter Angabe von Zeit und Ort der Einsichtnahme bekanntzugeben.

§ 42. (1) Wurde eine mündliche Verhandlung gemäß § 41 Abs. 1 zweiter Satz und in einer in den Verwaltungsvorschriften vorgesehenen besonderen Form kundgemacht, so hat dies zur Folge, dass eine Person ihre Stellung als Partei verliert, soweit sie nicht spätestens am Tag vor Beginn der Verhandlung während der Amtsstunden bei der Behörde oder während der Verhandlung Einwendungen erhebt. Wenn die Verwaltungsvorschriften über die Form der Kundmachung nichts bestimmen, so tritt die im ersten Satz bezeichnete Rechtsfolge ein, wenn die mündliche Verhandlung gemäß § 41 Abs. 1 zweiter Satz und in geeigneter Form kundgemacht wurde.

(1a) Die Kundmachung im Internet unter der Adresse der Behörde gilt als geeignet, wenn sich aus einer dauerhaften Kundmachung an der Amtstafel der Behörde ergibt, dass solche Kundmachungen im Internet erfolgen können und unter welcher Adresse sie erfolgen. Sonstige Formen der Kundmachung sind geeignet, wenn sie sicherstellen, dass ein Beteiligter von der Verhandlung voraussichtlich Kenntnis erlangt.

(2) Wurde eine mündliche Verhandlung nicht gemäß Abs. 1 kundgemacht, so erstreckt sich die darin bezeichnete Rechtsfolge nur auf jene Beteiligten, die rechtzeitig die Verständigung von der Anberaumung der Verhandlung erhalten haben.

(3) Eine Person, die glaubhaft macht, daß sie durch ein unvorhergesehenes oder unabwendbares Ereignis verhindert war, rechtzeitig Einwendungen zu erheben, und die kein Verschulden oder nur ein minderer Grad des Versehens trifft, kann binnen zwei Wochen nach dem Wegfall des Hindernisses, jedoch spätestens bis zum Zeitpunkt der rechtskräftigen Entscheidung der Sache bei der Behörde Einwendungen erheben. Sol-

che Einwendungen gelten als rechtzeitig erhoben und sind von jener Behörde zu berücksichtigen, bei der das Verfahren anhängig ist.

(4) Versäumt derjenige, über dessen Antrag das Verfahren eingeleitet wurde, die Verhandlung, so kann sie entweder in seiner Abwesenheit durchgeführt oder auf seine Kosten auf einen anderen Termin verlegt werden.

§ 43. (1) Das mit der Leitung der mündlichen Verhandlung betraute Organ (Verhandlungsleiter) hat sich von der Identität der Erschienenen zu überzeugen und ihre Stellung als Parteien oder sonst Beteiligte und die etwaige Vertretungsbefugnis zu prüfen.

(2) Der Verhandlungsleiter eröffnet die Verhandlung und legt ihren Gegenstand dar. Er kann die Verhandlung in Abschnitte gliedern und einen Zeitplan erstellen. Er bestimmt die Reihenfolge, in der die Beteiligten zu hören, die Beweise aufzunehmen und die Ergebnisse früher aufgenommener Beweise oder Erhebungen vorzutragen und zu erörtern sind. Er entscheidet über die Beweisanträge und hat offenbar unerhebliche Anträge zurückzuweisen. Ihm steht auch die Befugnis zu, die Verhandlung nach Bedarf zu unterbrechen oder zu vertagen und den Zeitpunkt für die Fortsetzung der Verhandlung mündlich zu bestimmen.

(3) Der Verhandlungsleiter hat die Verhandlung unter steter Bedachtnahme auf ihren Zweck zügig so zu führen, daß den Parteien das Recht auf Gehör gewahrt, anderen Beteiligten aber Gelegenheit geboten wird, bei der Feststellung des Sachverhalts mitzuwirken. An der Sache nicht beteiligte Personen dürfen in der Verhandlung nicht das Wort ergreifen.

(4) Jeder Partei muß insbesondere Gelegenheit geboten werden, alle zur Sache gehörenden Gesichtspunkte vorzubringen und unter Beweis zu stellen, Fragen an die anwesenden Zeugen und Sachverständigen zu stellen, sich über die von anderen Beteiligten, den Zeugen und Sachverständigen vorgebrachten oder die als offenkundig behandelten Tatsachen sowie über die von anderen gestellten Anträge und über das Ergebnis amtlicher Erhebungen zu äußern.

(5) Stehen einander zwei oder mehrere Parteien mit einander widersprechenden Ansprüchen gegenüber, so hat der Verhandlungsleiter auf das Zustandekommen eines Ausgleichs dieser Ansprüche mit den öffentlichen und den von anderen Beteiligten geltend gemachten Interessen hinzuwirken.

§ 44. (1) Über jede mündliche Verhandlung ist eine Verhandlungsschrift nach den §§ 14 und 15 aufzunehmen.

(2) Schriftliche Äußerungen und Mitteilungen von Beteiligten, Niederschriften über Beweise, die bis zum Schluß der mündlichen Verhandlung, aber außerhalb dieser aufgenommen wurden, Berichte und schriftliche Sachverständigengutachten sind der Verhandlungsschrift anzuschließen. Dies ist in der Verhandlungsschrift zu vermerken. Teilnehmer an der mündlichen Verhandlung dürfen ihre Erklärungen jedoch nicht schriftlich abgeben.

(3) Sobald die zulässigen Vorbringen aller Beteiligten aufgenommen sind und die Beweisaufnahme beendet ist, hat der Verhandlungsleiter die Verhandlung, gegebenenfalls nach Wiedergabe der Verhandlungsschrift (§ 14 Abs. 3) und nach mündlicher Verkündung des Bescheides (§ 62 Abs. 2), für geschlossen zu erklären.

Großverfahren

§ 44a. (1) Sind an einer Verwaltungssache oder an verbundenen Verwaltungssachen voraussichtlich insgesamt mehr als 100 Personen beteiligt, so kann die Behörde den Antrag oder die Anträge durch Edikt kundmachen.

(2) Das Edikt hat zu enthalten:

1. den Gegenstand des Antrages und eine Beschreibung des Vorhabens;
2. eine Frist von mindestens sechs Wochen, innerhalb derer bei der Behörde schriftlich Einwendungen erhoben werden können;
3. den Hinweis auf die Rechtsfolgen des § 44b;
4. den Hinweis, daß die Kundmachungen und Zustellungen im Verfahren durch Edikt vorgenommen werden können.

(3) Das Edikt ist im redaktionellen Teil zweier im Bundesland weitverbreiteter Tageszeitungen und im „Amtsblatt zur Wiener Zeitung" zu verlautbaren. Ist in den Verwaltungsvorschriften für die Kundmachung der mündlichen Verhandlung eine besondere Form vorgesehen, so ist der Inhalt des Edikts darüber hinaus in dieser Form kundzumachen; im übrigen kann die Behörde jede geeignete Form der Kundmachung wählen. In der Zeit vom 15. Juli bis 25. August und vom 24. Dezember bis 6. Jänner ist die Kundmachung durch Edikt nicht zulässig.

§ 44b. (1) Wurde ein Antrag durch Edikt kundgemacht, so hat dies zur Folge, daß Personen ihre Stellung als Partei verlieren, soweit sie nicht rechtzeitig bei der Behörde schriftlich Einwendungen erheben. § 42 Abs. 3 ist sinngemäß anzuwenden.

(2) Der Antrag, die Antragsunterlagen und die vorliegenden Gutachten der Sachverständigen sind, soweit sie nicht von der Akteneinsicht ausgenommen sind, während der Einwendungsfrist bei der Behörde und bei der Gemeinde zur öffentlichen Einsicht aufzulegen. Die Beteiligten können sich hievon Abschriften selbst anfertigen oder auf ihre Kosten Kopien oder Ausdrucke erstellen lassen. Soweit die Behörde die die Sache betreffenden Akten elektronisch führt, kann den Beteiligten auf Verlangen die Akteneinsicht in jeder technisch möglichen Form gewährt werden. Erforderlichenfalls hat die Behörde der Gemeinde eine ausreichende Anzahl von Kopien oder Ausdrucken zur Verfügung zu stellen.

§ 44c. (1) Die Behörde kann unter den in § 44a Abs. 1 genannten Voraussetzungen eine öffentliche Erörterung des Vorhabens durchführen. Ort, Zeit und Gegenstand der Erörterung sind gemäß § 44a Abs. 3 zu verlautbaren.

(2) Zur öffentlichen Erörterung können Sachverständige beigezogen werden. Es ist jedermann gestattet, Fragen zu stellen und sich zum Vorhaben zu äußern.

(3) Über die öffentliche Erörterung ist eine Niederschrift nicht zu erstellen.

§ 44d. (1) Die Behörde kann eine mündliche Verhandlung gemäß § 44a Abs. 3 durch Edikt anberaumen, wenn der Antrag gemäß § 44a Abs. 1 kundgemacht worden ist oder gleichzeitig kundgemacht wird.

(2) Das Edikt hat zu enthalten:

1. den Gegenstand der Verhandlung, eine Beschreibung des Vorhabens und einen etwaigen Zeitplan;
2. Ort und Zeit der Verhandlung.

§ 44e. (1) Die durch Edikt anberaumte mündliche Verhandlung ist öffentlich.

(2) § 25 Abs. 1 bis 4 des Verwaltungsgerichtsverfahrensgesetzes – VwGVG, BGBl. I Nr. 33/2013, ist sinngemäß anzuwenden.

(3) Die Verhandlungsschrift ist spätestens eine Woche nach Schluß der mündlichen Verhandlung bei der Behörde und bei der Gemeinde während der Amtsstunden mindestens drei Wochen zur öffentlichen Einsicht aufzulegen. Wurde eine Aufzeichnung oder ein Stenogramm in Vollschrift übertragen, so können die Beteiligten während der Einsichtsfrist bei der Behörde Einwendungen wegen behaupteter Unvollständigkeit oder Unrichtigkeit der Übertragung erheben. Die Beteiligten können sich von der Verhandlungsschrift Abschriften selbst anfertigen oder auf ihre Kosten Kopien oder Ausdrucke erstellen lassen. Erforderlichenfalls hat die Behörde der Gemeinde eine ausreichende Anzahl von Kopien oder Ausdrucken zur Verfügung zu stellen. Nach Maßgabe der vorhandenen technischen Möglichkeiten hat die Behörde die Verhandlungsschrift im Internet bereitzustellen.

§ 44f. (1) Ist der Antrag gemäß § 44a Abs. 1 kundgemacht worden, so kann die Behörde Schriftstücke durch Edikt zustellen. Hiezu hat sie gemäß § 44a Abs. 3 zu verlautbaren, daß ein Schriftstück bestimmten Inhalts bei der Behörde zur öffentlichen Einsicht aufliegt; auf die Bestimmungen des Abs. 2 ist hinzuweisen. Mit Ablauf von zwei Wochen nach dieser Verlautbarung gilt das Schriftstück als zugestellt.

(2) Die Behörde hat das Schriftstück während der Amtsstunden mindestens acht Wochen zur öffentlichen Einsicht aufzulegen. Sie hat den Beteiligten auf Verlangen Ausfertigungen des Schriftstückes auszufolgen und den Parteien auf Verlangen unverzüglich zuzusenden. Nach Maßgabe der vorhandenen technischen Möglichkeiten hat sie das Schriftstück im Internet bereitzustellen.

§ 44g. Die Kosten der Verlautbarung des Edikts im „Amtsblatt zur Wiener Zeitung“ sind von Amts wegen zu tragen.

2. Abschnitt: Beweise

Allgemeine Grundsätze über den Beweis

§ 45. (1) Tatsachen, die bei der Behörde offenkundig sind, und solche, für deren Vorhandensein das Gesetz eine Vermutung aufstellt, bedürfen keines Beweises.

(2) Im übrigen hat die Behörde unter sorgfältiger Berücksichtigung der Ergebnisse des Ermittlungsverfahrens nach freier Überzeugung zu beurteilen, ob eine Tatsache als erwiesen anzunehmen ist oder nicht.

(3) Den Parteien ist Gelegenheit zu geben, vom Ergebnis der Beweisaufnahme Kenntnis und dazu Stellung zu nehmen.

§ 46. Als Beweismittel kommt alles in Betracht, was zur Feststellung des maßgebenden Sachverhaltes geeignet und nach Lage des einzelnen Falles zweckdienlich ist.

Urkunden

§ 47. Die Beweiskraft von öffentlichen Urkunden und Privaturkunden ist von der Behörde nach den §§ 292 bis 294, 296, 310 und 311 ZPO zu beurteilen. Dabei gilt § 292 Abs. 1 erster Satz ZPO jedoch mit der Maßgabe, daß inländische öffentliche Urkunden den Beweis auch über jene Tatsachen und Rechtsverhältnisse liefern, die die Voraussetzung für ihre Ausstellung bildeten und in der Urkunde ausdrücklich genannt sind; wenn die Behörde im Hinblick auf die besonderen Umstände des Einzelfalles dagegen Bedenken hat, daß die Urkunde diesen Beweis liefert, so kann sie der Partei auftragen, den Beweis auf andere Weise zu führen.

Zeugen

§ 48. Als Zeugen dürfen nicht vernommen werden:

1. Personen, die zur Mitteilung ihrer Wahrnehmungen unfähig sind oder die zur Zeit, auf die sich ihre Aussage beziehen soll, zur Wahrnehmung der zu beweisenden Tatsache unfähig waren;
2. Geistliche darüber, was ihnen in der Beichte oder sonst unter dem Siegel geistlicher Amtsverschwiegenheit anvertraut wurde;
3. mit Aufgaben der Bundes-, Landes- und Gemeindeverwaltung betraute Organe sowie Organe anderer Körperschaften des öffentlichen Rechts, wenn der Gegenstand ihrer Aussage der Amtsverschwiegenheit unterliegt und sie von der Pflicht zur Amtsverschwiegenheit nicht entbunden worden sind.

§ 49. (1) Die Aussage darf von einem Zeugen verweigert werden:

1. über Fragen, deren Beantwortung dem Zeugen, einem seiner Angehörigen (§ 36a), einer mit seiner Obsorge betrauten Person, seinem Erwachsenenvertreter, seinem Vorsorgebevollmächtigten nach Wirksamwerden der Vorsorgevollmacht oder der von ihm in einer dieser Eigenschaften vertretenen Person einen unmittelbaren Vermögensnachteil oder die Gefahr einer strafrechtlichen Verfolgung zuziehen oder zur Unehre gereichen würde;
2. über Fragen, die er nicht beantworten könnte, ohne eine ihm obliegende gesetzlich anerkannte Pflicht zur Verschwiegenheit, von der er nicht gültig entbunden wurde, zu verletzen oder ein Kunst-, Betriebs- oder Geschäftsgeheimnis zu offenbaren;
3. über Fragen, wie er sein Wahl- oder Stimmrecht ausgeübt hat, wenn dessen Ausübung gesetzlich für geheim erklärt ist.

(2) Die zur berufsmäßigen Parteienvertretung befugten Personen können die Zeugenaussage auch darüber verweigern, was ihnen in ihrer Eigenschaft als Vertreter einer Partei von dieser anvertraut wurde.

(3) Wegen der Gefahr eines Vermögensnachteils darf die Aussage über Geburten, Eheschließungen und Sterbefälle der in Abs. 1 Z 1 bezeichneten Personen nicht verweigert werden.

(4) Will ein Zeuge die Aussage verweigern, so hat er die Gründe seiner Weigerung glaubhaft zu machen.

(5) Einem Zeugen, der einer Ladung (§§ 19 und 20) ohne genügende Entschuldigung nicht Folge leistet oder die Aussage ohne Angabe von Gründen verweigert oder auf seiner Weigerung beharrt, obwohl die vorgebrachten Gründe als nicht gerechtfertigt (Abs. 1 bis 3) erkannt wurden, kann die Verpflichtung zum Ersatz aller durch seine Säumnis oder Weigerung verursachten Kosten auferlegt werden; im Fall der ungerechtfertigten Aussageverweigerung kann über ihn eine Ordnungsstrafe (§ 34) verhängt werden.

§ 50. Jeder Zeuge ist zu Beginn seiner Vernehmung über die für die Vernehmung maßgebenden persönlichen Verhältnisse zu befragen und zu ermahnen, die Wahrheit anzugeben und nichts zu verschweigen. Er ist auch auf die gesetzlichen Gründe für die Verweigerung der Aussage, auf die Folgen einer ungerechtfertigten Verweigerung der Aussage und die strafrechtlichen Folgen einer falschen Aussage aufmerksam zu machen.

Vernehmung von Beteiligten

§ 51. Die §§ 48 und 49 sind auch auf die Vernehmung von Beteiligten zum Zweck der Beweisführung anzuwenden, doch gilt der Weigerungsgrund des § 49 Abs. 1 Z 1 wegen Gefahr eines Vermögensnachteils nicht.

Audiovisuelle Vernehmungen

§ 51a. Nach Maßgabe der technischen Möglichkeiten kann eine Vernehmung unter Verwendung technischer Einrichtungen zur Wort- und Bildübertragung durchgeführt werden, es sei denn, das persönliche Erscheinen vor der Behörde ist unter Berücksichtigung der Verfahrensökonomie zweckmäßiger oder aus besonderen Gründen erforderlich.

Sachverständige

§ 52. (1) Wird die Aufnahme eines Beweises durch Sachverständige notwendig, so sind die der Behörde beigegebenen oder zur Verfügung stehenden amtlichen Sachverständigen (Amtssachverständige) beizuziehen.

(2) Wenn Amtssachverständige nicht zur Verfügung stehen oder es mit Rücksicht auf die Besonderheit des Falles geboten ist, kann die Behörde aber ausnahmsweise andere geeignete Personen als Sachverständige (nichtamtliche Sachverständige) heranziehen.

(3) Liegen die Voraussetzungen des Abs. 2 nicht vor, so kann die Behörde dennoch nichtamtliche Sachverständige heranziehen, wenn davon eine wesentliche Beschleunigung des Verfahrens zu erwarten ist. Die Heranziehung ist jedoch nur zulässig, wenn sie von demjenigen, über dessen Ansuchen das Verfahren eingeleitet wurde, angeregt wird und die daraus entstehenden Kosten einen von dieser Partei bestimmten Betrag voraussichtlich nicht überschreiten.

(4) Der Bestellung zum nichtamtlichen Sachverständigen hat Folge zu leisten, wer zur Erstattung von Gutachten der erforderten Art öffentlich bestellt ist oder wer die Wissenschaft, die Kunst oder das Gewerbe, deren Kenntnis die Voraussetzung der geforderten Begutachtung ist, öffentlich als Erwerb ausübt oder zu deren Ausübung öffentlich angestellt oder ermächtigt ist. Nichtamtliche Sachverständige sind zu beeiden, wenn sie nicht schon für die Erstattung von Gutachten der erforderten Art im allgemeinen beeidet sind. Die §§ 49 und 50 gelten auch für nichtamtliche Sachverständige.

§ 53. (1) Auf Amtssachverständige ist § 7 anzuwenden. Andere Sachverständige sind ausgeschlossen, wenn einer der Gründe des § 7 Abs. 1 Z 1, 2 und 4 zutrifft; außerdem können sie von einer Partei abgelehnt werden, wenn diese Umstände glaubhaft macht, die die Unbefangenheit oder Fachkunde des Sachverständigen in Zweifel stellen. Die Ablehnung kann vor der Vernehmung des Sachverständigen, später aber nur dann erfolgen, wenn die Partei glaubhaft macht, daß sie den Ablehnungsgrund vorher nicht erfahren oder wegen eines für sie unüberwindbaren Hindernisses nicht rechtzeitig geltend machen konnte.

(2) Die Entscheidung über den Ablehnungsantrag erfolgt durch Verfahrensanordnung.

Gebühren der nichtamtlichen Sachverständigen

§ 53a. (1) Nichtamtliche Sachverständige haben für ihre Tätigkeit im Verfahren Anspruch auf Gebühren, die durch Verordnung der Bundesregierung in Pauschalbeträgen (nach Tarifen) festzusetzen sind. Soweit keine solchen Pauschalbeträge (Tarife) festgesetzt sind, sind auf den Umfang der Gebühr die §§ 24 bis 37, 43 bis 49 und 51 des Gebührenanspruchsgesetzes – GebAG, BGBl. Nr. 136/1975, sinngemäß anzuwenden. Die Gebühr ist gemäß § 38 des Gebührenanspruchsgesetzes 1975 bei der Behörde geltend zu machen, die den Sachverständigen herangezogen hat.

(2) Die Gebühr ist von der Behörde, die den Sachverständigen herangezogen hat, mit Bescheid zu bestimmen. Vor der Gebührenbestimmung kann der Sachverständige aufgefordert werden, sich über Umstände, die für die Gebührenberechnung bedeutsam sind, zu äußern und, unter Setzung einer bestimmten Frist, noch fehlende Bestätigungen vorzulegen. Die Gebührenbeträge sind auf volle 10 Cent aufzurunden.

(3) Die Gebühr ist dem nichtamtlichen Sachverständigen kostenfrei zu zahlen. Bestimmt die Behörde eine höhere Gebühr, als dem nichtamtlichen Sachverständigen gezahlt wurde, so ist der Mehrbetrag dem nichtamtlichen Sachverständigen kostenfrei nachzuzahlen. Bestimmt die Behörde eine niedrigere Gebühr oder übersteigt der dem nichtamtlichen Sachverständigen gezahlte Vorschuss die von ihr bestimmte Gebühr, so ist der nichtamtliche Sachverständige zur Rückzahlung des zu viel gezahlten Betrages zu verpflichten.

(4) (Anm.: aufgehoben durch BGBl. I Nr. 33/2013)

Gebühren der nichtamtlichen Dolmetscher

§ 53b. Nichtamtliche Dolmetscher haben für ihre Tätigkeit im Verfahren Anspruch auf Gebühren, die durch Verordnung der Bundesregierung in Pauschalbeträgen (nach Tarifen) festzusetzen sind. Soweit keine solchen Pauschalbeträge (Tarife) festgesetzt sind, sind auf den Umfang der Gebühr die §§ 24 bis 34, 36 und 37 Abs. 2 des Gebührenanspruchsgesetzes – GebAG, BGBl. Nr. 136/1975, mit den in § 53 Abs. 1 GebAG genannten Besonderheiten und § 54 GebAG sinngemäß anzuwenden. Unter nichtamtlichen Dolmetschern im Sinne dieses Bundesgesetzes sind auch die nichtamtlichen Übersetzer zu verstehen. § 53a Abs. 1 letzter Satz und Abs. 2 und 3 ist sinngemäß anzuwenden.

Augenschein

§ 54. Zur Aufklärung der Sache kann die Behörde auf Antrag oder von Amts wegen auch einen Augenschein, nötigenfalls mit Zuziehung von Sachverständigen, vornehmen.

Mittelbare Beweisaufnahmen und Erhebungen

§ 55. (1) Die Behörde kann Beweisaufnahmen auch durch ersuchte oder beauftragte Verwaltungsbehörden oder einzelne dazu bestimmte amtliche Organe vornehmen lassen oder durch sonstige Erhebungen ersetzen oder ergänzen. Insbesondere können Amtssachverständige außer dem Fall einer mündlichen Verhandlung mit der selbständigen Vornahme eines Augenscheines betraut werden.

(2) Die Gerichte dürfen um die Aufnahme von Beweisen nur in den gesetzlich besonders bestimmten Fällen ersucht werden.

III. Teil: Bescheide

Erlassung von Bescheiden

§ 56. Der Erlassung eines Bescheides hat, wenn es sich nicht um eine Ladung (§ 19) oder einen Bescheid nach § 57 handelt, die Feststellung des maßgebenden Sachverhaltes, soweit er nicht von vornherein klar gegeben ist, nach den §§ 37 und 39 voranzugehen.

§ 57. (1) Wenn es sich um die Vorschreibung von Geldleistungen nach einem gesetzlich, statutarisch oder tarifmäßig feststehenden Maßstab oder bei Gefahr im Verzug um unaufschiebbare Maßnahmen handelt, ist die Behörde berechtigt, einen Bescheid auch ohne vorausgegangenes Ermittlungsverfahren zu erlassen.

(2) Gegen einen nach Abs. 1 erlassenen Bescheid kann bei der Behörde, die den Bescheid erlassen hat, binnen zwei Wochen Vorstellung erhoben werden. Die Vorstellung hat nur dann aufschiebende Wirkung, wenn sie gegen die Vorschreibung einer Geldleistung gerichtet ist.

(3) Die Behörde hat binnen zwei Wochen nach Einlangen der Vorstellung das Ermittlungsverfahren einzuleiten, widrigenfalls der angefochtene Bescheid von Gesetzes wegen außer Kraft tritt. Auf Verlangen der Partei ist das Außerkrafttreten des Bescheides schriftlich zu bestätigen.

Inhalt und Form der Bescheide

§ 58. (1) Jeder Bescheid ist ausdrücklich als solcher zu bezeichnen und hat den Spruch und die Rechtsmittelbelehrung zu enthalten.

(2) Bescheide sind zu begründen, wenn dem Standpunkt der Partei nicht vollinhaltlich Rechnung getragen oder über Einwendungen oder Anträge von Beteiligten abgesprochen wird.

(3) Im übrigen gilt auch für Bescheide § 18 Abs. 4.

§ 58a. In verbundenen Verfahren (§ 39 Abs. 2b) hat die Behörde über die nach den Verwaltungsvorschriften erforderlichen Bewilligungen oder Genehmigungen in einem Bescheid zu entscheiden. Der Spruch des Bescheides ist nach den jeweils angewendeten Verwaltungsvorschriften in Spruchpunkte zu gliedern. Die Behörde kann über einzelne oder mehrere Bewilligungen oder Genehmigungen gesondert absprechen, wenn dies zweckmäßig erscheint.

§ 59. (1) Der Spruch hat die in Verhandlung stehende Angelegenheit und alle die Hauptfrage betreffenden Parteianträge, ferner die allfällige Kostenfrage in möglichst gedrängter, deutlicher Fassung und unter Anführung der angewendeten Gesetzesbestimmungen, und zwar in der Regel zur Gänze, zu erledigen. Mit Erledigung des verfahrenseinleitenden Antrages gelten Einwendungen als miterledigt. Läßt der Gegenstand der Verhandlung eine Trennung nach mehreren Punkten zu, so kann, wenn dies zweckmäßig erscheint, über jeden dieser Punkte, sobald er spruchreif ist, gesondert abgesprochen werden.

(2) Wird die Verbindlichkeit zu einer Leistung oder zur Herstellung eines bestimmten Zustandes ausgesprochen, so ist im Spruch zugleich auch eine angemessene Frist zur Ausführung der Leistung oder Herstellung zu bestimmen.

§ 60. In der Begründung sind die Ergebnisse des Ermittlungsverfahrens, die bei der Beweiswürdigung maßgebenden Erwägungen und die darauf gestützte Beurteilung der Rechtsfrage klar und übersichtlich zusammenzufassen.

§ 61. (1) Die Rechtsmittelbelehrung hat anzugeben, ob gegen den Bescheid ein Rechtsmittel erhoben werden kann, bejahendenfalls welchen Inhalt und welche Form dieses Rechtsmittel haben muss und bei welcher Behörde und innerhalb welcher Frist es einzubringen ist.

(2) Enthält ein Bescheid keine Rechtsmittelbelehrung oder fälschlich die Erklärung, daß kein Rechtsmittel zulässig sei oder ist keine oder eine kürzere als die gesetzliche Rechtsmittelfrist angegeben, so gilt das Rechtsmittel als rechtzeitig eingebracht, wenn es innerhalb der gesetzlichen Frist eingebracht wurde.

(3) Ist in dem Bescheid eine längere als die gesetzliche Frist angegeben, so gilt das innerhalb der angegebenen Frist eingebrachte Rechtsmittel als rechtzeitig.

(4) Enthält der Bescheid keine oder eine unrichtige Angabe über die Behörde, bei der das Rechtsmittel einzubringen ist, so ist das Rechtsmittel auch dann richtig einge-

bracht, wenn es bei der Behörde, die den Bescheid erlassen hat, oder bei der angegebenen Behörde eingebracht wurde.

(5) (Anm.: aufgehoben durch BGBl. I Nr. 158/1998)

§ 62. (1) Wenn in den Verwaltungsvorschriften nicht anderes bestimmt ist, können Bescheide sowohl schriftlich als auch mündlich erlassen werden.

(2) Der Inhalt und die Verkündung eines mündlichen Bescheides ist, wenn die Verkündung bei einer mündlichen Verhandlung erfolgt, am Schluß der Verhandlungsschrift, in anderen Fällen in einer besonderen Niederschrift zu beurkunden.

(3) Eine schriftliche Ausfertigung des mündlich verkündeten Bescheides ist den bei der Verkündung nicht anwesenden und jenen Parteien zuzustellen, die spätestens drei Tage nach der Verkündung eine Ausfertigung verlangen; über dieses Recht ist die Partei bei Verkündung des mündlichen Bescheides zu belehren.

(4) Schreib- und Rechenfehler oder diesen gleichzuhaltende, offenbar auf einem Versehen oder offenbar ausschließlich auf technisch mangelhaftem Betrieb einer automationsunterstützten Datenverarbeitungsanlage beruhende Unrichtigkeiten in Bescheiden kann die Behörde jederzeit von Amts wegen berichtigen.

IV. Teil: Rechtsschutz

1. Abschnitt: Berufung

§ 63. (1) Der Instanzenzug in den Angelegenheiten des eigenen Wirkungsbereiches der Gemeinde und das Recht zur Erhebung der Berufung richten sich nach den Verwaltungsvorschriften. Gegen die Bewilligung oder die Verfügung der Wiederaufnahme und gegen die Bewilligung der Wiedereinsetzung ist eine Berufung nicht zulässig.

(2) Gegen Verfahrensanordnungen ist eine abgesonderte Berufung nicht zulässig. Sie können erst in der Berufung gegen den die Sache erledigenden Bescheid angefochten werden.

(3) Die Berufung hat den Bescheid zu bezeichnen, gegen den sie sich richtet, und einen begründeten Berufungsantrag zu enthalten.

(4) Eine Berufung ist nicht mehr zulässig, wenn die Partei nach der Zustellung oder Verkündung des Bescheides ausdrücklich auf die Berufung verzichtet hat.

(5) Die Berufung ist von der Partei binnen zwei Wochen bei der Behörde einzubringen, die den Bescheid in erster Instanz erlassen hat. Die Frist beginnt für jede Partei mit der an sie erfolgten Zustellung der schriftlichen Ausfertigung des Bescheides, im Fall bloß mündlicher Verkündung mit dieser. Wird eine Berufung innerhalb dieser Frist bei der Berufungsbehörde eingebracht, so gilt dies als rechtzeitige Einbringung; die Berufungsbehörde hat die bei ihr eingebrachte Berufung unverzüglich an die Behörde erster Instanz weiterzuleiten.

§ 64. (1) Eine rechtzeitig eingebrachte und zulässige Berufung hat aufschiebende Wirkung.

(2) Die Behörde kann die aufschiebende Wirkung mit Bescheid ausschließen, wenn nach Abwägung der berührten öffentlichen Interessen und Interessen anderer Partei-

en der vorzeitige Vollzug des angefochtenen Bescheides oder die Ausübung der durch den angefochtenen Bescheid eingeräumten Berechtigung wegen Gefahr im Verzug dringend geboten ist. Ein solcher Ausspruch ist tunlichst schon in den über die Hauptsache ergehenden Bescheid aufzunehmen.

§ 64a. (1) Die Behörde kann die Berufung binnen zwei Monaten nach Einlangen bei der Behörde erster Instanz durch Berufungsvorentscheidung erledigen. Sie kann die Berufung nach Vornahme notwendiger Ergänzungen des Ermittlungsverfahrens als unzulässig oder verspätet zurückweisen, den Bescheid aufheben oder nach jeder Richtung abändern.

(2) Jede Partei kann binnen zwei Wochen nach Zustellung der Berufungsvorentscheidung bei der Behörde den Antrag stellen, daß die Berufung der Berufungsbehörde zur Entscheidung vorgelegt wird (Vorlageantrag).

(3) Mit Einlangen des Vorlageantrages tritt die Berufungsvorentscheidung außer Kraft. Die Behörde hat die Parteien vom Außerkrafttreten der Berufungsvorentscheidung zu verständigen. Verspätete oder unzulässige Vorlageanträge sind von ihr zurückzuweisen.

§ 65. Werden in einer Berufung neue Tatsachen oder Beweise, die der Behörde erheblich scheinen, vorgebracht, so hat sie hievon unverzüglich den etwaigen Berufungsgegnern Mitteilung zu machen und ihnen Gelegenheit zu geben, binnen angemessener, zwei Wochen nicht übersteigender Frist vom Inhalt der Berufung Kenntnis zu nehmen und sich dazu zu äußern.

§ 66. (1) Notwendige Ergänzungen des Ermittlungsverfahrens hat die Berufungsbehörde durch eine im Instanzenzug untergeordnete Behörde durchführen zu lassen oder selbst vorzunehmen.

(2) Ist der der Berufungsbehörde vorliegende Sachverhalt so mangelhaft, daß die Durchführung oder Wiederholung einer mündlichen Verhandlung unvermeidlich erscheint, so kann die Berufungsbehörde den angefochtenen Bescheid beheben und die Angelegenheit zur neuerlichen Verhandlung und Erlassung eines neuen Bescheides an eine im Instanzenzug untergeordnete Behörde zurückverweisen.

(3) Die Berufungsbehörde kann jedoch die mündliche Verhandlung und unmittelbare Beweisaufnahme auch selbst durchführen, wenn hiemit eine Ersparnis an Zeit und Kosten verbunden ist.

(4) Außer dem in Abs. 2 erwähnten Fall hat die Berufungsbehörde, sofern die Berufung nicht als unzulässig oder verspätet zurückzuweisen ist, immer in der Sache selbst zu entscheiden. Sie ist berechtigt, sowohl im Spruch als auch hinsichtlich der Begründung (§ 60) ihre Anschauung an die Stelle jener der Unterbehörde zu setzen und demgemäß den angefochtenen Bescheid nach jeder Richtung abzuändern.

§ 67. Der III. Teil gilt auch für die Bescheide der Berufungsbehörde, doch ist der Spruch auch dann zu begründen, wenn dem Berufungsantrag stattgegeben wird.

2. Abschnitt: Sonstige Abänderung von Bescheiden

Abänderung und Behebung von Amts wegen

§ 68. (1) Anbringen von Beteiligten, die außer den Fällen der §§ 69 und 71 die Abänderung eines der Berufung nicht oder nicht mehr unterliegenden Bescheides begehren, sind, wenn die Behörde nicht den Anlaß zu einer Verfügung gemäß den Abs. 2 bis 4 findet, wegen entschiedener Sache zurückzuweisen.

(2) Von Amts wegen können Bescheide, aus denen niemandem ein Recht erwachsen ist, sowohl von der Behörde, die den Bescheid erlassen hat, als auch in Ausübung des Aufsichtsrechtes von der sachlich in Betracht kommenden Oberbehörde aufgehoben oder abgeändert werden.

(3) Andere Bescheide kann die Behörde, die den Bescheid in letzter Instanz erlassen hat, oder die sachlich in Betracht kommende Oberbehörde im öffentlichen Interesse insoweit abändern, als dies zur Beseitigung von das Leben oder die Gesundheit von Menschen gefährdenden Mißständen oder zur Abwehr schwerer volkswirtschaftlicher Schädigungen notwendig und unvermeidlich ist. In allen Fällen hat die Behörde mit möglichster Schonung erworbener Rechte vorzugehen.

(4) Außerdem können Bescheide von Amts wegen in Ausübung des Aufsichtsrechtes von der sachlich in Betracht kommenden Oberbehörde als nichtig erklärt werden, wenn der Bescheid

1. von einer unzuständigen Behörde oder von einer nicht richtig zusammengesetzten Kollegialbehörde erlassen wurde,
2. einen strafgesetzwidrigen Erfolg herbeiführen würde,
3. tatsächlich undurchführbar ist oder
4. an einem durch gesetzliche Vorschrift ausdrücklich mit Nichtigkeit bedrohten Fehler leidet.

(5) Nach Ablauf von drei Jahren nach dem in § 63 Abs. 5 bezeichneten Zeitpunkt ist eine Nichtigerklärung aus den Gründen des Abs. 4 Z 1 nicht mehr zulässig.

(6) Die der Behörde in den Verwaltungsvorschriften eingeräumten Befugnisse zur Zurücknahme oder Einschränkung einer Berechtigung außerhalb eines Berufungsverfahrens bleiben unberührt.

(7) Auf die Ausübung des der Behörde gemäß den Abs. 2 bis 4 zustehenden Abänderungs- und Behebungsrechts steht niemandem ein Anspruch zu. Mutwillige Aufsichtsbeschwerden und Abänderungsanträge sind nach § 35 zu ahnden.

Wiederaufnahme des Verfahrens

§ 69. (1) Dem Antrag einer Partei auf Wiederaufnahme eines durch Bescheid abgeschlossenen Verfahrens ist stattzugeben, wenn ein Rechtsmittel gegen den Bescheid nicht oder nicht mehr zulässig ist und:

1. der Bescheid durch Fälschung einer Urkunde, falsches Zeugnis oder eine andere gerichtlich strafbare Handlung herbeigeführt oder sonstwie erschlichen worden ist oder
2. neue Tatsachen oder Beweismittel hervorkommen, die im Verfahren ohne Verschulden der Partei nicht geltend gemacht werden konnten und allein oder in Ver-

bindung mit dem sonstigen Ergebnis des Verfahrens voraussichtlich einen im Hauptinhalt des Spruches anders lautenden Bescheid herbeigeführt hätten, oder

3. der Bescheid gemäß § 38 von Vorfragen abhängig war und nachträglich über eine solche Vorfrage von der zuständigen Verwaltungsbehörde bzw. vom zuständigen Gericht in wesentlichen Punkten anders entschieden wurde;
4. nachträglich ein Bescheid oder eine gerichtliche Entscheidung bekannt wird, der bzw. die einer Aufhebung oder Abänderung auf Antrag einer Partei nicht unterliegt und die im Verfahren die Einwendung der entschiedenen Sache begründet hätte.

(2) Der Antrag auf Wiederaufnahme ist binnen zwei Wochen bei der Behörde einzubringen, die den Bescheid in erster Instanz erlassen hat. Die Frist beginnt mit dem Zeitpunkt, in dem der Antragsteller von dem Wiederaufnahmegrund Kenntnis erlangt hat, wenn dies jedoch nach der Verkündung des mündlichen Bescheides und vor Zustellung der schriftlichen Ausfertigung geschehen ist, erst mit diesem Zeitpunkt. Nach Ablauf von drei Jahren nach Erlassung des Bescheides kann der Antrag auf Wiederaufnahme nicht mehr gestellt werden. Die Umstände, aus welchen sich die Einhaltung der gesetzlichen Frist ergibt, sind vom Antragsteller glaubhaft zu machen.

(3) Unter den Voraussetzungen des Abs. 1 kann die Wiederaufnahme des Verfahrens auch von Amts wegen verfügt werden. Nach Ablauf von drei Jahren nach Erlassung des Bescheides kann die Wiederaufnahme auch von Amts wegen nur mehr aus den Gründen des Abs. 1 Z 1 stattfinden.

(4) Die Entscheidung über die Wiederaufnahme steht der Behörde zu, die den Bescheid in letzter Instanz erlassen hat.

§ 70. (1) In dem die Wiederaufnahme bewilligenden oder verfügenden Bescheid ist, sofern nicht schon auf Grund der vorliegenden Akten ein neuer Bescheid erlassen werden kann, auszusprechen, inwieweit und in welcher Instanz das Verfahren wieder aufzunehmen ist.

(2) Frühere Erhebungen und Beweisaufnahmen, die durch die Wiederaufnahmsgründe nicht betroffen werden, sind keinesfalls zu wiederholen.

(3) (Anm.: aufgehoben durch BGBl. I Nr. 33/2013)

Wiedereinsetzung in den vorigen Stand

§ 71. (1) Gegen die Versäumung einer Frist oder einer mündlichen Verhandlung ist auf Antrag der Partei, die durch die Versäumung einen Rechtsnachteil erleidet, die Wiedereinsetzung in den vorigen Stand zu bewilligen, wenn:

1. die Partei glaubhaft macht, daß sie durch ein unvorhergesehenes oder unabwendbares Ereignis verhindert war, die Frist einzuhalten oder zur Verhandlung zu erscheinen und sie kein Verschulden oder nur ein minderer Grad des Versehens trifft, oder
2. die Partei die Rechtsmittelfrist versäumt hat, weil der Bescheid keine Rechtsmittelbelehrung, keine Rechtsmittelfrist oder fälschlich die Angabe enthält, daß kein Rechtsmittel zulässig sei.

(2) Der Antrag auf Wiedereinsetzung muß binnen zwei Wochen nach dem Wegfall des Hindernisses oder nach dem Zeitpunkt, in dem die Partei von der Zulässigkeit der Berufung Kenntnis erlangt hat, gestellt werden.

(3) Im Fall der Versäumung einer Frist hat die Partei die versäumte Handlung gleichzeitig mit dem Wiedereinsetzungsantrag nachzuholen.

(4) Zur Entscheidung über den Antrag auf Wiedereinsetzung ist die Behörde berufen, bei der die versäumte Handlung vorzunehmen war oder die die versäumte Verhandlung angeordnet oder die unrichtige Rechtsmittelbelehrung erteilt hat.

(5) Gegen die Versäumung der Frist zur Stellung des Wiedereinsetzungsantrages findet keine Wiedereinsetzung in den vorigen Stand statt.

(6) Die Behörde kann dem Antrag auf Wiedereinsetzung aufschiebende Wirkung zuerkennen.

(7) Der Wiedereinsetzungsantrag kann nicht auf Umstände gestützt werden, die die Behörde schon früher für unzureichend befunden hat, um die Verlängerung der versäumten Frist oder die Verlegung der versäumten Verhandlung zu bewilligen.

§ 72. (1) Durch die Bewilligung der Wiedereinsetzung tritt das Verfahren in die Lage zurück, in der es sich vor dem Eintritt der Versäumung befunden hat.

(2) Durch den Antrag auf Wiedereinsetzung gegen die Versäumung der mündlichen Verhandlung wird die Frist zur Anfechtung des infolge der Versäumung erlassenen Bescheides nicht verlängert.

(3) Hat eine Partei Wiedereinsetzung gegen die Versäumung der mündlichen Verhandlung beantragt und gegen den Bescheid Berufung eingelegt, so ist auf die Erledigung der Berufung erst einzugehen, wenn der Antrag auf Wiedereinsetzung abgewiesen worden ist.

(4) (Anm.: aufgehoben durch BGBl. I Nr. 33/2013)

3. Abschnitt: Entscheidungspflicht

§ 73. (1) Die Behörden sind verpflichtet, wenn in den Verwaltungsvorschriften nicht anderes bestimmt ist, über Anträge von Parteien (§ 8) und Berufungen ohne unnötigen Aufschub, spätestens aber sechs Monate nach deren Einlangen den Bescheid zu erlassen. Sofern sich in verbundenen Verfahren (§ 39 Abs. 2b) aus den anzuwendenden Rechtsvorschriften unterschiedliche Entscheidungsfristen ergeben, ist die zuletzt ablaufende maßgeblich.

(2) Wird ein Bescheid, gegen den Berufung erhoben werden kann, nicht innerhalb der Entscheidungsfrist erlassen, so geht auf schriftlichen Antrag der Partei die Zuständigkeit zur Entscheidung auf die Berufungsbehörde über (Devolutionsantrag). Der Devolutionsantrag ist bei der Berufungsbehörde einzubringen. Er ist abzuweisen, wenn die Verzögerung nicht auf ein überwiegendes Verschulden der Behörde zurückzuführen ist.

(3) Für die Berufungsbehörde beginnt die Entscheidungsfrist mit dem Tag des Einlangens des Devolutionsantrages zu laufen.

V. Teil: Kosten

Kosten der Beteiligten

§ 74. (1) Jeder Beteiligte hat die ihm im Verwaltungsverfahren erwachsenden Kosten selbst zu bestreiten.

(2) Inwiefern einem Beteiligten ein Kostenersatzanspruch gegen einen anderen Beteiligten zusteht, bestimmen die Verwaltungsvorschriften. Der Kostenersatzanspruch ist so zeitgerecht zu stellen, daß der Ausspruch über die Kosten in den Bescheid aufgenommen werden kann. Die Höhe der zu ersetzenden Kosten wird von der Behörde bestimmt und kann von dieser auch in einem Pauschalbetrag festgesetzt werden.

Kosten der Behörden

§ 75. (1) Sofern sich aus den §§ 76 bis 78 nicht anderes ergibt, sind die Kosten für die Tätigkeit der Behörden im Verwaltungsverfahren von Amts wegen zu tragen.

(2) Die Heranziehung der Beteiligten zu anderen als den in den §§ 76 bis 78 vorgesehenen Leistungen, unter welchem Titel immer, ist unzulässig.

(3) Die gesetzlichen Bestimmungen über die Stempel- und Rechtsgebühren des Bundes bleiben unberührt.

§ 76. (1) Erwachsen der Behörde bei einer Amtshandlung Barauslagen, so hat dafür, sofern nach den Verwaltungsvorschriften nicht auch diese Auslagen von Amts wegen zu tragen sind, die Partei aufzukommen, die den verfahrenseinleitenden Antrag gestellt hat. Als Barauslagen gelten auch die Gebühren, die den Sachverständigen und Dolmetschern zustehen. Kosten, die der Behörde aus ihrer Verpflichtung nach § 17a erwachsen, sowie die einem Gehörlosendolmetscher zustehenden Gebühren gelten nicht als Barauslagen. Im Falle des § 52 Abs. 3 hat die Partei für die Gebühren, die den nichtamtlichen Sachverständigen zustehen, nur soweit aufzukommen, als sie den von ihr bestimmten Betrag nicht überschreiten.

(2) Wurde jedoch die Amtshandlung durch das Verschulden eines anderen Beteiligten verursacht, so sind die Auslagen von diesem zu tragen. Wurde die Amtshandlung von Amts wegen angeordnet, so belasten die Auslagen den Beteiligten dann, wenn sie durch sein Verschulden herbeigeführt worden sind.

(3) Treffen die Voraussetzungen der vorangehenden Absätze auf mehrere Beteiligte zu, so sind die Auslagen auf die einzelnen Beteiligten angemessen zu verteilen.

(4) Ist eine Amtshandlung nicht ohne größere Barauslagen durchführbar, so kann die Partei, die den verfahrenseinleitenden Antrag gestellt hat, zum Erlag eines entsprechenden Vorschusses verhalten werden.

(5) Die Kosten, die der Behörde aus ihrer Verpflichtung nach § 17a erwachsen, sowie die den Sachverständigen und Dolmetschern zustehenden Gebühren sind – falls hiefür nicht die Beteiligten des Verfahrens aufzukommen haben – von jenem Rechtsträger zu tragen, in dessen Namen die Behörde in der Angelegenheit gehandelt hat.

§ 77. (1) Für Amtshandlungen der Behörden außerhalb des Amtes können Kommissionsgebühren eingehoben werden. Hinsichtlich der Verpflichtung zur Entrichtung dieser Gebühren ist § 76 sinngemäß anzuwenden.

(2) Die Kommissionsgebühren sind in Pauschalbeträgen (nach Tarifen) oder, soweit keine Pauschalbeträge (Tarife) festgesetzt sind, als Barauslagen nach § 76 aufzurechnen. Die Pauschalbeträge (Tarife) sind nach der für die Amtshandlung aufgewendeten Zeit, nach der Entfernung des Ortes der Amtshandlung vom Amt oder nach der Zahl der notwendigen Amtsorgane festzusetzen.

(3) Die Festsetzung der Pauschalbeträge (Tarife) erfolgt durch Verordnung der Bundesregierung, für die Behörden der Länder und Gemeinden durch Verordnung der Landesregierung.

(4) Die Kommissionsgebühren sind von der Behörde, die die Amtshandlung vorgenommen hat, einzuheben und fließen der Gebietskörperschaft zu, die den Aufwand dieser Behörde zu tragen hat.

(5) Entsenden andere am Verfahren beteiligte Verwaltungsbehörden Amtsorgane, so sind von der die Amtshandlung führenden Behörde Kommissionsgebühren nach den für die entsendeten Organe geltenden Tarifen als Barauslagen einzuheben und dem Rechtsträger, dem die entsendeten Verwaltungsorgane zugehören, zu übermitteln.

(6) § 76 Abs. 4 gilt auch für die Kommissionsgebühren.

§ 78. (1) Den Parteien können in den Angelegenheiten der Bundesverwaltung (unmittelbare oder mittelbare Bundesverwaltung, übertragener Wirkungsbereich der Gemeinden in Bundesangelegenheiten) für die Verleihung von Berechtigungen oder sonstige wesentlich in ihrem Privatinteresse liegende Amtshandlungen der Behörden Bundesverwaltungsabgaben auferlegt werden, sofern die Freiheit von derlei Abgaben nicht ausdrücklich durch Gesetz festgesetzt ist. Wenn ein im Verwaltungsverfahren als Partei auftretender Rechtsträger zur Vollziehung der Gesetze berufen ist, so unterliegt er insoweit der Verpflichtung zur Entrichtung von Bundesverwaltungsabgaben nicht, als die Amtshandlung eine unmittelbare Voraussetzung der dem Rechtsträger obliegenden Vollziehung der Gesetze bildet. Die Gebietskörperschaften unterliegen ferner der Verpflichtung zur Entrichtung einer Bundesverwaltungsabgabe nicht, wenn diese der als Partei einschreitenden Gebietskörperschaft zufließen würde.

(2) Für das Ausmaß der Bundesverwaltungsabgaben sind, abgesehen von den durch Gesetz besonders geregelten Fällen, durch Verordnung der Bundesregierung zu erlassende Tarife maßgebend, in denen die Abgaben mit festen Ansätzen, die nach objektiven Merkmalen abgestuft sein können, bis zum Höchstbetrag von 1 090 Euro im einzelnen Fall festzusetzen sind.

(3) Das Ausmaß der Verwaltungsabgaben in den Angelegenheiten der Landes- und Gemeindeverwaltung richtet sich nach den auf Grund des Finanz-Verfassungsgesetzes und des Finanzausgleichsgesetzes bestehenden landesgesetzlichen Vorschriften.

(4) Die Bundesverwaltungsabgaben sind von der Behörde einzuheben und fließen der Gebietskörperschaft zu, die deren Aufwand zu tragen hat.

(5) Die Art der Einhebung ist für die Bundesbehörden durch Verordnung der Bundesregierung, für die Behörden der Länder und Gemeinden durch Verordnung der Landesregierung zu regeln.

§ 78a. Von den Bundesverwaltungsabgaben befreit sind

1. die Erteilung von Rechtsbelehrungen und die Erstellung von Kopien oder Ausdrucken von Akten oder Aktenteilen,
2. die Bestimmung der Gebühren der Zeugen, Beteiligten, nichtamtlichen Sachverständigen und nichtamtlichen Dolmetscher und
3. Amtshandlungen, die durch Katastrophenschäden (insbesondere Hochwasser-, Erdrutsch-, Vermurungs- und Lawinenschäden) veranlasst worden sind.

§ 79. Die in den §§ 76 bis 78 vorgesehenen Leistungen sind nur insoweit einzuheben, als dadurch der notwendige Unterhalt des Beteiligten und der Personen, für die er nach dem Gesetz zu sorgen hat, nicht gefährdet wird.

VI. Teil: Schlußbestimmungen

Verweisungen

§ 80. Soweit in diesem Bundesgesetz auf Bestimmungen anderer Bundesgesetze verwiesen wird, sind diese in ihrer jeweils geltenden Fassung anzuwenden.

Sprachliche Gleichbehandlung

§ 80a. Soweit sich die in diesem Bundesgesetz verwendeten Bezeichnungen auf natürliche Personen beziehen, gilt die gewählte Form für beide Geschlechter. Bei der Anwendung dieser Bezeichnungen auf bestimmte natürliche Personen ist die jeweils geschlechtsspezifische Form zu verwenden.

Vollziehung

§ 81. Mit der Vollziehung dieses Bundesgesetzes ist die Bundesregierung betraut.

Inkrafttreten

§ 82. (1) § 78 Abs. 2 in der Fassung des Bundesgesetzes BGBl. Nr. 866/1992 tritt mit 1. Jänner 1993 in Kraft.

(2) § 18 Abs. 3 fünfter bis neunter Satz, § 18 Abs. 4 zweiter Satz, § 38a, § 39a Abs. 1 zweiter Satz, § 47, § 51a, § 52 Abs. 2 bis 4, § 53a Abs. 1, § 63 Abs. 5, § 64a Abs. 1, § 67c Abs. 3 sowie die Neubezeichnung der Abs. 4 und 5, § 67d Abs. 2, § 67g, § 67h samt Überschrift, § 68 Abs. 2, § 70 Abs. 3, § 71 Abs. 6, § 73 Abs. 1 und 3, § 76 Abs. 1 zweiter und dritter Satz, § 76 Abs. 5, § 76a, die Überschrift vor § 79b, die Neubezeichnung des § 79b Abs. 1 sowie die Überschrift vor § 80 in der Fassung des Bundesgesetzes BGBl. Nr. 471/1995 treten mit 1. Juli 1995 in Kraft.

(3) § 79a in der Fassung des Bundesgesetzes BGBl. Nr. 471/1995 tritt mit 1. Jänner 1996 in Kraft. Verordnungen auf Grund des § 79a in der Fassung des Bundesgesetzes

BGBl. Nr. 471/1995 können bereits ab dem auf seine Kundmachung folgenden Tag erlassen werden; sie dürfen jedoch frühestens mit dem 1. Jänner 1996 in Kraft gesetzt werden.

(4) § 63 Abs. 5 in der Fassung des Bundesgesetzes BGBl. Nr. 471/1995 gilt für Bescheide, die nach dem 30. Juni 1995 erlassen werden. § 67c Abs. 3 in der Fassung des Bundesgesetzes BGBl. Nr. 471/1995 gilt für Verwaltungsakte, die nach dem 30. Juni 1995 gesetzt werden.

(Anm.: Abs. 5 aufgehoben durch BGBl. I Nr. 137/2001)

(6) Die §§ 3 Z 3, 10 Abs. 1, 13 samt Überschrift, 14 samt Überschrift, 18 Abs. 3 und 4, 20, 34 Abs. 2, 35, 36 Abs. 2, 37 zweiter Satz, 39 Abs. 2 und 3, 41 Abs. 1, 42, 43, 44, 44a bis 44g samt Überschrift, 51a bis 51d samt Überschrift, 53a samt Überschrift, 53b samt Überschrift, 56, 59 Abs. 1 erster und zweiter Satz, 61 Abs. 1 zweiter Satz, 61a, 63 Abs. 2, 64a, 66 Abs. 1 und 2, 67a samt Überschrift, 67b samt Überschrift, der neu bezeichnete § 67c Abs. 3, § 67d samt Überschrift, die Überschrift zu § 67e, die Überschrift zu § 67f, die §§ 67g samt Überschrift, 69 Abs. 2, 71 Abs. 1 Z 2, 71 Abs. 6 zweiter Satz, 73, 76 Abs. 1 erster Satz und 76a in der Fassung des Bundesgesetzes BGBl. I Nr. 158/1998 treten mit 1. Jänner 1999 in Kraft. Die §§ 61 Abs. 5, 67c Abs. 3 und 5, 67f Abs. 3, 67h samt Überschrift sowie die Telekopie-Verordnung, BGBl. Nr. 110/1991, treten mit Ablauf des 31. Dezember 1998 außer Kraft.

(7) Alle in Vorschriften des Bundes und der Länder enthaltenen Bestimmungen, die von den §§ 13 Abs. 3 bis 8, 14, 18 Abs. 3 und 4, 37 zweiter Satz, 39 Abs. 2 und 3, 42, 43, 44, 44a bis 44g, 59 Abs. 1 erster und zweiter Satz, 61 Abs. 1 zweiter Satz, 63 Abs. 2, 64a, 66 Abs. 1 und 2, 69 Abs. 2, 71 Abs. 1 Z 2, 73 Abs. 2 und 3 und 76 Abs. 1 erster Satz in der Fassung des Bundesgesetzes BGBl. I Nr. 158/1998 abweichen, treten mit Ablauf des 31. Dezember 1998 außer Kraft. Dies gilt nicht, wenn diese Bestimmungen nach dem 30. Juni 1998 kundgemacht worden sind.

(8) In am 1. Jänner 1999 anhängigen Verfahren gilt § 44f mit der Maßgabe, daß die Behörde ein Schriftstück an mehr als 100 Personen auch dann durch Edikt zustellen kann, wenn diese persönlich verständigt worden sind, daß die Kundmachungen und Zustellungen im Verfahren künftig durch Edikt vorgenommen werden können.

(9) § 78 Abs. 2 in der Fassung des Bundesgesetzes BGBl. I Nr. 29/2000 tritt mit 1. Juni 2000 in Kraft.

(10) § 13 Abs. 5, § 16 Abs. 2 letzter Satz, § 18 Abs. 3 letzter Satz, § 34 Abs. 2, § 35, § 51b Z 1 letzter Satz und Z 2 zweiter Satz, § 53a Abs. 2 erster und letzter Satz, § 67d, § 76 Abs. 4 und § 79a Abs. 4 Z 3 in der Fassung des Bundesgesetzes BGBl. I Nr. 137/2001 treten mit 1. Jänner 2002 in Kraft.

(11) Für den Übergang zu der durch das Verwaltungsreformgesetz 2001, BGBl. I Nr. 65/2002, geschaffenen Rechtslage gilt:

1. § 13 Abs. 4a und 9, § 14 Abs. 8, § 17 Abs. 1 letzter Satz, § 39 Abs. 2a, § 40 Abs. 1 letzter Satz, § 58a, § 67a Abs. 1, § 73 Abs. 1 letzter Satz in der Fassung des Verwaltungsreformgesetzes 2001 treten mit 1. Jänner 2002, jedoch nicht vor dem der Kundmachung des genannten Bundesgesetzes folgenden Tag, in Kraft. Die §§ 39 Abs. 2a, 40 Abs. 1 letzter Satz, 58a und 73 Abs. 1 letzter Satz in der Fassung des

Verwaltungsreformgesetzes 2001 sind auf Verfahren, die zum In-Kraft-Tretens-Zeitpunkt anhängig sind, nicht anzuwenden.
2. § 67h in der Fassung des Verwaltungsreformgesetzes 2001 tritt mit 1. Juli 2002, jedoch nicht vor dem vierten der Kundmachung des genannten Gesetzes folgenden Monatsersten, in Kraft. Er ist auf Verfahren, die zum In-Kraft-Tretens-Zeitpunkt anhängig sind, nicht anzuwenden.
3. § 36 Abs. 2 in der Fassung des Verwaltungsreformgesetzes 2001 tritt mit dem der Kundmachung des genannten Bundesgesetzes folgenden Monatsersten, spätestens jedoch mit 1. November 2002 in Kraft.

(12) § 78 Abs. 2 in der Fassung des Bundesgesetzes BGBl. I Nr. 117/2002 tritt mit 1. Jänner 2003 in Kraft. § 67a Abs. 1 in der Fassung des Bundesgesetzes BGBl. I Nr. 117/2002 tritt mit 1. Jänner 2003 in Kraft, ist jedoch auf in diesem Zeitpunkt beim unabhängigen Verwaltungssenat im Land anhängige Verfahren nicht anzuwenden.

(13) § 13 Abs. 1, 4 und 5, § 14 Abs. 2 Z 3 und Abs. 5 erster Satz, § 16 Abs. 1 und 2, § 17 Abs. 1 letzter Satz, § 18 samt Überschrift, § 33 Abs. 3 sowie § 42 Abs. 1 erster Satz, in der Fassung des Bundesgesetzes BGBl. I Nr. 10/2004, treten mit 1. März 2004 in Kraft. Zugleich treten § 13 Abs. 9 sowie § 14 Abs. 8, in der zu diesem Zeitpunkt geltenden Fassung, außer Kraft; § 13 Abs. 4a tritt mit Ablauf des 30. Juni 2004 außer Kraft.

(13a) In der Fassung des Bundesgesetzes BGBl. I Nr. 4/2008 treten in Kraft:

1. § 36 mit Ablauf des Tages der Kundmachung dieses Bundesgesetzes;
2. § 67a, § 67c Abs. 1 und § 67h Abs. 1 mit 1. Juli 2008.

(14) § 2, § 7 Abs. 1, § 10 Abs. 1, § 11, § 13 Abs. 1 bis 6, § 14 Abs. 2 Z 2, Abs. 3 erster Satz, Abs. 5 und Abs. 7 erster und zweiter Satz, § 16 samt Überschrift, § 17 Abs. 1, § 18 samt Überschrift, § 19 Abs. 3, § 33 Abs. 3, der 7. Abschnitt des I. Teiles, § 39a Abs. 1 erster Satz, § 42 Abs. 1 erster Satz, § 44b Abs. 2, § 44e Abs. 3 dritter Satz, § 48 Z 3, § 49 Abs. 1, § 67h Abs. 2, § 74 Abs. 2, § 77 Abs. 2 und 3, § 78 Abs. 3 und 5, § 78a, § 80a samt Überschrift und § 82a in der Fassung des Bundesgesetzes BGBl. I Nr. 5/2008 treten mit 1. Jänner 2008 in Kraft.

(15) Mit Ablauf des 31. Dezember 2007 treten außer Kraft:

1. § 14 Abs. 2 Z 3;
2. das AVG-Übergangsrecht 1991, Anlage 2 zur Kundmachung BGBl. Nr. 51/1991;
3. § 2 Abs. 3 der Bundesverwaltungsabgabenverordnung 1983, BGBl. Nr. 24.

(16) § 13 Abs. 5 letzter Satz tritt mit Ablauf des 31. Dezember 2010 außer Kraft.

(17) § 10 Abs. 4 sowie § 36a Abs. 1 Z 4 bis 6 und Abs. 3 in der Fassung des Bundesgesetzes BGBl. I Nr. 135/2009 treten mit 1. Jänner 2010 in Kraft.

(18) § 44a Abs. 3 in der Fassung des Budgetbegleitgesetzes 2011, BGBl. I Nr. 111/2010, tritt mit 1. Jänner 2011 in Kraft.

(19) § 3 Z 2, § 10 Abs. 4, § 13 Abs. 5, § 38a Abs. 1, § 41 Abs. 1, § 61a Z 3 und 4, § 81 samt Überschrift und § 82 Abs. 6 erster Satz in der Fassung des Bundesgesetzes BGBl. I Nr. 100/2011 treten mit 1. Jänner 2012 in Kraft.

(20) In der Fassung des Bundesgesetzes BGBl. I Nr. 33/2013 treten in Kraft:

1. § 33 Abs. 1 und 2, § 38 zweiter Satz, § 41 Abs. 1 zweiter Satz, § 42 Abs. 1a und § 69 Abs. 1 Z 3 in der Fassung der Z 28 mit Ablauf des Monats der Kundmachung dieses Bundesgesetzes; gleichzeitig treten § 42 Abs. 1 letzter Satz, § 44a Abs. 3 dritter Satz und § 82a außer Kraft;
2. § 2, § 17 Abs. 4, § 19 Abs. 4, § 44e Abs. 2, § 53 Abs. 2, § 53a Abs. 2 erster Satz und Abs. 3, § 53b letzter Satz, § 61 Abs. 1 und 4, § 63 Abs. 1 und 2, § 64, die Abschnittsbezeichnung

Verwaltungsvollstreckungsgesetz 1991 – VVG

Allgemeine Grundsätze

§ 1. (1) Vorbehaltlich des § 3 Abs. 3 obliegt den Bezirksverwaltungsbehörden

1. die Vollstreckung der von ihnen selbst und von den ihnen übergeordneten Behörden erlassenen Bescheide;
2. soweit durch besondere Vorschriften nicht anderes bestimmt ist,
   a) die Vollstreckung der von anderen Behörden des Bundes oder der Länder erlassenen Bescheide;
   b) die Vollstreckung der von Gemeindebehörden – ausgenommen die Behörden der Städte mit eigenem Statut – erlassenen Bescheide auf Ersuchen dieser Behörden;
3. die Vollstreckung der von den Verwaltungsgerichten mit Ausnahme des Bundesfinanzgerichtes erlassenen Erkenntnisse und Beschlüsse;
4. die Einbringung von Geldleistungen, für die durch besondere Vorschriften die Einbringung im Verwaltungsweg (politische Exekution) gewährt ist.

(2) Im Gebiet einer Gemeinde, für das die Landespolizeidirektion zugleich Sicherheitsbehörde erster Instanz ist, gilt Abs. 1 Z 1 bis 3 auch für die Landespolizeidirektionen in den Angelegenheiten ihres sachlichen Wirkungsbereiches.

(3) Die öffentlichen Abgaben und Beiträge und die ihnen gesetzlich gleichgehaltenen Geldleistungen werden, soweit durch besondere Vorschriften nicht anderes bestimmt ist, nach den für die Einhebung, Einbringung und Sicherung der öffentlichen Abgaben geltenden Vorschriften von den hiezu berufenen Organen eingebracht.

§ 1a. (1) Die Vollstreckung von Verpflichtungen, deren Erfüllung im öffentlichen Interesse gelegen ist, ist von der Vollstreckungsbehörde

1. wenn ein von ihr selbst erlassener Bescheid zu vollstrecken ist, von Amts wegen,
2. wenn ein sonstiger Vollstreckungstitel zu vollstrecken ist, auf Ersuchen der Stelle, von der er ausgegangen ist,

einzuleiten.

(2) Die Vollstreckung von Verpflichtungen, auf deren Erfüllung ein Anspruch besteht, ist auf Antrag des Berechtigten (betreibender Gläubiger) einzuleiten.

(3) Die Vollstreckung ist von Amts wegen durchzuführen.

§ 2. (1) Bei der Handhabung der in diesem Bundesgesetz geregelten Zwangsbefugnisse haben die Vollstreckungsbehörden an dem Grundsatz festzuhalten, daß jeweils das gelindeste noch zum Ziel führende Zwangsmittel anzuwenden ist.

(2) Geldleistungen dürfen nur insoweit zwangsweise eingebracht werden, als dadurch der notwendige Unterhalt des Verpflichteten und der Personen, für die er nach dem Gesetz zu sorgen hat, nicht gefährdet wird.

Eintreibung von Geldleistungen

§ 3. (1) Die Verpflichtung zu einer Geldleistung ist in der Weise zu vollstrecken, daß die Vollstreckungsbehörde durch das zuständige Gericht nach den für das gerichtliche Exekutionsverfahren geltenden Vorschriften die Eintreibung veranlaßt. In diesem Fall schreitet die Vollstreckungsbehörde namens des Berechtigten als betreibenden Gläubigers ein. Die Vollstreckungsbehörde kann die Eintreibung unter sinngemäßer Anwendung der Vorschriften über die Einbringung und Sicherung der öffentlichen Abgaben selbst vornehmen, wenn dies im Interesse der Raschheit und der Kostenersparnis gelegen ist.

(2) Der Vollstreckungstitel muss mit einer Bestätigung der Stelle, von der er ausgegangen ist, oder der Vollstreckungsbehörde versehen sein, dass er einem die Vollstreckbarkeit hemmenden Rechtszug nicht mehr unterliegt (Vollstreckbarkeitsbestätigung). Einwendungen gegen den Anspruch im Sinne des § 35 der Exekutionsordnung – EO, RGBl. Nr. 79/1896, sind bei der Stelle zu erheben, von der der Vollstreckungstitel ausgegangen ist.

(3) Natürliche Personen, juristische Personen des Privatrechts sowie der Bund, die Länder und die Gemeinden können die Eintreibung einer Geldleistung unmittelbar beim zuständigen Gericht beantragen. Andere juristische Personen des öffentlichen Rechts können dies nur, soweit ihnen zur Eintreibung einer Geldleistung die Einbringung im Verwaltungsweg (politische Exekution) gewährt ist.

Erzwingung anderer Leistungen und Unterlassungen

a) Ersatzvornahme

§ 4. (1) Wenn der zu einer Arbeits- oder Naturalleistung Verpflichtete dieser Pflicht gar nicht oder nicht vollständig oder nicht zur gehörigen Zeit nachgekommen ist, so kann die mangelnde Leistung nach vorheriger Androhung auf Gefahr und Kosten des Verpflichteten bewerkstelligt werden.

(2) Die Vollstreckungsbehörde kann in einem solchen Fall dem Verpflichteten die Vorauszahlung der Kosten gegen nachträgliche Verrechnung auftragen. Der Auftrag zur Vorauszahlung ist vollstreckbar.

b) Zwangsstrafen

§ 5. (1) Die Verpflichtung zu einer Duldung oder Unterlassung oder zu einer Handlung, die sich wegen ihrer eigentümlichen Beschaffenheit nicht durch einen Dritten bewerkstelligen läßt, wird dadurch vollstreckt, daß der Verpflichtete von der Vollstreckungsbehörde durch Geldstrafen zur Erfüllung seiner Pflicht angehalten wird.

(2) Die Vollstreckung hat mit der Androhung des für den Fall des Zuwiderhandelns oder der Säumnis zur Anwendung kommenden Nachteiles zu beginnen. Das angedrohte Zwangsmittel ist beim ersten Zuwiderhandeln oder nach fruchtlosem Ablauf der für die Vornahme der Handlung gesetzten Frist sofort zu vollziehen. Gleichzeitig ist für den Fall der Wiederholung oder des weiteren Verzuges ein stets schärferes Zwangsmittel anzudrohen. Ein angedrohtes Zwangsmittel ist nicht mehr zu vollziehen, sobald der Verpflichtung entsprochen ist.

(3) Die Zwangsmittel dürfen in jedem einzelnen Fall an Geld den Betrag von 726 Euro nicht übersteigen.

(4) Die Vollstreckung durch Geldstrafen als Zwangsmittel ist auch gegen juristische Personen mit Ausnahme der Körperschaften des öffentlichen Rechts und eingetragene Personengesellschaften zulässig.

§ 6. (1) Die nach § 5 verhängten Geldstrafen fließen der Gebietskörperschaft zu, die den Aufwand der Vollstreckungsbehörde zu tragen hat.

(Anm.: Abs. 2 aufgehoben durch VfGH, BGBl. I Nr. 118/2020)

c) Anwendung unmittelbaren Zwanges

§ 7. Sofern die Gesetze nicht anderes bestimmen, kann der einem Vollstreckungstitel entsprechende Zustand durch Anwendung unmittelbaren Zwanges hergestellt werden, wenn dies auf andere Weise nicht oder nicht rechtzeitig möglich ist. Im Fall der Festnahme ist der Festgenommene ehestens, womöglich bei seiner Festnahme, in einer ihm verständlichen Sprache über die Gründe seiner Festnahme zu unterrichten. Für diese Festnahme gilt weiters § 36 Abs. 2 und 3 VStG.

Einstweilige Verfügungen

§ 8. (1) Steht die Pflicht zu einer Leistung fest oder ist sie wahrscheinlich, so kann die Vollstreckungsbehörde zur Sicherung der Leistung einstweilige Verfügungen treffen, wenn die Gefahr besteht, daß sich der Verpflichtete durch Verfügungen über Gegenstände seines Vermögens, durch Vereinbarungen mit dritten Personen oder durch andere Maßnahmen der Leistung entziehen und deren Vollstreckung vereiteln oder gefährden werde.

(2) Einstweilige Verfügungen sind nach diesem Bundesgesetz sofort vollstreckbar.

Organe der Vollstreckung

§ 9. (1) Die Vollstreckungsbehörde ist berechtigt, bei der Durchführung dieses Bundesgesetzes die Organe der öffentlichen Aufsicht heranzuziehen. Ist die Vollstreckungsbehörde nicht selbst Dienstbehörde dieser Organe, so hat sie mit ihr das Einvernehmen zu pflegen.

(2) Die Gemeinden sind zur Mitwirkung verpflichtet.

(3) Unter den gesetzlichen Voraussetzungen kann die Vollstreckungsbehörde nötigenfalls auch die Mitwirkung des Bundesheeres in Anspruch nehmen.

Verfahren

§ 10. (1) Auf das Vollstreckungsverfahren sind, soweit sich aus diesem Bundesgesetz nicht anderes ergibt, der I. Teil, hinsichtlich der Rechtsmittelbelehrung die §§ 58 Abs. 1 und 61 und der 2. und 3. Abschnitt des IV. Teiles des AVG sinngemäß anzuwenden.

(2) Die Beschwerde beim Verwaltungsgericht gegen die Vollstreckungsverfügung hat keine aufschiebende Wirkung.

Kosten

§ 11. (1) Die Kosten der Vollstreckung fallen dem Verpflichteten zur Last und sind gemäß § 3 einzutreiben.

(2) Wurde die Vollstreckung gemäß § 1a Abs. 2 auf Antrag des Berechtigten (betreibender Gläubiger) eingeleitet, so sind die Kosten im Fall der Uneinbringlichkeit von diesem zu tragen. Hierüber ist von der Vollstreckungsbehörde nach dem AVG zu entscheiden.

(3) Wenn die Vollstreckungsbehörde im Fall einer Ersatzvornahme Leistungen erbringt, für die der Verpflichtete, würden sie durch einen von der Behörde beauftragten Dritten erbracht, Barauslagen zu ersetzen hätte, so zählt zu den Kosten auch ein angemessener Beitrag zum Personal- und Sachaufwand der Vollstreckungsbehörde. Dieser darf 10% der bei der Vollstreckung im übrigen anfallenden Barauslagen nicht übersteigen.

(4) Soweit der Verpflichtete die Kosten der Vollstreckung für Maßnahmen nach § 4 nicht vor der Durchführung der Ersatzvornahme entrichtet hat (§ 4 Abs. 2) und die Durchführung der Ersatzvornahme unaufschiebbar ist, zählen zu den Kosten der Vollstreckung auch angemessene Finanzierungskosten, die ab dem Zeitpunkt entstanden sind, in dem die Behörde in Vorlage getreten ist. Diese Kosten sind jedenfalls angemessen, wenn sie jährlich den jeweils geltenden Basiszinssatz um nicht mehr als 2% übersteigen. Maßgebend ist der Zeitpunkt der Erlassung der Vollstreckungsverfügung.

Besondere Zwangsbefugnisse

§ 12. Die den Verwaltungsbehörden in den Verwaltungsvorschriften eingeräumten besonderen Zwangsbefugnisse bleiben unberührt.

Inkrafttreten

§ 13. (1) § 7 zweiter und dritter Satz in der Fassung des Bundesgesetzes BGBl. Nr. 472/1995 tritt mit 1. Juli 1995 in Kraft.

(2) § 5 Abs. 4 in der Fassung des Bundesgesetzes BGBl. I Nr. 158/1998 tritt mit 1. Jänner 1999 in Kraft.

(3) § 3 Abs. 3 und § 5 Abs. 3 in der Fassung des Bundesgesetzes BGBl. I Nr. 137/2001 treten mit 1. Jänner 2002 in Kraft.

(4) § 1 Abs. 2, § 5 Abs. 4, § 10 Abs. 1 und Abs. 3 zweiter Satz, § 11 Abs. 4 und § 15 samt Überschrift in der Fassung des Bundesgesetzes BGBl. I Nr. 3/2008 treten mit Ablauf des Tages der Kundmachung dieses Bundesgesetzes in Kraft.

(5) § 2 Abs. 2, § 10 Abs. 1 letzter Satz und Abs. 3 zweiter Satz, die Überschrift zu § 12, die Überschrift zu § 13, § 13 Abs. 1 und § 14 samt Überschrift in der Fassung des Bundesgesetzes BGBl. I Nr. 100/2011 treten mit 1. Jänner 2012 in Kraft.

(6) § 1 Abs. 2 und § 10 Abs. 3 Z 1 in der Fassung des Bundesgesetzes BGBl. I Nr. 50/2012 treten mit 1. September 2012 in Kraft.

(7) In der Fassung des Art. 8 des Bundesgesetzes BGBl. I Nr. 33/2013 treten in Kraft:

1. § 1 Abs. 2 in der Fassung der Z 3 mit 1. September 2012;
2. § 1a und § 11 Abs. 2 erster Satz mit Ablauf des Monats der Kundmachung dieses Bundesgesetzes;
3. § 1 Abs. 1, § 1 Abs. 2 in der Fassung der Z 4, § 3 Abs. 2, § 7, § 10 und § 11 Abs. 4 letzter Satz mit 1. Jänner 2014; gleichzeitig tritt § 11 Abs. 2 letzter Satz außer Kraft.

Vollziehung

§ 14. Mit der Vollziehung dieses Bundesgesetzes ist die Bundesregierung betraut.

Sprachliche Gleichbehandlung

§ 15. Soweit in diesem Bundesgesetz auf natürliche Personen bezogene Bezeichnungen nur in männlicher Form angeführt sind, beziehen sie sich auf Frauen und Männer in gleicher Weise. Bei der Anwendung der Bezeichnung auf bestimmte natürliche Personen ist die jeweils geschlechtsspezifische Form zu verwenden.

Stichwortverzeichnis

Akt unmittelbarer verwaltungsbehördlicher Befehls- und Zwangsgewalt 226
Akteneinsicht 2, 10, 31 f, 69, 77, 91
- Ausnahmen von der Akteneinsicht 31
- der übergangenen Partei 31
- für Blinde, hochgradig Sehbehinderte 31
- Verweigerung 32
Aktenvermerk 29, 55, 86, 89
Amtssachverständiger 6, 8 f, 29, 75, 85, 117
Amtsstunden 16 ff, 26, 44 f, 61, 63 f, 72 f, 123 f, 154, 178
Anbringen
- Allgemeines 14
- elektronischer Verkehr 16
- Entgegennahme 17
- Form (schriftlich, mündlich, telefonisch) 14 f
- Gegenstand 14
- keine bestimmte Angelegenheit 15
- Sprache 15
- unbestimmter Inhalt 14
- Zurückziehung 19
- Zweck 14
Angehöriger 6
Antrag, verfahrenseinleitender 19, 54
- Änderung des Wesens der Sache 20
Anwaltszwang
- Berufung 124
- Bescheidbeschwerde 155
- Erkenntnisbeschwerde 203
- Fristsetzungsantrag 189
- Gesetzprüfungs- und Verordnungsprüfungsverfahren 210
- Maßnahmenbeschwerde 167
- Revision 180
- Säumnisbeschwerde 171
Augenschein 59, 75, 78, 88
Aussageverweigerungsgründe für Beteiligte 84
Ausübung unmittelbarer Befehls- und Zwangsgewalt 91, 114, 149, 164

Befangenheit 5, 88
- absolute 6
- nichtamtlicher Sachverständiger 5, 8
- relative 7
Berufung 121 f
- Abweisung 131
- Anwaltszwang 124
- Behebung und Zurückverweisung 128
- Berufungsvorentscheidung 125
- ersatzlose Behebung 131
- Form und Einbringungsstelle 124
- Frist für die Einbringung 122
- Inhalt 124
- Stattgabe 131
- Verfahren 128
  - Einstellung 128
  - kein Neuerungsverbot 130
- Wirkung 125
- Zurückverweisung 128
Bescheid 90
- Adressat 94
- Arten 90
- Ausfertigung 94
- Begriff 90
- Begründung 97
- Berichtigung 102
- Berufung 121 ff
- Bezeichnung
  - als Bescheid 93
  - der bescheiderlassenden Behörde 93
- Datum der Genehmigung 99
- dingliche Wirkung 101
- entschiedene Sache (res iudicata) 127, 134, 175, 190, 199
- ersatzlose Aufhebung 19, 131, 161
- Erlassung 99
- Fertigung 94
- Feststellungsbescheid 90, 217
- Inhalt 90
- Instanzenzug 121 f, 131, 147, 149, 153, 156
- Leistungsbescheid 2, 90 f, 96, 101, 217
- Mehrparteienverfahren 99
- Merkmale 92
- Name des Genehmigenden 94
- Nebenbestimmung (Auflage) 96
- Nichtbescheid 92
- Nichtigerklärung 136
- Rechtsgestaltungsbescheid 91
- Rechtskraft 100 f, 163

- rechtskräftiger
  - amtswegige Änderung und Behebung 133
- Rechtsmittelbelehrung 98
- Sachentscheidung 11, 24, 32, 120, 126, 129, 131, 147, 161, 170
- Spruch 95
- Teilbescheid 96
- übergangene Partei 11
- Unanfechtbarkeit 100
- Unterschrift 94
- Unwiderrufbarkeit 101
- Unwiederholbarkeit 101
- Verbindlichkeit 101
- verfahrensrechtlicher 32 f, 51, 53, 108, 147, 159, 222
- Vollstreckbarkeit 101
- Vollstreckungstitel 217
- Wirkung 100

Bescheidbeschwerde 153
- Anwaltszwang 155
- Beschwerdevorentscheidung 156
- Frist zur Erhebung 153
- Form und Einbringungsstelle 154
- Gebühr 154
- Inhalt 155
- Kostenersatz 163
- Rechtskraft 163
- Verfahren 159
- Vorlageantrag 157
- Vorverfahren 156
- Wirkung 155

Beschluss
- verfahrensleitender 71, 176, 199

Beteiligter 9, 11, 27, 31, 34, 59, 78

Beweisverfahren 73
- Beweisgrundsätze 74
- Beweismittel 78

Datenschutzbeschwerdeverfahren 194

Devolutionsantrag 131

Disziplinarmittel 46

Einleitungsverfahren 54

Ereignis, unvorhergesehenes oder unabwendbares 65, 137, 143

Erkenntnisbeschwerde 198
- Abtretung der Beschwerde an den VwGH 206
- Anwaltszwang 203
- Beschwerdelegitimation 199
- Entscheidungsbefugnis 205
- Form und Einbringungsstelle 202
- Frist 200
- Gebühr 202
- Inhalt 201
- Kostenersatz 206
- mündliche Verhandlung 203
- Parteien 200
- Vorverfahren 203
- Wirkung 201

Erledigungsverfahren 89

Ermittlungsverfahren 56

Feststellungsanträge ordentlicher Gerichte 192

Frist 36
- Arten von Fristen 36
- Berechnung 38
- verfahrensrechtliche 42

Fristsetzungsantrag 187
- Anwaltszwang 189
- Einbringungsstelle 189
- Gebühr 189
- Inhalt 189
- Kostenersatz 191
- Legitimation zur Antragstellung 187
- Verfahren 189
- Verletzung der Entscheidungspflicht 188
- Zuständigkeit 187, 189

Individualantrag 208
- Anwaltszwang 210
- Entscheidungsbefugnis 212
- Form und Einbringungsstelle 209
- Frist 209
- Gebühr 210
- Kostenersatz 213
- Verfahren 210
- Voraussetzungen 208
- Wirkung 210

Kompetenz
- der Verwaltungsgerichte 149
- des VwGH 174
- des VfGH 196

Kompetenzkonflikt 4 f, 174, 191 f, 196
- positiver 5, 192
- negativer 5, 192
- Verwaltungsbehörde 4 f

- VwG 5
- VwGH 5, 174, 191 f
Kosten der Beteiligten 105
Kostenersatz 163
- vor dem VwG 163, 168, 173
- vor dem VwGH 186, 191
- vor dem VfGH 206, 213

Ladung 32 ff
- einfache Ladung 33
- Inhalt 34
- Ladungsbescheid 33
Leistung
- vertretbar 221
- unvertretbar 223 f
- Erzwingung 221 ff

Mandatsbescheid
- Vorstellung 57
Mängelbehebungsauftrag (siehe Verbesserungsauftrag) 22
Manuduktionspflicht 16, 22, 25 f, 77
Maßnahmenbeschwerde 164
- Anwaltszwang 167
- Beschwerdelegitimation 165
- Form und Einbringungsstelle 166
- Frist 165
- Gebühr 167
- Inhalt 166
- Kostenersatz 168
- Verfahren 168
- Wirkung 167
Mutwillensstrafe 52

Niederschrift 27, 66, 74

Oberbehörde (sachlich in Betracht kommende oberste Behörde/Oberbehörde) 4 f, 41 f, 127, 134 ff
Ordnungsstrafe 46, 48 f, 51

Partei 9
- Organpartei 64, 144
- Parteiengehör 10, 74, 76 ff, 84, 103, 116, 120, 128
- Parteirechte 10
- Präklusion bei doppelter Kundmachung 63
- übergangene Partei 11, 31, 65

Quasi-Wiedereinsetzung 37, 62, 65, 69, 138, 142 ff

Rechtsbeistand 13
Rechtsgestaltungsbescheid 91
Rechtskraft 100 f, 163
Revision 175
- Anwaltszwang 180
- Entscheidungsbefugnis 184
- Form und Einbringungsstelle 179
- Frist 177
- Gebühr 180
- Inhalt 178
- Kostenersatz 186
- mündliche Verhandlung 183
- Partei 176
- Revisionslegitimation 176
- Vorverfahren vor dem VwG 181
- Vorverfahren vor dem VwGH 182
- Wirkung 179

Sachverständiger 85
- Amtssachverständiger 6, 8 f, 29, 75, 85, 117
- Befangenheit 5 ff
- Kosten nichtamtlicher Sachverständiger 114
- nichtamtlicher Sachverständiger 8, 86
- Sachverständigenbeweis 78
Säumnisbeschwerde 169
- Anwaltszwang 171
- Beschwerdelegitimation 169
- Form und Einbringungsstelle 171
- Gebühr 171
- Inhalt 170
- Kostenersatz 173
- Nachholung des Bescheides 171
- Verfahren 172
Schließung des Ermittlungsverfahrens 20, 57, 62, 130

Urkunde 79
- ausländische öffentliche 79 f
- Echtheit 80
- öffentliche 79
- Privaturkunde 79 f
- Richtigkeit 80

Verbesserungsauftrag 13, 15, 21 ff, 39, 41 f, 91, 116, 120, 125, 128, 140, 146, 155, 161, 166, 181, 183
Verfahren
- vor dem VfGH 195
  - Erkenntnisbeschwerde 198
  - Individualantrag 208

  - Kompetenzen 196
  - Normenkontrolle (Gesetz- und Verordnungsprüfung) 207
- vor dem VwGH 174
  - Datenschutzbeschwerde 194
  - Fristsetzungsantrag 187
  - Kompetenzkonflikt 191
  - Revision 175
- vor den Verwaltungsgerichten
  - Bescheidbeschwerde 153
  - Kompetenz 149
  - Maßnahmenbeschwerde 164
  - Säumnisbeschwerde 169
- vor der Berufungsbehörde 128
- vor der Verwaltungsbehörde 54
  - Einleitungsverfahren 54 f
  - Ermittlungsverfahren 56 ff
  - Entfall des Ermittlungsverfahrens 57
  - verbundene Verfahren 59
  - Erledigungsverfahren 89 ff

Verfahrensanordnung 8, 25, 32 f, 57, 60, 77, 87 f, 130, 160, 221, 224
Verfahrenshilfe 176, 177, 179 f, 196, 199 f, 202, 210
Verfahrenskosten 105
- Barauslagen 107
- Bundesverwaltungsabgabe 109
- Kommissionsgebühr 108
- Kosten der Behörde 106
- Kosten der Beteiligten 105
- Kosten nichtamtlicher Sachverständiger 114
- Stempel- und Rechtsgebühr 112

Verhandlung, mündliche 58
- Ablauf 65
- Anberaumung 60
- bei Großverfahren 67
- Präklusion bei doppelter Kundmachung 63
- Verhandlungsniederschrift (Protokoll) 66
- Verhandlungsleiter 65 ff

Vernehmung von Beteiligten 84
Vertreter 11
Vollmacht 11
Vollstreckbarkeitsbestätigung 215, 218 ff, 223
Vollstreckung 215
- Anwendung unmittelbaren Zwanges 225
- einstweilige Verfügung 226
- Eintreibung von Geldleistungen 220
- Ersatzvornahme 221
- Erzwingung unvertretbarer Leistungen 223
- Erzwingung vertretbarer Leistungen 221
- EU-Verwaltungsvollstreckungsgesetz 228
- Grundsätze der Vollstreckung 218
- Hilfsorgane 227
- Kosten 227
- Vollstreckungsbehörden 215
- Vollstreckungsmittel 219
- Vollstreckungstitel 215, 217
- Vollstreckungsverfahren 218
- Vollstreckungsverfügung 219

Vorlageantrag
- gegen Berufungsvorentscheidung 127
- gegen Beschwerdevorentscheidung 157

Vorstellung gegen Mandatsbescheide 120

Wiederaufnahme 145 ff
- Entscheidung 146
- Form 145
- Frist 145
- Inhalt 145
- von Amts wegen 147
- Wirkung 147
- VwG und VwGH 148

Wiedereinsetzung in den vorherigen Stand 137 ff
- Entscheidung 140
- Form 140
- Frist 140
- Inhalt 140
- Quasi-Wiedereinsetzung 142
- VwG und VwGH 141

Winkelschreiber 12

Zeuge 81
- Aussageverweigerungsgrund 83
- Kostenersatz 84
- Pflicht zur wahrheitsgemäßen Aussage 81
- Vernehmungsverbot 82

Zuständigkeit 3
- Bescheidbeschwerde 173
- der Verwaltungsbehörde 3
- der Verwaltungsgerichte 150
- des VfGH 196
- des VwGH 174
- Maßnahmenbeschwerde 164
- Säumnisbeschwerde 169

Zuständigkeitskonkurrenz 4